新时代高等教育改革与发展文库

和谐的学术
新时代高校教师劳动关系

Harmonious Academics
The Labor Relations of Faculty in Contemporary China

李志峰 等○著

知识产权出版社
全国百佳图书出版单位
—北京—

图书在版编目（CIP）数据

和谐的学术：新时代高校教师劳动关系/李志峰等著.—北京：知识产权出版社，2023.8
ISBN 978-7-5130-8870-1

Ⅰ.①和… Ⅱ.①李… Ⅲ.①高等学校—教师—劳动关系—研究 Ⅳ.①G645.12

中国国家版本馆 CIP 数据核字（2023）第 153485 号

责任编辑：韩婷婷　　　　　　　　责任校对：谷　洋
封面设计：杨杨工作室·张冀　　　　责任印制：孙婷婷

和谐的学术：新时代高校教师劳动关系
李志峰　等　著

出版发行：	知识产权出版社 有限责任公司	网　　址：	http://www.ipph.cn
社　　址：	北京市海淀区气象路 50 号院	邮　　编：	100081
责编电话：	010-82000860 转 8359	责编邮箱：	176245578@qq.com
发行电话：	010-82000860 转 8101/8102	发行传真：	010-82000893/82005070/82000270
印　　刷：	北京建宏印刷有限公司	经　　销：	新华书店、各大网上书店及相关专业书店
开　　本：	720mm×1000mm　1/16	印　　张：	25.5
版　　次：	2023 年 8 月第 1 版	印　　次：	2023 年 8 月第 1 次印刷
字　　数：	459 千字	定　　价：	129.00 元
ISBN 978-7-5130-8870-1			

出版权专有　侵权必究
如有印装质量问题，本社负责调换。

本著作是国家社科基金（教育学）国家一般课题"新时代高校教师劳动关系的市场化转型及其和谐治理研究"（项目号：BIA190208）的最终研究成果。

和谐的学术

序
PREFACE

关系,无处不在。

万物都在关系中形成,都在关系中呈现。

关系也是一种社会存在。作为一种社会存在,关系是事物之间相互作用、相互影响的状态。关系既存在矛盾的状态,也存在和谐的状态。

矛盾存在于一切事物中,并且贯穿于事物发展过程的始终,即矛盾无处不在,矛盾无时不有。所以,一些事物都存在矛盾的关系。而和谐则是对立事物之间在一定的条件下具体、动态、相对、辩证的统一,是不同事物之间相同相成、相辅相成、相反相成、互助合作、互利互惠、互促互补、共同发展的关系。"和而不同"反映的是事物之间对立统一的关系,即具有差异性的不同事物的结合、统一共存于一个系统之中。同时,和谐也是指对人类社会变化中发展规律的认识,是人们所追求的美好事物的价值观、方法论。事实上,人们总是希望获得和谐,总是希望建立和谐的关系。

在学术系统中也存在各种关系,而劳动关系是其中最核心的、最基本的一种关系。

处于变革时代的学术系统的劳动关系,虽然也存在各种各样的矛盾,但我们更希望建立和谐的关系。和谐的关系不仅能够形成和谐的学术系统,而且能够更好地实现学术系统人才培养、科学研究、社会服务和文化传承的功能,能够更好地完成立德树人的根本任务。

劳动关系作为人类社会最基本的社会关系之一,是伴随人类劳动的产生而形成的,而人类对劳动关系的系统研究则是从18世纪亚当·斯密(A. Smith, 1776)对产业革命引发的英国系列劳工问题的解释开始的。19世纪卡尔·马克思(Karl Heinrich Marx, 1867)系统研究了欧洲的劳工运动问题,认为雇主和资本家之间是不可调和的、矛盾冲突的劳动关系。之后，韦布夫妇（Webb，1894）、马克斯·韦伯（Max Weber，1904）、康芒斯（J. R. Commons，1919）等分别从经济、社会、法学等不同角度对资本主义劳资关系的矛盾与冲突进行了系统研究。进入20世纪50年代，邓洛普（J. T. Dunlop，1958）引入系统理论模型分析劳动关系，标志着当代西方劳动关系理论系统的形成。

20世纪70年代开始，以希克斯（Hicks，1963）的罢工与谈判理论、海曼（Richard Hyman，1975）的产业冲突理论、寇肯（Kochan，1986）等的战略选择理论、库克（William N. Cooke，2003）的劳资合作绩效理论为代表的劳动关系策略理论丰富了劳动关系的研究。随着经济全球化引发的新劳动问题日益凸显，聚焦劳动关系理论、政策和体制的研究日渐深入。简言之，西方劳动关系理论认为，劳动关系主要是指劳资双方围绕生产控制权和收入分配而形成的系列关系。

劳动关系的概念本是西方工业文明的舶来物，西方国家多用产业关系或劳资关系代替劳动关系概念。从代表人物看，亚当·斯密（1776）在《国富论》中将劳动关系阐释为建立在不平等社会分工基础上的社会关系，认为劳动关系矛盾主要是经济利益矛盾。卡尔·马克思（1867）指出劳动关系是建立在生产资料私有制基础上的经济利益关系和阶级利益关系，劳动冲突是劳动双方经济利益的根本对立。邓洛普（1958）将劳动关系解释为由行为者、环境、意识形态及规则组成的系统，是与经济、政治体系重叠的次级体系。作为马克思主义的追随者，海曼（1975）认为劳动关系是劳资双方以权力为基础，在劳动中相互控制的过程。从学派来看，新古典学派认同市场经济具有调和资方与雇员间利益冲突的天然理性，劳动关系是劳资双方在经济理性驱动下的自由、平等交换关系。管理主义学派劳动关系研究的着力点在于企业和员工管理地位上的服从和隶属关系，管理地位的不平等是劳资矛盾的激发点（Yellon，1986）。多元论学派致力于探寻劳动关系中利益追逐与公平渴求间的平衡，政府立法和工会集体谈判是消解公平与效率间对垒的有效途径（Katz，1988）。

按照劳动关系概念的范围，可将劳动关系分为"劳动关系广义说""劳动关系狭义说"和"劳动关系严格狭义说"。"劳动关系广义说"认为劳动关系的主体可以超出劳动过程，劳动者成为社会保障关系主体时，属于劳动关系的范畴（姚橙，2018）。"劳动关系狭义说"认为劳动关系既包括自然人与用工单位发生的相互关系，也包括自然人集体与劳动者的相互关系。"劳动关系严格狭义说"则认为劳动关系的一方必须是自然人。按照内部构成来划分，劳动关系可分为"一元说"与"二元说"。"一元说"劳动关系是一种单一结构的法律关系，仅在合法性基础上受劳动法调整；"二元说"劳动关系是一个复合结构，除传统的标准劳动关系外，还有一个合法或违法的用工关系（张笑俏、金荣标，2017）。按照属性与特点定义，劳动关系总体是一种包含经济、法律关系的社会关系，从属性是其基本特性。董保华（2006）认为劳动关系兼具实质上的不平等性与形式上的平等性。常凯（2017）认为中国的劳动关系是国家主导型的劳动关系，具有雇佣关系的经济性、个别雇佣的从属性、劳工团结的必然性、劳资冲突合作的同一性等一般特征。陈国林（2018）通过对劳动关系与劳务关系的比较，指出劳动关系具有隶属性、稳定性及持续性。阎天（2018）在分析李某国与北京同城必应科技有限公司劳动争议案例的基础上，指出从属性是劳动关系最本质的特点。

随着现代大学的建立和发展，高校劳动关系成为高等教育领域最重要的内容，其中高校与教师间因学术劳动而产生的劳动关系是高校最基本的劳动关系。从中世纪欧洲到近现代英国、德国、美国等高校教师劳动关系的历史发展逻辑来看，高校教师劳动关系的发展大体可分为三个阶段并呈现出各自不同的特点：第一个阶段是松散团结阶段。在中世纪时期，为了满足知识探索和社会职业的需要，思想家、学者、教士等早期教师纷纷登坛讲学，传播知识，进行学术争鸣并获得相应的报酬。学者行会作为早期教师的组织和管理机构发挥着团结教师共同抵御外界侵犯、维护教师权益的作用，较少干涉教师的学术和经济活动，教师和学者行会通过行会管理形式维系关系。该阶段教师劳动关系呈现出松散团结、相互平等的特点。第二个阶段是系统规制阶段。从中世纪后期到近代大学阶段，大学开始设置教师职业的准入门槛和考核、升降标准，法律、制度、政策成为规制教师选聘、培训、待遇、考核的重要依据，部分国家教师的身份和职业呈现出行政化的特点。在集权制国家，高校作为政府权力的受委托者，对教师进行劳动关系管理，教师身份相对固化、职业自由度和话语权较小、学术活动和经济收入的从属性较强。教师劳动关系呈现出制度约束和规制的特点。第三个阶段是市场化契约治理阶段。在市场体制和机制影响下，高等教育管理理念和方式发生了深刻变化，学术劳动力市场的资源配置作用影响着教师劳动关系，高校与教师间通过合同契约的方式进行学术资本与报酬的交换，履行劳动合同成为规范高校教师劳动关系权、责、利的重要手段。教师劳动关系呈现出市场化、契约化、法治化的特点。

从此看出，解决劳动关系矛盾，保障劳动者权益，对于和谐社会建设具有重要意义。本成果以中国高校教师劳动关系市场化转型的具体现象和问题为研究对象，综合运用劳动关系系统理论、和谐理论、差异化管理理论，以学术资本作为研究的逻辑起点，以和谐理论和差异化管理理论作为分析工具，对高校教师劳动关系的基本概念和问题进行科学分析，系统构建高校教师劳动关系理论框架，探索高校教师劳动关系的发展规律。教师劳动关系的社会学研究关注的不是教师个体，而是具有相同或相似社会特征或文化特征的人群——教师群体，这一群体处于教师劳动关系结构之中，构成了多样化、复杂化的教师劳动关系系统。那么，是哪些因素在影响高校教师劳动关系转型？教师劳动关系转型对高校学术系统及教师发展会产生什么影响？本研究从政治、社会、市场、院校、个体职业发展等多个维度分析教师劳动关系转型的影响因素及后果，解释和验证教师劳动关系市场化转型的因果关系，对丰富新时代劳动关系的理论体系会有一定帮助。

从实践角度来看，目前我国高校教师劳动关系表现出一定的不合理性，其矛盾冲突的调解也出现了一系列新问题，问题的根源在于制度和政策的设计。政府主导的高校教师劳动关系政策正受到院校和市场的剪式夹攻，迫切需要对既有政策进行修正和创新。高校教师劳动关系的和谐治理对教师队伍建设、学术生产与发展、高校管理体制改革以及高等教育内涵式发展都具有重要意义。因此，反思我国高校教师劳动关系政策存在的问题，提出政策创新策略就具有重要现实意义。

在高校人事改革实践领域，聘任制改革引发的教师劳动关系冲突与矛盾成为社会关注的热点问题，公众对教师编制、聘任、职称等系列劳动关系问题也持续关注，大学教师群体流动与院校间的冲突也引发了社会对教师流动与劳动关系的关切。可见，围绕教师编制、职称聘任、岗位分层分级、教师流动、工资待遇、过度劳动、劳动条件与保障等问题触发的教师劳动关系矛盾冲突已经成为亟待解决的重大现实问题。目前，高校劳动人事争议与纠纷进入多发期，预防化解高校教师劳动矛盾纠纷有利于促进高校的健康发展、教师队伍的稳定和教师的权益保障。同时，《事业单位人事管理条例》的出台和施行、政府行政主导渐趋移位参与性指导、事业单位契约化合同制的引入激起了事业单位劳动关系主体及利益格局的新变化，给劳动关系尤其是高校劳动关系的稳定性和规制性带来冲击和风险，各种显性或隐性冲突和矛盾影响着教师的士气和工作热情。

因此，针对高校教师劳动关系从单一向多元转化，从行政化、计划性向市场化、契约化转型，从混乱走向法治的特征，我们需要深入把握高校教师劳动关系现状与问题，掌握教师劳动关系市场化转型规律与特征，科学促进高校教师劳动关系的和谐治理，实现教师职业期待和价值追求，促进高校内涵式发展。在我国高校教师劳动关系市场化转型的背景下，着力于教师劳动关系若干基本问题的研究，探索教师劳动关系的和谐治理路径，修正政策目标和具体办法，推进政策创新，完善符合我国国情的高校教师劳动关系制度与政策体系，促进院校和教师的同向谐振具有重要的实践应用价值。

高校和教师构成新时期高校契约建制下劳动关系依存和对立的基本主体。本书的研究对象主要是高校教师劳动关系的市场化转型及其和谐治理，主要研究中国不同层次类型高校教师劳动关系在市场化转型中的现象、问题及其和谐治理的政策改进等问题。全书主要围绕如下几个问题展开：高校教师劳动关系的本质与属性是什么？中国高校教师劳动关系120多年来历史发展的特点和规律是什么？不同层次类型高校教师劳动关系的现状与问题、主要冲突和矛盾是什么？这些矛盾冲突是如何影响教师、院校和学术劳动力市场的？在新时代，高校教师劳动关系为什么会发生市场化转型？市场化转型的过程和特点是什么？国外主要国家高校教师劳动关系及其治理模式有哪些共性和个性特征？高校教师劳动关系市场化转型对学术系统和教师群体具有哪些正面和负面影响？当代中国高校教师劳动关系政策存在哪些问题？高校教师劳动关系政策如何进行创新？这些问题共同构成了本研究的基本框架。

本研究旨在综合运用理论分析、实证研究和质性研究方法，运用深度访谈、问卷调查等方法，对高校教师劳动关系市场化转型的若干基本问题进行数据采集并进行较为全面深入系统的分析，探究高校教师劳动关系的内涵、本质、属性、特征和功能，探讨高校教师劳动关系的类型和结构，挖掘高校教师劳动关系转型背景下存在的主要问题与基本矛盾冲突，分析高校教师劳动关系市场化转型的原因、过程与特点，从教师个体、院校、政府、市场等维度对高校教师劳动关系市场化转型的动力机制、冲突矛盾进行科学解释，揭示高校教师劳动关系矛盾冲突的深层机理，阐释高校教师劳动关系的和谐治理逻辑；总结国外高校教师劳动关系建构和治理模式，在此基础上，构建新时代高校教师劳动关系和谐治理的理论体系与政策改进框架，进一步完善中国高校教师劳动关系政策。

在学术劳动力市场日益走向成熟的环境下，高校教师劳动关系渐趋多样化、复杂化、市场化和契约化，高校教师劳动关系市场化转型的本质是高校与教师围绕学术资本而产生的权益关系的市场化、契约化和法治化过程。高校教师劳动关系和谐治理的本质是实现不同利益相关者（政府、市场、院校、教师）的利益平衡与和谐，继而实现高校治理结构的根本调整，从而促进高校功能的最大化发挥。教师劳动关系受个体收入待遇水平、高校组织环境与文化、高校与教师发展目标的契合度、政策法律、制度设计等多种因素的共同影响，教师劳动关系是多种因素共同作用的函数，不同层次类型、学历学位、学科、职称等的教师劳动关系呈现出不同的形式和特征。

在高校教师劳动关系市场化转型的过程中，教师劳动关系矛盾与冲突对学术劳动力市场、高校组织、教师个体都将产生不同程度的正向和负向影响。现阶段高校教师劳动关系的总体趋向是平衡与和谐，实现个体追求与高校、市场发展目标的契合与共生是高校教师劳动关系市场化转型的内在机理。高校教师劳动关系政策需要根据学术劳动力市场与高校教师的本质特性来进行设计和调整。在转型过程中，政策的功能将有所弱化，市场将发挥更为重要的配置和调节功能。

社会主义市场经济发展的浪潮，使得传统的、计划性的、依靠行政命令的一元化高校教师劳动关系向市场集约化、聘用合同制的多元化高校教师劳动关系演变。人力资本价值性的凸显、寻利性偏好带来的教师流动和契约化聘任的引入使得高校教师劳动关系在主体及主体间交互上都具有了资本性。市场化的风险控制理念和效益刺激效应融入高校教师劳动关系，高校因其在人员聘任、经费管理、薪酬分配上的运行和调配功能而具有了资本性；科技的发展、知识的群聚、人力资本理念的兴盛以及高校内涵式发展的需要，使得优质高校教师成为高校发展的竞争性人力资本；高校与教师之间通过合同聘用的契约式承诺进行学术资本与报酬的交换，其本质是教师学术资本与院校财力资本的交互流通，是不同类型资源间的有偿代换与补偿。在经济体制、政府政策、院校自主权扩大和教师追求多样化的混合作用下，高校教师劳动关系市场化转型的脉络逐渐清晰。

高校教师的市场化、契约化、多样化、层次化劳动关系是教师作为学术人得以生存发展的社会基础和制度平台，高校教师劳动关系作为社会关系的重要组成既具有社会关系的共性，也具有其个性特点。高校教师劳动关系市场化转型的研究成果对于不同层次类型高校进行劳动关系治理具有重要的现实指导价值，将直接影响到高校人事管理政策的修正和完善，对于目前高校教师劳动关系的调整与和谐劳动关系的建设也具有直接的现实意义。因此，本成果也可以为政府主管部门制定、修正和完善教师和人才政策提供理论依据，进而影响公共政策的实施效益。

从历史的角度来看，高校教师劳动关系是高等教育场域中最重要的社会关系，是劳动关系在高等教育系统中的具体体现，是高校与教师之间由于学术劳动而形成的法律关系、经济关系和社会关系的总和。我国当代高校教师劳动关系从国家主导向市场化转型关涉政府、市场、高校、教师等诸多利益相关者的权益关系，是高校人事制度改革与治理的焦点问题，其和谐治理也必将成为高校管理体制改革亟须研究的重大课题。

是为序。

李志峰

目 录
CONTENTS

第1章 高校教师劳动关系：一个被忽视的研究领域 ················ 1

1.1 高校教师劳动关系：市场化转型的新命题 / 1

1.2 高校教师劳动关系：理论溯源与研究述评 / 11

1.3 高校教师劳动关系：理论基础与研究方法 / 18

第2章 高校教师劳动关系：基于学术分工的理论分析 ············ 21

2.1 学术分工：高校教师劳动关系的逻辑起点 / 21

2.2 高校教师劳动关系：主体、环境、意识形态、规则网络 / 024

2.3 高校教师劳动关系的类型 / 29

2.4 高校教师劳动关系的实质：冲突与合作 / 30

2.5 和谐的学术：高校教师劳动关系治理目标 / 32

2.6 高校教师劳动关系的调节：政府、高校、工会、教师 / 32

第3章 新中国成立以前高校教师劳动关系的历史演变（1898—1949） ········ 36

3.1 清末民初的高校教师劳动关系（1898—1911）/ 36

3.2 民国初期和中期的高校教师劳动关系（1912—1937）/046

3.3 民国后期高校教师劳动关系（1937—1949）/ 58

第4章 新中国成立以来高校教师劳动关系的历史演变 ············ 72

4.1 改革开放之前的高校教师劳动关系（1949—1977）/ 72

4.2 改革开放初期的高校教师劳动关系（1978—1985）/ 77

4.3 社会主义市场经济转轨时期的高校教师劳动关系（1986—2012）/ 82

4.4 党的十八大以来的高校教师劳动关系（2012年至今）/ 88

· I ·

4.5　当代中国高校教师劳动关系的主要模式与发展趋势 / 94

第5章　新时代高校教师劳动关系的基本矛盾和影响因素 ·················· 98
5.1　高校教师劳动关系的基本矛盾与冲突 / 98
5.2　高校教师劳动关系矛盾冲突的影响因素 / 113
5.3　高校教师劳动关系矛盾冲突形成的原因分析 / 120

第6章　新时代高校教师和谐劳动关系满意度的实证研究 ·············· 127
6.1　文献述评与研究假设 / 128
6.2　研究设计 / 133
6.3　高校教师和谐劳动关系满意度的影响因素 / 136
6.4　学术权力对高校教师劳动关系满意度的影响 / 141
6.5　组织支持感对高校青年教师工作压力的影响 / 149
6.6　资源投入对高校教师劳动关系满意度的影响 / 152
6.7　研究结论 / 158

第7章　高校教师劳动关系的影响机制和逻辑机理研究 ·············· 164
7.1　劳动关系对高校教师个体、组织以及学术系统的影响 / 164
7.2　高校教师劳动关系市场化转型的发生机制 / 172
7.3　高校教师劳动关系市场化转型的逻辑机理 / 182
7.4　高校教师劳动关系的文化认同与社会偏好 / 196

第8章　高校教师劳动关系矛盾冲突的预警机制 ·························· 203
8.1　高校教师劳动关系预警系统的理论基础 / 204
8.2　高校教师劳动关系预警系统的构建 / 208
8.3　高校教师劳动关系预警机制设计 / 220

第9章　中国、美国、印度三国高校教师劳动关系治理模式比较 ············ 229
9.1　中国高校教师劳动关系治理模式 / 230
9.2　美国高校教师劳动关系治理模式 / 240

9.3　印度高校教师劳动关系治理模式 / 250

　　9.4　中国、美国、印度高校教师劳动关系治理模式的比较分析 / 260

第 10 章　高校教师和谐劳动关系治理体系建构与政策改进 ………… 267

　　10.1　和谐的学术：高校教师劳动关系治理的理论解释 / 268

　　10.2　学术的危机：高校教师和谐劳动关系治理的实践困境 / 274

　　10.3　契约的纠纷：高校教师和谐劳动关系治理的案件分析 / 287

　　10.4　和谐的学术：高校教师劳动关系的治理体系建构 / 296

参考文献 ……………………………………………………………………… 306

附　　录 ……………………………………………………………………… 333

　　附录 A　"新时代高校教师劳动关系和谐治理研究"
　　　　　　调查问卷分析报告 / 333

　　附录 B　新时代高校教师劳动关系和谐治理的访谈报告
　　　　　　——基于 50 位高校教师的深度访谈 / 366

后　　记 ……………………………………………………………………… 385

图目录

图 6-1　分体框架 …………………………………………………… 142
图 6-2　不同类型高校教师劳动关系满意度现状 ………………… 145
图 6-3　分析框架 …………………………………………………… 153
图 6-4　高校教师对工资福利中各指标的满意程度 ……………… 156
图 6-5　高校教师主要工作压力来源 ……………………………… 157

图 7-1　劳动关系系统理论框架 …………………………………… 173

图 8-1　高校教师劳动关系矛盾冲突预警系统 …………………… 218
图 8-2　预警机制整合模型 ………………………………………… 224

图 10-1　高校教师对工资收入不满意的主要原因 ……………… 279
图 10-2　高校教师压力十大来源 ………………………………… 280
图 10-3　高校教师民事案件发展趋势 …………………………… 288
图 10-4　高校教师与高校产生的民事纠纷判决情况 …………… 288
图 10-5　高校教师劳动人事争议类型 …………………………… 291

表目录

表 3-1	中外大学堂教习薪酬变化	40
表 3-2	1903 年（癸卯年）11 月京师大学堂教习题名录	41
表 6-1	劳动关系满意度关键指标的因子分析和信效度检验结果	135
表 6-2	控制变量赋值及其描述性统计结果	137
表 6-3	回归结果	140
表 6-4	变量说明及描述性统计	142
表 6-5	关键变量劳动关系满意度现状分析	144
表 6-6	学术权力与劳动关系满意度的回归模型结果	146
表 6-7	组织融入程度 Bootstrap 中介效应模型的回归分析	147
表 6-8	不同类型院校男女教师关键变量的独立样本 t 检验	148
表 6-9	变量选择及描述性统计	149
表 6-10	各变量均值与相关系数（$N=702$）	150
表 6-11	高校青年教师工作压力描述性统计	151
表 6-12	不同组织支持对高校青年教师工作压力影响的回归结果	152
表 6-13	模型摘要	152
表 6-14	变量选择及描述性统计	154
表 6-15	高校教师劳动关系满意度描述性统计	155
表 6-16	各变量均值与相关系数（$N=2640$）	155
表 6-17	高校教师劳动关系满意度的回归结果	156
表 6-18	高校教师劳动关系中存在的主要问题	157

表 6-19　工作资源对不同劳动关系类型高校教师劳动关系满意度影响的
　　　　　回归结果 ··· 158

表 8-1　高校教师劳动关系矛盾冲突预警指标体系 ··························· 216

表 9-1　中国高校教师法律身份的立法规定 ······································ 236
表 9-2　美国高校教师劳动法律列表 ··· 246
表 9-3　印度高校教师劳动法律列表 ··· 256
表 9-4　印度高校教师工资情况 ··· 257
表 9-5　中国、美国、印度高校教师劳动关系治理结果比较 ··············· 265

表 10-1　高校教师劳动关系民事案件适用法律情况 ·························· 289

第1章

高校教师劳动关系：一个被忽视的研究领域

1.1 高校教师劳动关系：市场化转型的新命题

1.1.1 研究背景

随着我国学术劳动力市场日臻完善，高校教师资源市场化配置方式日益主流化。高等教育"放管服"改革促使高校自主权进一步扩大，以聘任制改革为着力点的高校管理体制改革渐趋深入，多元参与主体驱动成为高校教师劳动关系结构和系统变迁的强大动力；而体制机制的约束、资源与权力的结构失衡及教师和高校的价值目标失配等因素阻碍着高校教师劳动关系的和谐发展。与此同时，高校人事制度改革步入深水区，高校与教师之间的劳动关系的矛盾纠纷频发成为社会焦点问题。在市场化转型背景下，高校教师劳动关系模式的变迁和和谐治理成为亟待研究的重大课题。

1. 政治经济体制改革促使高校教师劳动关系转型与变迁

社会主义和谐社会是人类孜孜以求的美好社会。进入21世纪后，党的十六大和十六届三中全会、四中全会，从全面建成小康社会、开创中国特色社会主义事业新局面的全局出发，明确提出构建和谐社会的战略任务。党的十八大明确提出构建和谐劳动关系。党的二十大进一步提出要完善劳动关系协商协调机制，构建和谐劳动关系。在新的历史条件下，努力构建中国特色和谐劳动关系，是加强和创新社会管理、保障和改善民生的重要内容，是建设社会主义和谐社会的重要基础，是经济持续健康发展的重要保证。纵观中共中央相关重要论述和部署，其无不重视和强调构建和谐社会与和谐劳动关系的重要地位及价值。

伴随经济社会转型发展，市场化的资源配置模式和契约管理理念向社会经济各领域、层次和环节渗透，竞争性地抢占高质量人力资源成为各行业的战略共识。高校作为资源依赖型组织，对高水平教师的渴求与竞逐既源于其价值信念和生存内驱，也是应对高等教育国际化激烈竞争的现实选择。知识作为产品的交换价值的飙升、人力资本竞争性的高涨及聘任合同关系的实践引起了事业单位尤其是高校劳动关系主体及结构的新变化，高校教师劳动关系在主体性质、价值观念、法律地位及利益结构上都浸染了市场性。

传统的、计划行政性的一元化高校教师劳动关系向法治化、市场契约性、聘用形式多元化的高校教师劳动关系转型。市场化的资本运作模式和企业成本效益理念融入原本僵化的高校劳动关系场域，人员筛选与教师聘任、职称评审与层级流动、经费配置与薪酬管理、组织诊断与运行决策等高校既有功能渐具资本性；教师与高校间基于契约式承诺进行知识资本和物质资本的有偿代换与补偿，本质是智力与报酬等不同类型资源间的交换与补足。合同聘用成为交互的制度框架，契约意志是其精神遵循，法律规制为其提供强制力保障。新老相交、因人因工而异是现阶段我国高校教师劳动关系的表征，即具有明显的过渡期特性：类型和聘用形式多样，正式员工、临时员工与返聘员工共享高校平台，长聘制教师渐趋主体化。在传统高等教育管理体制下，政府主导是高校劳动关系的基本样态，劳动关系行政化特征明显。[1] 随着社会环境开放，学术劳动力市场规则完善，教师人力资源配置效率提高，高校教师劳动关系主体通过契约合同对双方的权责利进行规约，法治化、市场化、多样化、自主化成为我国高校教师劳动关系的新特征。

2. 高校人事制度改革助推高校教师劳动关系模式塑造与演化

随着国家教育强国战略的持续推进，高等教育体制改革不断深化，高等教育在经济社会建设中的"轴心"地位与作用日渐凸显。党的二十大明确提出教育、人才、科技三大战略，对新时代高等教育发展提出了新的要求，高校人事制度改革将更加深入。政府指导下的高校人事制度变革成为教师劳动关系模式塑型和演化的强大导向力，我国高校教师劳动关系变迁具有明显的政策性和规划性特征。相关部门通过出台施行系列高校人事制度改革政策、法规，统筹推进关涉教师生存发展基本权益的聘任、职称、考核、薪酬分配及住房、医疗、

---

[1] 江永众. 高校行政化的劳动关系学分析 [J]. 现代教育管理，2012 (11): 47-51.

退休等人事制度综合改革。如1992年国家教委下发的《关于国家教委直属高等学校内部管理体制改革的若干意见》，2000年中央组织部、人事部、教育部联合出台的《关于深化高等院校人事制度改革的实施意见》，2006年人事部出台的《事业单位岗位设置管理的试行办法》等，突破职务终身制藩篱，由身份体认向岗位聘任过渡，实行从选聘、考核到解聘淘汰的动态管理成为高校教师劳动关系的发展朝向，能上能下、能进能出的竞争胜任理念融入高校价值观。2014年年底教育部发布《深化教育领域综合改革实施方案（2014—2018年）》，我国借鉴美国高校"非升即走"制度和终生聘用制，长聘制改革步入实践推行快车道。自新中国建立以来形成的以行政任命制为起点的教师任用管理制度，经过职务聘用制的尝试与过渡，最终向岗位聘任制转变。[1]

高等教育体制机制改革和各项人才计划的实施推动，高校组织得到优化、结构效益提升，教师资源分配和组合方式得到调整，教师工作能动性、岗位胜任和履职能力得以提高。但是，随着新时代高校教师劳动关系的发展与转型，主体性质、法律地位、利益关系、体制环境的嬗变，教师劳动关系矛盾冲突呈现上升态势并成为高校和社会和谐治理的现实问题。改革开放初期行政统一化、劳动关系单一化的高校教师劳动关系模式逐渐消解，自主化、多元化且能体现教师异质性需求和层次性发展的新型劳动关系模式逐步建立和完善。

3. 解决基于学术劳动形成的矛盾冲突急需进行教师劳动关系治理创新

近年来，高校人事改革实践领域中的教师劳动矛盾纠纷数量和复杂程度呈现上升态势。2018年年底武汉大学长聘制教师考核仅有4人通过评审入编、淘汰率达97%的新闻引起轩然大波，聘任制改革引发的教师劳动关系冲突矛盾成为社会关注热点；山东临沂大学不再与部分教师签订无固定期限合同、300名教职工面临失业风险事件再次激起公众对教师编制、聘任、职称等系列劳动关系问题的关注；新疆石河子大学教师群体性流动与院校间的冲突事件也引发了公众对教师流动带来的劳动关系激烈摩擦的关切。可见，围绕教师编制、职称聘任、岗位分层分级、教师流动、工资待遇、工作压力与职业倦怠、劳动时间与隐性价值、劳动条件与保障等问题的教师劳动关系矛盾冲突已成为亟待解决的重大实践问题。同时，"放管服"改革背景下高校自主权扩大、高校内部管

---

[1] 朱军文，马春梅，李燕超. 从打破"铁饭碗"到重建"终身制"：研究型大学教师聘用改革的悖论与反思［J］. 高等教育研究，2017，38（5）：21-25.

理体制变革的冲击、聘用合同制的引入给高校教师劳动关系的稳定性和规制性带来风险和挑战，各种显性和隐性的矛盾冲突影响着教师的积极性和工作热情、组织认同和履职态度，也影响到和谐社会的建设。实践表明，高校劳动人事争议纠纷进入多发期，因而，建立平衡和谐的教师劳动关系新模式需要在党的全面领导下统筹治理，并通过治理创新建构新时代高校教师劳动关系。

1.1.2 概念与内涵：高校教师劳动关系的多维界定

劳动分为个体自主劳动和组织集体劳动两大类。个体自主劳动由个体自主决定劳动的内容、方式并对劳动结果负完全责任；组织集体劳动是群体行为，围绕组织目标开展劳动，劳动内容、方式、结果等通过劳动主体双方共同确定，或者由组织确定，劳动者服从。不同的所有制主体基于法律和政策的规定确定不同的劳动过程，并对劳动内容、方式、结果等负责。对于组织集体劳动来说，劳动关系是客观存在的，它伴随劳动主客体的法律关系的建立而形成。主体和客体间必然对立，又相互依存。劳动关系是一个多国界、多学科、多学派的概念，是西方工业文明的舶来物，西方国家多用产业关系或劳资关系来代替劳动关系的概念。有学者认为，劳动关系指雇佣主客体、集体谈判型工会、干预性政府间的社会经济关系。[1] 公平、效率、话语权是劳动关系的基本目标，工会是雇员和雇主之间的利益谈判桌[2]，反映了在雇佣制背景下主客体之间的社会经济关系。

我国真正意义上的企业劳动关系改革是伴随市场经济发展衍生的企业用工、劳动者自主择业及双方目标追求的异化对国家统包统配用工就业旧体制的冲击破坏而进行的。所有制关系和分配方式多元、意识形态特殊、立法界定不明、理论研究辐散导致我国劳动关系概念的模糊和多元。目前，我国理论界公认的是，劳动关系在表征上是平等与隶属、人身与财产关系的聚合体，从属劳动是劳动关系的个性特征，从属性是劳动关系的根本属性。[3] 相较于劳动过程中用人单位和劳动者间由于双方利益而产生的权利义务关系[4]，劳动者和用工主体

---

[1] Edwards M. Industrial Relations: Theory & Practice [M]. 2nd ed. London: Blackwell, 2005, 31–36.
[2] Budd, John. Employment with a Human Face: Balancing Efficiency, Equity, and Voice [M]. Ithaca: Cornell University Press, 2014.
[3] 董保华. 社会法原论 [M]. 北京：中国政法大学出版社，2001.
[4] 常凯. 劳动关系学 [M]. 北京：中国劳动社会保障出版社，2005.

间因发生从属劳动而形成的社会关系这一定义更接榫我国劳动关系的概念进化趋势。❶

"任何一门学科在其早期发展阶段,不同人对同一领域的现象——尽管可能是完全相同的具体现象,都会作出完全不同的描述和解释。"❷ 劳动关系的核心概念来源于经济学、社会学、人力资源管理学等不同学科,各自演绎出独具特色的内涵。在经济学范畴,劳动关系本质是劳资双方缔结雇佣合同基础上的契约化权利义务关系,目标离斥、利益对抗是其特征;人力资源管理学认为劳动关系是雇主和雇员间建立的与劳动有关的法律关系,企业通过人力资源管理技术及权威促进员工关系和谐,核心目标是企业内部劳动力市场的理性管理;❸从社会学角度看,劳动关系是强势群体与弱势群体的交往关系❹,主体间权利不对等是其特征。

不同学派对劳动关系概念的阐释体现出劳动关系理论的历史流动。新古典学派认同市场规律对企业效率和雇员工资、福利优化的趋同力,即市场经济具有调和资方和雇员间利益冲突的天然理性,劳动关系是劳资双方在经济理性驱动下的自由、平等交换关系,结果是双赢格局的达成。❺ 员工的动机、认同感和忠诚度是管理主义学派劳动关系的着力点,劳资双方不存在利益根本冲突,劳动关系表现为企业和员工管理地位上的服从和隶属关系。管理地位的不平等是劳资矛盾的激发点,而高绩效的管理策略则能有效缓解员工的逆反心理。多元论学派致力于探寻劳动关系中利益追逐与公平渴求间的平衡,政府立法和工会集体谈判是消解公平与效率间对垒的有效途径。❻

在对"高校教师劳动关系"的概念进行界定前,首先要澄清"教师"和"高校教师"的内涵。《中华人民共和国教师法》第三条规定:"教师是履行教

---

❶ 李培智,王秀英,魏立超. 劳动关系概念重塑:基于构建和谐劳动关系的视角 [J]. 河北学刊,2013, 33 (3):125-129.

❷ Thomas S. Kuhn. The Structure of Scientific Revolution (2nd ed) [M]. Chicago: The University of Chicago Press, 1970:15-16.

❸ 江永众,程宏伟. 劳动关系研究的多学科比较:基于劳动经济学和人力资源管理学的视角 [J]. 学术研究,2012 (5):91-98.

❹ 李攀艺. 社会偏好视角下企业劳动关系构建的微观机制研究 [M]. 武汉:武汉大学出版社,2017:3.

❺ Akerlof G, Yellon J. Efficiency Wage Models of the Labors of the Larbor Market [M]. Cambridge: Cambridge Univresity Press, 1986.

❻ Kochan T, Katz H. Collective Bargaining and Industrial Relations (2nd ed) [M]. Homewood, IL: Irwin, 1988:6-7.

育教学职责的专业人员，承担教书育人，培养社会主义事业建设者和接班人、提高民族素质的使命。"可见，教育教学的专业性、培育人才的责任性和使命性是教师职业的基本属性。但高校教师与中小学教师相比，其劳动的内容和性质、职务设置与晋升规则具有特殊性。《中华人民共和国高等教育法》第四十七条第一款规定："高等学校实行教师职务制度。高等学校教师职务根据学校所承担的教学、科学研究等任务的需要设置。教师职务设助教、讲师、副教授、教授。"学术耕耘是高校教师的岗位职责、志业追求和发展路径。在科研成为高校竞争主力的趋势下，学术研究理当变成高校人才甄选与聘任、职称评审与层级考核、资源分布与权力配置的参照。从事学术研究的高校教师，是学术职业的利益获得者，学术性是其身份特质，学术劳动是高校教师劳动的主体与特性。高校教师是经过系统教育和训练、具备相关岗位素养与能力、通过高校遴选与规训、在高校场所从事教学与科研作业的职业劳动者，其本质属性是学术性，其所从事的劳动是学术劳动。

在劳动法视域内，一方面，高校是劳动法规定的用人单位，高校教师群体符合其对劳动者法律身份的要求；另一方面，高校教师的学术劳动具备劳动关系的从属性，教师与高校间因学术劳动的发生而产生的权责利关系也符合劳动关系的一般规定。❶因此，劳动关系实际存在于教师和高校之间。鉴于劳动者和用工主体间因发生从属劳动而形成的社会关系是理论界相对认同的劳动关系概念❷，由此，本研究将高校教师劳动关系定义为教师和高校之间因发生学术劳动而形成的关于法律身份、劳动时间、劳动条件、工资与福利待遇、职称聘任、培训考核、流动与保障、社会融入等教师的权益关系，是教师与高校之间由于学术劳动所形成的法律关系、经济关系、社会关系的总和。劳动的学术性与利益性共存、职业的身份性与市场性兼容是当前高校教师劳动关系的基本性状。

1.1.3 市场化转型背景下高校教师劳动关系的基本特征

1. 市场性

社会主义市场经济的发展使得传统计划性、依靠行政命令的一元化高校教

---

❶ 王工厂. 论高校教师的劳动者身份 [J]. 河南师范大学学报（哲学社会科学版），2011, 38 (5): 243-246.

❷ 李培智，王秀英，魏立超. 劳动关系概念重塑：基于构建和谐劳动关系的视角 [J]. 河北学刊，2013, 33 (3): 125-129.

师劳动关系向市场集约化、聘用合同制的多元化高校教师劳动关系演变。人力资本价值凸显、寻利性偏好带来的教师流动和契约化聘任的引入使得高校教师劳动关系在主体及主体交互上都具有了资本性。市场化风险控制理念和效益刺激效应融入高校劳动关系，高校因其在人员聘任、经费管理、薪酬分配上的运行和调配功能而具有了资本性；科技发展、知识群聚、人力资本理念的兴盛以及高校内涵式发展的需要，使得优质教师成为高校发展的竞争性人力资本。因此，高校教师劳动关系呈现出市场化的基本特征。

2. 文化性

社会文化和价值观影响人的认知，进而塑造出个体的多元化偏好，并最终影响到个体的效用函数。❶ 高校劳动关系作为社会文化载体之一，其文化性不仅体现为劳动关系主体对文化的偏好，也体现为劳动关系环境的文化性。高校作为教师共同生活和工作的学术文化组织，组织文化、人际文化、科学文化弥漫在各个环节和层次，高校本身便是文化的生发地和内聚域。高校教师既是高校的竞争性人力资本，又是高校劳动关系主体的一方。高校教师人力资本对高校知识生产、声誉生产、文化伦理生产、效益生产的贡献率日益增长，同时也强化了高校高质量教师的自我认同感和环境期望度。高价值性教师除要求与高校发展目标一致的效率性成果和竞争性产出等自利偏好外，还进一步找寻社会尊重、文化满足、话语权均衡等社会性偏好，期待高校组织文化的贴合度和心理归属感。资本性与文化性的合流，促使高校教师由效率导向的人力资本向情感文化与效率双导向的人力资本转变❷，这是高校教师劳动关系的文化性所在。

3. 不稳定性

高校教师是学术人、组织人和经济人的人格集合体。经济人的天然自利性偏好驱使高校教师从生存环境不良领域流向环境优越领域；组织人和学术人的文化适从性和身份满足感诱导高校教师流向文化契合、组织融洽和高身份获得感场域。高校在报酬和发展性投资上对教师合理性诉求的忽视使教师为获得学术发展的追求被经济利益诉求所湮灭❸，高校教师对工作环境感知出现不满而

---

❶ 董志强, 洪夏璇. 行为劳动经济学：行为经济学对劳动经济学的贡献 [J]. 经济评论, 2010 (5): 132-138.

❷ 李志峰, 罗桂. 新时代我国高校教师劳动关系：权利失衡与多层治理 [J]. 教育学报, 2019, 15 (3): 58-64.

❸ 刘金松. 高校教师流动的合理性冲突及限度建构 [J]. 教师教育研究, 2017, 29 (6): 53-58.

产生流动意向。❶ 高校教师凭借自身累积的专业知识、学术声誉、实践技能和人际关系突破高校、区域、国家、行业的壁垒进行自由流动，使原有的劳动关系终结并构建新的劳动关系。高校作为资源输入性组织依赖外部优质资源汇入，高校出于竞争性发展和提高自身声誉需要，吸引、选聘行业内高水平教师进入本校劳动关系系统，同时对校内不符合或不服从整体目标要求的教师进行解约，使其脱离本校劳动关系。在社会主义市场经济体制下，遵循市场规律对教师资源进行优化组合有利于破除原有行政计划、统包统配旧体制的捆绑，激发高校教师的积极性和创造性，满足优化教师资源配比和质量需要。与此同时，流动频率过高和流动规则失范则易导致高校教师劳动关系的不稳定性上升，高校管理成本增加；加剧高校恶性人才竞争和由此导致的人才流失形势，激化学术劳动力市场的交易摩擦。

4. 契约性

高校教师因目标、期望、人际关系各异而展现出难以统一规范化管理的特征。知识性和创造性特质使得自主权成为高校教师职业的基本需求之一，目标追求的多样性和人力资本的竞争性赋予了高校教师流动的工具合理性和价值合理性。趋向物质基础优良但不满足于物质基础，学术责任与伦理担当、利益追逐与成就期望、文化适从与组织依赖杂糅于高校教师的身份和目标之中，高校教师作为劳动关系主体一方个性突出。高校既是劳动合同制定者又是执行者，具有人员选聘、岗位管理、教师职称评审、薪酬分配、经费使用等诸多权利，在劳动关系中处于优势地位；但高校也面临国家拨款的评价考核以及声誉、学科建设和人才竞争等方面的压力，不同层级的高校组织和不同资质的高校教师之间的利益诉求也不尽相同。传统高等教育管理体制下的高校劳动关系是政府主导的行政化劳动关系，是高校行政化现象产生的主要原因。随着高校劳动关系由政府行政命令下的计划录用向高校和教师间签订市场化契约过渡，市场化的自由契约意志和人力资源管理信念进入原本僵化的高校学术劳动力市场，劳动合同成为规范高校教师劳动关系主体双方权责利的重要手段。尽管针对高校教师劳动关系中新旧制度转换不均、主体权利配置失衡、职称结构系统冗杂、多元人员并存的现状，"新人新办法、老人老办法"的调节方式仍在持续使用，但平等、协商、市场化的契约方式已成为不可阻挡的发展方向。

---

❶ 由由. 高校教师流动意向的实证研究：工作环境感知与工作满意的视角 [J]. 北京大学教育评论，2014，12（2）：128-140，192.

5. 价值性

马克思劳动价值论是在古典政治经济学论证基础上通过批判发展而来的，其认为人们为了获得或让渡产品的使用价值，必须进行社会交换，交换的尺度并非由使用价值决定，而是由生产该产品的社会劳动所决定。抽象劳动是形成价值的实体，是商品经济中社会劳动的存在形式，反映着商品生产所特有的社会生产关系，价值是通过物与物的形式表现出来的人与人的关系。由于劳动的社会分工和商品生产的发展，个人的依赖关系逐渐被消除并最终被取代，人的劳动进而具备双重性质，即具体的或效用生产劳动和抽象的或价值生产劳动。❶ 高校教师劳动，尤其是学术劳动，本质上属于社会劳动范畴而具有交换价值，但其在劳动形式、劳动内容和劳动产品方面具有特殊性。一方面，因为其对高深知识的钻研志趣和劳动产品的非物化性，按照马克思劳动价值理论，高校教师劳动在形式和内容上属于抽象的价值生产劳动；另一方面，由于行政权力对高校学术场域的渗透、社会与市场影响下高校对功利性的追求以及高校内部管理体制机制的市场化驱动，高校教师的学术劳动不论是在形式上还是在成果上，都面临日益增加的实践评价和检验压力，学术劳动虽然无法在产品化的初期以具体生产劳动的形态出现，却以驱动和为生产劳动蓄力的方式完成物化和功用化。因此，高校教师劳动关系在价值上具有效用和价值的统一性。由于高校教师劳动关系是由院校和教师围绕学术劳动而形成的劳动关系，从劳动价值论的视角出发，其本质就是双方围绕"价值"而产生的劳动关系，是一种"价值"交换关系，教师希望通过付出学术劳动获得"价值回报"，院校希望通过价值评估赋予教师评估后的"价值"。基于高校教师劳动的学术性、精神性特征，这种价值不仅是物质层面的价值，还包含精神层面的价值。

1.1.4 研究意义

1. 理论意义

党的十九大报告明确指出，要完善党委领导、政府负责、民主协商、社会协同、公众参与法治保障、科技支撑的社会治理体系，在共建共治共享的社会治理格局下建设和谐社会。在社会公正方面强调必须坚持人民主体地位，促进人的全面发展，使全体人民朝着共同富裕目标扎实迈进。党的二十大报告指出，经济结构性体制性矛盾突出，发展不平衡、不协调、不可持续，传统发展模式

---

❶ 丁堡骏. 马克思劳动价值理论与当代现实 [M]. 北京：经济科学出版社，2005.

难以为继，一些深层次体制机制问题和利益固化藩篱日益显现等一系列长期积累及新出现的突出矛盾和问题亟待解决。要敢于面对新矛盾新挑战，冲破思想观念束缚，突破利益固化藩篱，坚决破除各方面体制机制弊端。党的十九大、二十大报告为本研究深入开展指明了方向，奠定了坚实的理论基础，也使得本研究具有鲜明的时代价值和学术价值。

第一，建构高校教师劳动关系理论框架，探索教师劳动关系特征与规律。

以中国高校教师劳动关系市场化转型的具体现象和问题为研究对象，综合运用劳动关系系统理论、和谐理论、差异化管理理论，以学术资本作为研究的逻辑起点，以和谐理论和差异化管理理论作为分析工具，对高校教师劳动关系的基本概念和问题进行科学分析，系统构建高校教师劳动关系理论框架，探索高校教师劳动关系的发展规律。

第二，探究教师劳动关系市场化转型下的矛盾和影响因素，解析深层原因。

教师劳动关系研究关注的不是教师个体，而是具有相同或相似社会文化特征的人群——教师群体，这一群体处于教师劳动关系结构之中，构成了多样化、复杂化的教师劳动关系系统。哪些因素在影响高校教师劳动关系转型？教师劳动关系转型对高校学术系统及教师发展会产生什么影响？从政治、社会、市场、院校、个体发展等多维度分析教师劳动关系转型的影响因素及后果，解释和验证教师劳动关系市场化转型的因果关系，可以丰富新时代劳动关系的理论体系。

第三，对我国高校教师劳动关系政策进行解释和反思，提出政策创新策略。

从实践角度看，目前我国高校教师劳动关系表现出一定的不合理性，其矛盾冲突的调解也出现了一系列新问题，根源在于制度和政策设计。因此，迫切需要对既有政策进行修正和创新。高校教师劳动关系的和谐治理对教师队伍建设、学术生产与发展、高校管理体制改革以及高等教育内涵式发展都具有重要意义。因此，反思我国高校教师劳动关系政策存在的问题，提出政策创新策略具有重要学术价值。

2. 现实意义

随着我国经济社会改革进入新时代，新常态下教育体制机制改革难度加大，高校教师人事矛盾与纠纷进入多发期。武汉大学"3+3"聘任制改革、临沂大学300名教师的去留问题引发的高校教师聘用矛盾引发社会舆论，预防化解高校教师劳动矛盾与纠纷成为现实问题。所有制关系和分配方式多元化、人事制度改革和学术劳动力市场的形成，使我国高校教师劳动关系发生深刻变化，多样化与复杂化并存、市场化、自主化和契约化成为高校教师劳动关系发展方向。深入把握高校教师劳动关系发展态势与主要模式，掌握教师劳动关系历史发展与模式塑型的规律与特征，分析其演化路径与趋势方向，是实现教师职业期待和价值追求、促进高校内涵式发展的基础。另外，高等学校作为社会主义和谐社会建设的重要组成部分，也需要高校教师劳动关系的和谐建构作为支撑。

在我国高校教师劳动关系市场化转型的背景下，聚焦于高校教师劳动关系历史发展基本问题的研究，探索高校教师劳动关系的和谐治理路径，修正政策目标和具体办法，推进政策创新，对于完善符合我国国情的高校教师劳动关系制度与政策体系，促进院校和教师的同向谐振具有重要的实践应用价值。

1.2 高校教师劳动关系：理论溯源与研究述评

高校教师劳动关系是高等教育场域中最重要的社会关系，是劳动关系在高等教育系统中的具体体现。高校教师劳动关系从国家主导向市场化转型关涉政府、市场、高校、教师等诸多利益相关者的权益关系，是高校人事制度改革与治理的焦点问题，其和谐治理也必将成为高校管理体制改革亟须研究的重大课题。

劳动关系作为人类社会最基本的社会关系之一，伴随人类劳动的产生而形成。而对劳动关系的系统研究则是从18世纪亚当·斯密（1776）对产业革命引发的英国系列劳工问题的解释开始的。19世纪卡尔·马克思（1867）系统研究了欧洲的劳工运动问题，认为雇主和资本家之间是不可调和的、矛盾冲突的劳动关系。之后，韦布夫妇（1894）、马克斯·韦伯（1904）、康芒斯（1919）等分别从经济、社会、法学等不同角度对资本主义劳资关系矛盾与冲突进行了系统研究。进入20世纪50年代，邓洛普（1958）引入系统理论模型分析劳动关系，标志着当代西方劳动关系理论系统的形成。20世纪70年代开始，以希克斯（1963）的罢工与谈判理论、海曼（1975）的产业冲突理论、寇肯（1986）等的战略选择理论、库克（2003）的劳资合作绩效理论为代表的劳动关系策略理论丰富了劳动关系的研究。随着经济全球化引发的新劳动问题日益凸显，聚焦劳动关系理论、政策和体制的研究日渐深入。简言之，西方劳动关系理论认为，劳动关系主要是指劳资双方围绕生产控制权和收入分配的系列关系。随着现代大学的形成和发展，高校劳动关系成为高等教育领域最重要的内容，其中高校与教师间因学术劳动而产生的劳动关系是高校最基本的劳动关系。

20世纪以来，涉及劳动关系的研究文献较为丰富，但涉及高校劳动关系，尤其是高校教师劳动关系的研究文献相对较少，从市场化转型与和谐治理角度对高校教师劳动关系进行梳理、阐释与分析的文献付之阙如。国内外研究主要集中在以下几个方面：一是劳动关系概念与性质研究；二是高校教师劳动关系矛盾与冲突研究；三是高校教师劳动关系矛盾与冲突的解决路径研究。

1.2.1 国内外劳动关系概念与性质研究

1. 国外劳动关系概念和性质研究

劳动关系是西方工业文明的舶来物，西方国家多用产业关系或劳资关系来代替劳动关系概念。从代表人物看，亚当·斯密（1776）在《国富论》中将劳动关系阐释为建立在不平等社会分工基础上的社会关系，认为劳动关系矛盾主要是经济利益矛盾。❶ 卡尔·马克思（1867）指出劳动关系是建立在生产资料私有制基础上的经济和阶级利益关系，劳动冲突是劳动双方经济利益的根本对立。❷ 邓洛普（1958）将劳动关系解释为由行为者、环境、意识形态及规则组成的系统，是与经济、政治体系重叠的次级体系。❸ 作为马克思主义的追随者，海曼（1975）认为劳动关系是劳资双方以权力为基础，在劳动中相互控制的过程。❹ 从学派来看，新古典学派认同市场经济具有调和资方和雇员间利益冲突的天然理性，劳动关系是劳资双方在经济理性驱动下的自由、平等交换关系。❺ 管理主义学派劳动关系研究的着力点在于企业和员工管理地位上的服从和隶属关系，管理地位的不平等是劳资矛盾的激发点。❻ 多元论学派致力于探寻劳动关系中利益追逐与公平间的平衡，政府立法和工会集体谈判是消解公平与效率间对垒的有效途径。❼

---

❶ 亚当·斯密. 国民财富的性质和原因的研究 [M]. 北京：商务印书馆，2013：59.
❷ 卡尔·马克思. 资本论 [M]. 北京：人民出版社，1975：195.
❸ Dunlop T. Industrial Relations Systems [M]. Boston: Harvard Business School Press, 1993: 47-61.
❹ 理查德·海曼. 劳资关系：一种马克思主义的分析框架 [M]. 北京：中国劳动社会保障出版社，2008：137.
❺ Akerlof G, Yellon J. Efficiency Wage Models of the Labors of the Larbor Market [M]. Cambridge: Cambridge Univresity Press, 1986: 16-21.
❻ 陈维政，李贵卿，毛晓燕. 劳动关系管理 [M]. 北京：科学出版社，2010：5.
❼ Kochan T, Katz H. Collective Bargaining and Industrial Relations [M]. 2nd ed. Homewood, IL: Irwin, 1988: 6-7.

2. 国内劳动关系概念和性质研究

按照概念范围，可将劳动关系分为"劳动关系广义说""劳动关系狭义说"和"劳动关系严格狭义说"。"劳动关系广义说"认为劳动关系主体可以超出劳动过程，劳动者成为社会保障关系主体时，属于劳动关系的范畴。[1]"劳动关系狭义说"认为劳动关系既包括自然人与用工单位发生的相互关系，也包括自然人集体与劳动者的相互关系。"劳动关系严格狭义说"则认为劳动关系的一方必须是自然人。

按照内部构成划分，劳动关系可分为"一元说"与"二元说"。"一元说"劳动关系是一种单一结构的法律关系，仅在合法性基础上受劳动法调整；"二元说"劳动关系是一个复合结构，除传统标准劳动关系外，还有一个合法或违法的用工关系。[2]

按照属性与特点定义，劳动关系总体是一种包含经济、法律关系的社会关系，从属性是其基本特性。董保华（2006）认为劳动关系兼具实质上的不平等与形式上的平等性。[3] 常凯（2017）认为中国劳动关系是国家主导型劳动关系，具有雇佣关系的经济性、个别雇佣的从属性、劳工团结的必然性、劳资冲突合作的同一性等特征。[4] 陈国林（2018）通过对劳动关系与劳务关系的比较，指出劳动关系具有隶属性、稳定性及持续性。[5] 阎天（2018）在分析李某国与北京同城必应科技有限公司劳动争议案例的基础上，指出从属性是劳动关系最本质的特点。[6]

1.2.2 高校教师劳动关系矛盾与冲突研究

1. 国外高校教师劳动关系矛盾与冲突研究

高校教师劳动关系矛盾与冲突是学界研究重点之一，已有成果主要包括三个维度：第一，聘任合同引发的劳动关系矛盾冲突研究。欧洲大学将教师分为非终身教职员工和终身教职员工，非终身教职员工在工作条件上面临资源与专业发展

---

[1] 姚橙. 劳动关系认定问题研究 [D]. 苏州：苏州大学，2018.
[2] 金荣标，张笑俏. 劳动关系及相关概念的体系化解读 [J]. 湖南科技学院学报，2017，38（1）：103-106.
[3] 董保华. 劳动关系调整的社会化与国际化 [M]. 上海：上海交通大学出版社，2006：35.
[4] 常凯. 中国特色劳动关系的阶段、特点和趋势：基于国际比较劳动关系研究的视野 [J]. 武汉大学学报（哲学社会科学版），2017，70（5）：21-29.
[5] 陈国林. 浅谈工伤认定中的劳动关系问题 [J]. 人才资源开发，2018（13）：24-26.
[6] 阎天. 劳动关系概念：危机、坚守与重生 [J]. 中国法律评论，2018（6）：127-129.

机会缺乏、临时调度、课程投入缺失等限制。[1] 第二，工会作为矛盾冲突消解和教师权益维护组织的效用研究。Seidman 等（1974）和 Ponak、Thompson（1984）的研究发现，教师希望工会保护他们免受不公平待遇和肆意行政干预的侵害，认为工会能够增强工作保障和晋升机会。[2][3] Elmuti 和 Kathawala（1991）通过对美国伊利诺伊州一所签署集体协议的大学工会教员和非工会教员进行调查，发现工会对教员上诉和申诉程序具有积极影响。[4] 第三，高校教师知识贡献度与其权利义务关系研究。澳大利亚学者 Sandra Jones（2002）认为，学术组织中教师的权利、义务及知识贡献度存在显著关联。她以员工责任、享有权利为坐标量，研究三者间的关系，发现员工知识贡献度越高，参与决策程度越高，对就业条件满意度就越高，与院校矛盾也越少。[5]

2. 国内高校教师劳动关系矛盾与冲突研究

国内对高校教师劳动关系矛盾与冲突的研究可分为三个维度：第一，高校教师劳动关系风险研究。毛氽歆（2017）提出，高校劳动关系风险包括高校方和教师方的劳动关系风险，其中教师方风险包括教师引进风险、激励风险、文化氛围风险、教师贡献风险、教师流失风险和教师行为风险。[6] 第二，工会作为消解矛盾冲突和维护教师权益组织的效用研究。陈晓宁（2010）认为我国高校教师维权中存在形式主义、行政化倾向，职能缺位、虚化与异化现象，高校工会在教师维权中的作用有待进一步挖掘，需要创新高校教师维权机制。[7] 第三，聘任制改革引发的劳动关系矛盾冲突。我国高校"非升即走"聘任制改革后，教师岗位不加区分、评价标准单一成为公众对教师聘任的普遍诟病。[8] 在固定期限聘任制下，劳资博弈机制缺乏、教师正当利益诉求被掩盖、学术自由

---

[1] Kezar A. Embracing non-tenure track faculty: Changing Campuses for the New Faculty Majority [M]. New York: Routledge, 2012.

[2] Seidman J O E L, Edge A, Kelley L A N E. Attitudes of Hawaiian Higher Education Faculty Toward Unionism and Collective Bargaining [J]. Journal of Collective Negotiations, 1947 (3): 91-119.

[3] Ponak A M, Thompson M. Faculty Collective Bargaining: The Voice of Experience [J]. Industrial Relations, 1984 (39): 449-463.

[4] Elmuti D, Kathawala Y. Full-time University Faculty Members' Perception of Unionization Impact on Overall Compensation Dimensions [J]. Journal of Research and Development in Education, 1991 (24): 9-15.

[5] Jones S. Employee Rights, Employee Responsibilities and Knowledge Sharing in Intelligent Organization [J]. Employee Responsibilities and Rights Journal, 2002 (14): 69-78.

[6] 毛氽歆. 转型期高校劳动关系变革风险与防范 [J]. 现代教育管理, 2017 (1): 110-115.

[7] 陈晓宁. 高校劳动关系转型与工会维权模式创新 [J]. 南京审计学院学报, 2010, 7 (4): 52-56.

[8] 熊丙奇. 淘汰"教学型"教师动摇高校之本 [N]. 新华每日电讯, 2014-07-30.

无法得到充分保障。❶高校非事业编人员与事业编人员同工不同酬现象大量存在，非事业编人员社会保险和住房公积金问题突出，高校违反《中华人民共和国劳动合同法》（以下简称《劳动合同法》）的行为侵害了非事业编制人员的劳动权利，等等。❷

1.2.3 高校教师劳动关系矛盾与冲突的解决路径研究

1. 国外高校教师劳动关系矛盾与冲突的解决路径研究

第一，秉持公平管理理念。通过对美国"非升即走"制度的探究，发现对不同聘任制教师平等对待有益于缓和劳动关系矛盾。第二，促进教师的多样化发展。通过对北美高校教师的考察发现，通过设置不同的教师发展项目可以保障教师的多样化发展，从而平衡不同聘任类型教师之间的劳动关系。第三，科学的薪酬激励制度。在薪酬结构设计中，Gibbons R. 和 Murphy K.（1992）建立了基于大学教师职业生涯的薪酬激励模型。Hanley P. F. 和 Forkenbrock D. J.（2006）等构建了兼顾教学、研究、服务三个方面业绩数量与质量的薪资模型。第四，注重个人关怀。Kezar、Adeianna 等（2016）通过分析认为减轻四年制大学教师压力、增强组织认同感可以提高教师的学术工作积极性，有效缓解教师劳动的矛盾冲突。

2. 国内高校教师劳动关系矛盾与冲突的解决路径研究

第一，完善法律规章制度。随着高校人事改革不断深入，部分学者主张利用法律改善劳动关系，《劳动合同法》的实施奠定了劳动关系治理的法律基础。刁慧娜（2011）认为解决教师与高校用工纠纷的关键在于明确教师与高校之间法律关系的性质。❸ 李铮（2013）认为要完善现行法律体系、提高法律层级，以立法形式明确高校与教职工之间的劳动关系。❹ 朱兵强等（2017）以湖南大学教师解聘事件为例，建议对劳动合同、权利行使、法律救济三方面制度进行完善。第二，加强劳动关系管理。❺ 高校劳动人事争议处理问题研究课题组（2008）认为减少和妥善处理高校人事争议的主要途径是加强人事管理，加快

---

❶ 娄宇. 我国高校"非升即走"制度的合法性反思 [J]. 高等教育研究，2015, 36（6）：21-32.
❷ 薛长礼，柴伟伟. 高校非事业编制人员劳动关系问题探析 [J]. 经济论坛，2011（2）：197-199.
❸ 刁慧娜. 高校教师劳动合同法律适用问题研究 [D]. 长春：吉林大学，2011.
❹ 李铮. 公立高校人事管理法律问题研究 [D]. 长沙：湖南大学，2013.
❺ 朱兵强，曾妍，陈指挥. 高校聘任制下教师解聘法律问题探析：由湖南大学教授解聘事件引发的讨论 [J]. 高教探索，2017（7）：110-114.

高校用人制度改革。薛长礼（2011）从编制角度，指出缓和高校与非事业编职工劳动关系需要领导重视和规范劳动合同签订与执行，确保待遇一致，建立多层次、多维度的高校职工维权机制，维护非事业编教职工的权利。❶ 第三，发挥工会建构作用。李会欣（2008）从高校劳动关系的新变化入手，认为高校工会要创新维权机制，实现全方位、法制化、多层次、多形式、高水平的维权。❷ 王源平等（2012）阐释了高校工会具有维护、参与、建设、教育四项基本职能。❸ 王晓东等（2016）认为高校工会是青年教师的"减压阀"，要加强思想政治教育、开展人文关怀，缓解青年教师压力，协调劳动关系。❹ 刘江（2016）认为高校工会改革要以教职工需求为导向，构建面向教职工的、自下而上的工作机制。❺ 第四，促进薪酬制度改革。吴燕（2006）从高校职能的多样性和教师工作的特殊性出发，提出高校教师薪酬制度必须考虑高校特点和教师发展目标，尊重教师职业和学术工作特性，使高校薪酬制度改革具有针对性、合理性和有效性。❻ 马晓娜（2006）认为当前高校青年教师薪酬管理存在对内公平性不够、对外缺乏竞争性、对个体激励性不足等问题，提出建立科学的绩效考核体系、引进宽带薪酬体系、对青年教师实施最低年薪制等办法。❼ 第五，推进职称评定制度改革。叶芬梅（2009）指出协调整合政府、市场、学术三种力量及其协作机制是高校教师职称制度改革的关键。❽ 赵梁红（2009）指出要有效实现制度公平，必须在制度设计和安排上跳出"职称"怪圈，通过提升教师文化自觉，激发教师教学和科研的内在积极性，解决教师职称问题。❾ 王向东（2015）分析了教师职评过程的功利导向给教师教学、科研工作带来的负面影响，指出要从转变制度设计理念、优化行政管理模式、提高制度德性及降低

---

❶ 薛长礼，柴伟伟. 高校非事业编制人员劳动关系问题探析 [J]. 经济论坛，2011（2）：197-199.
❷ 李会欣. 由高校劳动关系的新变化看工会维权机制创新 [J]. 中南大学学报（社会科学版），2008（5）：655-660.
❸ 王源平，赵芳，高隽，等. 现代大学制度下高校工会角色定位与职能要求 [J]. 社会科学家，2012（S1）：147-150.
❹ 王晓东，祝子涵，王优. 高校工会要当好青年教师的"减压阀" [J]. 中共山西省委党校学报，2016，39（5）：108-111.
❺ 刘江. 我国现代高等职业教育体制改革与机制创新发展之路：评《中国高等职业教育发展路径分析》[J]. 中国教育学刊，2016（6）：143.
❻ 吴燕. 高校薪酬制度改革的理念与思考 [J]. 教育与职业，2006，(2)：7-9.
❼ 马晓娜. 高校青年教师薪酬管理中存在的问题及对策 [J]. 复旦教育论坛，2006（1）：63-66.
❽ 叶芬梅. 建国60年高校教师职称制度变迁逻辑与制度反思 [J]. 现代大学教育，2009（6）：33-38，112.
❾ 赵梁红. 基于公平的高校教师职称评审制度的构建 [J]. 中国高教研究，2009（11）：64-67.

竞争强度等方面对教师职称制度进行完善。❶ 第六，新型高校教师劳动关系的建构。左文龙（2004）认为高校劳动关系应向市场化、法治化、国际化趋势发展。❷ 王富兰（2011）认为要构建教师劳动关系的"四位一体"权利体系，即建立"个人—单位—社会—国家"的价值关系，实现劳动关系的个人价值、单位价值、社会价值、民族价值和国家价值的价值目标统一。❸

1.2.4 国内外研究述评

1. 对新时代高校教师劳动关系的基本问题缺乏系统深入的研究

目前大多数高校教师劳动关系研究只是从某一方面展开，缺乏系统性、连续性、全面性，呈现出碎片化的特点，缺乏从劳动内容、劳动报酬、劳动时间、劳动条件、劳动卫生、劳动安全与保障、过度劳动、劳动心理等劳动关系核心要素出发进行的系统研究。总体看来，已有研究对于高校教师劳动关系市场化转型的基本问题，如高校教师劳动关系的概念、性质和结构、类型与特点、历史沿革，市场化转型的目标、转型原因、转型方向、转型对于组织和个体发展的功能和后果，转型的成本与效益、对学术劳动力市场的影响、转型的动力机制、治理逻辑等都缺乏较为深入的历史、现实和比较研究。

2. 新时代高校教师劳动关系和谐治理的影响因素与政策研究不足

随着高等教育国际化竞争加剧和市场经济转型，高校教师劳动关系矛盾和冲突频发，中国高校内部治理结构供给侧改革也亟须对高校和教师劳动关系规律进行研究，对新时代高校教师劳动关系和谐治理的影响因素与政策进行研究。在高等教育普及化与建设和谐社会的新时代，如何通过对高校教师劳动关系市场化转型趋势和影响因素的研究以及对高层次人才劳动关系政策的改进促进教师劳动关系的和谐治理，构建高校与教师间的和谐劳动关系就成为高校教师劳动关系的重要研究课题；同时，针对不同类型层次高校教师劳动关系的案例研究，对于发现不同层次类型高校教师劳动关系的特点和发展趋势、总结转型与治理规律，改进高校教师劳动关系也同样具有重要意义。目前已有的研究成果对于这些方面的关注度不够。

---

❶ 王向东. 大学教师评聘制度过度功利导向的负面影响及其控制：基于社会学制度主义的视角[J]. 现代大学教育，2015（2）：88-94，113.
❷ 左文龙. 我国高等院校劳动关系的三种发展趋势[J]. 中国高等教育，2004（Z2）：29-30.
❸ 王富兰. 建立高校教师劳动关系"四位一体"权利体系[J]. 江苏高教，2011（3）：89-90.

3. 高校教师劳动关系的实证研究方法应用缺乏，结论可靠性不足

目前，对高校教师劳动关系的研究仍以文献法、政策分析法、历史与比较研究法、案例研究法等定性研究方法为主。这些方法虽然有其优势，但对高校教师劳动关系研究来说显然不够。对于高校教师劳动关系这一复杂的研究领域，如果缺乏对不同层次类型高校教师劳动关系的状态、类型、影响因素、劳动争议与纠纷、制度与政策等方面的大数据动态支持和实证研究，就极易导致研究结论失之偏颇。显然，在以往的研究中，实证研究方法的使用比较缺乏，新的研究技术的使用也较少。

1.3 高校教师劳动关系：理论基础与研究方法

1.3.1 理论基础

1. 劳动关系系统理论

劳动关系系统理论认为，行为主体、环境、意识形态、规则网是构成劳动关系系统的基本要素，规则的制定、建立和完善是劳动关系的核心问题。劳动关系系统运行是通过输入主体、环境和意识形态，以集体协商、仲裁的方式实现转换，最终输出规则并反馈到输入、转换程序进行检验、修正的过程。劳动关系主要是将冲突转化为规则的过程，集体谈判是基础。

2. 劳动关系管理理论

人事管理学派的关注重点在于管理者和劳动者之间的就业意图、组织目标、管理方式等方面。他们认为，在劳动关系存续过程中，员工与组织间存在"利益一致性"，工作中基于管理与服从关系的偏差，易造成员工的消极怠工及不满情绪。对于已建立工会的组织，他们认为应发挥工会的积极作用，促进组织与工会建立合作关系，保证组织和谐稳定。从组织角度说，对组织与员工间劳动关系管理具有经济和文化价值，解决劳动关系双方矛盾冲突有利于增强组织凝聚力，稳定员工队伍，提高员工工作效益，保障员工职业发展，维持社会和谐稳定发展。

3. 历史制度主义理论

复兴于20世纪80年代的历史制度主义，是新制度主义三大流派中体系较为完备的思想派别，在与社会学制度主义、理性选择制度主义构成的三大流派中居于重要地位。历史制度主义合理批判并继承了行为主义和宏大理论的理性内核，对结构功能主义、比较政治学中的政治发展理论及韦伯的解释社会学理论进行吸纳与借鉴，借助对历史变迁、关键事件及行动者效应的演绎展现制度生成至消亡的过程，在对历史进程的回溯中刻画制度的流变和逻辑。历史制度主义在制度分析框架中引入行动者的能动作用，以中观视角审视长时段下国家、政治与社会间的互动❶，将制度作为分析和解构历史的工具，克服了宏大理论和行为主义在中层维度分析社会制度方面的缺失，进一步拓展了制度研究的视野。

4. 和谐治理理论与差异化管理理论

和谐治理理论认为，和谐是指人与人、人与物、人与事之间的平衡融洽而不冲突或者虽然存在矛盾冲突但被限制在合理阈限内的相对稳定状态。差异化管理理论认为，人力资本具有价值性和独特性双重属性，从人力资本的价值性和独特性两个维度剖析员工类型、管理差异化劳动关系，有利于对在属性上具有差异性组合的员工进行平衡性、和谐化管理，构建个性化劳动关系。

5. 协同治理理论

协同治理理论又称"协力治理理论"或"协作治理理论"，自20世纪90年代以来得到广泛重视。协同治理理论强调通过协调公共部门和私营部门实现共同目标，是目前社会治理模式自省性认同的基本趋势。协同治理聚焦于宏观视域下多个利益集团的集体决策、团体协商、广泛参与等，是指多元主体摆脱单极桎梏后通过协调与合作，形成相互依存、共同行动、共担风险的治理局面，以促进公共利益的实现。协同治理可以通过设置治理操纵的流程与治理结构，有效扩大民主合意与治理主体之间的张力，降低政策或管理的对抗性高成本，为各方治理者搭建更为畅通的沟通协作平台。

这些理论对于高校教师劳动关系市场化转型的内涵、过程、动力、特征、转型中的矛盾冲突以及劳动关系和谐治理政策的分析均具有较强的解释力。

1.3.2 研究方法

第一，文献研究法。通过广泛的文献收集、甄别、统计和分析，对我国高校教师劳动关系历史发展中的标志性事件、国家政策法规、市场环境、高校管理体制、教师身份、理念及行动等相关文献进行系统梳理，阐释我国高校教师

---

❶ Piearson P. Politics in Time: History, Institutions and Social Analysis [M]. Princeton: Princeton University Press, 2004.

劳动关系历史发展的过程、特点与规律，探讨高校教师劳动关系历史发展的模式与结构、性质与逻辑、动力机制与路径依赖。

第二，历史研究法。通过对我国高校教师劳动关系的历史发展过程与逻辑脉络进行系统描述与深度解析，总结我国高校教师劳动关系发展的特征、阶段与经验，全面归纳中华人民共和国成立以来我国高校教师劳动关系的主要模式，科学诠释高校教师劳动关系的发展趋势。

第三，政策分析法。系统化搜寻和深度挖掘中华人民共和国成立以来国家及政府各部委出台的涉及高校教师劳动关系的相关法律法规、规章制度、政策报告、措施文件，廓清和总结高校教师劳动关系历史发展的过程、特质、结构与逻辑，使高校教师劳动关系模式变迁的研究符合必要的时代性、国家性、社会性和政策性要求。

第四，调查研究法。对五大类型高校教师劳动关系主体开展问卷调查，在此基础上对市场化转型背景下高校教师劳动关系矛盾冲突的内在机理进行统计分析与建模。本研究基于国家社科基金（教育学）一般项目展开分层抽样问卷调查，回收问卷样本2812份，纸质问卷和电子问卷相结合，信效度较高。除进行问卷调查外，在比较研究和政策建议部分进行深度访谈调查，对象包括但不限于政策制定者、劳动关系研究者和存在劳动纠纷与争议的高校教师。本研究对不同层次、类型的49名教师进行了多次电话和邮箱访谈，获得了29万字的访谈资料。

第五，案例研究法。一是对具有代表性国家的高校教师劳动关系治理体系进行案例分析，找出不同国家高校教师劳动关系治理的经典模型；二是对中国不同类型、层次的高校进行典型案例研究，找出不同层次、类型的高校教师劳动关系治理的逻辑与特点；三是对教师个体典型案例进行研究，分析不同层次、类型劳动关系教师的诉求，找寻不同劳动关系的矛盾冲突焦点、共性和个性特征。

第2章

高校教师劳动关系：基于学术分工的理论分析

2.1 学术分工：高校教师劳动关系的逻辑起点

人类历史是一部劳动和劳动关系的建构史、演进史和发展史。工业革命和工业文明的诞生和突飞猛进，使得劳动关系的迭代和演化高速前进，劳动关系的迭演背后实质是资源要素、利益竞争、劳动分工、分配模式和权力结构的分化与重组。

劳动是人类社会生存和发展的前提和基础，分工则是对人的劳动相对固定的专业划分。分工是按一定的方式将生产资料和劳动者进行结合，是劳动的社会存在形式和协作的最高表现形式。❶

伴随着文明的发展，分工不断产生密集、结合、协作、私人利益或阶级利益对立、竞争、资本积聚等诸多形态。马克思在《资本论》中对社会分工和一般意义上的分工进行了明确的概念区分：就劳动本身而言，社会生产可分为农业、工业等大类，即一般分工；以上的生产大类可分为种和亚种，即特殊分工；工场内部的分工叫作个别分工。马克思将前两种称为社会内部分工，学界则将前两种称为社会分工，后者称为劳动分工。简言之，只要存在劳动过程和劳动事实，劳动分工就必然发生，并伴随着劳动始终和动态变迁。劳动分工是人类劳动发生的必然产物，社会分工则不存在于所有的社会形态中，而是一个不断

---

❶ 任勍婷. 从"自然秩序"到"资本逻辑"：论斯密与马克思的劳动分工思想及其当代意义 [J]. 山东社会科学, 2016 (2): 70-77.

产生、发展和消灭的动态过程，并对社会生活产生广泛影响。❶

社会分工是社会发展的必然过程和结果，其通过使不同劳动者承担不同种类的生产，并借助渐趋集约化的生产和劳动工具培训，提高劳动者技能、促进生产工具专业化、节约劳动时间，从而提高劳动效率、降低生产成本、扩大劳动规模，产生比简单合作强大的生产聚合力，最终为人类的全面发展提供广泛和丰富的物质前提和基础。

在现代化的产业模式下，不同的产业类型需求不同的用工和劳动形式，第一产业、第二产业、第三产业的区别在基底上划分了不同的劳动和用工形式，劳动和用工形式长久固化成为职业的雏形。体力劳动与脑力劳动，重复性低水平体力劳动、操作性体力劳动与技能型体力劳动，低水平智力劳动、高水平智力劳动、纯知识型创造劳动，在不同分类方式下，劳动和用工形式亦各不相同。资源要素、竞争样态、分配模式和权力结构是产业形态的底层逻辑和运作框架，职业作为劳动和用工形式的习惯固化，劳动分工的不同区分出不同的劳动形态和对应的劳动关系。

就劳动内容、劳动形式和雇佣性质而言，高校教师属于知识型员工。彼得·德鲁克（Peter F. Drucker）最初将知识型员工界定为掌握并运用符号和概念，利用知识和信息工作的劳动者。随着时代的发展，这一原本用于代指经理的术语逐渐泛化到职业工作者，并随着市场化理念和效率意识融入高校场域。高校教师作为知识型员工，既有知识性员工的共性特征，又有其自身的特性。尤其在中国公立高校，在现有的管理体制下，高校教师属于知识型员工，其劳动内容、劳动形式和雇佣性质存在着显著的差异。

随着知识经济时代的到来，知识和技术的全球化创新加速涌现，国家间的竞争成为知识的生产、高效率传播和使用与转化增值的竞争，归根结底需要高度依赖知识的生产和创造者——知识型员工。而聚焦到高深知识的生产、传播和使用增值，高校教师必然作为知识型员工的一种特色类型参与到这个竞争中。

知识型员工具有追求的多样化、自主性、个性化，追寻工作内部满足感❷，积极找寻专业而非雇佣忠诚度、工作自由度和环境支持，具有高密度、持续性的知识与认知更新，隐性劳动时间显著高于岗位规定劳动时间等职业特质。从

---

❶ 王映莲. 马克思恩格斯"劳动"概念的逻辑理路与当代意义［J］. 中国劳动关系学院学报，2021，35（2）：38-47.

❷ 蒋春燕. 知识型员工流动研究［J］. 中国人才，2001（7）：30-31，35.

这个角度来看，高校教师作为知识型员工具有共同的特征。

在劳动法法理下，高校和教师之间基于教师劳动从属性的聘任关系符合劳动关系的一般要求，高校为适格用人主体，高校教师符合劳动者的法律身份要求。高校教师作为劳动者和知识型员工，自然符合劳动和劳动分工理论对劳动形态和劳动关系区分与塑造的一般性规律。当然，也存在着特殊性的要求，高校教师在适用法律方面与企业中的知识性员工存在着差异。

大学教师作为一种历史久远的职业，与其他职业一样都是劳动分工的产物。受制于资源要素的有限性、利益竞争格局的周期性、分配模式的调整和权力结构的规制，同时受一定历史环境条件下政治、经济、社会文化的影响，其具有劳动分工的一般性；但其劳动内容、劳动形式、劳动者特质、劳动性质、社会功能、法律适用和司法救济等方面的异质性又决定了高校教师作为职业类型的一种特殊类型，具有自身的特殊性。

追逐学术志趣的价值理性与物质保障和职业发展的工具理性兼具，职业稳定性与发展流动性共存，寻利性偏好、文化认同与社会偏好共有是高校教师学术职业特殊性的典型表征。具体表现为：高校教师在对编制、职称、岗位等稳定性条件依赖的同时，不同层次类型的高校教师在积极开展人才培养、科学研究、社会服务等学术性工作过程中，尝试通过学术职业的水平流动和垂直流动，力图突破原有学术职业所在维度、生态、圈层和人际关系的束缚，获取更高声誉、物质利益、学术资源、行业站位与职业延展性发展空间。在对待遇、福利保障等生存性条件保持敏感的前提下，高校教师孜孜寻求组织文化的融入性、职业归属感、社会认同与身份满足。当物质性条件得到基本满足之后，精神性条件的满足成为从事学术职业的重要动机。单纯的劳动报酬无法简单满足高校教师作为学术劳动者的多样需求。这也是在劳动分工一般性下，高校教师职业的特殊性所在。

职业的特殊性使得高校教师职业既无法直接套用利益—效率导向的企业员工分工、考核、激励和劳动矛盾冲突调节形式，也无法简单借用政府公务人员或者其他专业技术人员的分工、考核、激励和劳动矛盾冲突调节形式，甚至对于同属于教育生态的中小学教师的分工、考核、激励和劳动矛盾冲突调节形式也无法平行适用。

这是因为，高校教师从事的是学术劳动，以高深知识的生产和传播为旨趣，学术劳动是高校教师劳动的底色和高校教师与其他职业劳动者的根本分野。但究其源本，学术劳动作为劳动的一种特殊存在与表现形式，天然地具有劳动的一般属性，也理当符合劳动分工的一般逻辑与规律。

学术分工是高校教师学术劳动发生、发展的必然产物，学术分工伴随着高校、高校教师学术职业、高校教师劳动等要素构成的学术劳动力市场变迁与动态发展，是劳动分工在高校场域和学术劳动力市场的迁移和具体体现。它兼具劳动分工的一般性和学术劳动的特殊性，在彰显资源要素、分配模式与权力结构对劳动形态和劳动关系型塑的过程中，杂糅着组织归属、文化认同、身份满足等高校教师职业特有的社会性和精神性偏好。

在学术分工逻辑下，不同学术劳动者承担不同等级和类型的知识生产与传播工作，大幅度、高效率地促进学术生产的专业化和学术劳动的职业化，其效果是显著提高知识尤其是高深知识的生产、传播与增值效率，推动知识和技术的全球化创新，为知识时代经济的爆发式增长、知识时代的国际竞争提供源源不断的人才和智力储备。这也给高校教师劳动关系的特殊性及其和谐治理带来了新的解释。

大学是资源依赖型组织，需要天然的资源支持其生产和发展，这决定了大学需要作为社会和市场系统的一环而存在。在政治、社会和市场力量向高校加速渗透和裹挟的进程中，高校教师职业逐渐发展和成熟。

伴随大学功能的多样化，教学、科研、社会服务已然是大学应对社会与市场需求的功能演化，而作为高校组织成员、智力供给主体和被雇佣者的高校教师，其功能和劳动性质也在不断演化。与此同步，高校教师内部基于学术分工的不同催生出不同的学术劳动形式，而不同的学术劳动形式则需要适用不同的高校教师劳动关系。概言之，学术分工的不同区分出不同的学术劳动形态和相对应的高校教师劳动关系。

2.2 高校教师劳动关系：主体、环境、意识形态、规则网络

劳动关系系统理论认为，行为主体、系统环境、意识形态、规则网络是构成劳动关系系统的基本要素，规则的制定、建立和完善是劳动关系的内核。劳动关系系统的运行是通过输入主体、环境变量和意识形态，以集体协商、谈判、仲裁的方式实现中间转换，最终输出规则并反馈到输入、转换程序进行检验、修正的过程。实现从矛盾冲突到有序规制的转化是劳动关系的关键过程，集体谈判既是其方法，也是其基础。

高校教师劳动关系既是社会劳动关系系统的构成，同时，其本身也是一个

复杂精密的系统，主体、环境、意识形态、制度网络等要素交错于高校教师劳动关系系统中。高校教师劳动关系的历史发展和模式变迁是众多系统要素互动和作用的过程，不同要素的参与目标、权力结构、地位层级及其变动深刻塑造着高校教师劳动关系的深层结构。可以说，正是要素的特征与变化聚合成为高校教师劳动关系的深层结构特征，而不同要素之间的利益摩擦和无序互动产生了高校教师劳动关系模式变迁的路径依赖现象。

在高校教师劳动关系系统的常态化框架与程序行进中，行政调控与市场机制相伴共生、资源困境与权力结构互为牵制、协调均衡与冲突矛盾交错杂糅、外围生态与内在机制交互作用，其行为主体、系统环境、意识形态和规则网络兼具劳动关系系统的共性和高校教师劳动关系的独特性。因此，系统解析高校教师劳动关系的系统要素，探索其要素构成、要素特征与功能、要素的作用机理，对于分析高校教师劳动关系深层结构特征、路径依赖，归纳其模式变迁的过程与规律，探寻其模式变迁的动力机制，具有关键性的作用。

2.2.1 行为主体：高校教师劳动关系形成的利益相关者

从广域视野分析，高校教师劳动关系系统的行为主体包含教师、高校、市场以及密切联系的政府管理组织四类利益相关且互动建构的序列，政府作为系统规约者、规则制定者及监督者，与承担运行协调和资源流转的市场互为表里。市场和政府管理组织分别扮演着高校教师劳动关系和学术劳动力市场活跃者与规制者的角色，从隐性的协调力和刚性的制度力出发，并力促进高校教师劳动关系的平衡与和谐。其中，市场通过扩大行业规模，健全资源分配与流通机制，畅通人力资源筛选、适配与培训体系，持续优化薪酬福利与劳动保护制度，完善竞争性的人才上升与退出机制等多样化方式实现高校组织的资源—效益的最大化产出、高校教师的职业发展，促进学术劳动力市场的和谐运行与资源优化。

从法理层面审视，政府管理组织作为高校教师劳动关系的规制者与保障者，其制度、政策和法律是对高校教师劳动关系的矛盾冲突进行调控和制约的有效工具。具体而言，政府管理组织可以通过健全高校教师劳动关系法律法规与政策体系，有效弥补现阶段由于相关法律有效供给不足导致的高校教师法律身份模糊、司法救济渠道狭窄的困境；构建科学合理的基于第三方的高校教师评价与晋升机制，促进高校教师有序流通。2022年11月，人力资源和社会保障部印发《关于进一步做好职称评审工作的通知》（以下简称《通知》）。《通知》

提出要进一步激发专业技术人才创新活力，破解职称评审中"一刀切"的问题，不得将科研项目、经费数量、获奖情况、论文期刊层次作为职称评审的限制性要求。此为政策改进的体现。

快速推进的市场化人力资源配置方式、政府简政放权背景下高校权力的进一步扩展以及高校内涵式发展的实践需要，使得高校作为法律拟制的雇佣主体的用人自决权逐步扩大；与此同时，高校教师的职业自主权亦同步扩大。

从微观角度透视，高校和教师构成了高校教师劳动关系系统内彼此冲突对立又相互依存共生的行为主体，两者是高校教师劳动关系系统的直接建构者。在劳动法的分析框架下，一方面，高校教师适用法律对劳动者身份的界定，教师劳动关系具备人身从属性、组织从属性、经济从属性等劳动关系的基本特质，高校教师享有劳动法规定的劳动者权利并归属于劳动法的调节范畴；另一方面，高校是符合劳动法要求的适格用人机构，高校和教师构成高校场域内聘任关系的适格主体双方，高校和教师之间的契约关系是劳动关系契约化特质在高校环境的投射。

2.2.2 系统环境：高校教师劳动关系变迁的外生变量

劳动关系变迁是在劳动关系与系统环境互构中动态调整的过程，外界环境的变动深刻塑造着劳动关系系统的规则、结构与供求关系，劳动关系主体及利益相关者的行动和方向持续受到系统环境的复合作用，从而使得劳动关系系统深深地刻上了环境烙印。

高校教师劳动关系的系统环境大致可以分为法律环境、制度环境、政策环境等刚性高位环境以及院校环境、学术生态环境、组织文化环境、同事环境、个体成长环境等次级和柔性共生环境。

法律环境供给高校老师合法劳动者身份并为其劳动内容、劳动强度、劳动时间和工作量确定、劳动权行使、司法救济等提供依据与渠道，典型体现为，公立高校与民办高校的教师，其法律身份存在区别。

在预聘—长聘制改革进入普及阶段，高校存量教师仍旧沿用原有的行政化调节方式，"新人新办法、老人老办法"还是现阶段高校教师劳动关系治理的基本政策。历史和现实制度环境要素的叠加，使得终身制、合同聘用制、人事代理制、临时用工制等多样且复杂的高校教师劳动关系共存于高校场域和学术劳动力市场，并在未来发展过程中呈现出越来越多样化的趋势。

工资制和社会保障制度改革，"放管服"改革与教师评审权下放等政策环境变迁，选聘、绩效考核、学术评价等高校制度性规范直接影响到教师评价、晋升和流动等高校教师的发展性权益，以及养老、医保等高校教师的切身利益。与此同时，作为学术人和文化人的高校教师，天然会受到高校组织文化的亲和力、学术环境与氛围的自由和开放度等环境的作用，这些因素驱使高校教师与劳动关系系统的其他主体和利益相关者产生良性或消极互动，进而影响高校教师劳动关系的整体结构与样态。

高校教师劳动关系系统作为劳动关系系统在高校场域的个性化表达，随着社会环境、政治体制和整体文化氛围的变化而演化变革。高校劳动场所适宜度、文化的自由和宽松性，高校教师的生存、培训与发展条件，法律法规与相关政策的供给效率和适用性，市场经济体制的发展与调整趋向，人力资源及物质资源配置额度的预期与涨落，高等教育场域的权力总量、层次结构和流通规则等，这些要素与高校教师劳动关系系统的转型及演进密切相关，推动或者阻滞着高校教师劳动关系的进步，成为影响其变迁的外生变量。

2.2.3 意识形态：高校教师劳动关系转型的内部驱动

意识和观念是具有先导性、互动性、前置性的规范合集，其将行政机关、党派等行动者的建构性于特定任务中进行联结，获得群体认可并为政策功能的可能后果提供评价准则。[1] 高校教师劳动关系系统的意识形态是指高校教师劳动关系系统主体在自愿遵循、互利规约、平等公开基础上构建和订定的一系列价值、观念、信仰和准则等，包括高校治理原则、教师管理理念、学术共同体准则、学术信仰、教师职业价值观、教师操守等具体表达。相较于具有强制性的法律法规、规约性的规章制度和隶属性的聘用合同，意识形态具有域内包容性、隐蔽性、识别性、排他性和强大的群聚功能，其柔性间接地影响着教师、高校等劳动关系系统主体各方对自身和其他主体身份、价值、功能和层级的认可、态度及行为。主体间意识形态的和谐统一和自觉恪守，有助于高校教师劳动关系系统平稳运转、良性竞争、规避矛盾与冲突；而封闭保守的意识形态则会使劳动关系系统的发展走向固化，在实践层面制约高校教师劳动关系的模式变迁。

高校教师作为学术劳动者和学术职业的从业者，教书育人的优良传统、职

---

[1] Katznelson I, Milner H V. Political Science: State of the Discipline [M]. New York: W. W. Norton Company, 2002.

业价值观和职业操守，伴随学术劳动和高深知识志趣的学术信仰以及建立在学者行会基础上的学术共同体准则，使得高校教师具有区别于单纯市场经济人的道德性、文化性和知识纯洁性特征，在学术生产的源头保证知识的非利益性，这在很大程度上成为高校教师劳动关系和谐与稳定的正向作用力。

随着市场化理念和效率意识对高校的融入，市场化契约意识、合同意识逐渐深入高校教师劳动关系，并深刻塑造着现代高校教师劳动关系的形态。高校教师的权利意识逐渐觉醒，除获得薪资福利、培训晋升等生存和发展性满足外，高校教师开始发声寻求高校管理的参与和决策，争取劳动法规定的劳动者基本权益和学术劳动的特殊权益，从而为一系列的高校教师劳动关系矛盾与纠纷的发生预设了背景和可能性。

2.2.4 规则网络：高校教师劳动关系发展的规制结构

在历史制度主义语境内，规则网络界定了政治领域历史分析和制度变迁的场域与路径。规则网络是劳动关系系统的最终输出与程序规则，也是劳动关系创新发展的规制结构，规则随着系统过程的变化而演变。高校是教师工作、生活和社会交往的重要场所，教师的教育教学、学术研究与创造是高校整体劳动的必要组成和关键环节。高校教师劳动关系系统的规则网络是指用以规约高校工作场所内涉及劳动内容、劳动报酬、劳动时间、劳动条件、劳动安全与保障等高校雇佣关系核心要素的约束性法律法规、方针政策、章程制度、契约合同等规范性建设。适格的法律主体、主体地位的平等、劳动契约的缔结及从属性四要素是判断劳动关系存在与否的前提和基础，也是现代劳动关系的合法性表达。其中，劳动契约作为高校教师劳动关系的承载形式，是劳动关系系统规则网络的骨架构造，关涉薪酬福利、职称评审、岗位流动等的制度即是其体现。政府制定颁发的法律法规、方针政策，高校推行的规章制度、管理程序等，合力促进着高校教师劳动关系系统的平稳运行。

高校教师劳动关系系统在运行中，各要素的动机、目标与利益趋向在不同时段和背景下存在的差异，致使高校教师劳动关系的深层结构在不同历史阶段具有不同特征，具体体现为劳动关系的形式、类型、聘用方式、矛盾冲突焦点等方面的差异。当要素间的目标、权力和利益追逐产生难以调和的冲突和矛盾时，就会导致高校教师劳动关系发展的路径依赖现象，进而成为高校教师劳动关系模式变迁的阻碍。简言之，高校教师劳动关系的系统要素与高校教师劳动关系历史发展及模式变迁的深层结构特征和路径依赖是互为表里、密切相关的关系，高校教师劳动关系的系统要素是其深层结构的组成和特征形成的驱动，也是解析其路径依赖、发掘其动力机制的线索和指标。

2.3 高校教师劳动关系的类型

随着历史转型和现代化管理理念与实践的深度融合，高校管理体制改革的渐趋深入，我国高校教师聘用制度走过了"职务任命制—职务聘用制—岗位聘任制"的演化历程。❶ 现阶段高校教师劳动关系的类型和聘用形式体现出一种新旧交错、因人因工而异的过渡期特性：正式用工、临时用工与返聘用工同檐，计划录用与合同聘用教师、常规教师与长聘制教师共同构成了高校教师劳动关系主体的一方。按照劳动关系的存续期限或劳动合同的履约年限，高校教师劳动关系可分为长期固定型劳动关系和短期流动型劳动关系；在激励—贡献理论下，高校教师劳动关系按激励与期望的对等度可分为准交易型、相互投资型、投资不足型、过度投资型四类；❷ 从法律调节方式视角，高校教师劳动关系可以分为由《中华人民共和国教师法》《中华人民共和国公务员法》及相关人事管理政策调节的劳动关系，由《中华人民共和国劳动法》调节的劳动关系和由《中华人民共和国民法典》调节的劳动关系。高校教师背景、知识、技能、经验及人际关系的异质导致高校教师人员结构的多元化，继而导致高校教师职称结构和聘用形式的多样化。高校教师的聘用形式可分为三类：一是传统的人事行政管理性质的聘用形式，体现为行政命令下的计划录用；二是新型市场化的合同聘用制形式，体现为市场性的自由契约意志；三是返聘、临时聘用等补充聘用形式，构成对已有形式的丰富和完善。❸ 按照劳动关系主体双方的对立—依存距离或者雇佣主体双方的权利—利益调和程度，高校教师劳动关系又可以分为对抗性劳动关系、合作型劳动关系以及和谐型劳动关系。《深化教育领域综合改革实施方案（2014—2018年）》的发布，使得以"非升即走"和终身聘用为内核的"预聘—长聘"制成为高校人事制度改革的潮流。类型多元、聘用形式多样的教师共同构成高校工作界面，成为高校教师劳动关系的典型特征。

---

❶ 朱军文，马春梅，李燕超. 从打破"铁饭碗"到重建"终身制"：研究型大学教师聘用改革的悖论与反思 [J]. 高等教育研究，2017，38（5）：21-25.
❷ 毛态歆. 转型期高校劳动关系变革风险与防范 [J]. 现代教育管理，2017（1）：110-115.
❸ 韩森. 新时期高校劳动关系的特点及工作策略 [J]. 教育探索，2009（3）：71-72.

2.4 高校教师劳动关系的实质：冲突与合作

2.4.1 相互冲突的核心

沉浸在事业单位环境中的高校教师劳动关系是目标冲突的聚合体，尤其是在当前事业单位改制的大环境下，高校教师劳动关系面临着重新洗牌带来的矛盾和冲突。作为契约合同建制下高校劳动关系依存和对立的基本主体，高校和教师在目标追求上体现为一种同向异质的交锋。高校整体效益的增长、运行环境的优化和兼顾教师成长性需要的人才战略裨益教师和高校双方，成为高校教师劳动关系两个基本主体的同向目标。高校追求教师资源优化组合、财力资源效益化配置和成果的持续性、高质量输出，实践策略有竞争性选聘、相对性公平、集中统一化管理、差异化和激励性的工资和福利等。我国高校通过试行发轫于美国终身教职制的长聘制改革，借助"预聘+考核+长聘"的模式达到新进教师和存量教师[1]长聘制并轨，低于遴选标准的新教师"非升即走"，存量教师合理转岗或离校的效果。其目标是在全球、全行业遴选高质量教师，通过预聘末考核机制筛选出具有学术潜力、工作能力和贡献期望的教师；通过终身聘用制和年薪制激励高水平教师学术贡献、提高职业满意度、缓和教师流动倾向；通过"非升即走"和转岗或解聘的压力激发新旧教师的学术和职业动力、消化或淘汰不符合高校发展定位的教师；通过长聘和非长聘的角色和话语权差异、薪酬差距、对教师进行的规训，从物质和心理上激励存量教师通过长聘制实现转轨，进而激发教师队伍的整体活力和创造力。

高校教师则希求公平合理的薪酬、福利待遇激励、学术职业尊严和满足感、文化和组织的可融入性，将程序性公平、话语权平等、薪酬差距的相对均衡作为职业期望。创造性、流动性和文化性是高质量教师的特性，除了薪酬福利激励，言论与学术自由、职业安全感与环境舒适度是高质量教师的必然诉求。预聘末考核造成的职业压力和成就焦虑、高度竞争性的组织文化违背教师潜心学术和职业安全的初衷。高校间激烈的人才竞争、自身的成就需要和发展预期促使教师寻求流动带来的比较效益和议价能力，职业发展预期带来的流动性偏好及长聘制下过长的预聘期驱使教师与高校签订短期合同，从而使得高校教师职

---

[1] 阎光才. 对大学人事制度改革的反思[J]. 探索与争鸣，2003（10）：1-4.

业的不稳定性上升,职业风险加大,高校的管理成本走高。大部分教师偏向于群体聚合应对高校不利政策带来的利益、身份、心理损失,新进教师未通过预聘末考核获得长聘副教授或教授职位时即解聘,而高校原有教师却可通过转岗进入其他岗位,教师程序性公平的目标失落。完成岗位变道进入终身教职后,环境的宽松和考核评价力度的软化会使得部分教师的创造精神和工作热情退化,科研产出和职业贡献下降,高校迫于现有制度无法对其进行合理淘汰。这与高校高学术和高职业价值的人力资源追求、激发教师队伍活力和创造力的目标相冲突,高校存在投资风险和成本风险。[1]

2.4.2 彼此失衡的权利

在权利层面,高校和教师之间的冲突,体现为高校以自主权为核心的聘任权、职称评审权、薪酬权利、组织权利和行政权力与高校教师的劳动者权利之间的失衡。高校利用聘任权甄选教师进入高校劳动环境,利用职称评审权制约教师的职称浮动,利用薪酬权利约束教师的工资、福利待遇,利用组织权利制约教师的层级话语权,利用行政权力规制教师的决策和监督权,从而将教师纳入高校资源配置的"调色盘";高校教师凭借劳动者权利获得劳动者报偿、身份认同感和决策话语权,与高校进行权利对峙。

随着简政放权、放管结合、优化服务工作的推进,政府将高校教师职称评审权直接下放到高校,自主职称评审、自主评价、按岗聘用成为高校人才管理和规划以及师资队伍建设的新逻辑。政府通过高校教师职称评审权软约束高校和教师的旧体制藩篱被破除,政府和高校之间管控为主的垂直行政管理逐渐演变为以制度规则为纽带的契约关系。[2] 高校成为职称评审的权利控制主体,高校办学自主权得到质的提升。加之聘用制改革的深入,如何招聘、如何评价、谁来招聘成为高校的独立权利,教师对高校的黏着性依附增强。与此相对,教师在评审规则、招聘条件、招聘标准、招聘程序、评价机制等方面受制于高校。相对于高校不断扩张的自主权,高校教师的劳动者权利却在原地徘徊,一些方面甚至不进反退。

长聘制改革试行后,校外高层次引进人才、重要岗位管理人才和进入长聘

---

[1] 李志峰,罗桂. 新时代我国高校教师劳动关系:权利失衡与多层治理 [J]. 教育学报, 2019, 15(3):58-64.

[2] 刘金松. 高校教师职称评审权下放:逻辑、变革与瓶颈 [J]. 中国高教研究, 2017(7):81-86,93.

制的终身教职教师在现有岗位绩效工资以外，逐渐实行协议年薪制，薪酬水平的竞争力和吸引力大幅上升；而校内原有教师仍停留在岗位绩效工资层面，薪酬失衡，不均衡的收入双轨制已成为新的劳动关系矛盾的源头，导致教师对薪酬的不公平感蔓延。在高校管理体制下，大学内部权力配置在行政部门集约，行政权力强势，教师的学术权利和决策权利虚化。高校运用行政权力和组织权利越界干预教师学术事务和管理决策，教师群聚形成的学术组织和管理组织只是高校行政系统的分支甚至是边缘机构。校长集决策权、领导权和资源配置权于一身，教师在宏观学术和组织事务中的话语权受限。代表教师监督权、参与权的教职工代表大会及践行教师治理权、决策权的学术委员会等组织无法对院校的决策和执行工作进行有效的监督和制约。如高校为保障自身教师队伍的稳定发展，在涉及重要学术人才或者大量学术骨干流动时，采取留置教师档案的方式来限制教师流动，其本质是对教师劳动者权利的侵犯。教师的决策话语权、组织参与权、学术自治权难以得到充分体现和有效实现，教师劳动者权利与高校行政权力之间的制约结构失衡。

2.5 和谐的学术：高校教师劳动关系治理目标

和谐平衡的高校教师劳动关系是现代高校内部治理体系和治理能力现代化的现实需要和生动展现，是促进现代高校整体学术生态和谐发展的核心内容、关键要义和深层推动力。高校教师劳动关系的和谐发展是高等教育场域学术治理和学术生态和谐前进的必要支持，进而有利于促进国家立德树人根本任务的实现，最终有利于建设社会主义和谐社会。

2.6 高校教师劳动关系的调节：政府、高校、工会、教师

学术性、市场性、组织性是影响高校教师劳动关系的三个基本要素，学术性是高校教师劳动关系形成和发展的伦理内核，市场性是高校教师劳动关系的运行机制，组织性是高校教师劳动关系及功能扩展的保障。高校教师劳动关系是一个追求平衡和谐的生态场域，它追求高校和教师之间目标的和谐与权利的平衡。从高校教师劳动关系的目标、权利维度出发，构建高校教师劳动关系的双维度差异化管理，在解构高校教师劳动关系既有特征和实践困境的理性支点上，探索高校教师劳动关系的多层次治理方略，是高校教师劳动关系失衡冲突

的规范化治理路径。

2.6.1 规范与保障：政府作为教师劳动关系的立法者和调控者

政府是我国高校教师劳动关系冲突和失衡的规范机构和调节器，在高校和教师之间目标冲突和权利失配、高校层面调节乏力、契约化市场权力"潜水"的状态下，政府在法理意义上作为构建高校和谐平衡劳动关系的责任主体地位越来越重要。政府的功能是营造高校和教师之间平衡和谐的政策和法律边界，澄清高校劳动关系的制度领域，疏通信息流以及构建公平高效的评价机制。

第一，健全、完善高校教师劳动关系的法律法规体系和政策规范系统，明晰高校教师劳动关系的主体、性质、边界和调节路径，有效规避现阶段高校教师劳动关系法理界定不明导致的概念界定弥散、解释空间狭窄、身份辨识模糊、法律法规约束力不足的情况，推动高校教师劳动关系法制化。

第二，制订高校自主权下放的配套措施，变直接管理为间接管理。发挥政府的监督和评价权，补足对高校行政权力监督的缺位；构建独立于高校人事体系的第三方教师档案管理、流通和评价系统，避免档案成为钳制教师合理流动的"命门"；在立法上明确和保障教师作为劳动关系主体的权利，维护教师的知情权、参与权和监督权，防止出现"一放就乱"的权利失衡和泛化痼疾。

第三，构建平权化的评价机制，疏通教师、高校、市场三者之间的信息渠道。科学设定指标量、精确指标体系、细化考核标准，将高校劳动关系生态的良性与否列入政府对高校的评估指标并作为财政拨款的依据之一，对年度评估结果进行公示，有效发挥政府拨款对于高校教师劳动关系改良的杠杆调节和激励效用。促进教师、高校、市场之间交易信息流的扁平化，降低人才流动和高校选聘的交易成本，为人才的合理流通和高校的资源配置提供良好的信息环境。

2.6.2 筛选与内化：高校作为教师劳动关系的设计者和规约者

高校是我国高校教师劳动关系中观层面的制度设计者和程序规约者。高校学术劳动力市场是不完全竞争的契约化环境，必须健全高校劳动关系的市场化操作程序，逐渐消融传统高等教育管理体制的痼疾，让市场化和理性化的劳动关系理念渐趋流入高校教师劳动关系体制。

第一，和洽性筛选。选择性人员招聘基于建立高度一致的人员目标，其费用几乎总是比改变组织中现有成员的多样性目标所需要的成本低。因此，要搭建基于胜任力与目标和洽模型的高校教师选聘机制，制定严谨而系统的高校教师岗位遴选和目标判别程序。在招聘环节选择与高校组织的知识、技能、价值观和目标需求存在一致性的教师，考察教师的发展预期、价值信念和权利偏好，对教师进行目标、偏好和价值过滤，筛选出与高校组织具有相似目标、价值认同的教师，从而提高高校的人职匹配度，降低人职匹配风险和人力资本溢出风险，缩减因人力识别偏差造成的交易成本，从而减弱高校和教师之间的目标冲突。

第二，契约化规训。教师经过筛选进入高校以后，高校需要将教师的个人知识和价值信念与契约化的高校规制进行对接、融合，经由契约信念将教师的职业期许和逐利偏好导向组织贡献，实现高校和教师的目标聚合。高校可以在常规的技术培训计划中增设契约培训班和培训课程，对教师进行基于价值合理性的契约规训，强化教师的契约意识；同时完善违约惩罚机制，将教师的个人追求、价值偏好与高校的契约精神相互渗透，从而减少高校目标和教师目标之间的摩擦。

第三，德性陶冶。搭建教师目标和高校目标之间的伦理桥梁，高校要关注教师的伦理道德与情感期待，促进教师与高校间的价值观共享与情感联合，培育教师融洽的心理归属感与组织契合感，使高校教师的自利性职业动机贴合职业道德实践的价值领域，使教师流动的工具合理性服务于职业贡献的价值合理性。对高校教师耽于工具合理性的行为进行合规律性和合目的性的规约，明确其利益化取向的限度和边界，强化高校教师的学术和职业坚守。

2.6.3　均衡与调控：工会作为教师劳动关系的缓冲器和守制者

参与性的集体协商和谈判制度是高校劳动关系冲突失衡的缓冲领域，运用群体的集合效应和赋权代表是高校教师权利博弈的有效策略。高校工会是高校劳动关系冲突失衡的产物，其本质是集约化影响高校契约关系的教师联合体，理应成为高校教师的赋权代表和谈判代理。话语权是教师影响高校组织决策判断的重要能力，是评测教师组织参与度的指标量。高校教师以工会为媒介获取的代表权、自主权和决策权，体现的是对话语权的追求，本质上是一种对工会组织的赋权。

第一，均衡谈判力。工会应就工作条款、工作规则和劳动摩擦与高校进行博弈性谈判，运用以工会为中介的双边谈判替代高校管理者单方面制定契约条件的传统权威。高校不能单方面规约教师的薪酬、工作规则和权利边界，应由教师集体话语权生发的反向倒逼效应制约高校的凌驾性权力，将教师和高校之间的谈判力差距约束在合理的限度内。

第二，保护体验感和获得感。工会主动、依法、科学、高效地维护教师的基本人身权利和劳动者权益是其本身的职责，同时也需要采取劳资共决的工作方式，密化工作场所的规则网络，畅通高校和教师之间的权利协商和处理渠道，保护教师的权利获得。

2.6.4 履职与增值：教师作为教师劳动关系的履行者与担当者

教师是高校学术生态圈良性发展的核心和关键，是高校知识成果产出的生物载体，是高校劳动关系的主体。随着知识作为交易工具和商业资本的交换价值不断飙升，高校教师的自利性偏好和成就需要亦同步攀升。但高校教师不仅是一种职业身份，也是高校权利系统的利益相关者，理当成为高校教师劳动关系的制衡焦点。

第一，提升岗位履职能力。将高校整体效益的量增作为个人成就需要的激励动机，将个体的发展预期内化为岗位伦理和道德情感，将组织贡献熔炼为自身的意志坚守，为个人目标的实现和权利博弈争取谈判筹码。

第二，促进学术资本增值。学术共同体内部的成员不是孤立的个体，而是彼此联系的命运共同体。学术共同体的繁荣是学术共同体成员内在契约精神的彰显。[1] 学术共同体是高校学术劳动力市场的智力资源，在享有学术声望和社会尊重的同时拥有学术权威和话语影响力，学术共同体内部高度凝结的契约精神是教师制衡高校权利的天然优势。在目标冲突、权利失衡和竞争力飙升的情境下，高校教师作为学术共同体的成员只有不断积蓄自身的发展潜力，增加自身的学术价值和声誉，塑造高信度的学术形象，才能有效消解高校制约性权利的侵犯，促进高校教师劳动关系的平衡与和谐。

---

[1] 唐松林，魏婷婷. 学术共同体的契约精神：本质、背离与回归 [J]. 教育发展研究，2015，35(7)：70-75.

第3章

新中国成立以前高校教师劳动关系的历史演变（1898—1949）

3.1 清末民初的高校教师劳动关系（1898—1911）

从近现代大学发展史观察，我国近代大学发端于1898年创办的京师大学堂，京师大学堂教师劳动关系的制度变迁给现代大学教师劳动关系带来了深刻影响。从1898年到1911年，以京师大学堂为代表的大学教师劳动关系奠定了最早的大学教师劳动关系雏形。因此，探讨京师大学堂教师劳动关系的构成要素，剖析其变迁的规律和特征，对于把握现代大学教师劳动关系的发展规律具有启示和借鉴意义。

3.1.1 京师大学堂教师劳动关系的发轫

1862年，为洋务派培养翻译与外交人才的京师同文馆创建，"和其他几个新式组织一起，启动了清末组织专业化和现代化过程，并构成了这一过程的重要组成部分"❶，为近代新式教育的发展奠定了基础，也为统治者培育了有真才实学，能够维护朝廷统治、为清朝服务的官员。同文馆在学习和模仿西方教育制度基础上建立新式教育的成就与优良的师资条件是分不开的。其师资来源有三个途径：聘请外籍人士、聘请国内学者、留用优秀毕业者。❷ 对大量外国教习的高薪延聘带来各种弊端，首先，学堂教习完全丧失自主聘任权。"必须由总

---

❶ 陈向阳. 清末京师同文馆组织研究 [M]. 广州：广东高等教育出版社，2004：325.
❷ 刘萌，王日美. 京师同文馆与中国近代化教育 [J]. 黑龙江史志，2021（4）：48-54.

第3章 新中国成立以前高校教师劳动关系的历史演变（1898—1949）

税务司推荐"，"聘用洋人一事全部由赫德负责"❶。其次，洋务学堂外国教习更换频繁，教学效果不尽如人意，人才培养质量无法得到保障。最后，聘请外国教习耗资巨大，国力难支。❷ 作为我国近代第一所官办外语学校，京师同文馆打破了传统教师劳动关系模式，开辟了教师聘任的先河，将外国教习选聘及合同制理念融入学堂教师管理。但是，京师同文馆虽已有外国教习聘任之实，却缺乏教育章程，教师聘任制度无章可循，导致教习聘任模式、资格标准也异常模糊，工资收入以及生活状态都呈现出多样化和不稳定性的特征。此一时期教师劳动关系虽不够规范，但却为京师大学堂构建新型教师劳动关系打下了一定的基础。

1898年第一任管学大臣（相当于现在的教育部长）孙家鼐奉旨筹建京师大学堂，但是随着维新变法的失败，学堂规模大大缩小。1902年，新任管学大臣张百熙奉命复建毁于兵事的京师大学堂。❸ 京师大学堂的建立，客观上有利于开民智、致实业，但如何有效地确立诸学堂的学制体系以及开展教职人员的任用是学堂首先需要面对的问题。不同于京师同文馆只聘用外国教习，京师大学堂对所有教习皆采用聘任方式。1898年始，清政府先后颁布了三个"章程"，即《奏拟京师大学堂章程》（1898）、《钦定京师大学堂章程》（1902）和《奏定学堂章程》（1903）（也称"癸卯学制"）。这些章程直接影响着大学办学的方式，三个章程相互继承，对聘用教习（或教习管理员）等内容做出了具体规定❹，提出以"毕业文凭"作为教员的任职资格标准，使教员任用有章可循，这是教师资格准入制度史上质的飞跃。

京师大学堂一直秉持着与"洋人共事，必立合同"❺ 的外国教习聘用原则，1908年8月确立"聘用外国教员合同式样"❻，合同协定了外国教习的教学职责、应遵守的章程、薪资待遇、聘用期限、合同的变更和终止条件，以及双方的违约责任。与现代聘任合同相比，这份合同样本已具有了其中必备的7项条款：聘用期限、岗位职责、纪律要求、工作条件、薪资待遇、合同变更和终止

---

❶ 齐如山. 齐如山回忆录[M]. 上海：上海文艺出版社，2014：25.
❷ 夏军，肖家燕. 取材本土：晚清中国外语教师培养的历史考察与启示：以京师同文馆为例[J]. 江汉大学学报（社会科学版），2019，36（6）：110-117，122.
❸ 李提摩太. 亲历清末四十五年：李提摩太在华回忆录[M]. 天津：天津人民出版社，2005：285.
❹ 钱曼倩，金祥林. 中国近代学制比较研究[M]. 广州：广东教育出版社，1996.
❺ 朱有瓛. 中国近代学制史料：第2辑（上册）[M]. 上海：华东师范大学出版社，1987.
❻ 潘懋元，刘海峰. 中国近代教育史资料汇编之高等教育[M]. 上海：上海教育出版社，2007.

条件，以及违反合同应承担的责任❶，应该说，这是一份比较规范的合同样本。签订了较为规范的聘用合同，对大学堂和教习来说，即证明了劳动关系的存在，明确了双方的权责，有助于维护双方的权益，有利于进一步助推高等教育的快速发展，提升高校的人才培养成效与社会贡献价值。此一时期的聘任合同为我国大学教师和谐劳动关系的构建奠定了良好的基础。❷

3.1.2 清末大学堂教师劳动关系的三种形态

现代大学劳动关系理论认为，确认劳动力与用人单位之间是否存在劳动关系应基于如下条件：劳动给付行为是否发生、社会从属关系是否形成、是否有法律合同或者事实劳动关系。概括而言就是，可以从法律关系、经济关系、社会关系三个角度去探讨教师劳动关系形态。其中，法律关系层面体现为司法救济、劳动法律体系、法律地位等；经济关系层面体现为薪酬、学术资源分配、福利待遇等；社会关系层面体现为身份认同、职业地位、组织文化等。❸

1. 法律关系：从行政法律关系到复合型法律关系的形成

京师大学堂初建时，兼具高等教育机构与最高教育行政机关双重职能，具有教育行政功能。在职称、处分、权利与救济制度的适用方面，大学堂的教师与官员适用相同的法律规范；同时，高校作为公益性运营机构，经费由国家财政支出。因此，高校与其教师的劳动关系需要公权力来规制。从这个角度来说，清末京师大学堂与教师的法律关系当属行政法律关系。

但是，从另外一个角度来看，高校与教师法律关系的重要影响因素是教师的任用方式。❹ 大学堂对教师的任用方式采用的是聘任制，聘任制的核心是权利主体双方自愿的约定，通过聘任合同履行劳动权利与义务。在劳动法律关系中，法定的形式要件是双方之间必须形成书面合同。张百熙掌管京师大学堂以后，规定自总教习至一般的教职工一律实行自聘，对于外国教习实行合同制管理，中外各教习如有违规之举，管学大臣有权辞退。❺《钦定京师大学堂章程》

---

❶ 黄运红. 晚清京师新式学堂教师聘任初探：从京师同文馆到京师大学堂 [J]. 湖南师范大学教育科学学报，2013，12（3）：91-96.

❷ 黄运红. 晚清京师新式学堂教师聘任初探：从京师同文馆到京师大学堂 [J]. 湖南师范大学教育科学学报，2013，12（3）：91-96.

❸ 李志峰，张金丹. 印度卓越大学教师劳动关系：既成矛盾与治理结构 [J]. 大学教育科学，2020（3）：96-104.

❹ 于颖珊. 公立高校与教师法律关系研究 [D]. 上海：华东师范大学，2020.

❺ 吴洪成，李占萍. 张百熙论教师 [J]. 南通大学学报（教育科学版），2008（3）：40-43.

第3章 新中国成立以前高校教师劳动关系的历史演变（1898—1949）

首次以法律的形式明文规定教师作为一种职业而存在，且以法律明文规定昭告天下，并专门设立"聘用教习"一章，详细、明确规定教师任职资格随学堂级别和课堂的不同而有所差异。聘任合同中每一名被聘者的聘用职责与聘用年限均有明确规定。在具体选拔时，将"品学兼优，通达时务"作为聘用标准，对于那些只会照本宣科的八股学者，若其思想教条，不能与时俱进，则坚决不予聘请。从法律上看，双方之间签订书面合同，实行合同制管理，有了法定的形式要件，即存在劳动法律关系。

因此，将大学堂与其教师的法律关系性质定位为劳动法律关系或者行政法律关系都不够准确，根本上讲，大学堂与教师的法律关系是复合型法律关系。

2. 经济关系：高深知识作为生产要素发挥重要作用

经济利益是劳动关系的重要组成部分。[1] 京师大学堂初期创立和运转的经费是由清政府特批、户部直接拨付的，部分是各省认捐的费用。[2] 虽然京师大学堂的办学经费来自朝廷或者各省的认捐，"中国官制向患实禄薄，今既使之实事求是，必厚其薪俸，使有以自养，然后可贵以实心任事"[3]，京师大学堂教师的薪酬较为丰厚，吸引了大批优秀知识分子的加入。1898年，京师大学堂聘用了7名来自翰林院的分教习和5名提调（衙门临时抽调的职官）[4]，提调每月薪酬为白银50两，高于传统官俸。对此，陕西道监察御使吴鸿甲指出，"学堂提调薪水比之京官每人官俸达六七倍之多"。管学大臣张百熙认为，"大学教职员薪资丰厚，忌嫉者众，蜚语浸闻"[5]。之后孙家鼐提议，"于本年四月起所有在事总办、提调、教习等薪水，各按减半给发"。[6] 由此可见，这段时间教师的薪酬待遇是比较高的，但是由于有争议，教师的薪酬待遇并不稳定。

从劳动交往关系来看，京师大学堂与教师之间是生产要素交换的经济关系。教师是高校的核心人力资源，教师拥有的高深知识作为生产要素参与分配，是

---

[1] 栾爽. 论构建和谐劳动关系中的政府责任 [J]. 中国行政管理, 2008 (6): 60-62.
[2] 见《户部筹拨京师大学堂兴办经费及常年用款奏折》《学部为提取大学堂华俄银行息银事致外务部咨呈》等文件. 北京大学校史研究室. 北京大学史料：第一卷（1898—1911）[M]. 北京：北京大学出版社, 1993: 511-535.
[3] 汤志钧, 陈祖恩, 汤仁泽. 中国近代教育史资料汇编之戊戌时期教育 [M]. 上海：上海教育出版社, 2007.
[4] 朱有瓛.《国闻报》报导大学堂教职员消息（五则）[M] //朱有瓛. 中国近代学制史料（第1辑下册）, 上海：华东师范大学出版社, 1989: 674-675.
[5] 北京大学校史研究室. 北京大学史料：第一卷（1898—1911）[M]. 北京：北京大学出版社, 1993: 70.
[6] 北京大学. 师大学堂档案选编 [M]. 北京：北京大学出版社, 2001: 73.

经济利益进行交换的根本。由于生产要素的交换，中、外教师的薪酬呈现出差异性。为了实现教师与学术岗位的合理配置，劳动报酬比重倾向于在国际市场上有竞争力的外国教习，中国通过保证外国教习的薪酬在国际市场中的竞争优势而实现了借才异域的目的。然而，随着外语学科的发展，国内外语教习人才逐渐增多，整体教习水平及薪酬也不断提升。相比京师同文馆时期，1898年，京师大学堂中国教习的薪酬从月银8—12两提升至白银50两（教头班）和30两（教二班）。❶ 到了1908年，译学馆中国教习的月薪平均为85两左右，最高可达165两。❷ 外国教习与中国教习的薪酬差距逐渐缩小至3倍左右（表3-1）。

表3-1 中外大学堂教习薪酬变化　　　　　　　　　单位：银两/月

年份	1898	1905	1910
外国教习	300	444	444
中国教习	50（头班学生） 30（二班学生）	100（外语） 74（国文、经学史地）	100外语 90（国文修身办学课长、历史地理办学课长） 50—70（算学、格致、国文、史地）

如果对高校不同工作岗位的薪酬水平进行横向比较，京师大学堂中国教习的薪水与其他岗位的收入存在较大差距。1908年，学堂"供事"每个月薪资平均为白银6.2两；1910年，学堂夫役每月工食银为3两，差弁每月工食银8两，司事每月薪水介于12两与30两之间。❸

从以上论述可以看出，在清朝末年的历史政治背景下，高等教育机构外国教习的报酬相当高，外国教习的高薪刺激了中国教习薪酬的提高，随着条件的变化与时代的发展，中、外教习的待遇差距逐渐缩小。一方面，中国教习的薪酬剥离于传统俸禄体系，具有一定的独立性；另一方面，由于中国教习兼具官员身份，其薪酬又受到俸禄制度的制约（表3-2）。因此，中国教习的薪酬具有一定的弹性。

3. 社会关系：基于专业化的教师身份认同与声望累积

劳动关系作为最基本的社会关系，是劳动者在劳动过程中彼此联结的结果。

---

❶ 汤志钧，陈祖恩，汤仁泽. 中国近代教育史资料汇编之戊戌时期教育 [M]. 上海：上海教育出版社，2007.

❷ 商丽浩. 晚清中国教习在新式高等教育机构的薪酬 [J]. 近代史研究，2007（2）：137-141.

❸ 北京大学校史研究室. 北京大学史料：第一卷（1898—1911）[M]. 北京：北京大学出版社，1993：319-320.

第3章　新中国成立以前高校教师劳动关系的历史演变（1898—1949）

大学堂教员作为大学的劳动者，其基本的社会关系主要包括两种：一种是劳动者与出资者的关系，另一种是劳动者与服务者（学堂的学员）的关系。这两种关系构成了大学堂教师主要的社会关系。

清朝末年，大学堂分工使权力者处于统治管理的有利地位，劳动者则处于不利地位。这样，业缘体系就起着维护私有权力的作用，具有控制意义，业缘与职业体系束缚大学堂发展的现象仍然存在。

表3-2　1903年（癸卯年）11月京师大学堂教习题名录[1]

姓名	籍贯	教习类型	附注
吴汝纶（挚甫）	安徽安庆府桐城县	总教习	五品卿衔，前冀州直隶州知州，乙丑进士
张鹤龄（筱圃）	江苏常州府阳湖县	副总教习	湖南补用道，前翰林院庶吉士，户部主事，壬辰进士
蒋式理（惺甫）	直隶遵化州玉田县	副总教习	广东道监察御史，前翰林院编修，壬辰进士
岩谷孙藏	日本	正教习	日本法学博士
服部宇之吉	日本	正教习	日本文学博士
杉荣三郎	日本	副教习	日本法学士
太田达人	日本	副教习	日本理学士
杨道霖（仁山）	江苏常州府无锡县	汉文分教习	户部主事，壬辰进士
王舟瑶（枚伯）	浙江台州府黄岩县	汉文分教习	内阁中书衔，候选知县，己丑举人
屠寄（敬山）	江苏常州府武进县	汉文分教习	工部主事，前翰林院庶吉士，壬辰进士
杨模（范甫）	江苏常州府无锡县	汉文分教习	甲午举人
胡玉麟（叔蕃）	江苏松江府青浦县	算学分教习	刑部云南司郎中
刘光谦（伯襄）	江苏通州	体操分教习	湖北自强学堂毕业生
胡宗瀛（蓬飘）	安徽徽州府休宁县	东文分教习	日本农学专门学校毕业生
陆宗舆（润生）	浙江杭州府海宁县	东文分教习	日本早稻田大学生，即选同知附贡

由表3-2中的内容可以看出，吴汝纶任京师大学堂总教习时期内，大学堂的教习与分教习大多是江苏籍人士，这些人中不少人有留学外国的经历。从劳动关系的角度看，他们属于学堂新一代具有学术资格的劳动者，但并不是所有

---

[1] 北京大学校史研究室. 北京大学史料：第一卷（1898—1911）[M]. 北京：北京大学出版社，1993.

· 41 ·

人都符合大学堂所制定的资格标准。这种情况的出现，虽说是因为有留学经验的新一代知识分子适应了清末的需要，但当时京师大学堂之内江苏籍人士势力大，也是重要的人事渊源。

此外，在京师大学堂建立之初，从官阶来看，学员都是由年轻的官员和王公贵族家庭的子弟组成的，学员的官阶多数要高于教员的官阶，教员是年轻且资历浅薄的留日学生，学员则是为人尊崇的科举精英。因此，学员对教员的讲授大多不以为然，以致"每日上堂，多所驳诘，不留余地"，使得诸教员"皆欲告退"。❶ 学员的权威与教员的官阶相关，在此环境下，学员不尊重教员，教员对此也比较在意。科举学堂过渡时代，师礼渐衰，京师学堂教习收入虽高但并不易做的态势，却是大致不差的。❷ 这种本末倒置的现象严重践踏了大学堂教员的社会尊严与社会地位。这也是在清末特殊的历史时期存在的一种扭曲的师生关系现象。《钦定京师大学堂章程》制定之后，京师大学堂重视人才，强调师资队伍的建设。同时，专门对学生的尊师重道和行为举止做出了严格的规定和要求，例如要求"学生平日见管学大臣与各类教习皆执弟子礼；遇其他官员及上等执事人，一揖致敬"。❸ 管理制度的健全对学员行为进行了一定的约束，构建了应有的尊奉正统的、健康的师生关系。从1907年到辛亥革命爆发前，京师大学堂教师的专业化程度已有显著提高，新式教育的发展越来越多地强调学堂毕业之文凭，专业化的趋势较为明显。在这一趋势下，教师的政治地位、职业地位、社会声望得到显著提高，教师身份认同得以提高，为构建稳定的教师劳动关系打下了良好基础。

3.1.3 清末大学堂教师劳动关系的主要特征

受西方政治、经济、文化的影响，清末时期出现了封建主义的旧教育、帝国主义的教会教育和资产阶级的新教育等多样化的教育形式。❹ 政治和文化是具有惯性的，制度的改革也并不意味着短期内政治伦理和政治承诺的瞬时转变。京师大学堂就是在这种历史背景下诞生的，因此，京师大学堂是处于变动状态

---

❶ 胡思敬. 国闻备乘[M]. 北京：中华书局，2007：67.
❷ 佚名. 进士馆沿革略[G]//北京大学校史研究室. 北京大学史料：第一卷（1898—1911），北京：北京大学出版社，1993：158-159. 李贵连，孙家红，李启成，俞江编. 百年法学：北京大学法学院院史（1904—2004）[M]. 北京：北京大学出版社，2004：25-29.
❸ 钦定京师大学堂章程[C]//中国近代教育史资料汇编. 学制演变[C]. 上海：上海教育出版社，1991.
❹ 徐和阳. 清末民国徽州新式学堂研究[D]. 芜湖：安徽师范大学，2014：2.

中的，这种变动不仅涉及组织层面上的沿革兴废，亦有内涵、性质的转变❶，带有显著的过渡性特征，主要体现在以下几个方面。

1. 打开官僚化的藩篱

一是学堂体制官僚化。京师大学堂开办伊始，康有为派试图将之办成维新干部养成机构，故被称为"皇家大学"，沿袭封建官僚体制，不仅被视为最高学府，也是教育管理机构，即改良的国子监，由管学大臣、总办、总教习、教习等成员组成，各成员职务参照清末国子监设定。

二是教习任用官员化。京师大学堂创办之初，师资队伍主要由外国教习和旧功名举业出身者构成，例如首任管学大臣孙家鼐是咸丰年间状元，"官即是师，师即是官"❷，官师合一是常态。教职员的选聘、任用、晋升、奖惩均比照官员管理办法，其名称也比照朝廷职官制度设置。张百熙掌管京师大学堂以后，规定所有教习均实行自聘，但师资的更新短期内仍然无法实现。1903—1906年，京师大学堂拥有教习56人，任官职者21人，旧功名举业出身者15人；在11名中国教习中，除汪镐基为日本留学生以外，其余均为朝廷官员。❸ 教习官员化的主要原因是封建统治的积习难改且符合学堂教习资格的教师严重缺乏，大学堂被动或者主动选择沿袭旧式官员任用教师。

三是教习考核官僚化。清末高校教师的考核思想囿于传统"官师一体"的思维局限。尽管当时京师大学堂教师的职业性质受到了一定的重视，京师大学堂也实行相关措施来维护教师队伍的稳定性，但在考核方面仍依据官吏管理的典章制度和律令条文。如对学堂教师设置的最高奖励便是向大学系统以外的官吏升迁，这种"官师一体"的观念对教师队伍的稳定性造成了较大的负面影响。由于国家官僚化的办学宗旨，大学堂教师受到太多的遏制，殊不知，为官之道与为学之道是根本不一样的，无法通约。❹ 以至于"人心难收，自费赴国外求学或著书立说以图学制革命者，颇不乏人"❺。可见，部分知识分子为了在学制上进一步改革，只有通过其他途径反对清政府的专制。这一时期教师劳动关系是典型的半封建主义的性质，皇权官吏是国家的领导阶级，教习享有的是官员的权益，是作为官员的光荣与体面。

---

❶ 禹坤. 京师大学堂经费研究（1898—1911）[D]. 武汉：华中师范大学，2020.
❷ 田正平，吴民祥. 近代中国大学教师的资格检定与聘任 [J]. 教育研究，2004（10）：81-89.
❸ 北京大学校史研究室. 北京大学史料：第一卷（1898—1911）[M]. 北京：北京大学出版社，1993.
❹ 张汝伦. 破解学术官僚化困境 [J]. 人民论坛，2019（20）：132-133.
❺ 蔡芹香. 中国学制史 [M]. 上海：世界书局，1933：94.

从本质上来看，大学堂教师劳动关系仍然是封建朝廷与官吏之间关系的演化，属于封建君臣关系的范畴。张百熙在恢复建设京师大学堂的过程中，希望把它建设成为一所屹立于世界之林真正意义上的高等学府，而不是一所专门培养官吏的衙门，致力于"将一切官场恶习，痛除净尽"。❶ 随着"癸卯学制"的推行，教师单独成为一种职业，教师与大学堂的劳动关系经历了从"官师合一"到官师分离的革新。

2. 突破体制化的桎梏

京师大学堂初建时是个高度集权的组织。大学堂的内部权力集中于管学大臣、总监督、总办。管学大臣和总监督主持统领各员。大学堂的总监督、总办拥有总教习和教职员的任用权、聘任权以及解聘权，在教职员聘任中，总教习仅有建议权。此外，大学堂是等级森严的科层化组织，在人事方面实行垂直管理。《京师大学堂章程》规定，总监督直接管理各分科监督、图书馆经理、学生实习场所的经理官；各分科监督对其下的教务、庶务、斋务提调、教员进行垂直管理。

作为被管理的教员群体，其中大量传统文人的头脑中保留着浓厚的绝对服从的封建思想❷，少数思想先进者有深刻的自我意识，踊跃参与到教育改革和社会活动中。但其管理思想上仍被封建思想羁绊，儒家旧有的中央集权的忠君思想依然浓厚。在新式教育的包装之下裹挟着传统教育的灵魂，这只不过是为了因循清政府封建统治的一种挣扎而已。❸ 清末大学堂是一种"国家控制模式"，具备明显的体制化特征。

直到 1904 年，受西方大学管理理念的熏陶，"癸卯学制"将学制系统与行政系统分离，全面启动了中国教育由传统向近代转型的进程。

3. 摆脱殖民性的烙印

一是教习聘任的殖民性。鸦片战争后，帝国列强全方位加强对中国的控制与侵略。1898 年意大利和德国公使分别照会总理各国事务衙门，干涉京师大学堂设置之事。德、意两国大使强求大学堂必须聘请德、意两国人为教习，并声称，"于中国大局，实为幸甚"。❹ 不仅如此，为扩大在华利益，西方侵略势力

---

❶ 孔祥吉. 戊戌维新运动新探 [M]. 长沙：湖南人民出版社，1988.
❷ 王倩倩. 清末民初山西新式教师群体研究（1901—1922）[D]. 太原：山西师范大学，2018.
❸ 任国平，黄爱军. "癸卯学制"与近代"公民意识"的培育 [J]. 佳木斯大学社会科学学报，2020, 38 (2): 96-99.
❹ 钱耕森. 孙家鼐与京师大学堂 [J]. 安徽大学学报，1999 (1): 66-71.

争相抢夺京师大学堂教习的聘任名额，屡次施压清政府增设西学教习数目。❶ 这种教育殖民的心态昭然若揭，对此我国设法摆脱西方文化侵略。《奏定学堂章程》出台，京师大学堂对中外教习一视同仁，外国教习并无特权。在薪酬方面，中外教习的薪酬差距逐渐缩小。

二是意识形态的殖民性。京师大学堂洋大多数外国教习同时拥有传教士和教师双重身份，既负责传教又负责教学。❷ 不少外国教习潜移默化地传播基督教。但西方霸权主义企图通过西教习思想意识的殖民以实现奴化的目的最终未能实现，因为到1902年2月，西学总教习一职被取消，西方传教士对大学堂的直接介入至此告终。❸ 此外，1902年《钦定京师大学堂章程》规定："学问与宗教不相蒙，西教习不得在学堂中传习教规。"1904年公布的《学务纲要》规定，外国教员不得讲宗教，违者应立即辞退。从规定中可以看出，大学堂外国教员曾经在教学内容上把西方意识形态的内容在课堂上进行传播，彰显了其试图通过正当的劳动关系形态从思想意识入手继续殖民我国的丑恶用心。但是清末政府以及京师大学堂也采取了一定的措施去抵制西方霸权主义的殖民企图。

综上所述，京师大学堂办学期间弥漫着新旧势力斗争的硝烟，教师劳动关系在形成和发展过程中同样受到多方面因素的影响，呈现出错综复杂的形式。这一时期，京师大学堂教师劳动关系的发轫与变迁是近代中国高等教育发展史上的重大变革。在变动不居的时代里，京师大学堂教师劳动关系在保守与激进的拉扯中，试图逃离官僚化、体制化、殖民性的藩篱，竭力去荡涤原有的规制和限定，这是一场无法避免的历史转变，并由此不断发生权力、知识与文化的碰撞。但徒具大学之"范型"的京师大学堂依然缺少现代大学之"灵魂"。❹ 缺少"灵魂"的最大原因便是政治凌驾于大学之上，这必然导致了京师大学堂教师的学术劳动并不能够完全遵循学术劳动的规律，教师的劳动权利得不到充分保障。因此，分析清末京师大学堂教师劳动关系的时代特点和背后的成因，对于新时代高校教师稳定和谐教师劳动关系的建构具有积极的价值。

---

❶ 关于北京大学创办初期的著作主要有：郝平的《北京大学创办史实考源》，将北京大学的创办放入近代中国历史发展的宏观图景中考察；萧超然的《北京大学与近代中国》，主要关注北京大学与中国共产党之间的关系。此外还有孙宏云的论文《由"经济"到学术：现代政治学科在北京大学的建立》。
❷ 王倩倩. 清末民初山西新式教师群体研究（1901—1922）：以太原、晋中为例 [D]. 太原：山西师范大学，2018.
❸ 郭卫东. 西方传教士与京师大学堂的人事纠葛 [J]. 社会科学研究，2009（1）：131-137.
❹ 李学丽. 京师大学堂与现代大学制度肇始考辨 [J]. 黑河学院学报，2018，9（3）：190-191.

3.2 民国初期和中期的高校教师劳动关系（1912—1937）

民国时期先后存在三个政府，分别是南京临时政府时期（1912年1月到3月）、北洋政府时期（1912年3月至1928年）、南京国民政府时期（1927—1949）。本节主要研究民国初期和中期（1912—1937）的高校教师劳动关系。

3.2.1 大学教师劳动关系的历史演变分析

1912—1937年是中国近代史上政权鼎革和思想激荡的特殊时代。大学教师劳动关系无法不受当时的政治环境影响，动荡的政治环境使教师劳动关系也处于不断调整的状态之中。1917年1月，蔡元培担任北京大学校长后，即重新定义大学性质，着手把大学由培养政府官员的机构转变为独立于政府的"现代学术社群"。[1]为此，他全方位着手调整教师范围，规范和清理原有的教师队伍，将官吏排除在教师队伍之外。此时，教员的职业价值也从官职大小让位于学术能力的强弱。1919年12月3日，北大评议会通过了《国立北京大学内部组织试行章程（二）》，该章程使教授治校的体制得以落实，促进了大学内部劳动关系民主化，教员任用、调整、罢免制度走向初步民主和规范。从集权制到分权制，从官僚化到学术性，从随意性到规范化。这段时间，教师劳动关系是充满冲突与斗争的模式。

在薪资待遇上，民国初期高校教师的收入总体上较高且较为稳定，高校教师在社会中处于高收入阶层。经济关系的稳定多依靠教育部出台的一系列相关制度，关于民国时期高校教师的薪资和晋升规定最早可追溯到1917年的《国立大学职员任用及薪俸规程》（简称《规程》），此《规程》不仅严格划分了教师的等别，并明确了各等别教师的薪俸及晋升途径。1927年的《大学教员资格条例》对高校教师的薪资进行了新一轮的更新，教师的月薪大幅度提升。除固定的薪资以外，政府还为在职教师提供抚恤金，1926年《学校职教员养老金及恤金条例》出台，提出为因公病故、死亡及正常退休的教师提供相应的补助，为高校教师提供了基本的经济保障。民国初期一系列政策法规的出台标志着这一时期高校教师的经济关系朝着制度化的方向发展，但过程中难免出现发展不

---

[1] 王汎森. 傅斯年：中国近代历史与政治中的个体生命[M]. 王晓冰，译. 北京：生活·读书·新知三联书店，2012：5.

第 3 章　新中国成立以前高校教师劳动关系的历史演变（1898—1949）

平均、不平衡的现象，各高校在制度的指导下，结合实际情况调整教师薪资，院校间教师薪资差距显著。在国内政治环境相对稳定时期，高校的正常运作依赖于中央政府的财政拨款。因此，造成教师薪资差距的主要原因是中央财政拨款的不均衡，主要体现在两方面。一方面，从不同类型的高校来看，以北京大学为代表的国立高校教师薪资高于私立高校教师薪资，国立高校以更优越的师资及更优势的生源等条件赢得了财政拨款的相对优势；另一方面，同一类型的高校因所处自然地理位置、经济发达程度以及学校自身的声望等因素不同，吸纳经费的能力也有所差异，教师的薪资呈现梯度化差异。总的说来，高水平的高校因经费充足，教师的薪资也较为可观。这一阶段，大学教师薪酬第一次有了较为详细的规定，教师薪俸制度取得质的改善。首先，确立了全国统一的大学教师薪俸标准；其次，设置薪资梯度，区分大学专任教员与兼任教员的待遇；最后，官师薪俸分离，高校教师薪俸从官员薪俸体系中分离出来。

　　随着军阀混战接踵而至，高校内部欠薪严重，长期依赖政府经费的公立高校教师薪资时常波动，国立大学教师内部薪资差距显著。这要归因于教师薪俸长期遭到克扣，实发工资与规定工资之间存在着较大差距，能力较强的教师因薪俸过薄设法改行。从辛亥革命到中华民国成立，再到抗日战争全面爆发等一系列深刻的社会变革，无不影响和改变着当时的教育制度和教育政策。由于民国政府无暇顾及高等教育，高等教育拥有了更大的自由发展空间。在教师资格检定与聘任方面，"民初各大学在教师资格检定与聘任方面，将教育部所订定的教员聘任规程视为一种参考值，在实际操作中有无限例外，具有较高的自由度"。[1] 南京国民政府成立后，政府开始介入大学聘任教师工作，通过一系列的法令、条例引导教师劳动关系趋向规范化和制度化。凭借聘任制度的保障，民国时期大学教师实现了自主流动，这意味着大学教师对工作感到不满意时可随时辞职。聘任制提供了便捷通行的双向桥梁，高校与教师可在桥梁中自主流动。从民国初期到中期，我国高等教育事业得到了一定程度的发展，高校教师劳动关系有了初步的法律法规保障，从教师聘任、任职资格到自由流动等有了明确的规定，高校教师的福利较好，社会保障水平较稳定，高校教师劳动关系趋于和谐。

　　这个时期也是高校教师劳动关系的重要转型时期。民国初期，民国政府相继颁布了《大学令》《修正大学令》《大学教员资格条例》和《大学组织法》

---

[1] 陈东原. 论我国大学教员之资格标准及其聘任制度 [J]. 高等教育季刊，1941（1）：49-68.

等法令法规，高校与教师之间的法律关系形成雏形。这些法令法规的出台，以立法的形式确立了高校与教师之间的法律关系，从教师层面上为教师的聘任、职称、薪资与晋升等作了专门的规定，高校教师的聘任制正式确立，高校教师的管理日趋成熟化；从高校层面上先是赋予校长管理高校的权利，使封建的君臣依附关系在高校土崩瓦解。法律关系的转变给转型时期的民国高校带来了新的变化，以政府集权管理的高校向以校长主导的高校转变，校长成为高校事务管理中具有话语权的主体。后随着西方现代化理念的传入，评议会、教授会的出现制约了校长的绝对话语权，教师开始参与学校治理，高校与教师之间的法律关系由校长主导转为校长主导与教师治理相融合，渐趋民主化。

从民国初年到1937年全面抗日战争爆发前，教师劳动关系的形式、结构、参与主体开始发生变化。在人事任用上，政府下放部分权力，给予高校一定的自主权，实行"教授治校"；在人事管理制度上，教师的职称制度、薪资制度与晋升制度得到初步发展，教师劳动关系总体上朝着民主化、规范化的方向发展。但由于战乱不断，教师劳动关系处于不稳定的状态。

3.2.2 大学教师劳动关系的深层结构特征

1. 形成初步系统化结构

民国初年的高等教育法规扭转了政府对大学的直接管理，明确了大学独立办学地位以及大学教师职责待遇，为建设大学教师劳动关系打下了制度基础。民国初年军阀混战的特殊性决定了军阀忙于征战与掠夺，无暇顾及大学教育的历史事实，客观上为学校提供了较为宽松的外部条件。大学校长获得了较为自由的治理自主权，得以在实践中施展手脚，校长作为高校领导人的职能逐渐专业化，评议会等机制的设置使大学教师劳动关系的治理开始走向民主化的征途，大学的办学质量和社会声望也得到了稳步提升。民国时期大学教师劳动关系治理的初步探索，确立了高校和教师之间是自由流动的市场合同关系。教师作为劳动关系主体具有自由平等的资格、享有契约化的法律地位。因此，相对民主化的法律关系成为这段时期高校教师劳动关系的特点。在市场化背景下，劳动关系的财产性被充分发挥，利益化追求与实现个人的人生价值得到重视与提倡，劳动者本位意识相对浓厚，教师劳动者权利明晰、确认和表达渠道通畅。

民国初期，高校教师劳动关系进行了民主化和规范化的改革。从国家层面看，民国教育部是当时最高的教育行政机关，拥有管理学校教育行政事务的权力,除少数私立高校外,其余各校均受教育部管理。民国教育部不断出台高等教育相关的法律法规以规范教师劳动关系,学校内部组建权力机构如校务会议、教务会议、评议会等,在形式和内容上规范高校劳动关系的具体细节,加强对教师的管理和控制。受西方"学术自由,大学自治"高校办学模式的影响,"五四"运动后,知识分子纷纷主张教育应摆脱政治和宗教的种种约束,以实现大学独立的美好愿景。蔡元培是教育独立思想的首要倡导者,他仿照法国的大学区制将中国划分为若干大学区,大学区内"大学的事务,都由大学教育所组织的教育委员会主持。大学校长,也由委员会举出"。❶ 1928 年大学院作为全国最高教育行政机关成立,蔡元培担任院长。大学区和大学院的尝试虽然以失败告终,但却是一次教育独立与自由的有益探索,改变了清末大学对政府的高度依附关系,由此演变的高校教师劳动关系也自然向民主化和自主化方向发展,从碎片化的管理和规范化的管理方向转变,整体上形成了初步的劳动关系的系统化结构。

2. 聘任形式与方式多元

民国初期,由于受到制度性法规的制约,高校教师劳动关系的形式与任用方式主要体现为单一的校长聘任制。1927 年国立京师大学校分设各科,各科部均有数名教授,教授"由本科部学长商承校长聘任之"❷;1926 年《国立东南大学组织大纲修正稿》第五章"行政组织"中提到大学总务处主任、各部主任以及职员"由校长延聘之"❸。校长聘任制下的教师任用很大程度上受到校长主观因素的影响,校长的治校理念、关系网络、为人处世对教师的聘任起主导作用。蔡元培就任北京大学校长期间,他的"思想自由,兼容并包"的办学思想深刻地体现在人才聘任上。他不仅集合了新文化运动中的著名人物,如陈独秀、李大钊、胡适等,国内著名的专家如马寅初、陈启修,还有旧学研究精神的陈汉章、崔适等人。在聘任的过程中他唯才是举、不拘一格,不以学历为硬性要求。同一时期的燕京大学,不仅从国内聘用人才,而且善于引进外籍教师,英籍物理学系教师班威廉、美籍新闻学系教师斯诺、英籍经济系教师林迈可等人受燕京大学校长司徒雷登的直接聘任,被允许在国内自由教学,外籍学者借用

---

❶ 高平叔. 蔡元培全集:第四卷(1921—1924)[M]. 北京:中华书局,1984:178.
❷ 中国第二历史档案馆. 中华民国史档案资料汇编:第三辑 教育[M]. 南京:江苏古籍出版社,1991:220.
❸ 中国第二历史档案馆. 中华民国史档案资料汇编:第三辑 教育[M]. 南京:江苏古籍出版社,1991:252-253.

身份特权，大大充实了高校教师队伍，对抗战胜利起到了舆论引领作用。民国教育部在高校管理上的民主化改革不断扩大了高校自主权，校长拥有最大话语权，可直接影响教师的聘任与解聘，劳动关系与任用方式的单一化特征一方面形成了教师来源的多元化，另一方面也导致了公平性的缺失。

这个时期的大学处于中国高等教育发展过程中的特殊时期，高校教师劳动关系既有积极的探索，也有失败的教训，具有明显的时代烙印。具体表现在：任用方式多元、自由流动、晋升机制合理、薪资丰厚等。这个时期的高校教师劳动关系的聘任形式，有长期固定任用和短期聘任等多种形式，短期聘任较多，教师流动频繁，可以认为短期聘任劳动关系形式是主要形式，终身任职某一高校的教师很少。按照准交易型、相互投资型、投资不足型和过度投资型等激励—贡献理论划分[1]，民国高校教师劳动关系属于相互投资型劳动关系；在法律适用上，其劳动关系适用《中华民国宪法》和《国民政府颁布大学组织法》等法律法规和高校内部制度。教师聘用制是这一时期高校教师劳动关系的主要任用方式，教师聘用的主体是大学，不是政府。高校按照聘任合同确定教师的职责、权利，形成契约型劳动关系。高校教师人力资源流动配置的市场性、劳动关系的契约性、教师发展的自主性和多元化是这一时期高校教师劳动关系的表现形式。但是，教授评聘基本是以校长权威酌定，其民主也是校长威权下的民主，是校长主导下的教师劳动关系。但整体而言，高等教育规模很小，教师数量不多，教师独立性较强，流动性较大。

3. 治理主体从一元到多元

民国初期和中期政权更迭频繁，教师的资源配置相对不足，受新式思潮的影响，教师发展的自主权扩大，各校之间教师流动现象屡见不鲜，出现了兼任教师和专任教师之分。南京国民政府教育部1931年度统计数据显示，全国专科以上学校有教师7053人，兼任教师达到2809人，占教师总数比为39.8%。[2] 兼任教师在民国初期甚是流行，名师兼任是高校兼任教师的主力军，贺麟、许地山等人在1931—1934年曾担任北大哲学系的兼任教师，严济慈归国后同时在上海大同大学、中国公学、南京第四中山大学担任物理学、数学教授。[3] 高校对

---

[1] 毛态歆. 转型期高校劳动关系变革风险与防范[J]. 现代教育管理，2017（1）：110-115.
[2] 中国第二历史档案馆. 中华民国史档案资料汇编：第五辑[G]. 南京：江苏古籍出版社，1991：151.
[3] 商丽浩. 限制兼任教师与民国大学学术职业发展[J]. 浙江大学学报（人文社会科学版），2010，40（4）：71-77.

教师的管理较为宽松，教师的学术活动空间宽绰，高等学府的教授往往身兼数职，越是名气高的教授在高校间的流动越为频繁。与专任教师不同的是，兼任教师的任务以授课为主，工作时间较少，薪酬通常以小时计算，与专任教师的薪资有一定差距。尽管如此，兼任教师的出现使大学教师资源得到充分开发，弥补了各校教师人力资源配置的不足，同时高校教师可自由支配教学活动，学术活动自由度较高。民国初期兼任教师和专任教师并存的资源配置方式也反映出这段时期教师劳动关系的多样化和复杂化，兼任教师和专任教师与高校之间的法律关系、经济关系和社会关系也有很大的不同。

民国初期和中期，我国大学教师管理制度经历了形成初期（1912—1926）、相对成熟期（1927—1937）两个阶段。在这一演进历程中，呈现出坚持政府主导与大学自主的博弈、坚持校长统率与教师参与的统一的局面。[1] 在经历了校长负责制、教授会、同行评议会、聘任委员会等高校领导体制的演变后，高校与政府的政策联系和权职隶属减弱。在此背景下，校长是高校教师劳动关系参与主体中的领导者。大学的组织结构就是校长负责制下的教授治校，校长是行政权威，是大学事务的主导者。这种做法的弊端也十分明显，那就是教师劳动关系带有主观随意性和不确定性，不具有可持续性。1918年，评委会成立以后，实行教授治校的方法，凡是学校的大事，都得经过评议会，基于此，主体间法律地位的平等得以初步实现。1927年6月15日颁布《南京国民政府教育行政委员会公布大学教员资格条例》，至此，政府、教授会、系主任、教务长、校长各方在教师劳动关系中都享有一定的权力并承担相应的责任，避免一元主体的专断。至南京国民政府成立后，又制定了一系列法规、条例，规范教师劳动关系。从高校教师劳动关系的治理角度来看，实现了从一元主体到多元主体转变，劳动关系的方式和内容也较之前丰富。

3.2.3 大学教师劳动关系的路径依赖

路径依赖是美国经济学者道格拉斯·诺斯提出的，他认为路径依赖类似于物理学中的惯例，是指事物发展一旦进入某一路径，就可能对这种路径产生依赖，而且这种依赖还会不断自我强化，最终甚至会进入阻滞持续发展的锁定状态。民国初期和中期的教师劳动关系处于深度调整期，是从封建专制到民主自

---

[1] 曲铁华，龚旭凌. 民国时期大学教师管理制度演进：历程、逻辑与启示［J］. 山西师大学报（社会科学版），2021，48（3）：82-90.

由的转型关键期。转变劳动关系现状，保持高等教育持续发展，必须摆脱固有发展方式的路径依赖。

1. 大学教师权利关系的博弈

制度的兴起与建设嵌套于制度所处的环境中，并与环境相互制约、相互影响。1898 年后的近 20 年间，大学教师劳动关系作为国家体制与管理手段的延伸和扩展，充满官僚化气息。直至 1916 年，蔡元培出任北京大学（1919 年由京师大学堂更名而来）校长，提出杜绝衙门气息，锻造现代学术机构，以校长、院长乃至系主任为代表的行政管理人员以服务替代管理，开启了"教授治校"的先河。此时由于政治原因，北洋政府对高校干预较少，高校教师作为劳动关系主体有较高的择业自主权与一定的职业地位，以至有些大学教授对于是否担任行政职务并不关心，教授官本位思想在大学中无法立足。南京国民政府时期，因为政治的原因，政府对大学的统一控制很多，大学为追求自治、自由不惜与政府进行抵抗。高校教师的人格特征明显打上了这一社会转型期的烙印，即具有中国传统"士"阶层与近代西方自由知识分子双重人格特质对于保持大学的独立性和教师的职业地位影响较大。这种职业身份的博弈，其显著特点是，主体间均强调和注重各自的利益和不同的立场，劳资矛盾和冲突较为明显，劳动关系在冲突、斗争、妥协中维系和发展。

2. 多个参与主体的目标离斥

民国时期国家处于内忧外患，教育服务于政治是当时教育者的共识。在高校教师劳动关系的参与主体中，政府通过计划、组织、人员配备、领导与控制等职能来协调有关主体的活动，使主体严格按照政策法规实现既定的目标。三民主义作为当时的建国纲领，其作为教育宗旨贯彻到学校教育之中时，意味着教育事业不再是服务于受教育者需要的事业，而是隶属于政治需要的事业。教育被政治所控制，是对于教育把人作为最高目的的背叛。[1] 西方"学术自由"思想与中国文化中"道高于势"的传统思想相背离，在传入中发生碰撞擦出火花。中国近代知识分子关心薪酬待遇、聘任任用、自我发展、职级攀升等价值的实现。在民国特殊的历史时期，教师、高校、政府三方劳动关系主体在教育救国的主体思想上具有一致性，但隐藏在背后的学术权、管理权、行政权以及相关的义务和权利关系等存在目标离斥与教师权利救济缺乏的状态。

---

[1] 郭良春. 从超轶于政治到隶属于政治：民国时期教育宗旨的演变 [J]. 集美大学学报（教育科学版），2014，15（2）：35-40.

3. 官、校间权利的统一对立

民国时期，形式上采用资产阶级民主共和制，但实际上除短暂少数时期外，长期实行的是专制独裁制度。从应然角度，高等教育在自主办学的基础上，为适应社会需要培养专门人才，实行民主的人事管理，以多种形式积极发展高等教育事业从而反哺社会经济。但是在民国时期的实践中，依据当时的法律制度，国民党加强对教育的控制，政府基于政治考量任命国立大学校长及部派董事，高校人事权由政府掌控❶，由此引发了学府之间的冲突，造成后续人事管理的重重难关。围绕着大学校长的任命，政府就可能与大学之间发生角力。这方面的典型事例有1925—1926年的东南大学"易长风波"和1928—1930年政府先任命官员兼任大学校长后改弦更张的案例。

政府重要官员兼任大学校长，各学校对此非议甚多，深层原因是学术不容行政干预。但事实上，因其时大学中名师大家云集，他们带来的社会声望不容小觑，因此官员兼任大学校长期间亦对学术上的事务有所顾忌。最终，迫于学界的诸多非议，政府又于1930年免去上述政府要员兼任的大学校长职务。在民国时期政府权威与高校自治之间的角力中，大学并非绝对的弱势一方，反倒是政府体现出一定程度的妥协。在这个过程中，教师和高校之间的劳动关系既有和谐的一面，也有互相对抗的一面。在维护大学地位的过程中，校、师一体；在校、师权利关系中，二者又是对立博弈的。

4. 中西方文化环境的影响

受清末"中体西用"思想的影响，以美国为代表的西方教育思想不断涌入，西方思想的不断膨胀使中方传统文化的生存空间不断被压缩。民国初期的外部文化环境表现为新旧之间、传统与现代之间的矛盾与冲突。新文化运动后，民主、科学的旗帜飘进了高校领域。受美国大学管理制度的启发，以北京大学为代表的学校设置评议会、教授会等组织，让全体教师参与高校治理，引导高校管理科学化、民主化。随着民主、科学思潮日益深化，学术成果成为教师聘任与晋升的重要评判标准。为了进一步规范及评定教师的学术著作与发明，民国政府于1918年颁布了《学术审定会条例令》，审定"关于哲学及文学上之著述，科学上之著述及发明，艺术上之著述及发明"，对于"翻译外国人之著作

---

❶ 张晓明，陈金圣. 民国时期高等教育行政决策的基本范式及治理启示 [J]. 黑龙江高教研究，2017（5）：37-40.

者""在学术之原理或应用上无独特之价值"的学术著作与发明则不予承认。❶ 该条例明确将科研成果置于教师工作的核心地位,成为规范教师学术工作、评聘高校教师地位的重要指标。

在西方文化的不断冲击下,传统文化的地位不断衰落,20世纪二三十年代部分有识之士决心挽救国学,掀起了一股国学热潮。1922年,以北京大学为首建立了第一个国学研究机构——国学门。在北京大学的带头作用下,私立的教会学校如金陵大学、燕京大学等纷纷效仿,建立了各自的国学研究院。高校国学师资成为国学研究院建立的必要条件,对国学的研究及贡献程度顺理成章地成为教师聘任的重要条件之一,国学热在某种程度上影响了高校教师的劳动关系。1927年教育行政委员会颁布的《大学教员资格条例》将"于国学上有研究或贡献"❷作为高校教师聘任的资格之一。以金陵大学为例,金陵大学最低等级的助理的聘任者都必须对国学有研究,其建立的中国文化研究所为了扩大国学的影响,聘请了大批优秀教师作为专任研究员。国学热的出现,是一次具有中国特色的高校教师劳动关系变迁的伟大实践。

民国初期是社会文化转型时期,传统思想最开始受到西方理念的冲击,在外部文化环境的变化与冲突下,高校教师劳动关系呈现出阶段性的特征。在中西方文化的影响下,关于教师的聘任、工资待遇、学术工作及其相关的权益保障均有其演进的逻辑。

5. 不同类型、性质高校的差异

随着政府对高校管理控制权的加大,教师的职级和薪资待遇等都受到教育部的规定与限制,各地区的高校在政府的主导下依据各地情况进行调整。实际上,由于地方经费以及高校类型等差异,各校教师的薪资待遇存在差距,表现为国立大学的教师薪俸明显高于私立大学、教会学校教师的薪俸。以北京大学为例,资料显示,1933年北京大学教授的薪资为360—500元,副教授为240—360元,讲师为140—296元,助教为80—192元。❸ 北京大学作为当时最具代表性的国立大学之一,其经费较多,又重视师资队伍的建设,因此依据学校发展的实际,教师的薪资基本上符合1927年教育部颁布的《大学教员资格条例》

---

❶ 中国第二历史档案馆. 中华民国史档案资料汇编:第三辑 教育[M]. 南京:江苏古籍出版社,1991:730-731.
❷ 宋恩荣,章咸. 中华民国教育法规选编(1912—1949)[M]. 南京:江苏教育出版社,1990:668.
❸ 王建军. 民国高校教师生活研究[M]. 长沙:湖南教育出版社,2018:138.

的规定。然而，相较于北京大学这种经费充足的国立大学，私立大学的教师薪资难以达到《大学教员资格条例》的要求。同为1933年，私立金陵大学教授薪资与北京国立高校的薪资差距较大，当时专注于研究甲骨文的商承祚被许多高校争聘，也为了专心研究放弃了高薪学校，选择在金陵大学任教。"一九三三年，南京金陵大学聘他任教授兼中国文化研究所专任研究员。当时他在北京任教月薪五百多元，收入甚丰。但忙于教学，不能专心致志地从事研究，而南京金陵大学月薪仅二百八十元（为该校始聘教授最高薪金），专搞研究工作，编书写文章，不必上课，这正符合商承祚的愿望。"❶

由此可见，在政府政策影响下，因高校类型的差异性，教师的薪资受到政府与学校的双重影响，处于较强势地位的高校在教师劳动关系中具有更强的主导权，教师薪酬待遇较高；处于较弱势地位的高校在教师劳动关系中主导权略弱，教师薪酬待遇也相对较低，两者差异较大。

6. 高校教育经费紧缩影响较大

民国初期高校教师劳动关系深受教育经费的影响。北洋政府时期，军阀混战，政府为了扩充军费不惜占用教育经费，造成高校经费常年短缺，高校教师薪资难以保障。1914年《教育部直辖专门以上学校职员薪俸暂行规程》规定，大学专任教员需每周授课10小时以上，大学预科的专任教师需每周授课12小时以上，授课时数不满以上标准者为兼职教师。❷ 教育部出于没有多余财力聘请专任教师的考虑，通过加大课时量的规定迫使教师转为兼职教师，从而缓解经费紧张的压力。相较于商人和手工业者，教师的薪资更多地依赖于政府发放的固定薪资，在经济不景气的情况下，为了增加收入维持生活，教师不得不在校外兼职。教师兼职的这一现象一直持续到全面抗日战争爆发前。1931年胡适就指出当时高校内部存在三个困难：一是教授薪俸过低，故人人兼差自给；二是学校经费不固定；三是学校经费无余购买书本器具。❸ 高校教师课外兼职一方面直接缓解了部分教师收入紧张的状况，但另一方面从高校长远发展的角度看，教师在校外兼职会产生诸多不利后果。首先，兼职教师在原有紧凑的教学任务下再增加工作量，"赶鸭子"式地完成工作无法带来高质量的教学效果，导致教学质量难以保障；其次，因兼职教师时间不足、精力有限导致学术科研

---

❶ 中国人民政治协商会议番禺县委员会文史资料研究委员会. 番禺文史资料：第六辑 [M]. 1988：56.
❷ 潘懋元，刘海峰. 中国近代教育史资料汇编 高等教育 [M]. 上海：上海教育出版社，1993：781.
❸ 佚名. 中华教育文化基金会资助北京大学革新事业 [J]. 东省特别区教育行政周报，1931（5）：62.

成果的缺失或薄弱，不利于教师的专业成长和院校的长远发展。

基于以上种种危害，民国教育部及高校从实际出发，限制兼职教师的教学内容及教学时长，从制度上减少兼职教师的数量，规范教师工作。然而，限制措施虽在一定程度上纠正了教师课外兼职的现象，但是治标不治本，教育经费的紧缺是教师兼职的根源，从根源上保障教师基本收入，补充教师津贴方能对兼职教师起到限制作用。从经济的角度看，民国初期高校教育经费紧张在很大程度上影响了高校教师劳动关系的稳定性。

3.2.4 高校教师劳动关系的动力机制

高校教师劳动关系的每一次调适都有其深刻的社会历史背景和深层的动力源，必然受到政治环境、经济状况、文化思潮、教育理念等影响。因此，社会结构与形态的变革往往是牵动劳动关系方向的重要因素。

1. 国家法规和政府政策的引导

教育立法实际上是国家通过法律来给教育提供指引、划定区间、建立规范的。对于教育活动中存在的劳动关系，教育立法是调整劳动关系的方法之一。1912—1937年，中央教育行政管理机关对大学的管理除设置组织机构明确职掌外，主要通过确立教育宗旨、制订高等教育政策法规、任命大学校长、教师聘用与薪资管理等方面进行管理。1914年7月的《直辖专门以上学校职员薪俸暂行规程》《直辖专门以上学校职员任用暂行规程》《修正直辖专门以上学校职员任务暂行规程》等政策文件，对教师的薪俸、任用、职务任免进行了规定；1917年5月的《国立大学职员任用及薪俸规程》、12月的《修正直辖专门以上学校职员任用暂行规程》，对教师的任用与薪俸两个方面的内容进行了修正。

1924年2月的《国立大学校条例令》，将国立大学教员层级划分为若干等别，分别发给相应的资格证书，并对岗位职责问题进行细化规约。1927年6月15日公布的《大学教员资格条例》进一步明确大学教员聘任资格条件，需审核教员资格（凡大学教员均须受审查，审查时须呈验履历、毕业文凭、著作品及服务证书）。任职条件中规定"有相当成绩"或"有特别成绩"。粗线条的规定，富有弹性，但也可能导致教师聘任出现鱼龙混杂的现象。从1928年到1935年，国民政府多次通过全国教育会议对兼职教师作出规定，并整顿教员在外兼职的情况，对于在外兼职过多的情况提出批评。即使国民政府督促高校采取措施予以改进，切实裁减兼职教员，但对于教员实属需要兼职的情况，则教员奉行兼职不兼薪的规定。

南京国民政府时期，师资力量窘迫，经济压力带来的薪资不稳定之情形使教育部对于大学教授、教员兼职现象的管理有心无力，不在乎专职与兼职之分了，强调因需而用。由此看来，高等教育相关法规和政策的出台和施行，渐趋引导着高校教师劳动关系的模式变迁。

2. 外部环境的竞争和示范效应

民国初期亟须发展高等教育，高校的初创需名门专家发挥领头作用，以吸纳人才，壮大教师队伍。蔡元培在就任北京大学校长期间，以身示范，其"思想自由，兼容并包"的思想深刻地体现在人才吸纳方面。新文化运动中的著名人物如陈独秀、李大钊、胡适等人勇于赴任，蔡元培不仅引进了国内著名的专家如马寅初、陈启修，也吸纳了具有旧学研究精神的陈汉章、崔适等人。在教师聘任的过程中他唯才是举，不以学历为硬性要求，真正做到"不拘一格降人才"。例如，1916年梁漱溟因在《东方杂志》上发表了《究元决疑论》被蔡元培赏识，只有中学学历的梁漱溟被蔡元培破格录取，从此在北京大学教授印度哲学。又如只有高中学历的钱穆，经由顾颉刚向胡适推荐，并凭借着《刘向歆父子年谱》这一成名之作被聘为北京大学史学系副教授。在同一时期的私立高校——燕京大学，周作人经由胡适推荐在此大学进行任职，参与现代文学课程的建设。这些著名学者不仅以深厚的学术背景和学术成果提高了高校办学质量，而且借用其关系网络为所在学校吸纳了更多的教师人才。

透过历史不难发现，民国时期高校教师劳动关系并非在固定封闭的模式中自我发展，而是在社会各种因素的影响下相互作用，是突变与渐进并存、自发演变与被动调适并进、外求与内生共行的动态过程。[1] 从学习邻国日本的到推崇德国高等教育的办学模式，再到美国对中国进行文化侵略和教育渗透，开始传播以商品经济为载体的近代自由主义、人文主义、功利主义，外部环境的竞争和示范效应，不同程度地对民国时期的高校教师劳动关系产生了影响。

在经历了封建制度被推翻的巨大变革之后，我国政治格局发生了根本变化，文化观念"除旧迎新"，民国初期的高校教师劳动关系带有一些资本主义色彩，并反映进步文化的某些特点。从形式上看，教师出卖劳动力，政府和高校支付教师工资，双方通过订立合同对这种劳资关系加以确认，这是一种平等的关系。但实际上，在这种关系的背后，彼时的劳资关系并不和谐，经常发生纠纷，"教

---

[1] 王美. 民国时期高等教育政策变迁研究（1912—1949）[D]. 长春：东北师范大学，2021.

员罢课""索薪运动"等时有发生,不但使教学停顿,社会秩序混乱,甚至动摇国本。可以说,因为动荡的社会格局、捉襟见肘的教育经费、繁杂的社会思想,高校教师劳动关系不得不在曲折中前行,在前行中探索,在探索中适应。

3. 高等教育管理模式改革的推动

晚清至民初,整个中国经历了几千年未遇之大变局,整个社会结构的剧烈变迁推动着高校教师劳动关系模式的变迁。高等教育管理模式作为普及社会风气的重要手段,既要满足政治需要,更要蓄存社会的希望。民国初建,新旧政权交替,教育政策一直在最前线承受社会文化变革的冲击,有识之士也在试图构建代表近代资产阶级利益的高等教育体系。从 1912 年至 1937 年,我国高等教育管理经历了从三权分立、权力一元化、权力分置(既强调了中央集权,又允许地方有较大的自由度)到相对自主、以党治国的一元权力模式依次变革的过程,高校管理体制改革的路途曲折多艰也体现出政治是近代社会的枢纽。这一枢纽一有问题,教育以及一切社会生活都会出现问题。❶ 由此,高校教师劳动关系的属性与层级结构特征同向变迁,高校教师的各项工作保障和职业权益也时有时无,高校教师劳动的职业安全和经济利益保障也呈现出不稳定的状态。

政府作为影响高校教师劳动关系发展的重要主体,在民国初期不断改进高等教育的管理模式。一方面,政府在推进政治经济文化建设的过程中加紧对高等教育的管控;另一方面,高校教师劳动关系在政府管理下趋于有序。在此背景下,1912 年至 1937 年高校教师劳动关系体现出以下变化:高校教师的职级从无到有,最终形成四等;教师的聘任资格由宽松到严谨;教师的薪资待遇由低到高,晋升有路可寻;从专任教师到专任教师与兼任教师并存等。从这一系列的制度变迁反映出教师的职称等级、聘任规范、教学待遇、教学时间的政府管控变迁过程,高等教育管理模式历经了从宽松放权到逐步集权的过程。虽然高校与教师自主活动的空间不断被压缩,但政府主导的高等教育管理模式的变迁在一定程度上引领了高校教师劳动关系从无序到有序发展。

3.3 民国后期高校教师劳动关系(1937—1949)

1937—1949 年是全面抗日战争和解放战争时期,也是我国高等教育发展的艰难时期。1937 年,日军为了实现全面侵华,首先对我国的高等学校和教育机

---

❶ 陈翊林. 政治与教育 [J]. 中华教育界,1932,19 (9):5.

构进行了长时期大规模的摧残与破坏。截至1938年8月末，全国108所高等院校中有91所遭到日军破坏。❶ 整个教育系统几乎遭受了灭顶之灾，这一时期是我国大学的一段屈辱发展史。解放战争时期，国民党为了巩固其独裁统治，采取了全面收紧的教育政策。这一时期的国立大学，在炮火中前行，其权力结构、组织制度、文化观念等发生了强烈的变化；这一时期的教师劳动关系，在多元驱动下不断进行临时性、结构性调整，政府试图借助教育的发展巩固政权基础。

3.3.1 高校教师劳动关系的历史演变分析

1937年抗日战争全面爆发，人民生活遭到极大破坏，从根本上改变了高校教师劳动关系，民国后期高校教师劳动关系整体上处于失序状态。在日本全面侵华战争的过程中，日寇有意识地破坏中国的高等教育设施。据相关统计数据显示，当时全国有108所高校，有17所因战争无法办学，14所仍勉强维持在敌占区，剩余的77所被迫迁移后方。❷ 在日军的破坏下，高校被迫迁移，最先内迁的是北京大学、清华大学和南开大学，后其余东部高校纷纷迁移，众多高校几经辗转方才安定。为了适应战时需要，维护战时高校教师劳动关系，当时的中华民国教育部一方面通过一系列措施完善高等师范教育制度以备战时师资之需，另一方面通过《大学组织法》将教师划等，将学术成果列为教师聘任的重要依据。但外部战争环境的急剧变化使教育部颁布的法令流于形式，高校教师劳动关系整体上处于不稳定的状态。

南京国民政府建立之后，一直将教育列为重点改造的领域。全面抗日战争爆发后，国民政府积极恢复教育，实行了高校内迁等措施。政府希望通过这些措施保存教育力量来达到稳定格局的目的，因此，国家有意加强了对教师聘任的控制，此时的高校教师劳动关系具有统治性、专制性与独裁性的色彩。1940年，教育部公布了《大学及独立学院教员资格审查暂行规程》，对助教、讲师、副教授、教授的聘任资格进一步作出规定，较民初的《大学教员资格条例》更加细致、具体。1941年，教育部颁布了《教育部设置部聘教授办法》，对大学教授的聘任条件、聘任期限、聘任数额进行了细致说明❸，试图以大学的学术属性作为大学教学、研究和服务的根本准则。"为青年择师必须破除一切情面、

---

❶ 张玥. 抗战时期国立大学校长的治校方略研究 [D]. 南京：南京大学，2013.
❷ 四川省志教志编辑组. 抗战中48所高校迁川梗概 [G] //四川文史资料选辑. 成都：四川人民出版社，1979（13）：72.
❸ 教育部设置部聘教师办法 [J]. 教育通讯（汉口），1941，4（29）：10-11.

一切顾虑，以至公至正之心，凭着学术的标准去执行。"❶ 但当时国民党的许多政要纷纷以人情关系托校长安置人选，此时，高校自主任用教师的劳动关系实际上也受当时现实情况影响，并不能完全秉持纯粹的学术标准。1945年12月21日，教育部公布了《收复区专科以上学校教员职员甄审办法》，要求设立高校教职员甄审委员会，对教员进行调查审核，其通过后才可继续聘任。❷ 随着甄审政策❸的推行，许多高职称教师不被聘任，因此教师数量不足。为了解决这一问题，很多大学放宽了教师的任职资格，导致了滥用职称的现象。此后，政府对教员的聘任条件进行了明确的规定，为各校评聘教师提供了制度化的规范，促进了民国教师队伍的职业化发展，进而不断提升了大学教师的专业化水平。在此背景下，为了借助教育发展带动整个政权基础的巩固，高校教师的劳动关系形式和任用方式一直处于相应的调整之中，呈现出极端的政治目的性。

日本全面侵华战争给我国各项事业带来了巨大损失。为了抗敌御侮，南京国民政府军费支出剧增，其他各项经费开始紧缩，多数教师生活困难。为了尽量保障高校教师在战时的生活，1940年教育部发布了《大学及独立学院教员聘任待遇暂行规程》（简称《暂行规程》），将高校教师的薪资划分为七至九个等级，确定了各等级教师的月薪底线和晋升条件。与民国初期和中期的教师薪资标准相比，该《暂行规程》规定的薪资标准有所提高，客观上为抗战时期的高校教师薪资作出了制度规范，各高校可以根据需要及当地生活程度与本校经济状况，对教师薪资酌量增减。❹ 除了提高教员的固定收入，政府还通过福利津贴、战时补贴、家属福利等方式弥补战时教师收入缺口。1940年5月，教育部学术委员会召开首次会议，审议了《补助学术研究及奖励著作发明案》，1942年11月，教育部出台了《专科以上学校教员奖助金办法》❺，将补助分为科研补助和生活补助分别发放。同年，教育部还颁发了《国立学校教职员战时生活补助办法》和《国立各学校教职员生活补助办法施行细则》，提出了对专科以上学校的教员按月发放代金和战时生活补助费，并鼓励各校筹设合作供给教员

---

❶ 智效民. 八位大学校长 [M]. 武汉：长江文艺出版社，2006：138-145.
❷ 中国第二历史档案馆. 中华民国史档案资料汇编：第五辑 第三编 教育（一）[G]. 南京：凤凰出版社，2000：17-18.
❸ 抗日战争胜利后，南京国民政府为了重申政治权威，强化政治合法性认同，对收复区的专科以上学校的教员与学生进行甄审，称为教育甄审。其目的就是检验其有无"投敌变节"的倾向，并改造在敌占区被奴化教育灌输的教员与青年，"漂白"他们的"奸伪"身份。
❹ 大学及独立学院教员聘任待遇暂行规程 [J]. 台湾省中正大学校刊，1941，1（8）：13.
❺ 国立学校教职员战时生活补助办法 [J]. 教育部公报，1942，14（21-22）：2-4.

必需品以减轻其生活负担。❶ 这些奖励和照顾政策作为抗战时期教员薪酬待遇体系的补充部分，旨在体现南京国民政府力求维持从教人员的结构平衡，稳定各大学的教育教学工作。但这些政策没有完全改变教师群体的生活窘迫和困顿问题。针对此状，1943年10月，教育部颁布了《国立专科以上学校教员支给学术研究补助费暂行办法》，要求在现有待遇之外，另支补教员研究补助费便于其购买相关资料、仪器、用具等。抗战期间，虽不乏以法规形式确定大学教师的薪资相关制度，然而在战乱的外部环境和通货膨胀的内部压力下，大学教师的生活水平大打折扣。

抗日战争基本胜利后，中国很快进入解放战争时期，国民政府表面上致力于高校复员，实际上在教育方面的经费支出不值一提。相关数据显示，"1946年教育经费所占财政支出比例，中央不过3.62%，各省不过6.8%，各县不过5.39%，部掌复员经费虽有600多亿元，但不过1946年军费的十分之一，尚不足湖南一省之需"。❷ 国民党因在战争中屡次失败，决心强化对国统区师生的法西斯统治，施行"反共反和平"，为了赢取解放战争的胜利不惜收缩高等教育经费，校内贪污腐败之风盛行，原本有望恢复稳定的社会状况反而愈加恶劣，全国师生苦不堪言。国统区的物价持续上涨，通货膨胀，原本在抗战前处于高收入阶层的高校教师跌入谷底，教师薪资增加的速度远不及通货膨胀的速度，民国初期和中期所建立的稳定向好的高校教师劳动关系全面瓦解。虽国民政府以法律条文的形式明确规定教师的薪资待遇制度，尽量维持教师稳定的收入，但在复杂的大环境下高校教师收入不堪，甚至面临被裁员的风险，难以养家糊口。

1945年8月，教育部公布了《战区各省市教育复员紧急办理事项》，规定恢复各类教育行政机关，立即派员接受敌伪各级文化机关，迅速清理各项教育资产。1946—1948年，南京国民政府的财政赤字现象十分严重，在这种旧伤未愈、新疮频发的情况下，主要依靠政府财政支出的教育事业陷入生存困境。抗战胜利后，为了支持回迁的高校教帅能够在工作安排方面顺利地过渡，进行正常的教学与科研工作，增强其身份认同感，1947年教育部颁发了《大学教员研究补助费支给办法》，其中对国立大学教员的薪俸和奖励等级、类别、数额都进行了详细的规定，让国立大学对教师的待遇安排和学术补助拥有了清晰的参照

---

❶ 国立各学校教职员生活补助办法施行细则 [J]. 教育部公报, 1942, 14 (21-22): 4-13.
❷ 刘尚信. 战后国民政府教育复员述论 [J]. 徐州师范学院学报, 1993 (3): 51-55.

依据。教员薪俸政策经过几次调整，逐步脱离了政府官俸体系，教师薪酬水平逐步提升，奖助力度不断加大，这就为大学教师职业化、专业化发展提供了前提，也为稳定教师队伍、提升教学质量奠定了基础。

总体而言，全国进入战时状态后，国民党政府进一步明确了高等教育方针政策。在高校西迁的艰苦环境中，广大师生为民族利益做出大量的牺牲与奉献，可以说，此一时期是集权与民主并存的时期。国家教育行政管理部门试图用国家意志对民众进行思想控制，努力通过一系列高等教育训政教育政策服务于中国未来的政治进程，但在高校人事管理上，采取的是"去等级化"的方式，教师与学生之间、教师与教师之间、教师与校长之间努力保持平等的关系。这与清末的专制制度差异颇大。抗日战争胜利后，南京国民政府开始了复员恢复工作。1948年，南京国民政府试图以《大学法》和《专科学校法》来对大学进行管理。但此时政局垂危，号令已经无法实施。由于政府预估不足，战后教育政策与措施的实际成效并不如人意，政府借战时之机进行训育，教师劳动关系的平等性得不到体现，同时加剧了劳动关系的不稳定性，事实上，民国后期高校教师劳动关系长期处于无序状态。

3.3.2　高校教师劳动关系的深层结构特征

1. 高校教师聘任主体的多层次结构

在民国初期和中期，校长聘任制一枝独秀，北京大学蔡元培"教授治校"的思想波及其余各高校，校长在教师聘任、考核、管理与评价上拥有较大话语权，早期高校教师劳动关系形式与任用方式单一化。以西南联合大学教授为例，"联大179位教授中，97位留美，38位留欧陆，18位留英，3位留日，23位未留学"。[1] 由此可见，教师队伍中海归人才比重较大，具有留学经历的教授融合了传统文化与西方现代教育理念，贯通中西，对高等教育体系具有恢复作用，但也在一定程度上造成了唯海归人才是举的局面。

民国后期，为了改变这一现象，进一步规范教师的聘任制度，提高教师的整体水平，教育部颁布了相关政策以促进高校教师任用来源的多层次性。1940年10月教育部颁布《大学及独立学院教员资格审查暂行规程》，将任教经历、对国学研究的贡献和学术成绩列为教师的聘任条件。相较于民国初期重视教师学历、偏重海归人才的现象，民国后期高校教师的准入条件有所拓宽，打破了

---

[1] 西南联大《除夕副刊》. 联大八年 [M]. 北京：新星出版社，2010：192.

唯学历是举的局限。1941年教育部公布了《部聘教授办法》，要求部聘教授需具备十年及以上的国立大学或独立学院的教学经历、专门的学术著作且有特殊贡献。部聘候选人不同于校长直接聘任，是由"教育部提经学术审议委员会全体会议出席委员三分之二以上之可决后聘请之"。❶ 与校长聘任制的教师相比，部聘教授的聘用要求较高，在1942年的《教育部关于部聘教授候选人的复函》中可看到清华大学推荐了陈寅恪、吴有训、罗庸等七十三人为部聘教授候选人。❷ 这些教师能够成为部聘教授，可谓"教授中的教授"，是当时至高无上的教育荣誉。部聘教授的出现体现了民国后期政府对高能力和高素质教师的关注，对于战时教师队伍的学术化和专业化建设起到了一定的激励作用，明确了不同层次教师的劳动关系。

2. 高校教师兼任管理工作的义务性

民国后期，抗日战争进入白热化阶段，高校内迁后百废待兴。除硬件设施设备缺失以外，高校教学与管理人员也极度缺乏。高校的正常运行离不开良好的管理秩序，管理人员的空缺成为战时的一大难题。为维持正常的办学秩序，高校教师勇于承担使命，包揽教务工作，兼任管理人员工作，由此教务工作顺理成章成为高校教师的"第二职业"。西南联合大学建校期间兼任教师颇多，"在西南联大，除三位常委为专职外，总务长、教务长及训导长（1939年7月遵教育部之命设立训导处，查良钊任训导长）、各院院长、各系主任均由教授兼任，兼职不加薪，课程负担与一般教授相同"。❸ 抗日战争时期，教师在校内兼职这种义务性行为并不罕见，有的教授同时担任两个系的主任，如朱自清教授就担任文学院中国文学系主任暨师范学院国文学系主任，陈岱孙教授担任商学系和经济学系主任。❹ 因战争时期的特殊性，兼任现象不仅出现在西南联大，在其他内迁高校中也普通存在。

此时期的教师兼任与民国初期的兼任有以下几个方面的不同之处：第一，从兼任的原因来看，初期通常是经费短缺，专任教师岗位要求高和教师个人拥有价值追求；后期主要是人才匮乏，高校难以维艰。第二，从兼任的内容上来看，初期兼任教师的工作内容主要是与自身专业相关的教学任务，而后期兼任

---

❶ 宋恩荣，章咸. 中华民国教育法规选编（1912—1949）[M]. 南京：江苏教育出版社，1990：692.
❷ 王文俊. 国立西南联合大学史料 4 教职员卷 [M]. 昆明：云南教育出版社，1998：199.
❸ 夏和顺. 全盘西化台前幕后 陈序经传 [M]. 广州：广东人民出版社，2010：120.
❹ 陈志青，张玮. 师林文香 云南师范大学校报优秀作品选 [M]. 北京：光明日报出版社，2011：31-32.

教师则把教务管理和教学科研任务包揽在身。第三，从兼任的待遇来看，民国初期的兼任教师通常是"兼职兼薪"，而抗日战争时期的兼任教师是"兼职不加薪"。在民国初期，高校教师的劳动与经济收入直接挂钩，教授兼任的目标是加薪补薪，教师的劳动性质为报酬性。民国后期，除学术性的工作之外，高校教师参与院校管理工作具有义务性。高校教师义务性兼任管理工作，背后支撑他们的是抗战报国的伟大精神力量。

3. 劳动关系泛"政治化"与"统制化"

在"战时当作平时看"方针的指导下，这时期的国民政府在大学推行激进的严格主义政策。在大学教师管理制度上，主张对教师资格、待遇和退休制度实施统一主义和国家化。国民党政府加强了大学教师的思想控制和政治渗透，大学逐渐走向泛政治化的歧途。1938年3月29日，国民党政府颁布了《抗战建国纲领》，将三民主义作为抗战建国的最高纲领，国内一切行动都由蒋介石领导下的国民党政府集中负责❶，突出了南京国民政府的一党专政统治和蒋介石的个人独裁权力。《战时各级教育实施纲要》强调战时应集中意志，统一行动。政府因循"严格主义"的轨辙，让大学承担抗战建国的双重任务。因此，大学教师管理制度呈现"统制"局面，政府对大学的控制空前加强。

抗战胜利后，南京国民政府打着"戡乱"旗号一意孤行，专制政治成为主流基调。为了挽救即将没落的反动统治，1947年，南京国民政府公布了《中华民国宪法》，要求全国各级教育机关都要受到国家的监督。从1937年至1949年，南京国民政府经历了战乱动荡期和调整期，教育政策因势而变，并夹带着浓厚的政治性质。在此背景下，高校教师劳动关系的性质、参与主体、形式和任用方式等均受到国家政治化和统治化的影响。劳动者本位意识相对淡薄，教师人身和组织关系具有较强的隶属性。

4. 政府主导高校教师劳动关系形式

1940年，教育部公布《大学及独立学院教员聘任待遇暂行规程》，开始实行全国统一的大学教师资格审查制度，规定"大学及独立学院聘请教员，应按照教员审查合格之等别聘任之"。❷ 审查程序是高校提交教师的审核资料给学术委员会，如若通过审核，则由教育部授予证书。教师的资格审查统一由教育部

---

❶ 张宪文. 中华民国史（第三卷）[M]. 南京：南京大学出版社，2006：231.
❷ 大学及独立学院教员聘任待遇暂行规程[G] //宋恩荣，章咸. 中华民国教育法规选编. 南京：江苏教育出版社，1990：690.

来核验，显然，高校教师的聘任模式是政府主导模式，其积极作用是稳定教师队伍，保障大学的稳步发展。此外，政府对教师的聘任以及辞聘都作出了明确的规定，对教师自由流动也有了一定的规范。至此，教师拥有了自由职业者和公教人员的双重身份。基于自由职业者和公教人员的双重身份的聘任制是这一时期高校教师劳动关系的主要任用方式，人力资源流动配置的市场性、劳动关系的契约性、教师发展的自主性和多元化受到政府的制度限制。

5. 探索高校教师劳动关系保障制度

1940年4月29日，教育部公布《教员服务奖励规则》，首次在教师管理制度中体现物质奖励与精神奖励相结合的趋势。同年8月30日，教育部颁布《教授离校考察或研究方法》，对学术休假制度作出具体规制，除奖励学术，增强大学教师劳动权利保障以外，就是完善教师退休养老制度。全面抗日战争爆发后，南京国民政府多次修订《学校教职员养老金及恤金条例》（简称《条例》），针对战时特殊环境，细化了教师养老金和抚恤金发放的种种规定，加强了制度严密性。1944年6月，南京国民政府再次修订该《条例》，并将其分为《学校教职员退休条例》和《学校教职员恤金条例》，对退休年龄、退休金种类、退休金计算方法、大学教师抚恤制度等作了进一步具体规定，开展了对大学教师退休、抚恤制度的探索，初步完善了民国时期以来大学教师劳动保障体系，教师的劳动权益得到有效保护，夯实了教师劳动关系的稳定性。从1944年到1945年，教育部先后颁布了《大学教授副教授自费出国进修办法》《专科以上学校教员应邀出国讲学或研究办法》，对大学教师出国进修、讲学和研究作出具体规定。自此，大学教师管理制度不仅进一步完善了劳动人事管理制度，而且在教师专业发展领域也进行了积极探索。1948年1月12日，国民党政府颁布了最后一部教育法律《大学法》，也是民国时期近代大学教师劳动关系管理制度上最后一次系统建构。

3.3.3 高校教师劳动关系的路径依赖

1. 战争环境影响劳动关系发展

战争环境是影响高校教师劳动关系的重要因素，一般说来，在社会政治经济较为稳定时期，高校教师劳动关系趋于和谐；在社会政治经济紊乱时期，高校教师劳动关系趋于无序。在抗日战争初期，对中国教育设施的破坏是日本侵华政策的其中一环。为了保存教育实力，高校接二连三地内迁，每一次迁移对师生来说都是巨大的挑战。广大师生在迁移的过程中十分艰难，还要躲避日军的飞机轰炸，高校的图书设施损坏严重，遇到疾病流行更有可能让人丢失性命。即使有幸到达迁移地，学校办学条件也相当辛苦，经费拮据、图书丢失、设施老旧等，都是教学的阻碍。艰难的工作环境并未随着抗日战争的胜利有所改善，在抗战结束之后，中国又陷入内战，国民政府对高校复原非但没有实现"恢复"的目的，反而让高校教师的处境愈发困难。"反共反和平"的政策破坏了和平的环境，国民政府大肆进行独裁统治，专制的统治风气束缚了战后热心于恢复高校建设的教师，刚刚稳定的局势又陷入战争的阴霾。校园内部腐败风气蔓延，政府官员中饱私囊，让原本稀少的经费愈加紧缩，高校教师的薪资被层层克扣，教师在通货膨胀的经济社会中难以自给自足。战争的纷乱与政府的腐败让战后高校教师推行民主教育、建设美好未来的幻想通通破灭。稳定的外部环境是高校教师劳动关系有序发展的基本前提，高破坏性的战争环境、多变动的国内局势和高膨胀的市场经济铸成了民国后期高校教师劳动关系的外部环境。事实证明，战争影响下的社会无法给高校教师提供一个安全稳定的发展环境，高校教师任职地点时常变动，教师的聘任、薪资、晋升与学术研究都深受影响。

2. 薪酬贬值影响劳动关系发展

民国后期国统区进入战时状态，一方面因军费紧张，国民政府提出削减经费以备军用；另一方面国统区通货膨胀，物价飞涨，高校教师的薪资波动大，水分多，薪资难以保障。1943年教育部在国民参政会报告中表示，由于受通货膨胀的影响，各级教员的收入都无法养家。抗日战争基本胜利后，内战的压力让国民政府继续向高等教育施压，削减高等教育经费，裁减教职工数量。在此期间，国民政府以法令政策的形式确定了民国后期高校教师的薪资待遇、津贴福利、生活补助等以维护教师经济处境，但在通货膨胀的冲击下，依靠政府发放工资为生的高校教师实际收入大幅度下降，工资的实际购买力低于民国初期水平。20世纪30年代，作为大学月薪最低的助教100元的工资，相对于一名矿工15元的工资也要高出6倍有余。❶ 而在战时，随着物价上升，大学教师的实际收入锐减，已经低到与同期工人所差无几。高校教师由民国初期社会收入高层跌入社会收入底层。工资购买力的下降无法承受物价上涨的速度，粮价、物价和房价的上涨导致高校教师日常生活困难，经济处境困难迫使部分教师离职，

---

❶ 赵婷婷. 抗战时期西南联大教师的经济生活：荆楚学术 [C]. 北京：北京理工大学出版社，2017（10）：49.

高校教师劳动关系基本无法维系。

3. 独裁政治影响劳动关系发展

民国后期，国民政府对高校师生变本加厉地实行法西斯统治。抗日战争爆发后，国民政府削减高等教育的经费以充实军费支出，以三民主义作为大学必修课程，实行战时学科训令。学科训令的实质是对师生进行意识形态渗透，以达到禁锢思想的目的。为控制高校教师及行政人员，国民政府规定高等学校院长以上人员必须加入国民党，甚至提出教育与军事、政治、经济一切事业贯通。解放战争期间国民党继续实行独裁专政的统治，加强对高校的严密监视与控制，发布了诸多限制师生的举措。直至1949年9月3日至5日，其仍在教育行政检讨会上决定实行以下限制措施以备内战：削减高等教育经费，裁减教职工；加强对学校的行政管理，学校代办各种训练班；整顿学校风气，加强训导工作。❶ 1937年全面抗日战争爆发后，国民政府不断加强对高等教育的集权管理，高校发展的自主权不断被削弱，政府与高校争夺自主权的博弈不断反复。1939年2月23日，蒋介石曾公开宣布："各级学校无论大中学校绝对不许自由，他们应该把他们的自由全部贡献给国家，所以他们对于国家要遵守纪律，对于社会要遵守秩序。"❷ 1939年制定的《教育部学术审议委员会章程》赋予该委员会很大的职权，委员会负责审议大学学术研究与奖励、学位授予和教员资格审查等事项，这实际上是国民政府控制了高等教育的人事管理权。为此，除高校院长以上的行政领导人都必须加入国民党以外，国民政府还利用种种方法拉拢教授等高级知识分子加入国民党，以达到一党专政的目标。1940年教育部颁布的《大学及独立学院教员资格审查暂行规程》将审核大学教员资格的权力收归教育部。民国时期政局动荡，政权更替频繁，但每个政权集团都对高等教育进行不同程度的干预，尽管干预情况不尽相同，但从总体来看，国家对大学的控制是逐步加强的，这主要有两个原因：一方面是出于维护其自身统治的需要，另一方面可能就是防止大学言论自由的批判效用，防止其成为"管理障碍"。❸ 针对当时高校倡导自治、教授治校，国民政府教育部成立了学术审议委员会，审核大学教员的资格，以提高政府在高校中的影响力。独裁控制下的高校教师长期游离于市场劳动者的身份和司法度量外，这就带来了高校教师劳动者权责内

---

❶ 第二次中国教育年鉴（第二编）[M]. 上海：商务印书馆，1948：41-45.
❷ 陈杏年. 抗战时期国民政府的教育政策论略[J]. 徐州师范学院学报，1995（2）：12-17.
❸ 申树欣. 民国时期国立大学与中央政府的关系[D]. 济南：山东大学，2012.

容、权力行使和法律救济方面的制约，阻碍着高校教师积极性和创造性的发挥，使得教师的多元化发展空间受限、发展动力不足。

4. 价值冲突影响劳动关系发展

高校教师劳动关系涉及各利益相关者的实际利益和价值追求，在教育政策执行过程中，利益相关者为了实现自身利益最大化，必然对教育政策施加不同程度的影响，这种影响源自利益的博弈和价值的冲突。为了寻求平衡，这类博弈和价值冲突进行了多次数、多因素、多维度的调整和妥协。民国时期高等教育政策的往复流转，其实是利益相关者不断进行利益选择、整合、落实的过程，是劳动关系主体之间进行价值交换的过程，是在原有利益冲突解决后经历短暂的利益满足，又产生新的利益博弈不均衡，而再进行新的利益调和与实现的过程❶，这种周期性的利益打破与重构会带来连锁性的利益牵引。

经济基础决定上层建筑，利益逻辑贯穿于高等教育发展的过程中，贯穿于高校教师劳动关系发展的过程中。劳动关系结构调整的实质是高等教育领域内价值与资源的权威性分配，它的出发点和归宿在于在促进教育发展的同时不得不让一部分群体做出一定的价值让步。从发展的角度出发，只有这种调整才能给教育界和各群体带来实质性的益处。❷ 民国时期，高校教师劳动关系是各方利益冲突下的独裁模式，高校教师的职业安全和经济利益保障未能也不可能得到充分满足，高校教师劳动关系的发展很大程度上受制于主体之间的价值期待和价值赋予，显然在这个时期，两者之间是无法实现和谐统一的。

3.3.4 高校教师劳动关系的动力机制

1. 政府主导推动教师劳动关系发展

抗日战争全面爆发后，高等教育陷入失序的状态，为了稳定教育格局，南京国民政府输出更多的政策文件，以期保障高等教育在动乱中平稳过渡，从而巩固自身的政权统治。

民国后期是社会政治经济最不稳定的时期，抗日战争前国民政府为了配合抗战发布了一系列的法律法规，对教师的法律保障、薪资规定、战时救助等作出指导。1940年教育部发布的《大学及独立学院教员聘任待遇暂行规程》从政策层面提高了高校教师的薪资标准，而且规定了教师的晋升条件。为了保障高

---

❶ 王美. 民国时期高等教育政策嬗变研究 [D]. 长春：东北师范大学，2013.
❷ 王美. 民国时期高等教育政策变迁研究（1912—1949）[D]. 长春：东北师范大学，2021.

校教师在战时的薪资水平和生活质量，国民政府1943年颁布《国立专科以上学校教员支给学术研究补助费暂行办法》，对高校教师加拨学术研究补助费，对教授、副教授、讲师和助教分别支持每人月支500元、380元、250元和130元。1946年7月后又将补助费的标准改为教授5万元、副教授4万元、讲师3万元、助教2万元。❶抗日战争结束后国民政府积极复原高等教育体系，奖励内迁的教师，给予相关补助。1948年国民政府还颁布了《大学法》，明确高等教育的宗旨，继续施行"教授治校"。即使在国内外形势严峻时期，国民政府也坚持颁布相关的法律法规，这对于稳定和修复趋于失序的高校教师劳动关系发挥了一定的作用。

透过民国时期的各项高等教育政策，我们可以看到政府的干预涉及教师劳动关系的方方面面，教员的聘任、职位的晋升、薪酬待遇等都受到政府的控制，国民政府主张对教师资格、待遇和退休制度进行统一化和国家化。1937年抗日战争全面爆发后，教师的聘任和选拔工作一度陷入停滞状态，教师队伍薄弱的问题凸显出来。随后，南京国民政府颁布了十几项关于师生管理的规程与办法，如《大学及独立学院教员资格审查暂行规程》《大学及独立学院教员资格审查暂行规程施行细则》《大学及独立学院聘任待遇暂行规程》等。新的文件法规对原有的规章制度文件进行了针对性的调适和拓展，如此密集的政策输出体现了政府对教师劳动关系问题的重视，推动教员的数量得到扩充，保障了教员的基本权益，在一定程度上保障了战时高等教育的持续开展。

2. 学术交流推动教师劳动关系发展

日本侵华战争爆发后，中日军备实力的悬殊让高校越发意识到教育兴国的重要性。在紧迫的战争环境下，学术建设仿佛是"远水救不了近火"，效果不佳，但在长期抗战的复杂情况下学术建设是必由之路。在军事方面，中西方的军备实力悬殊使军事知识的学习与军事武器的铸造迫在眉睫；在政治方面，需要依靠政治学术来稳定国内政治时局；在经济方面，金融市场的安定、战时国民生活的维持也需交流学习。抗日战争爆发前，中西方学术交流受高校重视，民国时期西方国家在军事、工程教育和学术研究上的成就吸引了国内高校教师的学习与交流。国立西北大学文学院教授郭文鹄在《西北学术》发刊词中指出，学术研究必须"融汇现世界之思想"。基于融汇世界思想的理念，西北联

---

❶ 王学珍，张万仓. 北京高等教育文献资料选编（1861—1948）[M]. 北京：首都师范大学出版社，2004：824.

大建校期间就有十次教师出国考察和进修的记录，在数学、水利和医疗等方面都与国外有过学术交流。20世纪20年代西方学术休假的思想传入我国，民国中期高校教师以学术休假进行学术交流的现象逐渐流行。

民国后期虽然战争频仍，但是政府不放弃学术交流的机会，1940年民国政府教育部规定学术休假教师的年薪"按照原薪拟交学校转付至研究必需之经费或考察所需旅费，得由原校酌予补助"。❶ 在经费紧缩的时代，政府仍拨给部分经费作为教师学术科研的保障，可见当时政府有国际学术交流的良好愿望。民国后期的战争让处于舒适圈的高校越发意识到中国高等教育的落后，西方高校在课程设置、学术研究方面的先进性冲击了国民政府的视野，对中国高校教师融入世界教育发展的潮流具有推动作用。可以说，正是高校与教师以积极的态度参与学术交流，提高了教师的专业发展能力，保障了教师专业发展的权利，继而推动了高校教师劳动关系的发展。

3. 多主体参与教师劳动关系治理

西方人事管理学派的理论家认为劳动关系双方都希望自己的劳动单位盈利和兴旺发达，因此，双方尽管有时有利益上的局部冲突，但在本质上不存在固有的矛盾。抗日战争时期，大学教师劳动关系在救亡图存的时代主题下艰难前行，尽管政府和大学在教育权力的争夺中处于矛盾状态，但改变不了二者相互依存的关系。政府为大学创造办学环境、提供办学经费，大学为政府统治培育人才、传承文化，两方权力共融是常态。

在"战时应作平时看"教育方针指导下，1939年国民党政府正式成立了"教育部战区指导委员会"，要求继续维持战区各级教育；联络战区教育界忠贞人士，并设法组训之。❷ 随着战争激发起的民族国家意识、消灭"奴化教育"、教育为经济服务等思潮的扩散，教育界人士主动去调试劳动关系的治理，各方主体积极博弈和争取权益，劳动关系模式随着劳动关系体系中要素的变化而发生变化，从而实现多元主体参与劳动关系治理之间的平衡。

4. 灵活政策助推教师劳动关系发展

抗日战争爆发之后，大学教师管理制度在艰苦的战时背景下，依旧顽强前行，进修、薪酬、奖励制度得到进一步完善。政府"藉使教育成果对于建国事

---

❶ 大学及独立学院教员离校研究办法[N]. 申报，1940-09-12.
❷ 廖林子. 抗战时期的中国高校教育管理[D]. 武汉：华中师范大学，2006.

业克尽功能"❶，希望通过教育改革，实现更进一步的统治。但是，高校泛政治化的体制使行政权力和学术权力难以维持平衡，造成学术自由度受限，高校缺乏办学活力，民主化管理程度低下，也促进了高校教师劳动关系治理模式的转变。

民国后期，为了适应战时教育需求，借助教育巩固政权，国民政府一改民国初期的高等教育管理模式，制订战时应急政策，以保存教育实力。抗日战争爆发后，高校生存维艰，国民政府发出高校内迁指令，缩减教育经费。战乱导致教师的聘任与选拔一度停滞，教育部颁布《大学及独立学院教员资格审查暂行规程》等政策扩张师资，政府通过出台《专科以上学校教员奖助金》和《国立学校教职员战时生活补助办法》，既保障了高校教师在战时的经济需求，还鼓励高校教师在战时坚持学术创作，为抗战服务。抗战结束后，国民政府实行积极的复原高等教育的措施，如重新核实教职工薪资、延聘优秀教师、设置奖学金等，客观上助力了战后高等教育秩序的恢复。民国后期，国民政府在继续实行专制的高等教育管理模式的同时，依据实际情况灵活变通，使之更符合战时需求，勉强维系高校教师劳动关系的基本运行。由此看来，在抗战时期，由于时局的变化和外在环境的影响，持续的、稳定的、系统化的高校教师劳动关系难以维系，根据战时需要灵活调整高等教育管理政策，维系高校教师基本劳动关系也就成为必然选择。

---

❶ 谢长法，王延强. 抗战时期高校就业政策及其管理[J]. 西南大学学报（社会科学版），2014，40（2）：94-99，182-183.

第4章

新中国成立以来高校教师劳动关系的历史演变

4.1 改革开放之前的高校教师劳动关系（1949—1977）

中华人民共和国成立之初，包括教育在内的各行各业百废俱兴，各项秩序亟待形成。但受高度集中的国家政治体制、经济计划统一性、国际关系紧张格局和"一边倒"意识形态的影响，我国高校教师劳动关系行政化、管理集中化、利益一体化的色彩浓厚。专业化、强调奉献、淡化利益一度成为我国高校教师的职业价值导向。在《中国人民政治协商会议共同纲领》对高校行政职权的指导下，1950年制定的《高等学校暂行规程》赋予校（院）长以自主任命、调整、罢免教师和职员的权力，校（院）长负责制成为高校内部领导体制的中心。而在随后出台的《关于高等学校教师职务名称及其确定与提升办法的暂行规定》的推动下，高校自主任用教师的劳动关系模式让位于政府管控下的行政任命模式。同时，此规定将高校教师国家工作人员的身份确定下来，高校教师行政任用机制初步形成。在此背景下，高校教师劳动关系的性质、参与主体、形式和任用方式等受到国家行政性和集中化权力的作用。

在薪酬待遇方面，工资供给制是中华人民共和国成立初期我国高校教师工资制度的主要形式，国家对高校教师的生活费用统包统揽，部分教师家属的生活费用也得到统包。随着1952年《关于高等学校工资调整的几项规定》的施行，工资制成为主导形式。高校教师和普通职工标准同一，工资标准划分不合理、缺乏针对性，使得对科研人员的激励不足。同时，工资增长机会少、速度慢，高校教师整体工资水平偏低。虽然几经调整，教学人员的工资标准得以独立出来，高校教师工资得到提升，但平均主义仍然是整体的样貌。作为对低工资水平的补偿，高校教师的福利保障制度逐步建立起来，经济困难教师得到国家补助，国家保障成为教师职业安全的后盾，高校教师的福利待遇得到改善。但这一时期高校教师社会保障和福利制度的平均性质较为浓厚，本质在于补偿。

社会主义改造的完成和工业化建设对专门人才的需求驱动了高等教育、高校管理体制以及高校教师劳动关系的调整与改革，加上广大人民对教育文化事业的需求迅速发展，1955年人民政府发布了关于"教师教学工作日、工作量的规定"等法规，对教师的工作时间和工作荷载量进行规范。"文化大革命"十年间，我国高等教育事业经受重大挫折，高校教学科研中止，许多高校教师作为批斗对象遭受停课、下放，教师职业发展被迫中断，高校教师的福利及社会保障水平总体下降，高校教师劳动关系总体趋于被破坏和停滞。

4.1.1 高校教师劳动关系的深层结构特征

1. 劳动关系行政化和集中化

改革开放以前，高校与教师之间是政府计划管控下的行政合同关系[1]，高校教师劳动关系作为国家和高校间行政关系的延伸和扩展，接受国家的统一集中管理。[2] 政府和高校以约束性制度和规范取代行政性处罚，高校与教师之间权利和义务不对等的弊端长期存在，教师作为劳动关系主体的自由平等资格失却、契约化法律地位缺失，不对等的法律关系成为我国高校教师劳动关系的早期特点。在计划经济背景下，利益一体化是我国劳动关系，尤其是高校教师劳动关系的生动写照，其高度强调人身和组织关系的隶属性。而劳动关系本身所具有的财产性特质长期不被提倡和重视，用主体间意思表达的一致替代利益化目的追求的相异，行政化色调下劳动者本位意识相对淡薄，教师劳动者权利的明晰、确认和表达步履维艰。

2. 劳动关系形式与任用方式单一

中华人民共和国成立后，高校管理作为政府行政职权的延伸不可避免地带有计划命令性，政治体制、经济发展模式、国家人才管理和培养方式的影响和需求自然而然地映射到高校教师劳动关系的形式和聘用方式上。这个时期高校教师劳动关系的形式，在长期固定和短期流动中属于长期固定型劳动关系；在

---

[1] 劳凯声. 中国教育法制评论：第1辑 [M]. 北京：教育科学出版社，2002：253-258.
[2] 董保华. 劳动关系调整的法律机制 [M]. 上海：上海交通大学出版社，2001：6-40.

准交易型、相互投资型、投资不足型和过度投资型等"激励—贡献"理论视域划分下❶，属于投资不足型劳动关系；在法律适用上，属于适用于《中华人民共和国公务员法》和《中华人民共和国民法通则》规范的劳动关系。基于教师干部身份属性的行政任用制是这一时期高校教师劳动关系的主要任用方式，人力资源流动配置的市场性、劳动关系的契约性、教师发展的自主性和多元化受限。高校教师劳动关系的形式较为单一，任用方式以计划录用为主。

3. 参与主体二元化

从近代大学诞生到中华人民共和国成立，后发外生型的高等教育使得我国高校与政府的职权关系长期密不可分。在经历了校务委员会负责制、校长负责制、党委领导下的以校长为首的校务委员会负责制等高校领导体制的演变后，高校与政府的政策联系和权职隶属愈益强化。在此背景下，高校教师劳动关系及其模式变迁持续受到政府的制约和影响，政府是高校教师劳动关系参与主体中的领导者。主体间法律地位的平等是劳动关系的基本特质，也是劳动关系形成和完善的基底。如《关于在事业单位试行人员聘用制度的意见》就是对事业单位劳动关系平等性的规范与强调。但在国家体制和政府政策的推动下，高校教师劳动关系成为政府与高校间集权与放权调整的适应者，政府与高校实质上变成高校教师劳动关系的二元参与主体，而高校教师作为劳动关系主体的地位和作用被忽视和降低。

4.1.2 高校教师劳动关系的路径依赖

1. 教师职业身份的制约

身份具有多种不同的定义。从法律角度理解，身份是对个体社会位置的众多法律关系的抽象化描述和表达，具有相应法律地位。作为权利联结的载体，身份本质上并不代表权利，也非具体法律关系的简单叠加。根据以上界定，可将高校教师职业身份表述为：教师基于与高校之间各类涉及劳动性质的具体权责利关系而形成的整体法律地位，教师职业身份具有超越个别教师权责关系的特殊性、时代性及鲜明的国家政策性。计划经济时代，高校组织首先被定性为国家事业单位。在政治经济体制、公有制形式、分配方式等历史背景下，高校教师长期被认定为国家干部❷，在管理体制上受政府计划性垂直统一管理，以

---

❶ 毛态歆. 转型期高校劳动关系变革风险与防范[J]. 现代教育管理, 2017 (1)：110-115.
❷ 申素平. 论我国公立高等学校与教师的法律关系[J]. 高等教育研究, 2003 (1)：67-71.

行政调配为主，职务终身制一度是高校教师职业身份的标志。鉴于此，在司法实践领域，高校教师不是公务员却长期依照公务员管理模式进行行政化调控，长期游离在市场劳动者身份和司法度量外；加上法律对高校教师职业身份概念、性质、权责内容及边界的厘定模糊，教师劳动关系冲突与矛盾在行政纠纷与民事纠纷的界定与适用上长期不明、作为同一主体的法律调节方式混淆、权利救济通道相对闭塞。计划经济体制下职业身份带来的高校教师劳动者权责内容、权力行使和法律救济方面的制约，阻碍着高校教师积极性和创造性的发挥。

2. 资源分配模式的固化

新中国成立初期，战乱导致的社会动荡和民生问题初步得到解决，而经济凋敝和生产力发展不足亟待缓解，建设社会主义工业化国家以增强综合国力、促进社会主义建设以满足人民群众日益增长的物质文化需要成为国家大政方针和发展朝向，高等教育也需顺应国家建设的现实需要。面对物质资源和财政资源相对匮乏的境况，生产型产业得到国家大力扶持，服务国家工业化建设的专业型人才成为各行各业的"香饽饽"，物质和人力资源向工业化建设高度倾斜。高等教育、高等学校作为强资源输入性和依赖性的事业和组织，整体资源相对缺乏、结构性不足和差异化分配局面长期存在。国家集中管理体制下的计划分配模式，导致高校资源分配权限和自由度呈弱势，高校教师各项工作保障和职业权益难以有效实现。高校教师的劳动是教师的智力化劳动作业与高校提供的资源条件有效结合的过程，在新中国成立初期国家整体资源条件不良和政府计划性配置形势下，高校教师职业安全和经济利益保障未能得到充分满足，高校教师的发展受到制约。

3. 高校的自主权藩篱

在教师干部身份、行政任用制、国家统一调配和政府计划管理的影响下，高校成为国家机关和教育相关政府管理部门的附属甚至末端组织。居于被统管地位的高校职能发挥受限、自主权不足，高校对于教师劳动关系的参与和协调存在体制机制的权限问题，有关教师任用、评审、罢免、工资制度等权限统一由教育相关行政主管机构掌握，政府的规制与管控成为高校教师劳动关系及管理的主导。高校在某种程度上变成计划经济下国家推动政治和教育体制改革的苗圃，政府的行政权力向高校教师劳动关系强势渗透。在这种环境下，高校处于国家权力、政府政策的集中管理之下，国家计划调配、职务终身制、自由流动缺失、权力地位失衡是该阶段教师劳动关系的显著特征。❶ 中华人民共和国成立初期，面对纷繁复杂的国内外局势，基于增强综合国力和发展社会主义高等教育的需要，教师劳动关系采用这种模式具有一定的合理性和实用性。但随着社会经济和高等教育的迅速发展，高校对教师劳动关系管理自主权的需求日益增长，这种模式为高校教师劳动关系模式的僵化埋下了隐患。

4.1.3 高校教师劳动关系的动力机制

1. 国家法规和政府政策的引导

中华人民共和国成立后，国家和政府密集出台各项法规和政策，直接或间接作用于高校教师劳动关系，借助高校内外部管理体制、治理体系变革，引导高校教师劳动关系利益相关者互动及权力结构调整。1954年，国家出台《关于教师升等及干部管理问题》，对涉及高校教师层级浮动、干部管理等职业关系进行相应规定。1959年，国家出台《关于高等学校师资的补充、培养和调配问题的规定》，对高校教师培养与配置等劳动关系问题进行调适。为了提升国家政治经济体制机制及社会整体环境的稳定性，实现高校教师思想政治觉悟提高，为高等教育良好发展营造思政氛围，1960年3月国务院颁布的《关于高等学校教师职务名称及其确定与提升办法的暂行规定》将思想政治条件、学术水平和工作能力列为高校教师职称评定的主要参考依据。❷ 其中，思想政治表现又是教师任用、考核和职务晋升的首要指标。法规和政策的出台和施行，引导着高校教师劳动关系的模式变迁。

2. 外部环境的竞争和示范效应

高校教师劳动关系作为社会劳动关系的情景化表现，深受外部环境的嵌入性影响，具有明显的适应性，在外部环境的示范效应下走向创新发展或者僵化滞后。中华人民共和国成立初期，我国高等教育资源条件较差，整体水平较低。基于帝国主义经济封锁、苏联友好合作与援助的国际形势，我国在社会建设道路和方向上整体向苏联看齐。与此对应，我国在高等教育建设、高校教育教学模式、教师培训及发展等方面以借鉴苏联模式为主，高校教师劳动关系的构建

---

❶ 周光礼，彭静雯. 从身份授予到契约管理：我国公立高校教师劳动制度变迁的法律透视［J］. 高等教育研究，2007（10）：37-42.

❷ 教育部. 关于高等学校教师职务名称及其确定与提升办法的暂行规定［EB/OL］.（1960-03-05）［2020-02-05］. https://www.zsbeike.com/cd/44020464.html.

受到苏联模式潜移默化的影响，计划性和统一化的高校教师劳动关系即为体现。随着中苏关系恶化、苏联撤回相关支援及1956年中共八大的召开，政治上对苏联模式的反思和批判也推动了高等教育、高校管理和高校教师劳动关系方面对前期一味模仿苏联模式的总结和思考，脱离苏联固化模式、独立自主探寻发展进路和历史规律成为我国高校教师劳动关系模式的变迁方向。

3. 高等教育管理模式改革的推进

高校教师劳动关系模式变迁不是孤立个体的选择和行为。一方面，政治环境、经济体制、文化观念等的影响和制约无处不在；另一方面，高校教师劳动关系也受到高校管理体制传统及其变革的构造作用，保留着高校管理体制改革的"印痕"，高校管理体制及变革则受到国家高等教育管理模式的直接影响。高校管理体制改革亦步亦趋，体现出对高等教育管理模式变革的因循模仿。高等教育管理模式变革的实质是权力在中央和高校间的传递和互动。国家集中统一和政府计划指导是这一时期高等教育管理模式和高校管理体制改革的主导和方向，也推动了高校教师劳动关系属性与深层结构特征的变迁，成为高校教师劳动关系模式演进的动力机制。

4.2 改革开放初期的高校教师劳动关系（1978—1985）

关于真理标准问题的讨论引发了社会各界思想解放的潮流，封闭在计划管理体制内的高等教育逐渐开启独立探索路途；经济社会发展道路确立和改革开放的布局，为高等教育事业和高校管理的恢复准备了条件。为应对"文化大革命"十年对高等教育和高校教师劳动关系的破坏，教师平反、高校教育教学及管理体制恢复和改革逐步展开。经济改革驱动社会发展的强大人才需求与高校师资相对匮乏间的矛盾十分突出，各大高校纷纷采取灵活政策，抢救原有人才、延请专门人才、寻找优秀学者，充实高校师资力量，重建教师队伍。

但在高校教师劳动关系领域，一方面，需阶段性消除行政性的计划管控方式；另一方面，思想解放和体制机制改革的大潮冲击着旧模式对教师劳动关系变革的束缚。教育部1978年上报国务院的《关于高等学校恢复和提升教师职务问题的请示报告》获得批复，关于教师职称评审、职务提升及认定的原有规定得到延续和优化，高校教师职称制得到恢复和完善。1979年，教育部下发《关于高等学校教师职责及考核的暂行规定》，结合教师教学、科研和进修等总体状况对教师进行评价的考评制度形成，高校教师的职责与考核有了相对明确的规定。❶ 与此同时，高校教师的工作时间和工作量得到进一步明确，工作量进入教师考核指标，高校教师工作条件改善，劳动关系规则网络逐渐优化。

在薪酬和福利待遇上，一方面，国家主导的保障和福利政策是这一时期高校教师福利保障的特点，制度刚性明显，流程和规则较为烦琐。另一方面，1985年国家出台《高等学校教职工工资制度改革实施方案》，高校教师工资制度改革深化，结构工资制成为高校教师工资制新形式。高校教师工资由基本工资、岗位津贴和奖金共同组成，以基本工资为主体。随着上述方案的实施，教师奖金的处理权由政府向高校转移，但其在教师工资中占比较小，国家仍掌握高校教师工资管理和工资标准的制定权。以此为节点，高校教师工资结构和水平由国家决定的体制正式形成，统一化、低水平是这一时期高校教师工资的特点。高校严格按照国家规定的教师工资制度实际操作，自主权较小，但同时反映出高校教师劳动关系的逐渐开放与完善。由此可见，早期集权化和计划性的教师劳动关系模式仍在发挥作用，但教师劳动关系的形式和结构开始发生变化，统一化和过渡性是该阶段高校教师劳动关系的基本特性。

4.2.1　高校教师劳动关系的深层结构特征

1. 劳动关系统一化和过渡性

干部身份属性、低激励和弱竞争是改革开放初期我国高校教师劳动关系的显著特点。在此影响下，高校教师劳动关系的直接矛盾与冲突相对弱化，经济利益的对立和摩擦潜藏于缓慢变革的计划体制下，教师与高校、政府趋于一种紧密团结的职务隶属结构。改革开放初期复杂的现实、环境的阻力和政府统筹推进高校治理变革，高校教师劳动关系仍由政府统一协调和管理。随着市场经济萌动带来的效益刺激向高校领域渐行，高校和教师之间基于教学、科研和社会服务等功能的团结关系被日渐凸显的现实性矛盾冲突弱化。传统国家集中和政府行政管理下的利益一体化高校教师劳动关系向教师与高校间以劳动权为核心、冲突对立与有序合作并行的利益协调化模式转变。简言之，这一时期的高校教师劳动关系在沿袭统一化的同时，具有鲜明的过渡性特征。

---

❶ 教育部. 关于高等学校教师职责及考核的暂行规定［EB/OL］.（1979-11-27）［2020-02-06］. https://wenku.baidu.com/view/157c4620482fb4daa58d4b2f.html.

2. 劳动关系形式由政府主导

随着经济社会发展和教育体制改革的深入开展，思想解放驱动和调动高等教育发展的积极性和活力，国家在宏观上改变了传统政府集中管控下的行政化教育管理模式，高等教育管理体制改革获得了较大的空间和动力，高校办学自主权和管理自主权逐渐明晰并得到落实，高校劳动关系环境走向开放，为教师劳动关系形式和聘用方式的松绑准备了环境条件。高校教师劳动关系形式从中华人民共和国成立初期的投资不足型向相互投资型过渡，高校教师的培训、考核、职称评审等得到恢复和改善，但长期固定、排斥自由流动和法律调节方式不明的遗留问题需要革新，政府在其间发挥主导作用。政府、高校与教师的权利和管理关系仍旧层级鲜明，高校与教师之间身份关系的实质没有改变，高校教师的干部属性和聘任方式因循旧例，政府管理下人事行政性质的聘任形式是我国高校教师劳动关系的主要聘任方式，计划录用为其特征。[1] 简言之，这一时期高校教师劳动关系的形式和聘任方式在政府主导下具有鲜明的计划性和过渡性。

3. 劳动矛盾调解方式单一

在高校教师干部身份属性及劳动关系适用法律制度界限不明的制约下，针对高校教师劳动矛盾与纠纷，难以有效进行民事诉讼和行政诉讼的救济渠道选择。在改革开放初期的立法现状下，规范化的高校教师劳动关系矛盾纠纷调解制度供给不足；工会等团体作为教师劳动矛盾冲突的调解组织，地位受限，权力弱势，调节手段不足，调解能力较低；行政性强烈的人事争议仲裁作为教师劳动关系争议纠纷的主要调解方式与手段，具有极大弊端和不足。其主要体现在，与一般的劳动争议和纠纷相比，司法实践中对于教师劳动关系矛盾与纠纷的调解多限于聘任、解雇、合同争议等内容，关涉教师劳动者权益的薪酬、层级流动、工作时间、住房、医疗保障等切身事宜无法得到及时、有效、合理、合法的救济和调解，高校教师劳动关系调解渠道单一、方式含糊不明、范围相对狭窄、能力亟须提升。

---

[1] 李志峰，罗桂．新时代我国高校教师劳动关系：权利失衡与多层治理 [J]．教育学报，2019，15（3）：58-64．

4.2.2 高校教师劳动关系的路径依赖

1. 教师发展体制的制约

改革开放初期，我国高校教师发展体制在政府的集中管理下具有统一化特征。高校和教师间以订立行政任用合同为主，相较于一般的劳动合同，行政任用具有较大的刚性❶，高校教师的薪资水平、薪资结构和发放规则、编制管理和职称评审，都受到国家体制下政府权力的干预和规约。刚性工资制下，教师工资增长缓慢且地区分配不均，竞争激励手段缺失或有效性不足，教师自主流动让位于计划分配，教师职业上升通道和发展方式较为单一，高校教师作为劳动关系主体的择业自主权较小，职业发展自由度较低，自主化、多元化发展受阻。在学界内，劳动者权利不仅包含劳动者在就业中的权利，也包括就业前和失业后的权利，是诸多基本权利的集合。❷ 由此来说，即使在就业前或失业状态，只要高校教师作为一般劳动者的身份仍在存续状态，其劳动权范畴均应保持一致并得到法律保护。但受教师发展体制制约，教师的劳动者权利更多被限缩在就业中，就业前和失业后的权利保障相对缺失。

2. 参与主体的目标离斥

高校教师劳动关系系统存在多个参与主体，不同参与主体的目标和偏好存在异质性。当目标和利益分歧被限制在合理限度内，系统整体相对平衡；目标冲突与对立则会导致劳动关系失衡。随着社会转型变迁、体制机制改革、权力结构离散和重组，社会系统中各行动团体的利益诉求呈现出多元化趋势。与此相对，各阶层、行为主体及集团间的利益矛盾与目标冲突日渐常态化，高校教师劳动关系亦如此。在高校教师劳动关系的参与主体中，高校追求声誉、竞争力，组织高效运转，资源合理化配置和高质量、持续性的成果产出；教师渴求基本薪酬、激励工资、福利保障等以财产性利益为核心的个人收益，组织文化融入性和舒适度，职业稳定和安全性，培训机会与发展前景；政府关注高校管理、权力监督与综合改革。教师、高校与政府间在发展上存在权责利关系的一致性和共谋性，政府基于自身目标对高校进行考核与投资，高校为满足自身追求对教师进行差异化管理，但隐藏其后的对财产性权利追崇的现实冲突和目标离斥难以有效协调，成为高校教师劳动关系改革的阻力。

---

❶ 王工厂. 学校规章制度在人事争议中适用的法理分析 [J]. 中国成人教育，2005（2）：34-36.
❷ 李炳安. 劳动权论 [M]. 北京：人民法院出版社，2006：13.

3. 高校与政府的权力偏差

高校作为高质量人才的聚集地和知识资本的创生地,具有智力密集的特点和优势。因其人才、资源、环境特质,高校在国家创新发展中的地位日渐上升,在高等教育管理体制改革、高等教育国际化竞争和高校人事制度演进中的作用和价值与日俱增,成为经济变革、社会转型发展、国家重大决策和关键领域攻关的智力仓储和人才后盾。因此,高校对办学和人事管理自主权的渴求日渐强烈。传统高等教育管理体制下政府集中管控、高校管理地位弱势的教师劳动关系模式已然无法适应高校发展和国家人才战略、经济和体制环境变迁的现实需求。在传统管理体制下,政府长期处于高校管理的上层构造,高校退居权力链条尾端,高校对教师劳动关系进行自主化管理和因地制宜调节的权力不足,行政性质的管理模式有碍教师的多样性发展,不利于激发教师的积极性和创造性,最终会危及高价值教师发展的体制机制环境并阻碍国家人才战略效用的发挥。促进高校管理体制改革,释放高校管理权,扩大其自由度势在必行。

4.2.3 高校教师劳动关系的动力机制

1. 国家法规和政府政策的引导

这一时期,高校工作逐渐走向正轨。为了促进教师队伍恢复和发展,培养新时期国家建设人才、推动高校教师劳动关系稳定与完善,国家和政府出台了一系列相关法规和政策。在1981年教育部发布的《关于试行高等学校教师工作量制度的通知》中,进一步规定将教师教学工作量存档备案,并成为教师获取培训和职务晋升机会的重要指标项。❶ 部分高校在推行国家规定的过程中,发挥主观能动性,尝试教师工作量与质并行考核的方式,为调动高校教师工作积极性和主动性、提高教师工作效能开辟了新方向。1985年,国务院发布了《中共中央关于教育体制改革的决定》,促进教育结构调整优化和高校劳动人事制度改革成为教育体制改革的重要内容,教学科研管理权开始向高校下放。❷ 在法规和政策驱动下,高校教师劳动关系僵化模式渐趋变化,劳动关系模式变迁缓慢开启。

---

❶ 教育部. 教育部关于试行高等学校教师工作量制度的通知[EB/OL]. (1981-04-20) [2020-02-07]. https://wenku.baidu.com/view/595f417cfc4ffe473368ab9d.html.

❷ 中共中央,国务院. 关于教育体制改革的决定[EB/OL]. (1985-05-27) [2020-02-07]. https://www.chsi.com.cn/jyx/200909/20090904/31939649.html.

2. 外部环境的竞争和示范效应

改革开放初期，党的十一届三中全会的召开激起各行各业改革意识高涨，社会经济、文化、教育等领域竞相迸发活力，经济体制改革促进市场化经济萌动。企业改革的成功经验为事业单位以及高校教师劳动关系变革提供了示范效应。在成本—收益理念考量下，企业多采用集体化协商方式对劳动时间、劳动报酬、劳动条件、劳动安全保护、职业培训、福利保障、休息休假等劳动关系核心要素与具体情境进行合法性管理和协调。伴随国家和政府对集体协商、谈判的大力推行，事业单位体制改革逐渐提上日程，在法律法规框架内，对劳资双方矛盾和冲突进行合理解构，明确雇佣主客体权益和职责，促进劳动关系主体双方行为的合法化和规范化成为各行各业劳动关系管理的趋势。[1] 与此同时，作为个体劳动者赋权代表的工会等团体可灵活运用协商、谈判等手段促进劳动关系争议与纠纷的多维度解决，发挥其独特价值和作用。企业劳动关系治理方式与技术为高校教师劳动关系带来外部竞争的同时，也催生了其模式演进的强大动力。

3. 高校人事制度改革的推进

高校人事制度作为国家政策指导下高校任人治事及办学目标达成的规范化制度体系，有利于高校整体实力、竞争水平和运行效率的提升，是高校管理体制和现代大学制度的重要构成。[2] 改革开放初期，一方面，原有高校教师高龄化趋势凸显；另一方面，在教育教学技能、专业功底和科研能力等方面，新任教师需要积累与锻炼。为促进问题解决，1985年全国教育工作会议全面启动高校人事制度改革，对高校教师进行增量调整、存量优化、激发教师积极性成为高校人事制度变革的任务。高校开始探索采用量化激励手段对高校教师培训、考核、晋升等权益进行调整，职业竞争力不高、平均主义大锅饭的局面被打破。高校人事制度及激励方式的积极改革，对促进高校教师人力资源优化和布局、提高高校教师劳动关系质量、推动高校教师劳动关系模式变迁起到关键性作用。

4.3 社会主义市场经济转轨时期的高校教师劳动关系（1986—2012）

社会主义市场经济转轨时期，经济体制改革深入推进、国家法制化建设取

---

[1] 吴清军. 集体协商与"国家主导"下的劳动关系治理：指标管理的策略与实践 [J]. 社会学研究，2012，27（3）：66-89，243.

[2] 赵俊芳. 新中国成立以来我国高校人事制度回溯及评价 [J]. 中国高教研究，2019（8）：25-31.

得突出成效、科教兴国及人才强国战略对振兴高等教育和建设高水平大学的需求，促进了高校管理体制、人事与分配制度和教师发展制度改革。根据法律规定、市场需求、职业特性和教师需要构建劳动关系，推动高校教师劳动关系走向市场化和法治化成为其模式变迁的方向。

在《关于实行专业技术职务聘任制度的规定》对事业单位人员任用与任期要求的基础上，1986年颁布实施的《高等学校教师职务试行条例》中明确规定，在助教、讲师、副教授、教授职级设置基础上，高校教师试用行政任命制或职务聘任制，教师任期受到约束，任命制和聘任制并行成为制度过渡期的特殊现象。同时，该条例将论文发表、专著出版和教学研究作为除教学成绩外对副教授和教授任职资格进行确定的重要条件。[1] 以此为转折点，集权统一化和行政一元化的高校教师劳动关系逐渐解体。1994年实施的《中华人民共和国教师法》和《国务院关于机关和事业单位工作人员工资制度改革问题的通知》、1995年实施的《中华人民共和国教育法》及《中华人民共和国劳动法》以法律形式首次对高校教师的职业性质、权责关系及边界进行法理明确，高校教师的劳动报酬、劳动时间、休息休假和社会福利得到基本法律保障。

随着高校资源分配权限扩大和能力提升，新一轮高校教师工资制改革启动，继赋予高校教师津贴工资分配权、高校教师工资由国家和高校共同分配后，各高校在政策推动下开始于合同聘用制内探索"以岗定薪、按劳取薪"的激励工资分配制，借助市场化手段激发教师的工作积极性。高校经费使用和分配的权限日渐扩大，教师待遇明显改善。教师住房、医疗、退休保障等问题成为高校教师福利和保障制度关切的重点，教师公费医疗和退休保障基金制度逐渐完善，国家、高校和教师个人共同承担的社会化保障制度得到推行。随着高校对教师津贴工资处理权和工资标准制定权的扩大，津贴工资怎么发放、发放给谁由高校自主决定，不同高校自主探索差别化教师工资的分配方式，不同层次、类型、地区高校间的教师工资存在较大差异。在外部政治经济环境和行为主体、日渐完善的规制网络共同作用下，高校教师劳动关系脱离计划统一性的行政模式，向法治化治理和市场化调节模式迈进。

---

[1] 教育部. 高等学校教师职务试行条例［EB/OL］.（1986-03-03）［2020-02-09］. http://old.moe.gov.cn/publicfiles/business/htmlfiles/moe/s7077/201412/180698.html.

4.3.1 高校教师劳动关系的深层结构特征

1. 劳动关系法治化和市场化

随着社会主义市场经济深入发展和法律法规的逐步健全，经由党委领导下校长分工负责制的早期探索，1998年《中华人民共和国高等教育法》（简称《高等教育法》）正式确立了党委领导下的校长负责制。高校领导体制的变换和最终样态暗含着高校教师劳动关系环境、性质和权力结构的变动，背后是市场经济、国家法治化和政府政策的推动。与此同时，《高等教育法》的颁布为高校按需设岗、自主设岗和人员聘任提供了法理基础。为改变管制过多、束缚过牢的教育旧体制，中共中央、国务院于1993年颁发《中国教育改革与发展纲要》，提出了要使教育体制适应社会主义市场经济、科技等体制建设与改革步调❶，为高校教师劳动关系提供了市场化指引和政策动力。为进一步明确和推进高校教师岗位聘用制、优化教师职务结构和资源配置、创造自由竞争的教师岗位激励机制与环境，教育部于1999年颁布施行《关于当前深化人事分配制度改革的若干意见》，强调借助进出、升降有序的教师聘用制破除高校教师干部身份铁饭碗。❷ 与此同时，高校教师劳动关系的矛盾与纠纷开始增多，呈现出对身份和经济利益的关切。简言之，法治化和市场化成为高校教师劳动关系的新特征。

2. 劳动关系形式多样化

"211""985"工程建设的相继启动及尊重知识和人才政策价值观的盛行，使得高校教师作为人才培养、知识授受和创新、科学研究、文化生产主体的地位日益突出。为充分发挥高校教师的价值和功能，促进高校教师资源的高效合理配置，高校人事制度改革进程进一步加快。加之政府对高校行政管理的放松，这一时期，劳动形式和聘用方式多样化成为高校教师劳动关系的显著特点。长期固定与短期流动共存但以长期固定为主，行政计划管理与契约合同管理并行且向岗位契约管理过渡，行政任命制与聘任制齐用但以岗位聘用制为发展方向，投资不足型、相互投资型和过度投资型兼有并在区域和高校间存在明显差异，

---

❶ 中共中央，国务院. 中国教育改革和发展纲要 [EB/OL]. (1993-02-13) [2020-02-09]. http://old.moe.gov.cn/publicfiles/business/htmlfiles/moe/moe_177/200407/2484.html.

❷ 教育部. 关于当前深化高等学校人事分配制度改革的若干意见 [EB/OL]. (1999-09-15) [2020-02-09]. http://www.moe.gov.cn/s78/A08/moe_734/201001/t20100129_1263.html.

高校教师劳动关系的形式和聘用方式开始呈现出以市场、国家政策、高校体制和教师背景、知识结构、能力和发展需求为中心的多样化态势。

3. 参与主体多元

社会经济蓬勃发展及其催生的效益理念给高等教育注入刺激效应，政治经济体制改革的深入带动高等教育管理模式、高校内部管理体制和人事分配制度的纵向变革。而外围环境的巨大变化使得教师劳动关系主体间的利益需求日趋多样化，利益分化导致的矛盾冲突不可避免，新参与主体应运而生。在此过程中，权力的分化、转移与重组同步发生，国家和政府作为高校教师劳动关系主导的模式受到冲击和挑战。随着政府权力逐渐下放，高校办学自主权、资源管理和配置权日渐明晰和扩大，高校在教师劳动关系中的地位和调节权限上升；知识资本的增值和人力资本工具属性的强化，市场化、竞争性的教师资源配置成为必然朝向，高校教师日益关注长期发展和权益维护，积极争取话语权并投身教师劳动关系地治理和完善。市场和高校教师作为劳动关系参与主体的地位和身份得以明确，市场、政府、高校和教师构成的多元化教师劳动关系参与主体逐渐成型。

4.3.2　高校教师劳动关系的路径依赖

1. 人才计划的市场化悖论

为建设一流大学以吸引、培育一流人才和应对高等教育的国际化竞争，国家于1994年出台国家杰出青年科学基金项目计划、1998年起实施"长江学者奖励计划"。此后，"国家海外高层次人才引进计划""新世纪优秀人才支持计划"等多样化人才发展计划如雨后春笋蓬勃兴起。琳琅满目的人才计划为高校教师的多元化发展创造了政策环境，高校教师的发展空间和自由日渐扩大，发展方式日益多元，高校教师劳动关系形式、聘用方式、功能结构日渐丰富。但同时，高校教师劳动关系系统日益复杂化，教师劳动关系矛盾与冲突时有发生，调解程序更加烦琐、难度逐渐上升。教师发展多元化体制下潜藏的制度约束，制约着高校教师劳动关系模式的变迁。各类人才发展计划表面上有利于高校甄别和聘任优秀教师，拓宽教师职业发展路径，增加教师角色红利，提升高校教师职业待遇，但本质上是政府用人才计划模式取代常态化市场机制❶，更多地基于政府

---

❶ 李晓轩，徐芳. 延续人才计划模式抑或回归常态化市场机制？：关于新时代科技人才政策的思考[J]. 中国科学院院刊，2018，33（4）：442-446.

需求和规划，并非市场供求所致，最终会阻碍教师劳动关系的创新与发展。

2. 资源分配模式固化

在社会经济基础较为薄弱、物质和财政资源相对紧缺的背景下，为实现高等教育大众化、建设世界一流大学，建设教育强国，我国在很长一段时间内采取向精英大学倾斜的财政支持政策，即优先扶持精英公立大学。在偏向重点大学建设导向和以项目为主的资源投入模式下❶，一批高水平重点大学率先崛起，这在壮大国家整体教育实力、提升高等教育国际竞争力、为其他高校提供经验与示范方面发挥了良好作用。但重点高校与普通高校、部属院校与地方院校之间资源分配政策的层级差异导致其发展中的倍数差距。高层次重点大学政策支持多，资源获取能力强、渠道较为宽阔，在教师待遇改善、培训发展和工作环境创设等方面优势明显，其教师劳动关系调节与治理的资源弹性与空间较大；而普通高校先天政策支持不足、后天资源引进能力较差，处于资源分配弱势地位。这种资源分配模式与国家主导下的院校评估政策、高校教师聘任与晋升机制互相牵连，进一步加剧了不同区域、类型、层次高校与教师间的资源割裂。院校间资源分配的差距带来的教师待遇、培训、发展等利益方面的巨大差异，影响教师职业安全和职业稳定性，导致教师发展渴求与高校资源现状之间产生矛盾，从而破坏教师劳动关系的和谐。

3. 教师与高校的权利失衡

在我国，高校教师劳动关系的状况相对复杂。我国大学虽采取了政府管理和资助办理方式，大学在职权和资源上较为依赖政府，大学的行政权力来源于政府、发展资金大部分由政府拨予，但我国信仰学术权力的文化和环境还存在一些不利因素，高校教师的身份相对较低、权力相对较小，无法充分发挥学术共同体对高校行政权力的制衡效应。同时，我国也缺乏与高校权力博弈的内部治理机制。在内部机制上，我国大学也对教师设立了严苛的聘用和奖惩制度，注重科研量化考核的聘用制、高校教师职称评比和职位晋升的困扰即为体现。但在外部支持方面，没有形成完善的市场化竞争激励机制，政府仍采用向重点大学倾斜的政策模式。资源分配、大学竞争与排名中的马太效应仍是现实；不完全的学术劳动力市场无法促成教师对高校的反向倒逼机制，高校和教师之间的权力失衡也就成为必然结果。

---

❶ 王蓉. 关于"中国特色一流大学"的思考：财政的视角[J]. 教育经济评论，2016，1（1）：46-55.

4.3.3 高校教师劳动关系的动力机制

1. 国家法规和政府政策的引导

法治化和规范化是社会主义国家经济社会和教育事业发展的重要保障。党和政府颁布、下发及实施的教育相关法律法规和重要政策，为高校教师劳动关系的模式变迁提供了顶层设计和长远规划，体现了法规、政策的纲领性和导向性作用。为推动高校教师地位和法律身份向市场化转变，《中华人民共和国教师法》规定高校全面实行劳动合同制，专业人员成为高校教师新身份，教师干部属性逐渐淡化。随着《中国教育改革和发展纲要》的出台，职称评定、薪酬分配等涉及高校教师切身利益的权力逐渐向高校下放，高校人事分配制度改革深入推进，教师在住房、医疗、退休生活等社会保障问题方面得以享受高校提供的优惠政策；《中华人民共和国教育法》将教师聘任权确立为高校的独立法定权利，高校用人自主权进一步扩大。2006年，人事部、财政部联合下发《关于印发事业单位工作人员收入分配制度改革方案的通知》，定编定岗的聘用合同制得以全面推行并成为高校教师劳动关系的变迁方向。[1]

2. 高校内部权利结构的调整

《国家中长期教育发展和改革规划纲要（2010—2020）》的颁布施行，推动我国大学逐步进入内部治理的制度设计阶段。高等教育由大众化向普及化过渡，高等教育的发展由规模量增逐步走向结构优化和质量提升阶段，高等教育内涵式发展作为核心议题进入实践层面。底部厚重是大学的特质，大学的活力、生产力与创造力来源于容纳学生、教师及学术组织的基层院系，院系是大学的实际办学单位和功能所系[2]，是高校教师劳动关系的基层管理组织。在传统科层制模式下，院系更多是大学的附属机构和下位机构，处于被支配的弱势地位，在教师聘任与晋升、资源分配与科研管理中较为被动，无法对教师权益进行有效调节。随着高校组织规模扩张、管理事务繁杂，向院系下放权力成为现实需要；加之院系体量不断扩大，院系在涉及教师劳动关系事务的大学决策、管理中的话语影响力逐渐提升，人事自主权和组织职能日益扩大，这一切为促进教师劳动关系基层治理与改进准备了条件。

---

[1] 李志峰，罗桂. 高校教师劳动关系变迁的深层结构与治理逻辑：基于1978年来的政策文本分析[J]. 复旦教育论坛，2019，17（4）：96-102.

[2] 别敦荣. "双一流"建设与大学管理改革[J]. 中国高教研究，2018（9）：1-6.

3. 外部环境的竞争和示范效应

国际交流的日益频繁带来了建设高水平大学以应对国际竞争的现实需要，在此背景下，国外一流大学教师考评标准及结构体系渐趋向国内大学渗透并得到普遍认同，科研主体替换教学主体成为高校人事考评风向标。由此，科研量化考核在高校得到快速推行，高校教师考评方式逐渐与国外高水平大学接轨。随着经济体制转型和学术劳动力市场的渐趋形成，借助市场手段对教师进行高效配置成为我国高校教师劳动关系的发展趋向。伴随人力资源管理理念的传播，外部环境的诱导和条件激励向高校教师个体生存和发展需求的内在渴望转化，高校教师因追求流动经历变现价值和人力资本增值潜力选择与高校缔结短期合同与劳动关系，进而促使高校教师流动范围扩大、强度增加、流动频率大幅上升。高校教师职业发展方式、路径和诉求日益呈现出多元化态势，政府管控及高校规则下的劳动关系供给模式受到教师个体、市场环境、社会观念等因素的冲击和挑战，从而为高校教师劳动关系模式变迁提供了现实契机。

4.4 党的十八大以来的高校教师劳动关系（2012年至今）

党的十八大重新强调教育优先发展战略地位，在经济发展新常态下着力促进和实现政府教育职能转变及优化、深化教育领域综合改革，推动高等教育治理体系和治理能力现代化、实现高校内涵式发展。随着高校功能体系日渐完备、教师与高校间劳动关系日益复杂、学术共同体的壮大及教师权益观念的增强，常规的教师劳动矛盾纠纷调解组织机构的建立和完善成为现实需求。

为打造一流师资队伍，2014年年底《深化教育领域综合改革实施方案（2014—2018）》颁布施行，清华大学、上海交通大学等高校率先启动长聘制改革，高校综合改革进入契约化和自主化建制阶段。同年，《事业单位人事管理条例》出台，市场化、合同制、自由竞争和效益意识成为高校教师劳动关系的新样态。2016年《关于深化职称制度改革的意见》颁布，政府下放高校教师职称评审权、发挥高校对教师职称评审的主导作用成为政府促进职称管理方式改革的方向，高校自主调节教师劳动关系的体制束缚开始消解。2018年《关于全面落实研究生导师立德树人职责的意见》施行，在教书育人基本职责外，德行风尚成为高校教师的重要考评标准[1]，高校教师评价指标愈益多元，机制日渐完备。

高校收费制度的改革、岗位津贴制度的推行和协议年薪制的试水，高校教师福利待遇的提升，都体现了社会化福利和保障成为高校教师福利和保障制度变革的方向。高校初步形成相对灵活的教师薪酬、层级流动和竞争淘汰机制，能力与绩效成为设岗、聘用及人员激励的重要标准[2]。与此同时，除日常教学、学术交流、师生沟通外，日渐烦琐的行政事务不断侵占高校教师在校工作时间，在科研绩效考核、项目承担和聘期压力下，业余时间作为工作时间的补足被大量消耗。教师职业的节假日福利虽为外界所称羡，但对高校教师而言，反倒是潜心工作的宝贵"闲暇"，高校教师的隐性工作时间加长。而这部分工作时间由于没有具象化指标度量，与其相应的劳动报酬无法以市场价格兑换，高校教师工作时间和报酬间转换效率有待提升。

2018年12月，武汉大学长聘制考核引起舆论轩然大波和社会广泛关注，成为高校教师劳动关系变革历程中的典型事件，教师预聘末位淘汰引发的争议触及高校教师劳动关系变革理念与实践操作的痛点。市场效益的刺激、学术资本主义的冲击及高校教师的多元化发展诉求，导致高校教师劳动矛盾冲突多发且程度日益加深，预防化解高校教师劳动关系矛盾纠纷成为实践难题。

4.4.1 高校教师劳动关系的深层结构特征

1. 劳动关系自主化和契约化

自主化、契约化是劳动关系走向成熟与完善的重要标志。随着优质教师资源竞争加剧和高校人事制度改革进入深化期，合同聘任制成为高校和教师间以聘用合同为载体缔结劳动契约、对双方权责利关系进行法制化和契约化规范的教师任用新形式。同时，各大高校开始试行"预聘—长聘"制。教师和高校双方具有劳务给付形式上的实质从属关系，高校和教师的权责利关系适用于法律法规、聘任合同和高校相关规章制度的规范和调节，教师和高校间劳动关系逐渐向契约化转向。随着2017年《关于深化高等教育领域简政放权放管结合优化服务改革的若干意见》的出台，高校成为职称评审过程控制、标准制定和教师

---

[1] 教育部. 关于全面落实研究生导师立德树人职责的意见 [EB/OL]. (2018-01-17) [2020-02-11]. http://www.moe.gov.cn/srcsite/A22/s7065/201802/t20180209_327164.html.

[2] 阎光才. 高校教师聘任制度改革的轨迹、问题与未来去向 [J]. 中国高教研究, 2019 (10): 1-9, 19.

发展的依存主体。[1] 职称评审权下放速度加快、范围扩大，破除了职称评审旧体制对高校教师职业发展的阻碍[2]，高校对教师劳动关系进行自主治理与调节的权限和能力得以提升。由此，高校教师劳动关系向自主化、契约化、常态化发展。

2. 劳动关系形式与聘用方式多样

我国教师发展制度日益成熟和选人、育人机制渐趋完备，高校教师队伍不断壮大，对外环境的开放和各项人才计划的实施，使得本土和海外高层次人才加速向高校聚集，高校教师质量显著提升。伴之高校教师人员结构的多元和长聘制改革扩展开来，围绕高校教师劳动关系形式和聘用方式的选择和适用成为学界讨论热点和高校管理体制改革的重点。由于历史原因，国家高等教育管理及资源分配模式导致的教师劳动关系模式转型发展不均衡，"新人新办法、老人老办法"，新旧兼容、不同类型的教师和岗位适用不同形式是当下教师劳动关系的主要特征。原有教师适用人事行政管理，以计划录用为特征；新进教师适用合同管理，以岗位调配为表现；长聘制教师适用契约规制，以市场配置为主导。存量教师[3]、常规教师、长聘制教师和返聘、临时聘用教师等高校教师劳动关系主体共享高校场域，岗位聘用、长聘制、返聘与临时聘用等聘用方式并存，但以长聘制为方向，高校教师劳动关系形式和聘用方式呈现出多样化的特点。

3. 劳动矛盾调解方式多元化

随着《中华人民共和国劳动法》《中华人民共和国工会法》等法律的补充、修订和健全，《高等学校教职工代表大会暂行条例》《高等学校学术委员会规程》等相关条例及规定相继发布施行，高校教师的法律身份与性质、劳动纠纷与争议的法律适用逐渐明晰，申诉、仲裁等教师劳动关系的司法调解方式日益完善。随着工会、高校教职工代表大会、学术委员会等教师基层组织陆续建立和完善，其作为教师劳动关系矛盾冲突调解组织的地位和作用日益凸显，灵活运用协商、谈判等多样化手段维护教师生存和发展基本权益、化解教师与高校间摩擦冲突、提高教师职业归属感和身份获得感是教师基层组织的基本职能。

---

[1] 刘金松. 高校教师职称评审权下放：逻辑、变革与瓶颈 [J]. 中国高教研究，2017（7）：81-86, 93.

[2] 牛风蕊. 我国高校教师职称制度的结构与历史变迁：基于历史制度主义的分析 [J]. 中国高教研究，2012（10）：71-75.

[3] 阎光才. 对大学人事制度改革的反思 [J]. 探索与争鸣，2003（10）：1-4.

与此同时，基于共同的学术理念和职业信仰，学术共同体在高校领域得到长足发展，"三会一体"的组织和制度建设基本完成，高校教师的话语表达、权利救济路径和形式日益多样，为高校教师劳动关系矛盾与冲突的多元化调解提供了组织和制度条件。

4.4.2 高校教师劳动关系的路径依赖

1. 效益化管理对职业初心的侵蚀

组织运行的流畅和效益创造、制度维系与人员治理是高校的职责与目标，竞争机制、利益驱动的效益化管理是高校实现目标的手段与工具。高校力图通过吸引—竞争—分化—整合的系统功能实现资源和效益的低成本交换，并形成上下有序、高低有异、进出有规的人事竞争流动机制，例如对学科学术声誉的追逐、"预聘—长聘"制的施行等。高校教师作为从事学术职业的学术人和文化人，多以学术为志业。相较于从事管理职业、履行管理义务、履行组织功能的行政管理人员，身为学术人和文化人的教师更崇尚教学与探索的自主与自由、行动责任的自我担当与伦理自觉，这也是学术职业的魅力与初衷所在。[1]

然而，在竞争、质量、效益、问责等教师管理理念导向下，高校及院系安排的过多的教学任务、学术评价、聘期催逼与晋升压力、琐碎的行政事务，会逐渐弱化教师的自我激励机制，导致教师的职业满意度与幸福感下降。而职称评审、绩效考核等变革性组织因素与人情关系、同侪压力等固有因素互相叠加，使学术的创造性乐趣受到影响，高校教师的工作疏离感升高，身心健康经受考验，职业亚健康风险增加。[2] 教师职业压力与发展环境，影响到高校与教师间的生态关系良性互动，影响到高校教师劳动关系的持续改进与稳定发展。

2. 教师职业的稳定性风险

高校教师因工作环境感知不良而产生流动趋向。[3] 高校教师职业的不稳定性主要表现为流动性过强、流动频率过高、流动秩序不足。教师基于提前为高竞争岗位获取经验、人际关系、知识资本累积以及职业发展目标铺设台阶，满

---

[1] 阎光才.象牙塔背后的阴影：高校教师职业压力及其对学术活力影响述评[J].高等教育研究，2018，39（4）：48-58.
[2] 于海琴，敬鹏飞，王宗怡，等.是什么让高校教师产生工作疏离感：基于5所大学优势学科实验室的调查研究[J].高等教育研究，2016，37（1）：57-63.
[3] 由由.高校教师流动意向的实证研究：工作环境感知与工作满意的视角[J].北京大学教育评论，2014，12（2）：128-140.

足暂时性生存和稳定的需求，与高校签订短期合同，此时的缓冲成本较低而流动变现潜力巨大。但同时，高校出于对教师流动性预期及由此触发的成本—收益和风险管理考量，对此类劳动关系教师采取紧缩性手段，使得此类高校教师的市场价格偏低且劳动保障不足。对于高价值性教师，高校出于人才队伍建设、学校声誉和竞争力的现实需要，采取档案限制等非市场手段阻碍教师合理流动，从而使得学术劳动力市场运行失规失序，不利于劳动关系市场化规则的建构。另外，优秀教师的流失也给本在高校竞争发展与排名中处于劣势的高校带来人才、学术和学科资源的巨大损失。对于中西部等偏远地区、资源和发展环境不良地区的高校而言这更无异于"抽脊抽筋"，而相应的补偿性措施和政策尚未明确，教师职业的稳定性风险成为高校教师劳动关系健全的路径依赖。

3. 教师与高校的目标冲突与权利失衡

高校为获取教师人力资本的集聚效应，释放出各项福利政策和竞争性条件，以吸引国内外高层次人才汇入，由此形成学术劳动力市场"抢人大战""孔雀东南飞"等一系列学术界经济现象。但高校教师人力资本作为一种特殊资源要素，具有明显的社会、文化、情感偏好和较弱的风险偏好，这与高校功能和效益偏好的目标存在难以调和的冲突。处于高校目标向度下，教师易陷入政府对高校资源分配及考核，高校人才筛选、聘用、职称评审、职位晋升、人事考评、末位淘汰及教师自我激励的马太效应。在中国，国家是教师劳动关系的主导，政府是规则制定者，高校和教师是互动博弈的主体。但随着政府简政放权，原本仅属于政府的权力下放到高校，高校既是劳动关系部分规则的制定者，又是博弈主体，兼有双重身份导致高校和教师博弈的权力不对等，教师对规则制定过程的参与和监督权不足、对不利结果的权利救济缺乏。大学权力集中于行政部门，行政权力强而教师学术权、管理权和决策权等制衡高校的权力虚化。[1] 教师与高校之间的目标冲突和权利失衡制约着高校教师劳动关系的结构平衡与权力流转。

4.4.3 高校教师劳动关系的动力机制

1. 多元驱动及权力结构的调整

劳动关系的模式变迁是多种要素互相作用的结果，系统环境变换、多元行

---

[1] 赵新亮. 大学内部治理能力现代化的权力运行机制 [J]. 重庆高教研究，2015，3 (1): 10-15.

动者的参与和互动是其演进与发展的重要动力，而主体间的博弈与竞争谈判有益于高校教师劳动关系系统和权力结构的重组与优化。政府的职能转型和简政放权，推动高校经费使用及管理、人员聘任、职称评审、工资制度等方面自主权的扩大和落实，教职工代表大会等组织的设立和完善使得高校教师劳动关系治理的组织和制度日益完备。随着政策环境的开放、市场经济观念的流入、工作环境的改善、知识和智力水平的富集以及西方大学民主意识的渗透，教师参与高校劳动关系治理的欲望增强，教师权利意识渐趋行动化。各方主体互动博弈和争取权益，也促进了高校学术劳动力市场的逐渐成熟。在市场、政府、高校、教师等多元参与主体的共同驱动下，高校权力结构、组织制度、文化观念等发生明显变化，为实现高校教师劳动关系制度化与多元参与治理间平衡，实现高校资源开发、权力优化配置和人才培养提供了动力。

2. 外部环境的竞争和示范效应

随着我国高等教育开放程度日益加深，我国高等教育发展深度卷入世界高等教育体系格局之中。面对知识经济崛起和产业结构转型大环境下人才供给的缺口，发达国家纷纷采取针对性措施奋力促进高等教育体制机制和人才培养方式改革创新，为新型高价值急缺人才的生存和成长营造适宜氛围；世界高水平大学竞相创造优质环境与资源条件以期吸引、聘任、保障和稳定高质量教师，高质量人才的竞争式抢占成为激烈的高等教育国际化竞争的突出表征。在高等教育治理体系和治理能力现代化建设背景下，建设高等教育强国成为满足广大人民需要、顺应高等教育和社会经济发展的因应之举，高等教育内涵式发展成为热议之题和实践路径，高校内部管理体制改革全面启动并聚焦视点，聘任、职称评审、编制、福利报酬等在内的高校教师劳动关系成为改革重点难点。国际环境与国内趋势相互作用、相互影响，为高校教师劳动关系积蓄了模式变迁的巨大推力。

3. 政府和高校的权职关系转型

市场经济和信息社会的发展与需求，使得高校面临着复杂的内外部治理环境。为培养人才、提高社会声誉、服务国家创新发展及应对高等教育国际竞争，高校必须在学科规划与建设、资源总量与分配、权力密度与结构、制度设计与运行等方面拥有自主权和主动权，牢牢把握高校发展走向与自主治理权。随着学科演进呈现出横向扩张和纵向深化的双重趋势，分化与综合成为并行流向；知识体量的急剧扩增与专业日益精细化、高等教育纵深发展及与社会生产高度融合，高校面对日益繁复的任务和细密的管理作业，在学科、资源、人事等方面拥有与之匹配的自主权和治理权成为客观必须，加之高校主权意识的觉醒与增强，高校教师劳动关系已经逐渐超出政府供给主导和集中管控的范围。权职关系的变化与重组成为政府和高校的共同选择，也是高校教师劳动关系模式变迁的巨大动力。

4.5 当代中国高校教师劳动关系的主要模式与发展趋势

4.5.1 当代中国高校教师劳动关系的主要模式

高校教师劳动关系的历史发展和模式变迁在多种要素的混合作用下呈现出阶段性的特点和规律。根据历史制度主义的阐释，制度在其演进的不同时期与阶段，具有相应的进步性和保守性。进步性代表历史发展的必然方向，是制度创新的推动力；保守性则在一定程度上阻碍制度持续变迁。与此相同，高校教师劳动关系模式在不同历史阶段也存在着优势与不足。在历史制度主义背景下，按照发展性、科学性、合理性和规范性的标准，对不同阶段高校教师劳动关系模式的优势与不足进行合理总结、描述与评析，有利于厘清不同阶段教师劳动关系模式的特质与机理，明辨其发展的动力与限制因素，为归结高校教师劳动关系的发展趋势提供指引。

1. 行政化和集权化的高校教师劳动关系模式

在中华人民共和国成立初期，社会主义改造、整体跃进和改革运动成为中国社会的鲜明旗帜，国家的集权属性统合社会的各个领域、层次和环节，政府的行政力量规制着包括高等教育在内的经济、文化、思想等对象。一方面，之前遗留下来的高等学校需要由政府统一接收和改造；另一方面，这一时期高等教育基础相对薄弱，行政化和集权化的高校教师劳动关系模式对发挥高等教育在巩固国家政权、维护民族团结、稳定社会秩序、为社会主义工业化建设培养专门型人才和服务人民群众需求方面的作用具有优势。政府集权管理高校教师劳动关系，可以在一定程度上规避无序性，增强规范性。但同时，高等学校作为重要场景被整合进国家集权和政府行政权力的"磁场"中，与行政计划相关联的价值、观念、准则等充斥高校教师劳动关系场域并对其模式变迁起导向性作用。高校教师身份属性法律界定不明，政策制度有效供给不足，劳动关系形式和聘用方式单一，参与主体二元且行政权力强盛等给高校教师劳动关系的模式变迁留下了痼疾。

2. 统一化和过渡性的高校教师劳动关系模式

制度是外部结构和内体框架双重属性相结合的构造物。随着经济建设成为党和国家的工作重心，改革开放全面实行，社会主义现代化建设以崭新姿态向前推进。经济体制改革的推行催动高等教育领域的变革与发展，政府引导下的高校管理体制改革全面启动，高校教师劳动关系在内外部环境的共同作用下呈现出新特点。从中华人民共和国成立初期行政化、集中化的劳动关系到改革开放初期统一化管理的高校教师劳动关系，虽然政府集中管理的体制和模式未完全改变，高校教师劳动关系参与主体的目标离斥、资源分配模式的固化阻碍着教师劳动关系的深入发展，自主权的弱势不利于高校对教师劳动关系进行自主化治理；但在统一化和过渡性的高校教师劳动关系模式下，其内在结构、权力运行和观念生态发生过渡性转变，高校教师的生存环境、发展条件和权益保障开始得到重视和保护，政治经济体制、社会环境的逐渐开放为高校教师劳动关系的变迁准备了土壤。

3. 法治化和市场化的高校教师劳动关系模式

邓小平南方谈话促进了改革思想进一步高涨，党的十四大开启了建设社会主义市场经济体制的征程，我国经济体制改革开始迅猛发展和深入推进，为高等教育、高校治理与改革及高校教师劳动关系的变革创造了良好时代环境。在以聘任制改革为主体的高校人事制度改革推动下，破除人才单位所有制、创新人力资源配置方式、激发人才工作效能和努力创造效益、释放高校教师的发展潜能成为高校教师劳动关系变革的必然趋势，高校教师劳动关系具备了市场化的基本特性。法律法规的颁布和实行，推动高校教师劳动关系日渐向法治化轨道迈进，为高校教师劳动关系的发展、完善和治理准备了制度条件，为其向市场化转变提供了运行框架和规则体系，权责明确、权益清晰、层次合理、调解方式多样的法制化高校教师劳动关系显现。同时，资源分配模式固化带来的教师发展差异依旧存在，教师的不公平感上升，国家推行的多样性人才计划的非市场性弊端显现，高校和教师间的权力失衡不利于教师的权益维护，成为这一时期高校教师劳动关系的不足。

4. 自主化和契约化的高校教师劳动关系模式

作为劳动契约的制度化凝结，劳动契约制度是劳动关系建立和展开的基础构造。❶ 契约制度是一切合法劳动关系的逻辑起点，劳动契约的缔结是教师劳动关系构建的关键环节，是对教师劳动关系进行规范化、和谐化规约的法律制度的重要组成。随着现代管理理念加深、竞争淘汰的市场机制渐趋向高校渗入，以聘任制改革和长聘制试行为方向的高校教师劳动关系具有了契约化的内涵和性质。《关于深化教育体制机制改革的意见》的出台，使得放权改革、优化政府教育服务成为高等教育管理体制改革的朝向。管理权向高校下放、政府聚力职能服务和过程监管、发挥高校的人事自主权，构建政府、市场、高校、教师间新型关系，为高校教师劳动关系的自主化创造了体制和制度空间。在自主化和契约化的高校教师劳动关系模式下，教师劳动关系的形式、聘用方式与调解方式逐渐多样化。但同时，效益化导向带来的职业压力侵蚀着教师教学科研的初心，无序流动造成教师职业稳定性不足，高校与教师均面临资源损失；伴随教师的发展性需求和权利观念增强，高校与教师间目标冲突加剧，该阶段高校教师劳动关系模式也存在弊端。

4.5.2 当代中国高校教师劳动关系的发展趋势

高校教师劳动关系的模式变迁是对高校教师劳动关系系统重新选择、调整、规范的过程，是一个历时性、渐进式的发展过程，具有较强的时代性和政策性。回溯新中国成立 70 多年来我国高校教师劳动关系的变革历程，其深层结构特征、路径依赖和动力机制具有典型的时空特性。高校教师劳动关系呈现出从主体二元向多元转化，系统环境和意识形态从行政化、计划性向市场化、契约性转型，规制网络从规范不足走向有序法治的趋势。与此相伴，高校教师劳动关系的功能与结构日益完善，为其模式持续演进提供了深层作用力。

在系统要素视角下，就行为主体、系统环境和意识形态而言，新中国成立之初高校在政府的一元化指令下被动地对教师进行管理和协调，高校自行任免教师的权力被取消和剥夺，高校与政府的劳动关系主体地位并不对等，政府实质上是高校教师劳动关系的一元化主导。随着改革开放催动经济体制改革，竞争激励的效益管理理念在高校领域逐渐推行，以市场化为导向的契约管理模式开始取代基于教师干部身份的职务管理方式。同时，高校、教师等主体的权力意识苏醒并逐渐增强，多元主体的参与和互构推动了高校教师劳动关系的持续

---

❶ C. 赖特·米尔斯. 社会学的想象力 [M]. 陈强, 张永强, 译. 北京: 生活·读书·新知三联书店, 2005: 81.

变迁。就规则网络而言，劳动关系治理必须以法制为基础和前提。新中国建立伊始到改革开放初期，教师劳动关系相关法规有效供给不足、法律适用界限不明、矛盾纠纷调解方式单一。随着国家法治化建设和教育治理需要，系列相关法规、政策陆续出台，高校教师劳动关系向有序法制迈进。体制环境的演进、教师身份的转变、学术劳动力市场资源竞争的加剧和教师权益诉求的增加，使得高校教师劳动关系矛盾与冲突密集增长，纠纷和争议强度日益加大、影响逐步扩大；但随着法律法规的完善、基层自治组织的建设、调解渠道的扩展，高校教师劳动关系整体向和谐平衡变迁。

新中国成立以来，高校教师劳动关系发生了深刻变化。计划经济时代所形成的旧的高校教师劳动关系已不能适应高等教育普及化及社会主义市场经济迅猛发展的需要，高校教师劳动关系向主体多元、契约导向、法律规则新模式转型成为必然。高校教师劳动关系模式变迁中的矛盾与冲突势必影响教师、学术系统、高校组织以及高等教育的发展。因此，构建平衡和谐的高校教师劳动关系，成为各参与主体的重点任务。

第5章

新时代高校教师劳动关系的基本矛盾和影响因素

高校教师劳动关系是指高校场域中教师和高校间因发生学术劳动而产生的权益关系。[1] 高校教师劳动关系不仅是高等教育构建高质量体系的关键要素，是影响国家发展的重要社会关系，其和谐程度也是衡量国家治理水平的指标之一。在习近平新时代中国特色社会主义思想的指引下，高校也需要主动寻求变革，以自身之变革促进高等教育的高质量发展。但在实践过程中，变与不变的边界模糊、匹配制度脱节等因素使高校教师劳动关系存在一定的矛盾与冲突。因此，厘清高校教师劳动关系的基本矛盾与冲突，探寻矛盾与冲突的影响因素和形成原因，从而纾解冲突，对推动教师劳动关系和谐发展、营造良好学术氛围及加快实现治理能力现代化具有非常重要的意义。

5.1 高校教师劳动关系的基本矛盾与冲突

高校人事制度改革使得高校教师劳动关系呈现多样化态势，具体表现为事业编制、人事代理以及合同制等共存现象。高校教师所具有的权利与义务也随着高校教师劳动关系的变化而改变。已有数据表明，近年来高校与教师的矛盾、纠纷的总数量攀升，暴露出在当前高校教师劳动关系平静的表层之下存在某些潜在矛盾与冲突。

---

[1] 李志峰，罗桂. 高校教师劳动关系变迁的深层结构与治理逻辑：基于1978年来的政策文本分析[J]. 复旦教育论坛，2019，17（4）：96-102.

5.1.1 高校教师劳动关系的基本矛盾

1. 高校战略目标与教师个体职业发展目标之间的矛盾

目标是对活动预期结果的主观设想，指行为主体主观意识上想要达成的标准或境地，对活动发展具有核心引领作用。高校与教师作为劳动关系中的两大重要主体，他们的目标存在差异，也带来了其行为过程与结果的差异。高校的战略目标是高校战略活动预期取得主要成果的期望值，表现为高校在战略期和战略领域内开展活动所要达到水平的具体体现，具备宏观性、长期性、导向性、激励性等特征。由于我国政治体制奠定了高等教育发展的总体基调，高校和教师在目标追求上体现为一种同向异质的趋势。同向性表现为两者皆追求组织的高效益、环境的优化及对教师自身成长的关注。但从实践层面看，同向的目标下高校和教师的价值期待往往存在差异，因此，其异质性表现为：高校作为组织通过集中统一管理、资源的效益化配置获得更多发展空间，对教师群体多采取竞争性的策略，以差异化激励性工资、竞争性选聘、相对公平作为激励手段。通过绩效评价制度评价教师劳动，教师个体的存在被资源化、数据化、模式化、效益化所分割。而对教师来说，其职业期望主要体现在对公平、个性化、价值感、自我实现等的追求上。在经济层面上，希望获得公平合理的物质分配，能有效反映自身的贡献值；在社会层面上，谋求组织价值与职业价值的平衡，积极融入组织与文化，获得学术职业的尊严、价值感的满足等。[1] 因此，个体与组织目标之间存在着必然的矛盾，这种矛盾如果得不到妥善处理，那么，高校教师劳动关系的矛盾冲突也就必然存在。

2. 高校劳动价值赋予与教师劳动价值期待之间的矛盾

从经济学角度来看，价值起源于劳动，是制度决定的结果；从认识论角度来看，价值指客体能够满足主体需要的效益关系，是一种社会关系和历史范畴。而劳动价值作为一种特殊的使用价值，将劳动力作为商品来考虑其所产生的使用价值。边际学派在价值论的基础上侧重于探讨价格，而效用价值学派侧重于效用，总体上都可以描述为对商品数量、功能等进行评估而提出的价格。价值期待是对劳动行为产生价值的向往与憧憬，高校教师劳动价值期待可以分为显性的薪资待遇和隐性的精神追求两类。高校在战略目标的指引下，受资源有限

---

[1] 李志峰，罗桂. 新时代我国高校教师劳动关系：权利失衡与多层治理 [J]. 教育学报，2019，15（3）：58-64.

的影响，遵循效率最大原则，希望高校教师尽可能地发挥潜能，为高校和教育事业作出贡献。在学术劳动力市场饱和的情况下，高校可以充分利用筛选机制，通过对教师各项能力的评估，衡量其学术价值，制定量化的考核标准，从而给予教师相应的福利待遇和地位授予。对高校教师而言，经历漫长的求学阶段，期望教育沉没成本和个人的劳动付出都由高校承担。由于其职业特殊性，其劳动成果具备明显的滞后性，大部分研究需要时间来验证，大多数教师也难以在短时间内连续产出重大科研成果。高校以劳动成果为参考通过制度设计赋予教师劳动价值，而教师的劳动成果与教师的实际劳动付出并不总是成正比，这就导致了高校教师劳动价值赋予与教师劳动价值期待之间的矛盾冲突。

3. 高校自主权履行与教师劳动自主权之间的矛盾

从权利层面看，高校与教师的冲突实质上是管理者与劳动者的权利不对等，即高校自主权履行与教师劳动自主权之间的矛盾。自主权是指行为主体在不违背国家法律和法令的前提下，不受外力支配和驱使的权利。高校作为管理者，主导着组织价值、程序实施和实践过程，拥有对聘任、职称评审、薪酬分配等的核心自主权。而教师作为劳动者，从法律地位看，属于受制约的一方。教师显然是制度与规则的遵守者，并非守护者。从规则制定的过程看，一些教师未参与高校自主权利的分享这一过程，也缺少对于规则完善与修改的话语权，因此在招聘标准、职称评审规则、评价机制等方面受到高校作为劳动关系主体的主导。尤其是在学术劳动力市场供需失衡的状态下，高校掌握着市场的需求，在供给侧一方，大量过剩的学术劳动力要想进入学术行业，不可避免地受到学校主导权力的影响。伴随着新型聘任制度的发展，招聘权与评价权已然成为高校的独立法权。一方权利主体拥有逐渐扩大的自主权，另一方权利主体的劳动自主权利得不到充分彰显又未完全获得完善的权利保障。因此，权利的失衡成为高校与教师和谐关系建构中的基本矛盾。

5.1.2 法律关系冲突及其表现形式

法律关系冲突主要是指教师在学术劳动过程应获得的权利和应履行的义务关系问题导致的劳动关系冲突。当前在新型聘任制度下，高校与教师之间的传统行政法律关系发生改变，高校成为教师聘任关系下的主体，政府不再拥有对教师岗位聘任的直接管理权。高校与教师的法律关系开始变得错综复杂，由劳动关系变化产生的法律关系冲突日益显著。从宏观层面看，存在劳动主体法律关系的冲突；从中观层面看，存在劳动主体间权利不平等的冲突；从微观层面看，存在教师权益保障不充分的冲突。

1. 宏观层面：劳动主体法律关系的冲突

目前，有关高校教师劳动关系的法律存在实用性不强的问题。对于二者之间法律关系的界定主要有两种：一是"单一法律关系说"，二是"复合法律关系说"。❶ 针对高校教师的诸多制度，大多是参照公务员制度设立的，教师工作本身具有一定公益性，二者关系适用行政法，二者是行政关系的主体。但高校与教师之间的劳动合同是以二者作为平等主体为原则签订的，二者关系具有民事关系属性，二者也同为民事主体。由于对法律关系界定的不清晰，导致法律规定的适用性不强，也进一步影响到高校与教师法律关系纠纷处理的统一性，教师处在关系弱势的一方，并且由于救济的路径不完善，教师的权益有时会得不到法律保障。

中国裁判文书网（2015）榆民二初字第155号裁判文书显示，某高校依据学院下发文件以及岗位聘用排名公示一名教师不能晋升为更高一级的讲师，该教师并不认同此决定，并拒绝重新签订聘用合同。在该案中教师的诉讼请求是恢复高级讲师晋级的权利。而教师的诉讼请求不符合《最高人民法院关于人民法院审理事业单位人事争议案件若干问题的规定》，该条例是对事业单位与其工作人员之间因辞职、辞退及履行聘用合同所发生的争议提供法律依据。因此，法院驳回了教师的上诉。教师对此不服，并上诉到中级人民法院，（2016）晋07民终1008号裁判文书显示，教师的上诉被驳回。可见，解决高校教师劳动关系冲突的法律依据还不完备。

2. 中观层面：劳动主体间权利不平等的冲突

当前，高校对教师聘任拥有直接决定权。在高校教师的聘任程序、过程中未完全遵循合同约定的双方平等原则，这与高校"行政式"管理有关。高校与教师的聘任关系是学校内部的管理关系，其管理路径基本遵照过去政府管理的模式。在对公立高校教师的调查中发现，40%的教师认为，对于教师的管理制度，多数时候是学校一方作决定，教师被动接受。❷ 在教师的学术生活中，75%的教师认为学校是行政事务为大，学术标准已经和行政要求紧密联系在一起，学术无法脱离行政而存在。从教师接受聘任的那一刻开始，就已经进入由高校

---

❶ 于颖珊. 公立高校与教师法律关系研究 [D]. 上海：华东师范大学, 2020.
❷ 余玉娴, 吴晓萍. 聘任制下高校与教师法律关系的调查研究 [J]. 高教探索, 2010 (4)：125-128.

所构建的行政场域中。

1999年1月，《中华人民共和国高等教育法》赋予高校独立的法人资格，高校自主权发生变化，高校可以根据需要进行资源优化配置，调整教师人力资源配置成为依法治校的首要任务。2003年，北京大学率先进行教师聘任制试点，相关政策文本《北京大学教师聘任和职务晋升制度改革方案（征求意见稿）》及其十点说明引发了学术界的巨大争议。争议的焦点在于所实行的"学科末位淘汰制"在一定程度上有效解决了教师"能进能出"的问题，完成了职务任命制向职务聘任制的人才市场化的转变，但是也打破了教师在学术劳动过程中所形成的既有经济关系、社会关系以及法律关系，引发了关于劳动关系的激烈讨论。2017年4月，教育部等发布的《关于深化高等教育领域简政放权放管结合优化服务改革的若干意见》明确提出，高校根据事业发展、学科建设和队伍建设需要，自主制定招聘或解聘的条件和标准，自主公开招聘人才，并将高校教师职称评审权直接下放至高校，支持高校推进内部薪酬分配改革，加强绩效工资管理。高校对教师在岗位聘任、学术评价、绩效评价、职务晋升、以及薪酬分配等方面拥有更大的自主权。随着高校自主权的进一步扩大，高校便形成了独立的行为目标和行为模式，资源配置力量发生变化，高校与教师的经济关系、社会关系以及法律关系得到进一步调整，高校与教师的劳动关系不得不重新建构，劳动关系主体之间的权利与责任发生了变化。例如，深化聘任制改革，合同聘任制、人事代理以及事业编制等多样的聘任方式，以及教师的流动与岗位分层分级等，由于其中蕴含着双方权利的不平等，因此容易引发劳动关系冲突。

3. 微观层面：教师权益保障不充分的冲突

在已有研究成果中，张奂奂等（2021）[1]认为我国高校人事制度改革带来高校教师的法律身份、高校教师与学校之间的法律关系等多方面的变化，使高校教师的权利救济问题变得更加突出和复杂，学术不端行为引起的学术纠纷、教师职称评审纠纷等更是层出不穷。张金丹等（2021）[2]基于在中国裁判文书网收集的与教师和高校相关的160份文书样本，对"脱编"背景下高校教师司法救济的现状进行了研究，认为目前学界和实务界对高校教师的法律身份解释

---

[1] 张奂奂，吴会会，张增田. 从对抗走向对话：美国高校替代性纠纷解决机制研究[J]. 复旦教育论坛，2021，19（2）：34-41.

[2] 张金丹，覃红霞. "脱编"背景下高校教师司法救济的现状、问题及原因探究：基于160起民事诉讼案件的分析[J]. 复旦教育论坛，2022，20（1）：41-47.

混乱，不同法律对高校教师的法律身份界定不同，而高校教师模糊不清的法律身份是导致高校教师司法救济问题的重要因素之一。

当前对高校教师法律关系的界定不清晰，使得高校教师所承担的责任与获得的救济不平衡。目前，高校教师救济机制不完善，保障教师职业权益的工会和保障教师学术权利的学术委员会还未能发挥应有的作用，教师期望从工会和学术委员会中所获得的支持与实际情形存在差异。如：从聘任合同上看，存在形式上平等而实质上并不平等的现象。在已有调查中，有39%的教师表示，学校在签订合同时完全没有提前同教师商量；也有64%的教师认为在聘任合同中，教师的义务明显大于权利；仅有3%的教师认为与教师有关的组织在维护教师利益上发挥了有效作用。若教师的权益遭到了侵害，当前的申诉途径很少，他们并不清楚到底执行哪个程序，遵守哪种规则。

5.1.3 经济关系冲突及其表现形式

所谓经济关系冲突是指教师因为学术劳动而与高校产生的利益关系冲突。不仅包括评优评奖与兑现工资福利产生的争议等直接利益关系，还包括与绩效管理、学术评价、晋升政策等相关制度产生的间接利益关系。从经济冲突的表现形式看，主要为薪酬分配不合理的冲突和资源配置不合理的冲突。

1. 薪酬分配不合理的冲突

关于教师劳动关系的薪酬分配不合理的冲突主要体现在总量、结构以及公平性失衡几个方面。就总量来看，政府对高等教育的投入仍有上升空间，高校自己筹措经费的能力和渠道有限，绝大多数经费来源依靠政府投入，高校教师的经济收入存在总量不足的问题。相较于其他行业，教师薪酬水平在人才市场上缺乏竞争力。我国高校教师的薪酬由基本工资、绩效工资和补贴组成。高校教师劳动报酬的主体部分即国家规定的工资仍然偏低，绩效工资成为实际工资中的主体部分。基本薪酬对于教师来说是生存的根本保障，基本薪酬能不能反映高校教师劳动的一般价值从根本上决定了教师的工作性质是为了生存还是发展。从职业本身来看，社会对高校教师有较高的期待，高校教师属于社会的中上阶级，这也影响着教师对于职业的选择和感知。基本工资水平是教师职业和劳动价值的象征，理应满足社会和教师自身的期待。当前也存在由于基本工资过低而导致部分教师离职的现象，一定程度上加剧了高校与教师的劳动关系冲突。因此，提升基本薪酬能够有效提升教师的职业稳定感，为教师创造更宽松和谐的发展环境。

就结构来看，当前存在的群体内部的薪酬分配结构性矛盾主要体现为学科、学院二次分配的差异。从学科看，同一所高校由于学科性质差异，导致不同学科所在学院之间的工资分配总量差异较大，重点学科所在的学院绩效工资水平明显高于处在学科建设末位的学院。除此之外，基于绩效考核的二级学院绩效工资再分配也是引发经济关系冲突的焦点，各学院根据自身的情况制定绩效评价标准，作为教师绩效工资分配的依据，教师与管理人员、专业技术人员，不同层级教师之间绩效分配的指标选取和权重设计不合理极易引发冲突。例如有些学院为了避免教师之间由于绩效分配产生冲突，降低绩效的比例，在指标选取上突出一般性，产生了"平均主义"的现象，未能体现按劳分配的原则，失去了绩效工资的激励作用，反而导致了更大的不公平。

就教师薪酬分配的公平性失衡来看，其也容易催生劳动关系冲突。徐艳丽和龚雪（2007）通过实证研究发现，多数高校教师对自身薪酬并不满意，只有半数的教师对所属学校薪酬分配的公平性与效率性表示满意，年轻教师的不满意度要高于年长教师，同时教育程度越高、行政职务越高的教师，其满意度越高。影响教师薪酬满意度最关键的因素是教师薪酬与自身期望值对比和学校薪酬分配的公平性。因此，学校要采取相应措施提高教师的薪酬满意度，从而提高学校的教育教学质量，最终提升学校的综合实力。[1] 与此同时，王勇明等（2008）通过对全国40所样本高校教师的薪酬满意度进行调查，发现样本高校教师对薪酬的满意度总体较低。研究表明，收入水平以及教师感知的分配公平性是影响高校教师薪酬满意度的重要因素。所以提高教师薪酬满意度，发挥薪酬的导向作用和激励功能，应对高校教师的收入水平进行合理的社会定位，在体现公平性的同时重视非经济性报酬的作用。[2]

对于教师职业中经济关系冲突的考察，学者们更多地从实证研究的角度进行分析，通过国际比较和本土比较发现，教师薪酬待遇差异较大，由职称决定薪酬的分配权重较大。薪酬冲突是教师劳动关系的表象，解决薪酬冲突问题还必须对薪酬管理的制度进行根本性变革。

2. 资源配置不合理的冲突

资源是一个国家或一定地区内拥有的物力、财力、人力等各种物质要素的

---

[1] 徐艳丽，龚雪. 高校教师现有薪酬满意度的实证研究 [J]. 辽宁教育研究，2007 (10): 93-97.
[2] 王勇明，付鹏，郭坚华. 高校教师薪酬满意度及影响因素探析 [J]. 高教探索，2008 (3): 120-125.

总称，是社会经济发展的基本物质条件，从整体上可以分为自然资源和社会资源两类。资源配置是指人们对相对稀缺的资源在各种不同用途上加以比较作出的选择。在社会经济发展的一定阶段，相对于人们的需求而言，资源总是表现出相对的稀缺性，从而要求人们对有限的、相对稀缺的资源进行合理配置，以便用最少的资源耗费，生产出最适用的商品和劳务，获取最佳的效益。资源总是有限的，所以在高校教师劳动关系存续前、中、后都面临着资源配置的抉择。高校教师资源配置总体呈现配置不合理的现状，继而引发的劳动关系冲突也较为集中。姚翔（2017）认为高校绩效考核指标体系并不能够准确反映教师所付出的劳动，绩效管理中普遍存在不分类别、学科、生涯阶段，对教师使用统一的评估标准来进行资源分配的现状。[1] 韦伯（Webber M.）曾说过一个普遍的现象，高校对教师的工作需求变得更加强烈，要求教师以更少的资源完成更多的工作；[2] 学术劳动力因受制于其学科类型、学历层次和职称高低等而被进行资源配置分化。这些在学术劳动过程中产生争议的焦点最终还是聚集在教师的资源获得与其劳动付出是否成正比的问题上。

5.1.4 社会关系冲突及其表现形式

人总是在一定的社会关系中生存和发展的，人的生存和发展历史地受到他所处具体的社会关系中的地位所制约。[3] 对于教师而言，社会关系是指教师在学术劳动过程中所结成的以生产关系为基础的相互关系的总称，主要包括教师与学校、教师与教师、教师与管理人员之间的关系。对于高校而言，社会关系是组成劳动关系的重要方面，是指高校作为组织在合同建制下与作为另一关系主体的教师之间的特殊关系形式。李志峰（2019）在对于劳动关系性质的研究中，认为劳动关系具有文化性，高校所处的环境也是一种文化场域，其自身便是文化的生发地与内聚地之一。高校教师对高校的期待不仅体现在薪酬待遇等物质方面，在价值感实现、组织认同感与文化归属感等社会因素层面也有进一步需求。因此对高校而言，高校与教师在社会关系中是由多种因素驱动的、多

---

[1] 姚翔.助推"双一流"战略发展的高校教师绩效管理体系探讨[J].国家教育行政学院学报，2017（2）：57-62.

[2] WEBBER M, BUTOVSKY J. Faculty associations confront accountability governance in Ontario universities [J]. Canadian Journal of Higher Education/Revue canadienne d'enseignement supérieur, 2018, 48 (3): 165-181.

[3] 徐光春.马克思主义大辞典[M].武汉：崇文书局，2018：68.

维度的关系形式。

在社会关系中的权利介入方面，邱晓雅（2009）提出，为了迎合外部管理方式的需求，高校内部建立了相应的组织结构和工作机制，内部各项权力在校、院、系三级进行分配，管理方式以行政手段为主。在这种管理方式的影响下，以教师为主体的学术权力的地位得不到应有的重视，相应地，教师对高校事务决策的影响力也就微乎其微。[1] 在观念方面，郝玮瑷（2014）认为教师以传道授业解惑和科研创新为目标，追求学术领域方面的自由，希望能在自己研究的领域里拥有充分的自主权，并且也需要宽松的教学环境和灵活的教学方式，不愿受到学校行政管理人员所制定的一些条条框框的制度束缚。而高校行政管理人员更关心教育活动的稳定性和秩序性，其主要表现为行政权力介入本应由学术权力控制的空间、价值观念不同等引起的冲突。[2] 伴随着预聘—长聘制、绩效考核管理等市场化制度的引入，社会关系的冲突类型也产生了较大变化。主要体现在聘任冲突、考核冲突、流动冲突、压力冲突、理念冲突、价值冲突与角色冲突等方面。

1. 聘任冲突

聘任制的冲突是当前高校与教师冲突的主要表现形式之一。在市场机制的引入下，高校与教师的劳动关系发生了变革，教师职位不再是过去传统语境下的"终身制"，高校与教师通过订立契约合同形成聘任关系。从聘任合同的订立看，其中有关限期升等条款在理论和实践中引发了不少纠纷，存在条款形式、变更规则和救济困难等形式问题，在具体的操作中缺乏程序性规定，高校对于预聘制教师的解聘、降聘等拥有直接的决定权，教师难以通过有效的途径维护自身权益。[3] 目前，高校实行预聘—长聘制的目的是优化用人机制，提高教师资源配置效率，激发教师的工作积极性，进而促进高校的整体发展。但是由于聘任制中未处理好学术与行政的冲突，造成聘任制度的功能错位，高校通过聘任制度的指标设计将压力层层向下传导给教师个体，将教师评价指标量化，以激励更多学术产出，在高校内部构建出一种"压力型体制"，深刻影响到教师

---

[1] 邱晓雅. 高校教师参与决策的困境及机制创新［J］. 教育发展研究，2009，29（3）：82-85.
[2] 郝玮瑷. 冲突理论视角下的高校教师与行政管理人员关系研究［J］. 教育教学论坛，2014（37）：104-105.
[3] 曾平江，张崇生. 高校教师聘用合同中限期升等条款的审查与矫正［J］. 中国高教研究，2021（5）：63-69.

职业发展、学术发展等多个环节。❶ 以行政逻辑主导聘任管理过程，教师自身的存在被资源化，权利被虚置，从教师与高校订立合同到其进入高校，聘任制主导着教师的发展方向和可能性。阎光才（2019）也持相同观点，他认为聘任制的实施也难免遇到高校岗位设置方面按需设岗的困境、高校教师岗位聘任全员与全过程合同的尴尬、高校教师绩效管理与考核评价制度的悖论。❷ 通过对聘任制冲突的分析可知，聘任制冲突主要体现在制度的过程性问题（制定、实施、监管、反馈环节）上，聘任制作为维系学校与教师劳动关系的重要制度设计还存在一定的不适应性，聘任制下较难形成教师与学校之间的和谐关系，教师对学校的忠诚度降低，社会嵌入难度大。

2. 考核冲突

考核是按照一定的标准和方法对工作行为和工作效果进行评定的制度或过程，当前我国对高校教师的考核方式主要为绩效评价，绩效评价注重促进组织目标与个人目标的统一，以其有效性受到了高校管理者的青睐。❸ 绩效评价一方面可以使高校与教师及时发现工作中的问题与不足，有针对性地进行改进；但另一方面由于理论的构建不足，绩效作为评价方式在实践过程中面临诸多困境。绩效评价的主要矛盾在于制度变迁的异化，多数高校将"绩效"作为终极效标，简化考评过程，忽视了考评过程中"人—制度"的关系，教师的存在被制度遮蔽，造成高校与教师之间的冲突。从考核的全过程看，考核评价本质上是由学校发起，由学校管理者组织实施，作用于高校教师的一种评价活动，管理者总是将二者作为共识者，而忽视二者可能存在的不同认识。❹ 因此，在考核标准和指标的确立上，在考核主体、考核方式的知情权上，高校是全过程的主导者。从考核体系的矛盾类型分析，当前考核体系仍不健全，既无法对教师业绩进行有效管理，又难以全面、客观地评价教师的真实水平和综合素质，主要表现在重视专业素质、轻视师德修养，重视科研成果、轻视教学效果，重视成果数量、轻视成果质量，重视职务评审、轻视岗位聘任，重视之前聘任、轻

---

❶ 卢威. 我国高校需要什么样的聘任制改革 [J]. 教育发展研究，2020, 40（3）：43-50.
❷ 阎光才. 高校教师聘任制度改革的轨迹、问题与未来去向 [J]. 中国高教研究，2019（10）：1-9, 19.
❸ 匡振旺. 中国高校教师绩效考核的矛盾分析与对策研究 [J]. 中国人民大学教育学刊，2015（2）：100-113.
❹ 白明亮，孙中举. 从管理者到教师：基于人视角下的高校教师考核评价思考 [J]. 教育理论与实践，2017, 37（16）：37-41.

视聘后考核这"五重五轻"。❶ 总体而言，考核冲突的核心是"人—制度"冲突，从关注制度到关注人本，再到制度相关者之间冲突的过程，应当给予教师群体更多的人文关怀，体现人文关怀和心理契约在建构教师和谐劳动关系上的价值。

3. 流动冲突

随着"双一流"建设的快速推进，以及高校教师聘用制度的改革，高校教师的流动进入了一个相对活跃的时期。由于我国高校整体上仍是相对稳定的、竞争性和流动性均不足的不完全市场，当前教师的流动呈现出一种向上的无序流动和向下的失灵流动，进而产生高校与教师的诸多矛盾与冲突，其中流动冲突也是高校教师劳动关系中涉及社会关系冲突的重要方面。❷ 从流动中教师"社会人"的身份看，学术头衔是教师拥有的学术能力的象征，学术头衔的数量通常与教师的学术地位和社会资源的拥有量密切相关，学术头衔能为高校吸引更多的社会资源，因此拥有学术头衔的教师群体在学术市场中拥有更多的流动机会。但在市场交换原则的主导下，高校人才流动陷入了片面集聚的失序状态，引发了严重的"马太效应"；不合理的流动也导致高校人才竞争陷入"零和博弈"乃至"负和博弈"的不利境地。❸ 从外部政策的主导作用分析，在"双一流"建设的推动下，发达地区与落后地区的流入和流出差距不断拉大，非"双一流"高校的高层次人才引进困难、流失严重，人才流动的比例、层次和吸引力仍然不高，造成了教师流动的区域性差异，产生了流动机制的失灵问题，这是当前推进高校教师流动治理面临的迫切挑战。❹ 教师的流动冲突具有时代性。随着经济的发展，流动冲突更加明显，凸显了教师"经济人"的一面，也反映出教师职业存在的不稳定性。当教师的流动影响到学校发展时，劳动关系冲突也就在所难免。

4. 压力冲突

在高校劳动关系中，压力是对于教师个体而言的，指高校与教师在互动过

---

❶ 汪建华. 高校教师职称评聘现状分析与对策探究[J]. 教师教育研究，2013，25(5)：18-22.
❷ 丁煜，胡悠悠. 高校教师流动：向上流动的失序和向下流动的失灵[J]. 高教探索，2018(6)：96-100.
❸ 刘强，赵祥辉. "双一流"建设背景下高校人才流动失序及其有效治理[J]. 当代教育论坛，2019(3)：40-49.
❹ 张曦琳，田贤鹏. "双一流"建设中的教师流动治理：挑战、困境与举措[J]. 高教探索，2020(3)：108-114.

程中发生的,超出教师应对能力的且对教师个体身体、心理、行为方式有显著影响的状态。当前我国高校步入了从数量、规模扩张到质量、内涵提升的重要发展阶段。高校教师除要承担人才培养任务外,还要进行科学研究、社会服务等,面临的压力普遍增大。❶ 在不同的职业发展阶段,教师个体都会面临不同的发展压力。其中,作为高校中坚力量的青年教师群体的压力尤为突出。青年教师群体的压力主要表现为,青年教师群体处在职业发展的初期,没有累积足够的职业资源,同时又要承担家庭和社会责任,面临着生存与发展的双重压力。压力首先影响教师对职业的感知,进而影响高校与教师之间的劳动关系。2011年对北京、上海、广州、武汉、西安五个城市135所高校的5138名青年教师的调查得出了类似的结论。研究发现,85.5%的受访者认为自己处于社会中层及中层以下,68.9%的受访者处于收支平衡或赤字状态,72.3%的受访者直言压力大。❷ 由于青年学者的精力更为充沛,院校更注重让青年教师多产出科研成果,而科学研究本身是对高深学问的探究,具有阶段性和不稳定性,前期需要投入的时间长但成果少。在要求稳定科研产出的制度下,一些青年教师不堪重负。由此可以看出,劳动关系中的压力冲突是一种复杂的冲突类型,除了由工作压力和经济压力带来的冲突,还受到未来预期以及组织支持的影响。❸ 显而易见的是,教师职业面临众多的压力冲突,当这些压力冲突得不到有效缓解时,将会引发劳动关系矛盾。

5. 理念冲突

理念冲突是导致劳动关系冲突的思想基础,高校发展理念与教师个体理念之间的冲突是引发社会关系矛盾的关键。当前高校教师劳动关系的矛盾不少来自理念冲突,主要表现为以下三个方面。一是教师传统理念与当前聘任劳动关系理念存在冲突,大部分表现为高校教师的观念误区。如雷朝滋(1995)认为,在实施职务聘任制过程中教师传统劳动关系理念落后,深受既往"平均主义""铁饭碗"等观念的影响。同时,存在混淆职务与职称、对学衔认识不足、岗位意识淡薄的理念误区。❹ 近年来教师对所实行的"非升即走"制度的认识不够全面深入也在一定程度上加剧了教师的职业不安全感。而这些观念上的误

---

❶ 周云. 高校青年教师职业压力现状与对策研究 [D]. 郑州:郑州大学,2019.
❷ 廉思. 我国高校青年教师社会不公平感研究 [J]. 中国青年研究,2012(9):18-23,100.
❸ HAMMERNESS K. Learning To Hope or Hoping To Learn: The role of vision in the early professional lives of teachers [J]. Journal of Teacher Education, 2003 (54): 43-56.
❹ 雷朝滋. 贯彻实施《教师法》完善教师职务聘任制 [J]. 中国高等教育,1995(9):8-11.

区未被及时纠正，源自对新时代背景下高校教师劳动关系新理念的宣传力度不够，理论和舆论上的准备不够充足。这类理念冲突不利于激发教师的上进心和事业心，而教师的职业适从感降低也是高校教师人事制度改革的思想阻碍，继而引发一系列冲突。二是高校管理理念与教师发展理念存在冲突。在多轮的人事制度改革中，高校教师劳动关系发生了多次变化，学校管理理念存在与教师发展需求脱节的现象。近年来我国高校对新进教师开始试行"非升即走"式的预聘—长聘制，从该角度出发，魏志春、黄德平（2005）认为教师劳动力市场和学校组织内部对比力量的落差、教师维护自身权益的管道缺失以及传统的学校管理观念和行为习惯仍束缚教师的思想和行为，致使学校内部难以建立起有效的激励机制和竞争机制，聘任制未能获得预期效果。[1] 张金丹、李志峰（2022）认为取消事业单位编制后，高校教师从个人角度出发，忽视了高校教师的整体式发展，从而造成心理契约履行的动机偏差。高校与教师的观念冲突是劳动关系冲突的根本所在，尤其需要关注。[2] 三是社会分配理念中学术与效率存在冲突。李碧虹、黄小忠（2007）认为，中国现有大学教师薪酬分配制度为教师的制度外收入创造了可能，教师复杂的、不透明的，同时也是不稳定的薪酬收入使学术追求与经济利益追求成为难以协调一致的矛盾。在分配观念中对学术与效率的把握出现失衡，弱化了教师的创造力，对教师的学术活动产生了误导。[3] 教师职业中的理念冲突主要表现在教师自身理念与院校发展理念的关系上。在新时代高校教师劳动关系转型的大背景下，教师主要追求自身职业发展，而一些高校为了学校发展在实施预聘—长聘制度时异化了该制度，一味将学术成果作为教师留任和晋升的依据，长此以往，教师与高校之间的劳动关系冲突越发明显。

6. 价值冲突

价值冲突是教师劳动关系最本质的冲突。从经济学视角分析，教师的劳动价值赋予是以市场还是以学术为导向，是产生冲突的根源原因。周运浓（1993）认为教育市场只能在某些方面和某种程度上调节教师劳动价值的交换

---

[1] 魏志春，黄德平. 学校劳动关系变革与教师聘任制的完善：中小学教师职业观念与行为的调查与分析 [J]. 教育科学研究，2005（1）：50-53.

[2] 张金丹，李志峰. 新时代高校教师劳动关系：既有矛盾与和谐治理 [J]. 黑龙江高教研究，2022（6）：24-29.

[3] 李碧虹，黄小忠. 论大学教师薪酬分配制度中的观念冲突 [J]. 黑龙江高教研究，2007（10）：8-10.

关系。它们之间的"耦合差"表现为教师劳动价值的多效性和市场调节的唯功利性的"耦合差"、教师劳动价值的模糊性与市场调节的等值互利性的"耦合差"、教师劳动价值生产的长期性与市场调节的位期性的"耦合差"。[1] 孙宝元、韩学勤和程志芬（1994）认为价值取向是市场经济发展初期的特殊产物；强烈地追求个人的经济价值、忽视社会价值，职业地位与经济效益间的巨大反差造成了部分青年教师职业经济价值取向的种种矛盾行为，使部分教师强烈地追求个人发展，忽视社会进步。[2] 市场与学术的价值冲突发生在学术场域中，就不可避免地成为高校与教师劳动关系冲突的导火索。从社会学视角分析，阮成武（2002）认为对教师的价值取向往往以社会需要为本位，强调教师社会价值的无限提升，而对教师个人价值缺乏尊重和体认。对教师个人价值尤其是基本的实用价值和内在的生命价值的忽视，势必造成教师职业的尴尬和形象窘态。[3] 左官春（2021）认为，在教育制度对教师群体的技术性改造以及功利性的价值引导下，部分教师在责任伦理上的一定缺失，造就教师平庸之恶，这种结果无疑源自有些教师在制度保守性与产业功利性之间的价值迷失。[4] 张曦琳（2021）认为规制与自由之间存在着对立统一性，规制可能会限制自由，自由也可能导致失序，造成促进人力资源优化配置中规制与自由的价值冲突、保障教师自主发展权利中规制与自由的价值冲突、实现政府教师管理职能中规制与自由的价值冲突。[5] 因此，价值冲突体现在教师劳动价值的隐性与市场调节的显性之间的冲突，体现在对社会本位和人本位的抉择上。

7. 角色冲突

分析教育哲学家谢弗勒将教师角色定义为由教师社会地位身份所决定的一系列外显行为模式；在学者顾明远的描述性定义中，教师角色被归结为教师与其社会地位、身份相联系的被期望行为。本研究认为教师角色包含两种类型，其一是应然的角色，与社会与高校的期望相关；其二是实然的角色，由教师的自我认知决定。在高等教育普及化的背景下，院校赋予教师多重身份，当外部的变革与教师已有的角色发生冲突时，便会产生角色冲突，其产生原因与院校

---

[1] 周运浓. 教师劳动价值与市场调节 [J]. 教育科学，1993（2）：55-58.
[2] 孙宝元，韩学勤，程志芬. 市场经济体制下高校青年教师价值取向的引导 [J]. 黑龙江高教研究，1994（6）：9-10.
[3] 阮成武. 教师专业形象的价值取向与现实建构 [J]. 高等师范教育研究，2002（6）：21-25.
[4] 左官春. 教师责任伦理的缺失与重构 [J]. 教学与管理，2021（12）：1-5.
[5] 张曦琳. 规制抑或自由：高校教师流动治理中的价值冲突与选择 [J]. 中国高教研究，2021（1）：26-31.

的文化与制度设计有关,本质上是教师内在精神世界中关于自我的认知与外界期待的失衡。从教师的角色定位看,大学教师扮演着教育者、研究者和知识分子三重角色,通过不同类型的角色扮演,产生了教学与研究之间的困顿、学术与行政之间的冲突、批判与规训之间的矛盾的角色冲突。❶ 学界大多认为大学教师处于三种角色的选择旋涡之中。例如,当倾向教学型的教师需要同时承担科研和社会服务等多种任务时,由内在动力驱动的教学者角色会被作为研究者和服务者的角色所占据,教师更有可能面临职业倦怠和压力。李云鹏(2012)指出教师面临着角色定位的冲突:教育者、研究者和服务者的地位是不平等的,这也导致大多教师会选择有更高评价和获得更多认可的角色。在现实中,对于教师不同身份的保障机制也是不足的,一定程度上更重视研究者角色,而忽视教育者身份。❷ 从角色的群体异质性分析,男女教师的角色选择具有显著差异。女性教师更多面临婚育与学习进修的多重角色矛盾。在社会角色扮演的过程中,女性承担了更多的养育后代、照顾家庭的社会责任,因此,女性在从事学术劳动的过程中要同时兼顾家庭劳动,更加辛苦,取得学术业绩更为不易。由于精力的有限性,女性教师往往要牺牲一部分工作,在专业人士和家庭主妇两种角色中转换,在学术权力价值和家庭角色价值之间取舍,以实现多重角色中整体利益的最大化。在已有研究中,不同性别之间的确存在科研产出上的差距,女性教师的职业高峰期要提前于男性,获得终身教职的比例低,在晋升中的障碍更多,也更容易躺平。❸ 男性教师则通常不需要在工作与家庭中寻求平衡,而是更自然地接受职业角色。新老教师在角色选择中同样具有异质性,相比于老教师,新教师面临更多的角色冲突,原因在于不同角色之间的对立以及教师自身对角色的期望与实际的偏差,这些角色冲突往往发生在处于职业初期,对未来有较强职业期待,处在理想与现实边界的新手教师身上。从角色冲突的调适角度探究,李姝婧、康秀云(2020)把角色冲突归因为评价机制失衡、教师主体地位保障不足、学术行政本位博弈和教师角色建设机制的缺失。❹ 吕素珍(2013)从角色内外层面出发,提出增强角色认知进而自我调适

---

❶ 陈斌. 论大学教师的角色冲突:表征与归因 [J]. 大学教育科学, 2015 (4):64-68.
❷ 李云鹏. 论大学教师的角色冲突 [J]. 教育学术月刊, 2012 (4):47-50.
❸ 赵今巾, 鲍威. 女性学术职业发展研究范式的重构:基于多维视角的高校女性教师研究 [J]. 教育学术月刊, 2020 (5):67-76.
❹ 李姝婧, 康秀云. 高校教师角色冲突:样态、成因、调适 [J]. 思想政治教育研究, 2020, 36 (2):123-127.

多重角色冲突是根本策略，适宜的大学教师管理制度是协调角色冲突的外部保障。❶ 蔡国春和李培（2020）细化了大学教师角色冲突的化解之策，一是高校发挥对教师的激励引导作用，二是将教师聘任与专业发展政策具体化，三是高校要落实立德树人根本任务，落实激励教师的相关制度。❷

教师角色冲突的关键在于教师职业身份的认同，表现为在多元的角色转化中教师自我价值与社会价值之间不间断地猛烈碰撞，角色冲突是高校教师社会关系冲突的内在根源。

5.2　高校教师劳动关系矛盾冲突的影响因素

邓洛普在1994年出版的《工会下的工资决定》一书中指出，工会是经济制度中的经济"活动人"，它的行为可以用工资和雇佣最大化模型来解释。其于1950年写成的《产业与劳动关系评论》中提出了一个理解集体谈判与劳资关系的分析框架，将经济、技术和社会因素的相互作用包含在内。1958年出版的《劳动关系系统》力图建立一个一般理论，以解释和理解劳动关系中可能发生的一切现象。在后来建立的理论框架中，邓洛普指出，劳动关系系统在它发展的每一个阶段都包含特定的行为主体、特定的环境，涉及整个劳动关系系统的意识形态，以及管理工作场所和工作团体中的规则。劳动关系系统理论认为，行为主体、环境、意识形态、规则网是构成劳动关系系统的基本要素，规则的制定、建立和完善是劳动关系的中心。❸ 基于邓洛普的劳动关系系统理论，我们认为，高校教师劳动关系是指高校场域中教师和高校间因学术劳动而产生的权益关系，高校和教师构成新时期高校契约建制下劳动关系依存和对立的基本主体。高校与教师间通过合同契约的方式进行学术资本与报酬的交换，履行劳动合同，规范高校教师劳动关系权、责、利的关系。

---

❶ 吕素珍. 论大学教师角色冲突的内在成因及其解决策略 [J]. 湖北社会科学，2013（7）：161-164.
❷ 蔡国春，李培. "师者"的彷徨：大学教师角色冲突的表征及其应对 [J]. 黑龙江高教研究，2020，38（8）：110-115.
❸ 严春华. 群体性劳资矛盾的发生机理与对策研究：以上海市闵行区为例 [D]. 上海：上海交通大学，2015.

5.2.1 劳动主体因素

1. 高校发展战略

我国面向 2035 年的高等教育发展战略目标是高校发展战略的依据,主要包括持续推进世界一流大学和一流学科建设、加快高等教育信息化建设以促进高等教育信息化水平等战略目标。在此背景下,高校发展战略也发生转变,伴随着市场化机制的引入,大学对于排名的追求也愈发激烈。为了在国际和国内竞争中获得领先地位,不少大学将提升排名作为发展战略之一,还通过专门机构对大学发展状况进行综合评价,以便对大学自身发展的优势与不足有更清晰的认知。这种行为除激发了大学发展自身的积极性之外,也诱发了部分恶性行为。大学排名的引入是市场逻辑引入下的产物,其自身被注入了价值交换的市场逻辑,本质上是要实现一种利益的增殖。❶ 这种功利主义倾向的观念也逐渐辐射到高等教育发展的诸多方面,如对学科发展的评价、对教师竞争力的评价等。教师作为高校发展的重要主体,也作为高校教师劳动关系的重要主体,被迫加入高等教育的发展战略的构建过程中,对教师的评价也开始转变为结果性评价与问责性评价,使教师处在持续性竞争中。而高校与教师本身的地位是不对等的,教师必须服务于学校发展战略,个体被动服从学校的意志,因此,高校发展战略是影响高校教师和谐劳动关系的重要因素。

2. 教师学术能力

教师是高校发展的核心,而学术是教师学术职业的生命所在。教师学术能力是其职业素质结构的核心组成部分,决定着教师学术职业发展的空间和高等教育的质量。高校教师学术能力不仅仅表现为在学科专业领域中开展原创性研究并产出研究成果,也包括教学学术能力,即通过教学活动产生的教学成效所带来的显性和隐性的能力。周光礼、马海泉认为大学教师的学术能力分为基本认知能力、学术创新能力、学术交流能力和团队科研能力。❷ 总而言之,教师学术能力是教师的学术感悟力、创造力和思维力等构成要素的总和。通过当前对高校教师职业压力、劳动关系等进行的研究,都不难发现高校教师职业压力

---

❶ 段从宇,王燕. 大学排名的演变、迷思与治理:基于市场逻辑的探讨 [J]. 复旦教育论坛,2022,20(3):5-11.

❷ 周光礼,马海泉. 教学学术能力:大学教师发展与评价的新框架 [J]. 教育研究,2013,34(8):37-47.

的来源主要包括评价与考核、教学与管理、学术科研、晋升、个人发展、社会影响等方面。同时，学历、年龄、职称、教龄等因素对教师的压力感影响显著。职称越低，青年教师的压力感越高；职称越高，青年教师的压力感越低。年龄越小、教龄越短的青年教师，其压力感越高。❶ 这些影响因素都直接或间接地与教师学术能力相关，无论是考核评价、职称晋升，还是社会影响力、学术交流等，其本质都是教师学术能力的体现。我国高等教育要实现跨越式发展，就应对高校教师提出更高的要求。高校不仅要承担人才培养的任务，还要开展科学研究、社会服务等，作为高校功能的主要执行者与承担者，教师面临着教学、科研与管理等多重压力，其自身的学术能力就显得尤为重要。由此，教师个体的学术能力直接影响着教师的职业感受、参与院校管理的权利、获得劳动价值赋予的程度、对劳动关系的满意程度等。

5.2.2 劳动环境因素

1. 外部政策环境

广义的政策环境是指决定或影响政策制定和实施的自然条件和社会条件的总和。包括公共政策系统以外的一切与之相关的因素。狭义的政策环境指影响公共政策产生、存在和发展的一切自然因素和社会因素的总和。政策环境因素都具有复杂性、多样性、差异性、动态性的特征。❷ 而高等教育领域"放管服"改革的推进，正在逐渐改变高校劳动关系的政策环境。国家下放自主权，使高等学校在教师的职称评审、岗位与编制管理、绩效考核以及薪酬分配等方面具备更大的自主权。但是，传统的人事制度规定依旧在事业编制管理中发挥着明显的作用。就总体而言，尽管关于教师劳动关系的政策均由有关部门根据国家有关规定具体组织实施，但是高校获得了更多的自主权，对教师劳动关系的影响力逐渐增强。

兴起于20世纪70年代的强调"三E"（即经济、效率和效益）的新管理主义伴随国家改革开放一同席卷全国，其将企业的经营理念及一整套管理工具和技术运用到公共服务部门的管理中。❸ 高等教育作为社会公共服务的一部分也在无形中受其浸润，新管理主义潜移默化地影响着我国高校的改革与发展，并

---

❶ 陈成全. 江西省民办高校青年教师职业压力现状调查及对策研究 [D]. 南昌：南昌大学，2010.
❷ 陆雄文. 管理学大辞典 [M]. 上海：上海辞书出版社，2013.
❸ 周奕. 新管理主义视阈下高校青年教师学术产出探析 [J]. 北京教育（高教），2020 (3)：53-57.

从价值观念与意识形态的形式渗透到高校的方方面面。新管理主义的核心要素包括：监督员工表现、经费与目标实现相挂钩、设计质量审计的方式等。受新管理主义的影响，政府与高校间的关系由直接监督转变为间接监督、由信任转向问责。高校对于教师的学术要求主要体现在成果数量上，高校教师的身份转变为"学术产出工匠"。教师个体与组织的关系也发生了变化，过去教师以校为家，对于院校有极强的组织归属感，但在新管理主义的影响下，职业价值超过了组织价值，高校对于一些教师来说也仅仅成了谋生的地方，而并非可以依赖的领地。

2. 内部制度环境

制度环境指社会主体在长期交往中自发形成并被人们无意识接受的行为规范，高校的内部制度环境体现在院校组织营造的发展环境上，主要包含物质灰度环境和非物质制度环境两个方面。首先，调查发现，薪酬水平对于高校教师的科研生产率具有显著的正向影响，薪酬在满足人的不同需求中扮演着关键角色。在工资福利上，工资、福利等物质因素与教师的职业满意度密切相关。高校教师工作的本质为知识型劳动，薪酬对员工自身价值及社会地位的自我感知有显著影响。❶ 薪酬对于高校教师来讲属于外部刺激，但其对教师的影响是通过教师对自身价值和社会地位的感知来影响教师的职业感受，进而对高校与教师的劳动关系产生影响。非物质因素主要包括教师的发展晋升机会、权益保护等。社会交换理论指出，当雇主关心、照顾员工时，员工会以更加积极的工作态度和工作行为报答组织。这种产生义务感的互动使员工与组织之间形成社会交换关系。❷ 当员工与组织建立社会交换关系时，组织与员工基于互惠原则同对方进行利益交换以维持关系的稳定，即通过满足对方需求形成双方的利益平衡。当高校在非物质层面上给予教师更为充分的发展空间时，会使教师感受到被尊重，其职业价值得到体现，教师会给予院校对等的回报。而一旦互惠互利的院校发展环境得以确定，高校教师的劳动关系便能朝着更为和谐的方向发展。

高校对现行制度环境的改变对高校教师劳动关系的制度变迁也产生了不同程度的影响，尤其是预聘—长聘制、绩效考核管理以及绩效工资制度等受市场化影响较大的劳动关系制度，变迁更为显著。如改革开放初期，高等教育处于

---

❶ 张和平，沈红. 薪酬水平对高校教师科研生产率的激励：基于"全国大学教师调查"的实证研究 [J]. 现代教育管理，2019（7）：84-91.

❷ 李根祎. 组织承诺在职业可持续性对员工创新行为影响中的作用机制研究：基于社会交换理论 [J]. 财经论丛，2022（5）：101-112.

恢复阶段，人才处于供给主导状态，教师聘任方式表现为职务任命制，教师单向流入高校，但教师群体在学术劳动过程中出现了一些问题，如教师队伍只进不出，职务晋升缺乏外部竞争压力，以人定岗，注重内部均衡和资历以及招聘近亲繁殖等导致学术创新氛围不足，限制了高校向更高层次发展。❶ 随着社会主义市场化逐渐形成，人才规模逐渐扩大，人才市场化的影响逐渐渗溢到高校。为激励教师主动提高学术水平和履行岗位职责，促进人才流动，1986年中央职称改革工作领导小组颁布了《高等学校教师职务试行条例》，对助教、讲师、副教授以及教授等的职责，任职资格评审及聘任和任命进行了明确规定，引导高校人才配置方式向市场配置方式转变。1991年4月国家教委、人事部印发的《关于高等学校继续做好教师职务评聘工作的意见》明确提出学校可以试行缓聘、低聘、解聘教师，教师也可受聘和不应聘，但由于缺乏配套制度的改革、人们观念上存在误区，导致聘任制流于形式。❷ 对于教师而言，这些规定并未触及其核心利益。因此，此时教师与高校的劳动关系冲突大多停留在聘任制改革前的状态，教师对高校改革的抵抗行为并不明显。而高校正在推进的教师聘任制改革已经打破了高校教师劳动关系的政策环境平衡，也可能导致高校教师劳动关系的失衡与重构。

5.2.3 劳动文化因素

1. 传统文化

传统文化是文明演化而汇集成的一种反映民族特质和风貌的文化，是各民族历史上各种思想文化、观念形态的总体表现，其内容为历代存在过的种种物质的、制度的和精神的文化实体和文化意识。中国在历史长河中形成了其独特的文化、传统与国情。政治因素是传统文化扎根的土壤，我国独有的政治体制使我国成为拥有和谐文化的国家。劳动是人类社会存在和发展的最基本的条件，劳动在人类形成过程中起到了决定性的作用。劳动是人类运动的一种特殊形式。在商品生产体系中，劳动是劳动力的支出和使用。通过劳动获得劳动报酬并获得社会认同是传统文化对于劳动的基本理念。按劳分配的原则也是我国社会主义建设长期秉承的原则，按劳分配、多劳多得形成了社会文化的广泛共识，也

---

❶ 张维迎. 关于《北京大学教师聘任和职务晋升制度改革方案》（征求意见稿）的十四点说明[J]. 学术界，2003（5）：27-44.

❷ 雷朝滋. 贯彻实施《教师法》完善教师职务聘任制[J]. 中国高等教育，1995（9）：8-11.

对高校教师劳动文化的形成产生了重要影响。过去，我国大学主要由政府承办，高校的办学起点是基于国家和政府的需要，科层制治理模式主导着高校的发展，形成了与时代相关的劳动文化。高校遵循着行政逻辑，依靠层级化、劳动分工和专业化等方式协调高校学术系统。[1] 高校处在政府的管控下，并未有太多自主发展的自由，教师的劳动服从了学校的整体安排，是社会劳动的一个重要组成部分。在市场化转型阶段，绩效管理理念的广泛使用对高校教师的劳动文化产生了重要影响，成本核算、绩效产出计算也形塑了新的教师劳动文化。

2. 院校文化

院校文化是以学生和教师为主体，以文化活动为主要内容，以院校为主要空间，涵盖院校领导、教职工在内，以院校精神为主要特征的一种群体文化。院校文化是社会整体文化的一部分，其特性表现为互动性、渗透性和传承性，院校文化的良好建设可以提升院校的凝聚力。院校文化是学校本身形成和发展的物质文化和精神文化的总和。由于学校是教育人、培养人的社区，因而对院校文化一般取其精神文化之含义，即学校共同成员在学校发展过程中，逐步形成的包括学校最高目标、价值观、校风、传统习惯、行为规范和规章制度在内的精神文化的总和。院校文化的核心是其场域中多主体的思想观念、心理素质、价值取向和思维方式等，其本质是一种人文环境和文化氛围。在这种由院校多主体营造的人文环境和文化氛围中，构建具备院校特色的人际关系、生活方式以及学术科研活动等文化体系，可以促进院校更富有生机。院校文化活动是自发的，也是自觉的，院校文化在当今高等教育中应该发挥重要的作用。院校文化是常新的，但同时能够保持永恒魅力，是能够唤起院校中多主体的激情与共鸣的。我国院校文化受国家文化的孕育，教师劳动关系也深受院校文化的影响。随着大学的体制机制改革，政府开始向高校下放权力，高校开始有了更多的自主权。高校逐渐拥有了确定教师劳动任务与价值的权力，开始明确不同层级教师的教学工作量基数，科研工作量要求和社会服务、参与院校服务工作的具体要求，并逐步将其作为教师绩效考核的重要依据，这势必形成不同的院校劳动文化。我国高校的基本治理原则是党委领导、校长治校、教授治学和民主管理，这个治理原则决定了学校内部的教师工作文化、劳动文化的内容和目标。

---

[1] 周光礼. 大学教师评价改革的逻辑 [J]. 中国高教研究, 2022 (6): 26-33.

5.2.4 劳动制度因素

1. 人事管理制度

人事管理制度是对教师劳动关系产生直接影响的制度，也是影响劳动关系的重要因素，是高校教师和谐劳动关系的基础，也是重要的规则系统，并且间接影响着教师对职业的评价和在职业发展中的表现。人事管理制度包括教师的资格审核制度、准入制度、发展制度、职称评聘制度、专业技术岗位聘任制度、流动管理制度、薪酬待遇制度、劳动用工制度、高层次人才管理制度、绩效考核制度等，直接影响到教师的法律关系、经济关系和社会关系的主要方面，引导着教师劳动关系的发展方向，因此，是对高校教师劳动关系影响极大的制度体系。当前我国大部分高校常见的用工模式大致分为：事业编制管理人员、劳动合同制人员、劳务派遣人员等。建立多元人事管理制度有利于人才的流动，灵活的用工模式将有效拓展"引才"渠道，完善"育才"机制，创新"留才"手段。❶ 我国高校的人事管理制度尚未完善，人事管理制度观念仍然制约着高校教师的发展。人事管理制度存在一定的政策、资源等路径依赖现象，还未形成清晰的管理目标，尚不能完全适应市场化转型以及和谐的高校教师劳动关系建构的需要。

2. 绩效管理制度

绩效考核作为高校对教师群体的评价考核制度，直接涉及对教师劳动的量和质的结果评价。由于绩效目标是院校发展战略的具体化设计，因此，教师在完成绩效考核任务的过程中面临着较大压力，这直接影响到教师的薪酬收入、职称和岗位聘任，以及社会地位和声望的建立和保持，对教师劳动关系的影响甚大，是教师普遍关注的重要内容。绩效管理制度于20世纪90年代传入中国，以其完善的体系、优化的流程和持续改进的良性循环得到企业管理者的厚爱，在公共部门管理中也得到广泛应用，近些年也被引入高校教师管理实践中。高校教师绩效考核的根本目的在于促进组织目标与个人目标的统一，提升个人绩效与组织绩效，实现学校事业与教师个人发展的双赢。我国高校绩效管理起步晚，但发展快，随着市场机制的引入，绩效考核方式成为高校发展的主流管理

---

❶ 陈诚. 多元化用工模式下高校人事管理制度研究[J]. 办公室业务, 2020 (7): 163, 165.

方式。❶ 当前我国的绩效制度存在衡量指标单一、过度量化、教学科研成果难以均衡评价等问题；在考核目标上对于奖惩的规定仍不够完善，在考核内容上存在"一刀切"的问题；在同行评价与行政评价之间，同行评价机制仍不够完善，而行政评价由于与学科领域脱节，并不能对学术成果质量进行有效评估。因此，完善绩效管理制度对于建立高校教师和谐劳动关系具有重要的作用。

5.3 高校教师劳动关系矛盾冲突形成的原因分析

5.3.1 价值体系的重构与院校属性的变异对劳动关系的压力

1. 知识价值的分裂与职业价值的重构

当前高校的控制、管理与教师个体的灵活、自主之间产生了不易调和的冲突。高校教师是知识生产的主体，而科学史专家威廉·克拉克认为高深知识生产者容易患上"精神分裂症"，消解着人性。❷ 当前高校知识的产生机制发生了改变，知识不再具有"纯粹"的价值，生产方式呈现碎片化、套路化。作为知识生产场域的高校在运作方式上具有功绩主义的特征，这导致大学高深学问的价值产生了"分裂"，一方面，大学组织将"创造"作为"技能"、将"学术成果"作为"商品"，在大学市场中流通、变现。❸ 学人受到大学功利性的裹挟，构建了新的学术价值体系，其中学术成果的可展示性成为新的价值指标。高校教师在传统的知识分子状态下转变为院校效益的创造者，教师的自我价值感受到新价值体系的挑战，教师与高校的经济冲突进一步显现。从社会层面上，高校通过聘任制形式利用教师的价值，而教师在保障体系不健全的状况下无法获得更多职业保障，社会关系冲突日益加剧。另一方面，由于高深知识价值的裂解，教师职业价值发生重构，教师的职业更多地成为谋生的工具，在发展性上有所缺失。高校仍旧以传统的知识分子形象看待教师，而未赋予教师同等的经济价值与社会价值。

---

❶ 匡振旺. 中国高校教师绩效考核的矛盾分析与对策研究［J］. 中国人民大学教育学刊，2015 (2)：100-113.

❷ 威廉·克拉克. 象牙塔的变迁：学术卡里斯玛与研究性大学的起源［M］. 徐震宇，译. 北京：商务印书馆，2013：5.

❸ 张亚平，曹永国. 高深学问：变革、挑战及价值关涉［J］. 江苏高教，2022 (12)：30-38.

2. 高校的本体性与社会性的失衡

高校具有本体性和社会性，本体性要求高校按照延续的价值模式发展，体现传统知识的价值；社会性是指高校作为社会组织的一分子，需要承担相应的责任，包括人才培养、社会服务等。本体性的价值更侧重质的管理，而社会性价值注重结果的可视化和影响性，是质与量的结合。❶ 高校作为社会组织，已经逐渐成为社会发展的"风向标"，不再是单纯的象牙塔。高校在发展过程中，需要依靠与社会的主体交往获取必要的发展资源。而要获取资源，高校就需要作为一种展示主体而存在，通过呈现自身的发展潜能吸引更多的利益方。这样一来，对高校的管理与监控成了必然要求，一方面，高校通过加强内部管理，赋予教师新的合作者角色，教师依靠自身的影响力为高校增加发展资本；另一方面，高校通过加强管理，获得来自政府、社会等的更多资源。本体性是高校发展的内在动力，体现了高校自身文化、理念和规则的发展；高校的社会性是高校发展的外部要求，体现了社会对于高等教育系统的压力。当前高校的社会性愈发突出，而本体性却日渐式微。在社会外部压力的影响下，高校以一种新型管理模式规训教师，对教师的考核标准侧重竞争性、结果性，这也导致了教师群体内部的无意识压力。在本体性和社会发展的双重压力下，在压力传导链最后一环的教师变成了压力的最大承担者，院校为实现整体利益的最大化，只能让教师花费更多的劳动时间，产出更多的劳动成果，这造成了高校教师的压力增大，继而导致职业倦怠和劳动关系冲突。

5.3.2 市场化转型过程中教师劳动制度主体迁移"异化"

由于文化传统与学术劳动力市场的开放程度不同，英美体系下的"非升即走"制度在西方土壤中显示出良好的适应性。我国在吸收借鉴西方市场制度时，受到传统社会观念、制度惯性、文化氛围等因素的影响，高校的学术市场在发展程度上具有不成熟和不完善的特征。

1. 制度移植重局部照搬、轻整体耦合

任何制度都有其固有的内在逻辑和历史脉络，而逻辑与历史是一致的。以教师劳动关系中的人事制度为例，我国由于历史传统惯性，最先形成的高校人

---

❶ 檀慧玲，刘笑笑. 大学教师的角色内涵、外延及其变迁 [J]. 北京教育（高教），2019（10）：83-86.

事制度是教职终身制度。❶ 经历了多次改革后，现在大多倾向于预聘—长聘制度，以发挥教师的最大潜能。预聘—长聘制度最初起源于欧美国家，是一种自下而上发展起来的制度。高校教师最初多为流动的非终身雇佣制教师，终身雇佣是少数人才享有的特权。从发展传统看，西方国家的职业是普遍流动的，组织和个体的自由选择权较大，高校教师可以完成从高校到企业再到高校的流动，市场的需求成为教师流动最重要的推动力，产业之间的壁垒较弱。从观念层面看，西方国家的就业者缺少"固定就业"的观念，他们对职业稳定性的要求不高，工作环境、岗位的变迁对很多人来说是习以为常的。聘任制度变革是由政府自上而下主导推动的。为打破终身制的"铁饭碗"，我国引入了国外终身教职制度的一些规则，如一定年限的教师预聘考察期、以绩效为导向的晋升考核、基于"非升即走"的解聘机制等。❷ 然而原初的制度一旦跨越边界，就会发生某种变化。一些高校在移植过程中可能会出现制度误用和初衷偏离；单一设计也很容易由于缺失配套制度支撑而发生异化。如反复强调的"国际竞争""大学排行榜"，未在本土情境中反复试验就推出的锦标赛制考核，窄化为"多发顶刊文章"的评价制度，逐步形成了被打上"末位淘汰"烙印的解聘规则等。近年来，国内高校因人事聘任而产生的争议不断见诸报端，在学术市场沦为"弱势"求职者的博士们向新制度发出了高声质疑，部分教师甚至与"东家"对簿公堂，这也说明该制度存在一定的实践层面的瑕疵。大多数人对于推行的"非升即走"制度缺乏了解。相比过去的终身教职制，"非升即走"制度动摇了职业稳定性，一定程度上剥夺了个体稳定发展的权利，制造了教师流动危机。因此，基于传统的历史因素和对制度的依赖性，高校教师对于"非升即走"制度的心理接受程度较低。

2. 制度设计重筛选竞争、轻权利保障

制度效果是制度目标的结果。受效率导向的影响，在我国高校教师劳动关系相关制度的设计过程中，存在忽视教师主体感受、将结果与成效作为优先级标准开展制度设计的情形，与之相匹配的教师权利保障在制度设计中往往被忽视，这就加剧了高校教师劳动关系冲突。不少高校受到大学"双一流"建设的

---

❶ 李志峰. 高校长聘教职制度：实践困境与改进策略 [J]. 清华大学教育研究, 2017, 38 (4)：27-33.

❷ 林小英, 薛颖. 大学人事制度改革的宏观逻辑和教师学术工作的微观行动：审计文化与学术文化的较量 [J]. 华东师范大学学报 (教育科学版), 2020, 38 (4)：40-61.

影响，纷纷推行绩效评价制度作为对教师的考核标准，在绩效评价标准的影响下，各高校积极探索绩效评价的指标和应用方式，主要体现在通过绩效的"奖惩"机制激励教师在教学、科研等方面的投入，达到绩效要求的教师可以获得晋升、奖励；而未达到要求的教师或将面临转聘、解聘等情形。从我国聘任制度的发展来看，总体上仍是效率取向。教师在职业晋升中面临由于制度设计的不完善、程序性弱等问题带来的"制度性压力"。除要满足考核标准外，职称晋升难也是冲突焦点。如一个学院的教授名额通常是固定的，处在副教授阶段的教师即使满足了晋升要求，如果没有空余指标通常也只能继续等待，这也体现出职称晋升制度是以制度作为实体设定的，并未真正考虑个体的需求。高校的层次越高，其教师岗位的竞争普遍越强。有研究表明，一些高校通过制定多数教师难以完成的考核标准，让教师续聘的比例仅为25%~30%甚至更低。

3. 制度完善重顶层设计、轻主体参与

我国高校通过行政权力强制推行制度变迁，并且在制度完善的过程中重顶层设计而忽视劳动参与主体的平等参与。高校推进强制型劳动关系制度变迁对于劳动关系冲突影响较大，由于高校和教师对于劳动关系的基本立场和价值目标的差异性，高校在缺乏教师广泛认同的前提下通过科层制推进强制性制度变迁，将可能引发强烈冲突。高校采取强制性聘任制改革可以改变教师在学术劳动过程中原有的劳动关系，但也可能激化劳动关系矛盾。

总体来看，高校教师劳动关系冲突的制度变迁逻辑是高校基于市场、政治与高校科层制的相互作用而形成的。市场逻辑是高校基于既得利益最大化的考量原则或机制；政治逻辑是指高校管理公共事务、维护制度及处理争议需要遵循的原则或机制；科层逻辑是指院校在履行行政职能时需要遵循的规则或机制。勒温（Kurt Lewin）的场域（Field Theory）理论指出，行为（B）是个体（P）与环境（E）共同作用的结果 $[B=F(P·E)]$。❶ 显而易见的是，高校或教师的行为都会受到环境的影响。由于市场逻辑、政治逻辑以及科层逻辑的相互作用，任何一方发生变化，均会从微观层面引起高校或教师预定行为的变化，这些变化可能消解原有的矛盾，适应现有环境；也有可能与环境不匹配，从而产生新的矛盾冲突。由此可见，高校与教师之间因劳动关系引起的冲突在一定程度上促使高校产生最低层次的社会变迁，使高校教师劳动关系管理系统形成"可进可

---

❶ BURNES B, COOKE B. Kurt Lewin's Field Theory: A Review and Re-evaluation [J]. International Journal of Management Reviews, 2013, 15 (4): 408-425.

出"的良性机制。合理调整劳动关系，不断推进高校教师劳动关系的诱致性制度变迁，对于促进高校高质量和谐治理非常重要。

我国高校人事制度改革不是一蹴而就的，而是经历了复杂的历史演变过程。我国学者对高校人事制度改革阶段有不同的划分，赵俊芳（2019）认为划分成以下五个阶段：第一阶段（1949—1977年）为多元接收、思政为首与职务任命制；第二阶段（1978—1984年）为抢救人才、教学主体与恢复职称制；第三阶段（1985—1992年）为自主培养、教研并重与实施聘任制；第四阶段（1993—2009年）为引育并举、科研主体与破除终身制；第五阶段（2010年至今）为协同团队、质量导向与尝试淘汰制。❶ 鲍威等（2020）认为在宏观教育管理体制变革的背景下，我国高校教师人事制度历经了计划管理时期（1950—1984年）、自主权下放与效率改善时期（1985—2012年）、质量提升与管理优化时期（2013年至今）三大发展阶段。❷ 虽然每个学者划分的阶段不完全一样，但是都存在着先计划后市场的发展规律。过去我国长期实行的是单一的教师教职任用制度——将教师作为国家干部全员任用，教师拥有公务员的权利，职业稳定性很高。随着我国经济社会发展，人事制度改革也在各个领域开展，高校作为社会组织之一，也在进行着人事管理制度的深化改革。近年来，国家实行高校人事制度改革，教师聘任制逐步取代单一的教职任用制度成为高校教师主要的聘任方式。教师获得长聘资格成了一种身份标识。由于获得长聘资格的竞争激烈，少数教师以虚假方式提升学术产出、用虚假头衔夸大自身的学术身份等。当前人事管理制度改革的不完善，导致了教师群体的"鄙视链"现象，对老教师适用旧的人事管理制度，对新教师适用新的人事管理制度，这种区别对待的现象也影响着高校新老教师之间的和谐，同时也制约着不同劳动主体之间的平等对话。

5.3.3　制度发展阶段变迁过程中教师主体意识的张扬

主体意识是作为实践和认识主体的人对于自身的主体地位、主体能力和主体价值的一种自觉意识，是主体自觉能动性和创造性的观念表现，是自我意识的升华，由自我意识和对象意识两部分组成。高校与教师建立稳定的劳动关系，必须设置相应制度以减少两者之间的不确定性。但随着高校自身发展以及宏观

---

❶ 赵俊芳. 新中国成立以来我国高校人事制度回溯及评价［J］. 中国高教研究，2019（8）：25-31.
❷ 鲍威，戴长亮，金红昊，等. 我国高校教师人事制度改革：现状、问题与挑战［J］. 中国高教研究，2020（12）：21-27.

环境发生变化，教师与高校因经济关系、法律关系和社会关系不断出现新的争议、矛盾和冲突，原有的制度均衡被打破，由此高校产生了对新的劳动关系制度的需求。

1. 市场化激发了教师的"质疑"与"觉醒"

在存在主义的视野中，人是被"抛入"真实世界中的，而人对待事物的方式主要分两类：一类是"沉睡"型，另一类为"觉醒"型。沉睡型个体被动地、无意识地存在于现实世界中，而觉醒型个体敏锐地觉察到了真实世界的需求，并建构出一种基于自身经验与潜能的发展模式，是全新的生命形式。[1] 过去院校与教师之间形成了一种管理与被管理者的角色状态，要求教师的教学、科研工作按照学校的要求开展，强调教师依照上级教育部门统一制定的要求和安排，遵从课程大纲、课表安排进行教育教学。这种培养模式使教师成为理论研究者和政策制定者的"忠诚执行者"和"熟练技术工"，压抑了其自身作为主体进行充满生命力的主动积极性和自由创造力的表达。[2] 随着市场化制度的引入，高校与教师之间的关系更多趋向平等，具有合作者的特征。教师在承担教学、科研等传统工作外，还需参与社会服务，教师具备了超越组织意义的社会服务者角色，教师的独立性得以彰显。通过社会服务，教师可以与企业订立服务合同、开展社会实践、提供独立的咨询等。在多重性的角色中，教师不再受困于一种社会情境。在真实可控的实践活动中，教师的主体意识逐渐清晰，教师开始在不同情境中加以思考，开始质疑院校构建的关系模式。并且，随着教师社会角色的丰富，教师不再满足于对以往关系模式的体验，而是希望以一种更为平等、自主的状态与院校展开对话，教师开始了全面觉醒。当前高校教师的工作要求高、任务重，而职业保障不足，教师同时面临着职业压力和生存压力。与此同时，由于聘任制度的变革，教师与高校成为被雇佣主体与雇佣主体，教师承受着高期待与高压力。因此，在主体意识的全面觉醒下，教师逐渐呼吁更多的物质保障与资源保障。

2. 法治化强化了教师的维权和发展意识

法治包括实质意义上的法治和形式意义上的法治，强调两者的统一。形式意义上的法治强调"依法治国""依法办事"的治国方式、制度及其运行机制；

---

[1] 景欣越，张文军. 马克辛·格林的教师主体意识观及其启示[J]. 教师教育研究，2022，34（4）：20-25.
[2] 姜勇. 教育人类学的"成长"隐喻与教师的专业发展[J]. 教师教育研究，2009，21（2）：45-49.

实质意义上的法治强调"法律至上""法律主治""制约权力""保障权利"的价值、原则和精神。维权意识是指维护个人或群体的合法权益的认知。维权的范围包括人身损害、土地纠纷、医疗事故、婚姻、家庭、继承等纠纷。高校教师的权益包括两个方面，一是公民权益，一是教师权益。作为公民，教师应当享有公民所享有的权益；作为教师，其应当享有教师所拥有的权益。在我国持续推动法治建设的过程中，高校教师的法律意识实现了从觉醒到提升。同时，法律体系的完善也给教师维权提供了实践途径。以往高校教师在自身权益的认知上存在不足，甚至在自身权益得到损害时也未能充分理解和寻求维护自身权益的理论与方法。但近些年来，高校教师与高校之间的法律纠纷不绝于耳，可见教师的法律意识相较以往有了大幅度提升。由于高校教师劳动关系相关法律仍存在不少漏洞，高校与教师作为主要劳动主体都多少面临着法律规则模糊的问题，不同的立场使二者对法律文本的解读存在差异。因此，教师自我法治意识的提高也唤醒了其维护自身权利的意识，一定程度上促进了教师劳动关系的法治化和谐。

第6章

新时代高校教师和谐劳动关系满意度的实证研究

新时代高校教师和谐劳动关系满意度是高校教师与其工作单位合作型劳动关系得以建立的根源。当前，因高校教师编制、职称聘任、岗位分层分级、流动、工资待遇、过度劳动、劳动条件与保障等问题触发的教师劳动关系矛盾冲突已经成为亟待解决的重大实践问题。高校教师不仅要谋求生存的基本保障，还要兼顾职业的成长空间，在双重压力之下，滋生出工作倦怠、职业危机、人才隐形流失等现实问题。[1] 因此，对高校教师和谐劳动关系满意度及其影响因素进行研究，不仅有助于高校管理者把握教师劳动关系的内在关系，分析高校教师劳动关系矛盾冲突产生的诱因，从而有针对性地采取一系列手段和措施，调整劳动关系，形成有效的劳动关系协调机制，也将对高校乃至整个社会和谐劳动关系治理发挥积极的促进作用。

20世纪以来，涉及劳动关系的研究文献较为丰富，但关于高校教师劳动关系满意度的研究较少。已有研究成果虽然有助于我们了解某一对象劳动关系满意度的现状及其影响因素，但也存在一定的局限性：在控制个体特征变量对劳动关系满意度的影响之后，少有研究从其他层面探索其与劳动关系满意度的影响机制，且已有研究更多是从社会学的角度阐述劳动关系满意度的影响机制，缺乏经济学、管理学等学科视角的研究；从市场化转型与和谐治理角度对高校教师劳动关系进行梳理、阐释与分析的文献更少；虽然以往的解释变量也是通过研究梳理而得，变量的选择符合个体因素、外部环境等条件，但缺乏系统的理论支撑。因此，深入了解我国不同层次类型高校教师劳动关系的现状，分析

---

[1] 程跟锁，陈建海. 高校青年教师工作满意度的影响因素研究：基于结构方程模型的实证分析[J]. 兰州大学学报（社会科学版），2018，46（4）：230-236.

高校教师和谐劳动关系满意度的影响因素，揭示高校教师劳动关系矛盾冲突的深层机理，阐释高校教师劳动关系的和谐治理逻辑，为改进高校教师劳动关系治理提供实证依据等就成为急需探究的关键领域。

6.1 文献述评与研究假设

6.1.1 工资福利与教师劳动关系满意度

由赫茨伯格（Herzberg）的双因素理论可知，劳动关系双方确立的契约中的关键指标，如劳动时间、工作条件、薪酬水平等保健因素，能影响员工的积极或消极情绪，且完善这些指标有利于构建和谐的劳动关系。除此之外，职称晋升机制、高校教师的被授权程度、民主管理水平等激励因素，也是能够满足高校教师更高程度需求的评价指标。奥帕拉（Okpara）等提出教师工作的外部环境因素（工资收入、工作条件等）比内部因素（个人特征、成就感等）更容易影响教师对劳动关系和谐水平的评价。[1] 教师的工资福利待遇作为维持其生活的基本保障，是教师开展工作的重要外部支持，非常受高校教师的重视[2]。薪资分配是否合理、是否足额按时发放、是否有过拖欠薪资的现象、福利的发放频次、是否缴纳足额的社会保险等因素能够造成劳动关系中的劳资双方呈现对抗或合作的情况。[3] 徐泽磊等认为职工基本医疗保险是构建合作型劳动关系的核心要素之一。[4] 高宏艳提出劳动报酬是我国经济转型时期劳动争议增加的六大因素之一，劳动力的价格和价值不一致或劳动力的实现程度小于劳动者的接受水平等都会引发劳动争议。[5] 罗明忠和段珺通过实证研究验证了劳动方通过劳动关系契约获取合理的薪资结构和水平，能够提高劳动方的劳动关系满意

---

[1] OKPARA J O, WYNN P. The impact of ethical climate on job satisfaction, and commitment in Nigeria: Implications for management development [J]. Journal of Management Development, 2008, 27 (9): 935-950.

[2] WRIGHT M M, CUSTER R. Why they enjoy teaching: The motivation of outstanding technology teachers [J]. Journal of Technology Education, 1998, 9 (2): 60-77.

[3] 魏顺, 王相云, 窦步智. 基于双因素理论的企业劳动关系评价指标研究 [J]. 中国人力资源开发, 2014 (15), 26-31.

[4] 徐泽磊, 于桂兰, 杨欢. 合作型劳动关系影响因素的分类识别与动态分析：基于复杂网络的视角 [J]. 经济纵横, 2019 (12), 66-73.

[5] 高宏艳. 经济转型时期我国劳动争议增长的影响因素实证研究 [J]. 税务与经济, 2012 (3), 35-42.

度。❶ 处于劳动关系中的高校和教师双方，不仅希望合作共赢、权利平等，也渴望建立合作型劳动关系，以获得物质幸福感和精神满足感。另有研究认为，教师的薪酬待遇和经济地位可以在一定程度上缓解其生理与安全性方面的痛苦。❷ 基于上述分析，提出以下假设：

H1：工资福利能够正向预测高校教师的劳动关系满意度。

6.1.2 工作压力与教师劳动关满意度

Kyriacou 和 Sutcliffe（1978）将"教师工作压力"定义为教师工作产生的负面影响（如愤怒或抑郁）的反应综合征，并认为教师能够通过压力意识到所处工作状态能否影响到其自尊和身体健康等。有研究表明，高校教师的工作压力主要来自工作负荷、学生学习成绩、教师职业发展、高校管理制度、工资待遇、社会支持、工作环境与氛围、教学工作难度等方面。❸ 日益增长的学生数量、教师晋升和绩效考核机制、公众舆论的负面评价和教师专业领域之外的工作任务，也会给教师带来压力。本研究中的高校教师工作压力是广义概念，不做具体分析。高校教师在有限的时间内要完成大量的工作任务，除了要完成授课、科研等任务，还要参加会议、处理其他行政事务等，时间安排上不能合理平衡工作和业余生活，导致出现心理健康问题的概率变大。❹ 高校教师的工作反馈渠道、进行考评的内容和标准等需要高校教师为实现达标而付出更多的精力，这些与绩效相关的考评压力也影响了高校教师对劳动关系满意度的评价。❺ 高校教师由于日渐加剧的工作压力，会花费大量的时间采取无效的被动策略，导致未达标的考核结果和低满意度评价的恶性循环。工作压力也间接反映了高校教师科研考核指标的要求和教师本身难以有效完成工作任务之间的矛盾。此外，

---

❶ 罗明忠，殷珺. 个性特征、劳动契约与员工劳动关系满意度：基于广州市花都区部分员工的问卷调查分析 [J]. 经济与管理评论，2015，31（1）：34-40.

❷ WRIGHT M M, CUSTER R. Why they enjoy teaching: The motivation of outstanding technology teachers [J]. Journal of Technology Education, 1998, 9 (2): 60-77.

❸ 杨俊峰，李宝莹. 从高职生学习特点疏解教师教学工作压力 [J]. 教育现代化，2016，3（7）：232-234.

❹ 郅庭瑾，马云，雷秀峰，等. 教师专业心态的当下特征及政策启示：基于上海的调查研究 [J]. 教育研究，2014，35（2）：96-103.

❺ 魏晓宇，钱晓敏，苏娜. 上海初中教师工作满意度影响因素研究 [J]. 全球教育展望，2021，50（9）：92-107.

较大的工作压力更容易引起焦躁、紧张和抑郁的情绪，进而降低教师的劳动关系满意度。[1] 基于上述分析，提出以下假设：

H2-1：工作压力能够负向预测高校教师的劳动关系满意度。

H2-2：工作压力能够调节高校教师的劳动关系满意度的影响效果。

6.1.3 学术权力与教师劳动关系满意度

西方高等教育史中的"学术权力"一词体现了学术自治、学术自由的思想。伯顿·克拉克在《高等教育系统：学术组织的跨国研究》中提出："专业和学者的专门知识是一种至关重要的和独特的权力形式，它授予某些人以某种方式支配他人的权力。"[2] 由此可以看出，"学术权力"的含义包括"为了学术的权力"，以及对于组织内部的"信念认同感"，学术目标的达成与组织意义构建成为学术系统富足的象征。[3] 已有的研究基本上遵循着伯顿·克拉克关于学术权力的思想。在高校权力结构系统中，学术权力并不是一枝独秀似的存在，而是与其他权力相互博弈，纵横交错。江永众提出的"高校行政化"代表着在行政权力管理之下，学术人员逐渐缺乏与行政人员相对平等的谈判能力。[4] 在"二元论"研究范畴中，学术权力与行政权力冲突之下"校办院系"的思想盛行，"泛行政化"的现象逐渐严重。[5] 周作宇和刘益东根据我国国情，认为在法治建设不断完善的情况下，学术权力、行政权力、政治权力已经构成"权力三角"[6]，重中之重是化解由多方权力冲突带来的矛盾，打破教师学术理想与现实处于一墙之隔的状态。在学术权力的生成逻辑中，毛金德和朱国利阐述了教师参与决策的重要性，认为学术权力作为高校内部权力配置中的核心权力，对于实现高校善治至关重要。[7] 综上所述，已有研究的共识是，学术权力在困境之

---

[1] 刘浩，陈芊檀，刘笑笑. 上海市科学教师工作满意度影响因素分析：基于TALIS 2018数据的实证统计 [J]. 沈阳师范大学学报（社会科学版），2021，45（6）：78-84.

[2] 克拉克. 高等教育系统：学术组织的跨国研究 [M]. 王承绪，译. 杭州：杭州大学出版社，1994.

[3] 吴玉朋，王连森. 伯顿·克拉克"学术权力"涵义辨析 [J]. 高教发展与评估，2012，28（6）：50-54，99.

[4] 江永众. 高校行政化的劳动关系学分析 [J]. 现代教育管理，2012（11）：47-51.

[5] 温晓年. "院系办校"治理新模式的转型逻辑与实践路径 [J]. 教育探索，2021（6）：72-76.

[6] 周作宇，刘益东. 权力三角：现代大学治理的理论模型 [J]. 北京师范大学学报（社会科学版），2018（1）：5-16.

[7] 毛金德，朱国利. 高校教师学术权力的生成逻辑：基于美国大学转型时期的研究 [J]. 教育探索，2020（9）：85-88.

中要回归系统权力的核心[1],继而促进高校教师和谐劳动关系的建立。基于上述分析,提出以下假设:

H3:学术权力对于教师劳动关系满意度具有显著的正向影响。

6.1.4 组织支持感与劳动关系满意度

艾森伯格(Eisenberger)将组织支持感定义为:教师感知到的学校对其所做工作的评价、认可,以及对其专业成长的关注和提供的支持与帮助,是教师对学校领导各方面支持和帮助的整体性感知。[2] 艾哈迈德(Ahmed)和纳瓦兹(Nawaz)认为,组织公正、成长机会、上级支持和同伴支持极大地影响着组织支持感,而组织支持感的强弱显著影响员工在工作上投入的时间和精力,也显著影响员工的工作满意度和组织承诺。[3] 徐晓锋等认为教师的组织支持感包含两个方面:一是教师对学校关注其贡献的感知;二是教师对学校重视其幸福感的感知。[4] 凌文辁等认为教师的组织支持感是指教师感知到的学校对其工作的支持,对其利益的关心,以及对其价值上的认同。[5] 对于高校教师这一职业来说,保持职业热情需要教师自身的情感投入,这就要求不断提高教师的职业归属感。总而言之,组织支持感的获得是教师与院校双向互动的结果。当个人用组织成员定义自己时,组织认同即存在。[6] 本书对组织支持感的定义是高校教师感受到的所在学校对其工作所做贡献的认可,以及学校对教师利益的关心程度,主要包括学校制定的相关政策和在制度上对教师工作的支持,对教师切身利益的关心、照顾,以及对教师价值的认可等。基于上述分析,提出以下假设:

H4:组织支持感能够正向预测教师劳动关系满意度。

---

[1] 张江琳,徐伶俐. 现代大学制度:学术权力回归的必然逻辑[J]. 教育学术月刊,2021(12),12:31-36.

[2] EISENHERGER R, HUNTINGTON R, HUTCHISON S. Perceived organizational support [J]. Journal of Applied Psychology, 1986, 71 (3): 500-507.

[3] AHMED I, NAWAZ M M. Antecedents and outcomes of perceived organizational support: A literature survey approach [J]. Journal of Management Development, 2015, 34 (7): 867-880.

[4] 徐晓锋,车宏生,林绚晖,等. 组织支持理论及其研究[J]. 心理科学,2005,28 (1):130-132.

[5] 凌文辁,杨海军,方俐洛. 企业员工的组织支持感[J]. 心理学报,2006,38 (2):281-287.

[6] DRENER N D. Why give?: Exploring social exchange and organization identification theories in the promotion of philanthropic behaviors of African-American millennials at private-HBCUs [J]. International Journal of Educational Advancement, 2009, 9 (3): 147-165.

6.1.5 资源投入与教师劳动关系满意度

Demerouti 等提出了工作要求—资源（JD-R）模型[1]，此模型包含三个核心观点。其一，任何工作类别中的工作特征要素均可归为工作要求或工作资源[2]。工作要求是指工作主体开展相关工作所需付出的体力或脑力劳动，可用客观指标或主观感受进行测量，过高的工作要求往往被视为工作中消耗精力的"坏东西"[3]。工作资源是指个体从工作过程和环境中所获得的包括心理、社会和组织等资源，既包含可测量的显性资源，如工资福利、劳动保障，也包括隐性资源，如制度文化、组织支持等，充足的工作资源往往被视为工作中的"好东西"[4]。其二，在工作过程中，面临过高的和连续的要求会损害劳动者的身心健康与精力。随着工作要求的增加，如工作时间过长，就可能导致个体工作压力增大，进而降低个体对工作满意度的自我感知，降低劳动者的满意度；反之，工作资源对满意度具有正向的积极影响，工作资源不仅能够给予劳动者良好的工作环境和保障，还能调动个体的工作热情和积极性。其三，工作要求与工作资源相互影响。这表现为当工作要求过高而产生负面影响时，加大工作资源投入能够减少负面作用，而较高的工作要求则更需要更多的资源进行调节。JD-R 模型本身就是面向所有工作场所而建立的框架模型。张鸿莹等对高校教师职业压力失范行为的研究[5]，马富萍等对高校教师职业倦怠产生激励的研究[6]，以及梁文艳对教师工作满意度的研究，均表明各类工作资源和工作要求都是影响教师满意度的关键因素。显性的资源，如工资、收入对教师劳动关系满意度有显著的正

---

[1] DEMEROUTIE E, BAKKER A B, NACHERINER F, et al. The job demands-resources model of burnout [J]. Journal of Applied Psychology, 2001, 86 (3): 499-512.

[2] YEH H J. Job demands, job resources, and job satisfaction in East Asia [J]. Social Indicators Research, 2015, 12 (1): 47-60.

[3] 梁文艳. 工作要求、工作资源与教师的工作满意度：基于上海教师教学国际调查数据的实证研究 [J]. 教育研究, 2020, 41 (10): 102-115.

[4] BAKKER A B, DEMROUTI E. The job demands-resources model: State of the art [J]. Journal of Managerial Psychology, 2007, 22 (3): 309-328.

[5] 张鸿莹, 王祎, 孙宁昊. 基于 Meta 分析的高校教师职业压力失范行为 JD-R 模型 [J]. 中国安全科学学报, 2021, 31 (5): 174-180.

[6] 马富萍, 张倩霓, 杨柳. 基于工作要求-资源模型的高校教师职业倦怠产生机理研究：以 D 高校为例 [J]. 管理案例研究与评论, 2020, 13 (3): 302-314.

向影响;[1] 隐性的资源，如社会认可度[2]、职称职级[3]、职业成长空间[4]均会对高校教师的满意度产生影响。同时，资源越充足，教师劳动关系满意度就越高，在工作资源充沛的环境中，支持教师达成工作要求的因素变多了或力度加大了，在一定程度上减少了工作要求带来的工作压力，也减少了由此产生的负面效应。基于上述分析，提出以下假设：

H5-1：高校不同劳动类型教师的劳动关系满意度存在显著差异。

H5-2：显性资源与隐性资源对高校教师劳动关系满意度的影响存在显著差异。

H5-3：对于高校不同劳动类型的教师群体，工作要求与资源投入的匹配效应具有异质性。

6.2 研究设计

6.2.1 数据来源

实证研究所使用的数据来源于国家社科基金（教育学）一般项目"新时代高校教师劳动关系的市场化转型及其和谐治理研究"调查问卷。问卷设计的目的在于分析高校教师劳动关系影响因素的相关关系，从教师个体、院校、政府、市场等维度对高校教师劳动关系市场化转型的动力机制、冲突矛盾进行科学解释，揭示高校教师劳动关系矛盾冲突的深层机理，阐释高校教师劳动关系的和谐治理逻辑，探讨我国不同层次类型高校教师劳动关系在市场化转型中的现象、问题及其和谐治理的政策改进等问题。高校与教师间通过合同契约的方式进行学术资本和报酬的交换，履行劳动合同，规范高校教师劳动关系权、责、利的关系。基于以上理解，把高校教师劳动关系分为经济关系、法律关系和社会关系三个维度，这三个维度构成研究高校教师劳动关系的基本范畴，并根据这三

---

[1] 李志峰，浦文轩，周天松. 禀赋、环境与高校教师学术职位满意度：基于不同层次高校的实证研究 [J]. 现代大学教育，2014（4）：67-75.

[2] 张宏亮，柯柏玲，戴湘竹. 基于卡方检验法的高校辅导员职业倦怠影响因素分析及对策 [J]. 思想政治教育研究，2020，36（3）：147-151.

[3] 周浩波，李凌霄. 高校教师工作满意度影响因素结构模型的构建：基于18位高校教师访谈的质性分析 [J]. 教育科学，2019，35（4）：64-70.

[4] 顾剑秀，韩霜，罗英姿. 研究型大学青年教师职业成长影响机制：人与环境匹配的中介作用 [J]. 中国高教研究，2021（11）：83-90.

个维度形成调查研究的主要题项。从经济关系维度来看，劳动关系的本质是劳资双方缔结雇佣合同基础上的一种契约化权利义务关系；从法律关系维度来看，劳动关系是雇主和雇员之间建立的法律关系；从社会关系维度来看，劳动关系是强势群体与弱势群体的交往关系，以主体之间权利不对等为特征。

本调查问卷基于以上关于劳动关系界定的三个维度进行编制，问卷涉及的分类变量为：性别、年龄、学历或学位、工作单位层次类型、劳动关系类型、从事高校教师年限、职称与岗位等级、工作状态、工作类型、所属学科等，并设计了问卷的专题调查，包括对劳动关系的满意程度、对劳动关系相关指标的满意程度（工资福利、职业发展与社会融入、劳动保障制度与政策、劳动条件）、劳动关系法律问题等题项。问卷编制完成之后，对50名教师进行了预调查，并邀请10名专家对问卷进行了评议并提出完善建议。结合预调查结果和专家建议重新对问卷进行修订，随后通过邮件调查和微信调查的方式对不同层次类型高校教师进行随机调查。在删除了主要变量存在缺失的样本之后，共得到2812名在职高校教师的调查数据。

6.2.2 数据检验

通过问卷信效度分析，邮箱回收问卷信度克隆巴赫系数（Cronbach α）达到0.849，效度 *KMO* 值为0.938；社会关系回收问卷信度克隆巴赫系数达到0.890，效度 *KMO* 值为0.961，总有效问卷信度克隆巴赫系数达到0.877，效度 *KMO* 值为0.956，均接近于1，为强有效结果，可以满足研究需要。此外，对劳动关系满意度关键指标量表进行因子分析和信效度检验，结果如表6-1所示，量表的 *KMO* 值为0.965，巴特利特（Bartlett）球形检验近似卡方值为54206.131，说明样本数据适合进行探索性因子分析。通过采用主成分—正交旋转—最大方差法，最终从量表的24个题项中抽取出3个特征根大于1的因子，每个题项的因子载荷值几乎都达到0.5以上，累积方差贡献率为65.745%。量表三个维度的克隆巴赫系数均高于0.8，且总体的内部一致性系数为0.965，表明量表整体具有较高的信度。根据桑德沃劳动关系模型，本书将三个因子分别命名为"职业发展与社会融入（FAC_1）""工资福利（FAC_2）""劳动保障与工作条件（FAC_3）"。

利用验证性因子分析进一步检验劳动关系满意度关键指标量表，结果如表6-1所示，24个题项中的标准化因子载荷值都在0.653~0.896范围内，卡方自由度比值为27.327、*RMSEA* 值为0.097、*NNFI* 值为0.866、*CFI* 值为0.879，说明量表的适配度较为理想。

表 6-1 劳动关系满意度关键指标的因子分析和信效度检验结果

维度	题项	探索性因子分析			验证性因子分析
		FAC_1	FAC_2	FAC_3	载荷值
FAC_1 (职业发展 与社会融入)	1. 职称职级晋升机制	0.512			0.750
	2. 聘任方式（长聘、预聘、人事代理）	0.607			0.733
	3. 教师职业的稳定性	0.728			0.795
	4. 教师职业的成就感	0.755			0.666
	5. 教学与学术评价制度	0.585			0.655
	6. 职业成长空间	0.622			0.767
	7. 组织文化的融入感	0.620			0.804
	8. 同事之间的人际关系	0.672			0.841
	9. 教学与科研工作指标	0.579			0.806
	10. 社会认可度	0.706			0.653
	11. 自我职业期望	0.695			0.782
FAC_2 (工资福利)	12. 收入水平与同行业的竞争力		0.814		0.885
	13. 收入水平的增长情况		0.836		0.896
	14. 收入分配的公平性与合理性		0.761		0.836
	15. 学校的福利水平（住房与子女入学、入托）		0.680		0.679
	16. 社会保险（包括养老保险、医疗保险、失业保险、工伤保险）		0.562		0.656
FAC_3 (劳动保障 与工作条件)	17. 制度政策对教师权利的保护			0.476	0.850
	18. 人才政策环境的支持度			0.468	0.862
	19. 教师参与院校决策机制			0.413	0.797
	20. 女教师竞争发展环境			0.467	0.757
	21. 工作任务与劳动强度			0.776	0.756
	22. 劳动时间的合理性			0.807	0.716
	23. 工作条件与资源平台（工作室、实验室、文献资料平台）			0.700	0.736
	24. 学校的劳动保障条件			0.680	0.805

续表

维度	题项	探索性因子分析			验证性因子分析
		FAC_1	FAC_2	FAC_3	载荷值
	KMO 值	0.965			
	巴特利特球形检验	$\chi^2(276) = 54206.131$❶			
	方差贡献率（%）	25.697	22.666	17.382	65.745
	克隆巴赫系数	0.934	0.891	0.928	0.965
$\chi^2/df = 27.327$	$RMSEA = 0.097$	$NNFI = 0.866$		$CFI = 0.879$	

6.3 高校教师和谐劳动关系满意度的影响因素

6.3.1 变量赋值和模型设定

1. 变量赋值

（1）被解释变量

劳动关系满意度（Satis）为本书的被解释变量，是本书根据李克特 5 级量表测度的劳动关系总体满意度。

（2）解释变量

基于桑德沃劳动关系理论模型，主要从经济、社会、法律三个方面考察劳动关系满意度的影响因素，包含工资福利、职业发展与社会融入、劳动保障与工作条件三个维度的 24 个题项，测度方式采用李克特 5 级打分法。通过因子分析提出三个影响因子，并命名为"职业发展与社会融入（Cade）""工资福利（Wage）""劳动保障与工作条件（Security）"作为本书的解释变量。

（3）调节变量

将员工所受到的工作压力（Pressure）作为调节变量，同样采用李克特 5 级打分法进行测度。

---

❶ 巴特利特球形检验用于判断相关矩阵是否是单位矩阵，即各变量是否有较强的相关性。当 $P < 0.05$ 时，不服从球形检验，应拒绝各变量独立的假设，即变量间有较强相关性；当 $P > 0.05$ 时，服从球形检验，各变量相互独立，不能做因子分析。

(4) 控制变量

将可能影响劳动关系满意度水平的个性特征作为控制变量。借鉴以往的研究成果，性别的差异会影响个体对高校教师职业的选择，婚姻状况会影响工作情绪，高校教师的年龄、文化程度和工作年限会影响薪酬与资历，劳动关系类型和职业与岗位等级也会影响高校教师的工作稳定性，以上因素都会影响劳动关系满意度水平。基于此，本书将性别（Sex）、婚姻状况（$Marry$）、年龄（Age）、文化程度（Edu）、工作年限（$Length$）、职称与岗位等级（$Rank$）、劳动关系类型（$Type$）等作为控制变量。控制变量赋值及其描述性统计结果如表6-2所示。

表6-2 控制变量赋值及其描述性统计结果

变量名称	变量赋值	均值	标准差
性别	男=1；女=0	0.539	0.498
年龄	35岁及以下=1；36~45岁=2；46~55岁=3；55岁以上=4	2.192	0.932
婚姻状况	未婚=1；已婚=2；离异=3；其他=4	1.895	0.396
文化程度	学士以下=1；学士=2；硕士=3；博士=4；具有博士后经历的博士=5	3.597	0.862
工作年限	5年及以内=1；5~10年（不含5年）=2；10~20年（不含10年）；20~30年（不含20年）=4；30年以上=5	2.019	1.446
职称与岗位等级	正高=0；副高=1	0.269	0.444
劳动关系类型	事业单位编制（长聘制）=1；人事代理=2；预聘制=3；其他=4	1.420	0.862

2. 模型设定

采用普通最小二乘法（OLS）回归模型进行分析，首先利用模型（1）确定影响劳动关系满意度（$Satis$）的影响因素，再利用模型（2）考察不同劳动关系类型（$Type$）对于劳动关系满意度（$Satis$）的影响，最后利用调节效应模型（3）考察交互项的系数，并确定工作压力（$Pressure$）对劳动关系满意度影响因素的调节作用。

$$Satis = \beta_0 + \beta_1 \times Cade + \beta_2 \times Wage + \beta_3 \times Security + \beta_i \times Control_i \quad (i=1,2,\cdots,6) \quad (1)$$

$$Satis = \beta_0 + \beta_1 \times Cade + \beta_2 \times Wage + \beta_3 \times Security + \beta_4 \times Type + \beta_i \times Control_i \quad (i=1,2,\cdots,6) \tag{2}$$

$$Satis = \beta_0 + \beta_1 \times Cade + \beta_2 \times Wage + \beta_3 \times Security + \beta_4 \times Pressure + \beta_5 \times Pressure \times Cade + \beta_6 \times Pressure \times Wage + \beta_7 \times Pressure \times Security + \beta_i \times Control_i \quad (i=1,2,\cdots,6) \tag{3}$$

式中，Control 为表 6-2 所示的控制变量组合。

6.3.2 实证分析结果

1. 主效应

由表 6-3 的列（1）可知，职业发展与社会融入（Cade）、工资福利（Wage）和劳动保障与工作条件（Security）对高校教师劳动关系满意度（Satis）具有正向影响。

高校教师劳动关系满意度（Satis）对职业发展与社会融入（Cade）的回归系数估值为 0.402，并在 1% 的水平上显著为正。这一结果表明，职业发展与社会融入对高校教师劳动关系满意度具有正向影响。在高校与教师的劳动关系中，高校追求的是资源消耗的最优和输出成果的质量与数量，教师只是被作为高校效率发挥最大化的资源之一；高校教师却更注重寻求身份认同感、决策话语权和文化满足等。两者之间的目标冲突是影响高校教师劳动关系满意度的核心要素。为了在全行业和全球筛选出高质量、学术能力强和满足贡献期望的教师，我国高校在对原有存量教师实行长聘制的基础上，对新进教师实行"预聘+考核+长聘"的模式，低于考核标准的教师将面临被转岗和淘汰的结果。这种预聘模式的考核形式所造成的职业压力、高度竞争的学校组织氛围可能与高校教师潜心追求学术的精神和努力追求教育职业稳定性发展的愿望存在差异。高校教师由预聘制转为长聘制后，稍缓解的考核压力和轻松的组织环境会降低高校教师的工作热情，减少学术产出和贡献，却又与高校组织的目标相悖。可见，职业发展的稳定性以及长期的组织承诺使高校教师能够更好地融入群体，并在舒适的社会关系中意识到自己的价值，提高其对劳动关系满意度的评价水平。

劳动关系满意度（Satis）对工资福利（Wage）的回归系数估值为 0.409，并在 1% 的水平上显著为正。这一结果表明，工资福利对高校教师劳动关系满意度具有正向影响。良好的物质基础能够满足高校教师经济人的基本假设，高校教师希求公平合理的薪酬、福利保障或激励，谋求薪酬发放的程序性公平以及缩小与其他行业的薪酬差距。而高校作为劳动合同的发起者和执行者，具有薪酬分配、经费使用等多项权力，在劳动关系中处于优势地位。高校在报酬和发展性投资上对教师合理性诉求的僭越，会使高校教师原来获得学术发展的追求被经济利益诉求所湮灭。在市场经济体制下，资本性随着劳动合同的聘任方式嵌入高校和教师的劳动关系中，使其拥有市场化的风险控制理念和效益刺激效应，但高校教师的有偿代换与补偿一旦失衡，就可能加剧高校教师的人才流失和劳动关系的冲突摩擦。因此，薪酬水平和教师的实际生活水平直接挂钩，福利保障机制也能够改善教师的内心平衡和公平感，进而提高其劳动关系满意度。

劳动关系满意度（$Satis$）对劳动保障与工作条件（$Security$）的回归系数估值为0.249，并在1%的水平上显著为正。这一结果表明，劳动保障与工作条件对高校教师劳动关系满意度具有正向影响。劳动关系实质上是高校和教师之间的雇佣关系，从属性是劳动关系的根本属性。高校和教师在劳动关系中也是相对强势和弱势主体的契约关系，在高校与教师的权利博弈中，高校作为"资方"，受政府授权具有制定标准、程序的主动权；而教师作为"劳方"，属于学术劳动力市场的"求方"，在职业选择中处于被动的地位。代表中国高校教师处理权益失衡的工会等组织无法全面维护当代高校教师自身劳动的合法权益，用于处理劳动冲突的各种相关法律法规和保障体系不能真正完美地适配处理新型高校劳动权利冲突，形式上的公平已取代了社会事实中的公平。高校自主权空间的不断膨胀扩张也和当前高校教师劳动者权利保护制度建设的滞后形成了矛盾对比，这无疑会导致高校教师劳动者权利保护与高校行政权力间关系的制约结构失衡。因此，完善相关劳动保障制度能够有效维护教师的合法劳动权益，改善高校与教师之间的劳动关系，在实现教师和高校良性互动的同时，也能提高教师的劳动关系满意度。

2. 劳动关系类型

由表6-3的列（2）可知，以事业单位编制（长聘制）为参照组，人事代理组的回归系数为-0.313，并在1%的水平上显著为负；预聘制组的回归系数为-0.337，并在1%的水平上显著为负；其他组的回归系数为-0.278，并在1%的水平上显著为负；事业单位编制（长聘制）的模型常数项为正。结果表明，事业单位编制（长聘制）、人事代理、预聘制和其他四组对劳动关系满意度的影响存在显著差异，且事业单位编制（长聘制）、其他、人事代理和预聘制对劳动关系满意度的影响程度依次减弱。总体而言，事业单位编制（长聘制）组最容易获得较高的劳动关系满意度评价。

3. 调节效应

由表6-3的列（3）可知，无交互项时，高校教师劳动关系满意度（$Satis$）对工作压力（$Pressure$）的回归系数估值为-0.059，并在1%的水平上显著为负。这一结果表明，工作压力（$Pressure$）对高校教师劳动关系满意度（$Satis$）有负向影响。外在的工作压力转变为内心的压力，超过了教师自身能够承受契约条件内的工作负荷，导致教师对劳动关系的满意度水平降低。由表6-3的列（4）可知，加入交互项后，职业发展与社会融入（$Cade$）、劳动保障与工作条件（$Security$）与工作压力（$Pressure$）的交互项回归系数分别为0.030和0.028，并均在10%的水平上显著为正，表明二者对高校教师劳动关系满意度（$Satis$）的影响随着工作压力（$Pressure$）的增加而增强，工作压力会增强劳动关系满意度对职业发展与社会融入和劳动保障与工作条件的依赖程度。但可能是由于选取样本量偏少、变量不足等，工作压力对工资福利（$Wage$）的调节效应并不显著。

表6-3 回归结果

变量	(1) 主效应	(2) 不同类型	(3) 无交互项	(4) 有交互项
$Wage$	0.409*** (29.04)	0.401*** (28.71)	0.401*** (28.40)	0.333*** (5.05)
$Cade$	0.402*** (28.67)	0.384*** (27.37)	0.379*** (26.69)	0.261*** (3.93)
$Security$	0.249*** (17.68)	0.247*** (17.70)	0.230*** (15.46)	0.119* (1.72)
$Type_1$		0.000 (.)	0.000 (.)	0.000 (.)
$Type_2$		-0.313*** (-6.31)	-0.314*** (-6.35)	-0.316*** (-6.39)
$Type_3$		-0.337*** (-5.63)	-0.326*** (-5.45)	-0.322*** (-5.38)
$Type_4$		-0.278*** (-4.47)	-0.283*** (-4.65)	-0.283*** (-4.66)

续表

变量	（1）主效应	（2）不同类型	（3）无交互项	（4）有交互项
Pressure			−0.059*** (−2.98)	−0.057*** (−2.83)
Pressure×Wage				0.017 (1.02)
Pressure×Cade				0.030* (1.81)
Pressure×Security				0.028* (1.66)
Control	YES	YES	YES	YES
_cons	2.889*** (18.64)	3.139*** (20.11)	3.331*** (19.64)	3.370*** (19.79)
N	2812	2812	2812	2812
R^2	0.424	0.438	0.440	0.442

注：*、**和***分别表示在10%、5%、1%的水平上显著（双尾），括号内为 t 统计量，下同。

6.4 学术权力对高校教师劳动关系满意度的影响

6.4.1 变量说明及描述性统计

本研究的因变量为劳动关系满意度，自变量为学术权力，共采用四道题目进行测量，包括基本态度题项"您对高校教师劳动关系关键指标的满意程度"和其他主要测量指标题项——"同事之间的人际关系""学校的劳动保障条件""教师参与院校决策机制""制度政策对教师权利的保护"，分别反映教师劳动关系的文化特征、经济特征、法律特征、社会特征等几个主要维度。以上四道题目强调在学术共同体的环境中，从资源保障到政策制度方面对学术权力的影响（内部一致性系数 α 达到0.836），通过教师所感知到的学术权力的关键因素，将学术权力的抽象含义落实为可操作、可量化的指标。具体分析框架如图6-1所示。

图 6-1 分体框架

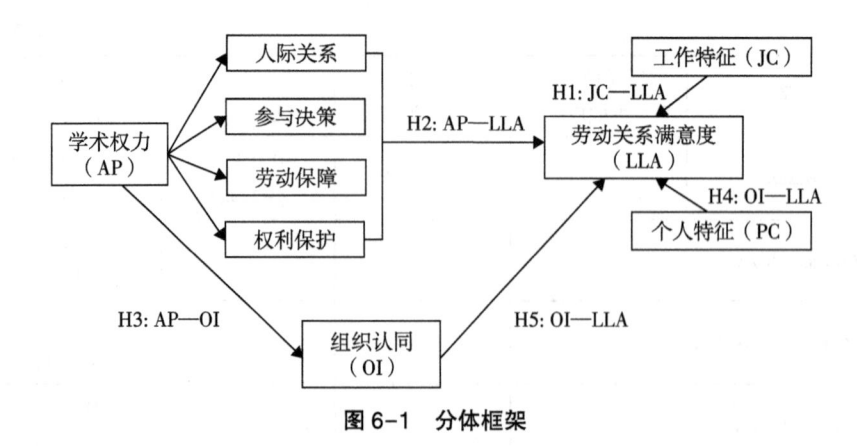

考虑到院校与教师的双边关系，在同样的学术权力感知下，具有不同程度组织认同感的教师可能会对所处的劳动关系产生不同的评价，因而本研究使用的中介变量为组织认同。教师的组织认同通过"您对高校组织文化融入程度的满意程度？"进行测量。控制变量分为工作特征变量和个体特征变量。工作特征变量主要包括所在院校类型、工作压力、收入竞争力、劳动关系类型、教学年限、职称，个体特征变量主要包括性别、年龄、婚姻状况、学历。以上题目均采用李克特 5 级计分法，1 代表"很不满意"，5 代表"很满意"，得分越高说明越满意。变量说明及描述性统计如表 6-4 所示。

表 6-4 变量说明及描述性统计

变量		赋值	均值	标准偏差
控制变量	性别	男=1；女=2	1.46	0.498
	婚姻状况	未婚=1；已婚=2；离异=3；其他=4	1.89	0.396
	年龄	35 岁及以下=1；36~45 岁=2；46~55 岁=3；55 岁以上=4	2.19	0.932
	学历	学士以下=1；学士=2；硕士=3；博士=4；具有博士后经历的博士=5	3.60	0.862
	所在院校类型	"双一流"建设高校=1；一般本科高校=2；高职高专与民办本科院校=3	1.81	0.787
	劳动关系类型	事业单位编制（长聘制）=1；人事单位=2；预聘制=3；其他=4	1.42	0.862

续表

变量		赋值	均值	标准偏差
控制变量	教学年限	5年及以内=1；5~10年（不含5年）=2；10~20年（不含10年）=3；20~30年（不含20年）=4；30年以上=5	2.74	1.237
	工作压力	非常大=1；大=2；合适=3；不大=4；很小=5	2.15	0.765
	收入竞争力	很不满意=1；不太满意=2；一般=3；比较满意=4；很满意=5	2.88	0.994
	职称	正高=1；副高=2；中级=3；初级=4	2.22	0.963
自变量	同事之间的人际关系	很不满意=1；不太满意=2；一般=3；比较满意=4；很满意=5	3.59	0.842
	制度政策对教师权利的保护		3.12	0.955
	教师参与院校决策机制		2.76	1.037
	学校的劳动保障条件		3.16	0.917
中介变量	组织认同		3.16	0.937
因变量	劳动关系满意度		3.36	0.974
有效样本数		2812		

6.4.2 实证分析结果

1. 教师劳动关系满意度现状分析

以不同层次类型高校为划分基础，对不同劳动关系类型和职称的教师劳动关系满意度进行交叉分析（见表6-5）。整体来看，随着职称提高、劳动关系变得稳定，各类型高校中的教师劳动关系满意度逐步提升，成正态分布，极值为2.68~3.62，平均满意程度在一般与比较满意（3~4分）之间。在"双一流"建设高校中，预聘制教师劳动关系满意度为2.68，拥有事业编制教师的劳动关系满意度为 3.46，差值在三种类型高校中最为显著。同时，正高职称（3.49）与初级职称（2.90）教师劳动关系满意度差距较大，整体呈现线性递减状态，且在图 6-4 中，整体数值明显低于其他两类高校。一般本科高校、高职高专与民办本科院校教师劳动关系满意度在职称和劳动关系类型中数据极值差不超过 0.59（3.62-3.03），在图 6-2 中可观察到两类高校对比下教师劳动关系满意度差距较小，高职高专与民办本科院校教师的整体数据呈依次递减状态，一般本科高校数据呈现轻微的"塌陷"状态，体现为初级职称教师比中级、副高级职称教师劳动关系满意度高，预聘制教师劳动关系满意度高于人事单位教师，甚至高于事业编制教师。基于此，假设 H5-1 成立：高校不同劳动类型教师的劳动关系满意度存在显著差异。

表 6-5 关键变量劳动关系满意度现状分析

院校	劳动关系类型（均值）	职称（均值）
"双一流"建设高校	事业单位编制＝3.46	正高＝3.49
	人事单位＝2.84	副高＝3.36
	预聘制＝2.68	中级＝3.03
	—	初级＝2.90
一般本科高校	事业单位编制＝3.44	正高＝3.47
	人事单位＝3.03	副高＝3.35
	预聘制＝3.50	中级＝3.36
	—	初级＝3.58
高职高专与民办本科院校	事业单位编制＝3.62	正高＝3.49
	人事单位＝3.04	副高＝3.40
	预聘制＝3.04	中级＝3.27
	—	初级＝3.28

注："双一流"建设高校包含一流大学与一流学科建设高校；一般本科高校包含中央部委直属非"双一流"建设高校与一般本科院校。

第6章 新时代高校教师和谐劳动关系满意度的实证研究

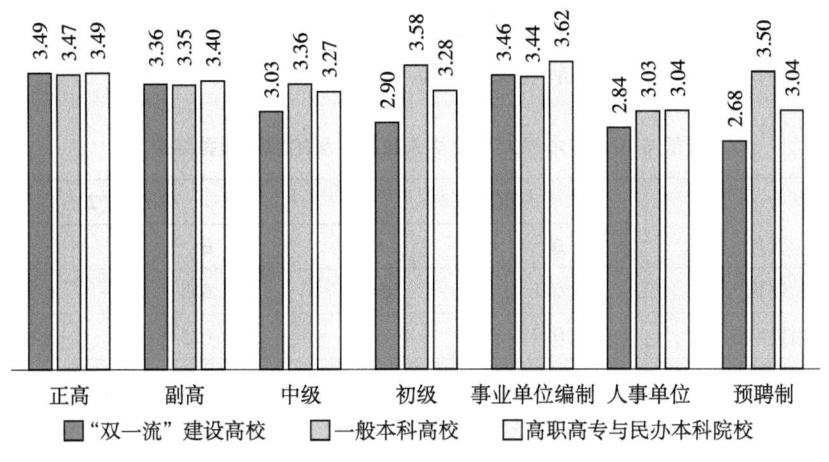

图6-2 不同类型高校教师劳动关系满意度现状

	"双一流"建设高校	一般本科高校	高职高专与民办本科院校
正高	3.49	3.47	3.49
副高	3.36	3.35	3.40
中级	3.03	3.36	3.27
初级	2.90	3.58	3.28
事业单位编制	3.46	3.44	3.62
人事单位	2.84	3.03	3.04
预聘制	2.68	3.50	3.04

2. 学术权力感知对教师劳动关系满意度的影响

研究通过两次多元线性回归模型检验学术权力感知对教师劳动关系满意度的影响。在模型（1）中，代入工作特征和个人特征的控制变量对教师劳动关系满意度的影响作为基础模型，可观察到除性别有较小的差异外，婚姻状况、年龄、学历等个人特征对教师劳动关系满意度并无显著影响，说明随着知识水平的提高与主体意识的觉醒，传统观念中个人因素对职业的影响显著并不适用于新时代高校教师。在工作特征中，表6-6所列数据说明除教学年限和所在院校类型外，劳动关系类型、职称、收入竞争力、工作压力等变量对教师劳动关系满意度都具有显著影响，其中收入竞争力（$\beta = 0.473$）与工作压力（$\beta = 0.148$）对教师劳动关系满意度具有正向影响，高收入和低压力是普遍职工的一般性工作追求，因此，对于劳动关系的稳定性起着决定性作用。在不同类型的院校中，以事业编为代表的稳定劳动关系类型和较高等级教授职称则是提升教师劳动关系满意度的关键因素，其影响效应分别是-0.164和-0.063。模型（2）是在基础模型的数据中加入以学术权力为主题的四个自变量，分别为："同事之间的人际关系""学校的劳动保障条件""教师参与院校决策机制""制度政策对教师权利的保护"。表6-6表明在加入自变量后，控制变量中除了劳动关系类型、职称和收入竞争力，其他变量对因变量的影响程度均有所下降，在性别上无显著差异。四个自变量对教师劳动关系满意度的影响均为显著正相关，制度政策对教师权利的保护（0.193）的影响效果最为显著，是基础性的保障措施。教师参与院校决策机制、学校的劳动保障条件和同事之间的人际关系的影响效应分别为0.102、0.090和0.123，在数值上较为接近，对于学术权力感知解释教师劳动关系满意度中的作用效果比较平均。总体来说，假设 H3 成立，即学术权力对于教师劳动关系满意度具有显著的正向影响。

表 6-6 学术权力与劳动关系满意度的回归模型结果

变量	模型（1）β	模型（1）t	模型（2）β	模型（2）t
性别	0.081	2.458*	0.052	1.706
婚姻状况	0.027	0.623	0.025	0.630
年龄	0.010	0.320	0.017	0.596
学历	−0.036	−1.526	−0.014	−0.660
所在院校类型	0.030	1.243	0.021	0.927
劳动关系类型	−0.164	−8.398***	−0.149	−8.203***
教学年限	−0.004	−0.169	0.013	0.575
职称	−0.063	−2.449*	−0.055	−2.322*
收入竞争力	0.473	29.885***	0.240	12.922***
工作压力	0.148	7.170***	0.068	3.479**
同事之间的人际关系			0.123	6.143***
制度政策对教师权利的保护			0.193	8.143***
教师参与院校决策机制			0.102	4.905***
学校的劳动保障条件			0.090	4.040***

注：* 表示 $P<0.05$，** 表示 $P<0.01$，*** 表示 $P<0.001$。

3. 组织认同的中介作用检验

通过 Bootstrap 算法进行组织认同的中介效应检验，将组织认同这一中介变量与代表学术权力的四个自变量一一对应，逐个建立模型，由三个模型中得出的 β 值计算后取得中介效应占比数据，可以直观地反映组织认同在学术权力对教师劳动关系满意度的中介影响程度，如表 6-7 所示。

整体模型的 R^2 为 0.2787，即教师劳动关系满意度 27.87% 的变动方差可以被教师的学术权力感知和组织认同所解释，假设 H3 成立。在将三个模型数据逐步代入后，关键变量的显著性仍没有变化，可知组织融入程度起到了部分中介作用，整体的中介效应占比为 38.21%；其中在人际关系预测劳动关系满意度一项中，中介效应占比高达 59.08%，人际关系对组织认同的影响效应为

0.685，说明教师与同事之间的人际关系越好，就越能够融入组织文化之中，从而提高劳动关系满意度。组织认同在教师参与院校决策制度和学校的劳动保障条件的中介效应占比为 37.15% 和 35.95%，明显高于制度政策对教师权利的保护，因此，学术权力与组织认同、组织认同与劳动关系满意度之间的效应值均为正且显著（95%置信区间内均不包含 0；$P<0.001$）。本研究的假设 H3 与假设 H4 均得到了数据支持。

表6-7 组织融入程度 Bootstrap 中介效应模型的回归分析

预测变量	模型（1） β	模型（1） t	模型（2） β	模型（2） t	模型（3） β	模型（3） t	中介效应占比/%
同事之间的人际关系	0.451	22.423***	0.685	41.404***	0.184	7.612***	59.08
组织融入					0.389	17.935***	
R^2	0.152		0.379		0.239		
F	502.781***		1714.301***		440.907***		
制度政策对教师的权利保护	0.619	43.130***	0.544	33.425***	0.398	19.418***	20.65
组织融入					0.235	11.216***	
R^2	0.398		0.285		0.315		
F	1860.198***		1117.247***		646.326***		
教师参与院校决策机制	0.452	29.120***	0.581	44.529***	0.284	14.456***	37.15
组织融入					0.289	13.251***	
R^2	0.232		0.414		0.277		
F	847.976***		1982.867***		538.125***		
学校的劳动保障条件	0.509	28.961***	0.608	39.246***	0.326	15.457***	35.95
组织融入					0.301	14.589***	
R^2	0.230		0.354		0.284		
F	838.717***		1540.222***		557.386***		

注：模型（1），即自变量预测劳动关系满意度；模型（2），即自变量预测组织融入程度；模型（3），即各自变量与组织融入程度共同预测劳动关系满意度。

4. 关键变量在性别中的差异性表现

关于关键变量在性别中的差异性表现，通过问卷中"女性教师职业发展环境满意度"题项来测量。其中，男性教师评分3.22，女性教师评分3.03，由此可以看出，男性教师作为女性教师发展的旁观者，与女性教师自身在发展感知上有明显不同的看法与结论。男性同行掌握着更多学术资源和话语权，在同理心投射和相关女性照顾政策的作用下，分值上涨。而在描述性统计中，男性教师与女性教师的劳动关系满意度分值分别为3.35和3.37，因变量并无显著差异，但对于自变量"学术权力"的感知可能存在不同。基于此假设，本研究采用独立样本 t 检验（见表6-8），发现男性教师与女性教师在对于学术权力的感知整体变量数值中并无显著差异，这项检验说明男女教师之间对于学术职业的标准与要求没有差异。但是"双一流"建设高校（-1.976）和一般本科高校（-2.187）的女性教师对于"教师参与院校决策机制"满意度稍高于男性教师。事实上，我国高校女性教师晋升高级职称的比例低[1]，且学术委员会集体中男性的数量多于女性，总体来说可解释为：当处于权力中心的边缘时，女性教师主动参与院校决策的要求和意愿随之降低。

表6-8　不同类型院校男女教师关键变量的独立样本 t 检验

关键变量	"双一流"建设高校	一般本科高校	高职高专与民办本科院校
同事之间的人际关系	-0.823	-0.814	-1.82
制度政策对教师权利的保护	-1.023	-0.326	0.042
教师参与院校决策机制	-1.976*	-2.187*	-0.922
学校的劳动保障条件	-1.171	-0.539	1.657
劳动关系满意度	0.143	-1.053	-0.392

---

[1] 赵今巾，鲍威. 女性学术职业发展研究范式的重构：基于多维视角的高校女性教师研究[J]. 教育学术月刊，2020（5）：67-73.

6.5 组织支持感对高校青年教师工作压力的影响

6.5.1 分析框架

将高校青年教师工作压力作为因变量，组织支持感这部分则选择福利水平、职业成长空间、工作条件与资源平台作为自变量，将教师性别作为控制变量。关于因变量工作压力，问卷中设置观测题"您觉得工作压力怎么样？"，选项分别为"1=非常大；2=大；3=合适；4=不大；5=很小"，在所调查的702名高校青年教师中，工作压力的整体均值为2.15，标准差为0.766，初步表明高校青年教师普遍工作压力较大。关于组织支持感，其中福利水平由题项"您对高校教师劳动关系关键指标的满意程度如何？"下的"学校的福利水平（住房与子女入学入托）"来测量，选项分别为"1=很不满意；2=不太满意；3=一般；4=比较满意；5=很满意"，福利水平的整体均值为2.79，标准差为1.076，初步表明高校青年教师整体认为所在高校福利水平中等偏下。职业成长空间由题项"您对高校教师劳动关系关键指标的满意程度如何？"下的"职业成长空间"来测量，选项分别为"1=很不满意；2=不太满意；3=一般；4=比较满意；5=很满意"，职业成长空间的整体均值为3.08，标准差为0.941。总的来说，青年教师认为自身的职业成长空间比较一般。工作条件与资源平台由题项"您对高校教师劳动关系关键指标的满意程度如何？"下的"工作条件与资源平台"来测量，选项分别为"1=很不满意；2=不太满意；3=一般；4=比较满意；5=很满意"，工作条件与资源平台的整体均值为3.04，标准差为0.989，表明青年教师认为工作条件与资源平台比较一般。具体的变量选择及描述性统计如表6-9所示。

表6-9 变量选择及描述性统计

变量	样本数	均值	标准差	变量定义
因变量				
工作压力	702	2.15	0.766	观测题，"您觉得工作压力怎么样？"，1~5分（1=非常大；2=大；3=合适；4=不大；5=很小）

续表

变量	样本数	均值	标准差	变量定义
组织支持感					
福利水平	702	2.79	1.076	观测题，1~5分（1=很不满意；2=不太满意；3=一般；4=比较满意；5=很满意）
职业成长空间	702	3.08	0.941	观测题，1~5分（1=很不满意；2=不太满意；3=一般；4=比较满意；5=很满意）
工作条件与资源平台	702	3.04	0.989	观测题，1~5分（1=很不满意；2=不太满意；3=一般；4=比较满意；5=很满意）
控制变量					
性别	702	1.46	0.498	男性=1，女性=2

6.5.2 实证分析结果

1. 高校青年教师工作压力的基本情况

采用皮尔逊（Pearson）相关系数开展研究变量之间的相关性分析，重点分析自变量和因变量之间的相关性，即各项组织支持感与工作压力之间是否存在显著相关性。为了使分析更加明确、直观，未加入控制变量间的相关性，各变量均值与相关系数如表6-10所示。

表6-10 各变量均值与相关系数（N=702）

变量	(1)	(2)	(3)	(4)
(1) 工作压力	1.000			
(2) 工资福利：高校的福利水平	0.214*	1.000		
(3) 职业发展与社会融入：职业成长空间	0.246*	0.582*	1.000	
(4) 劳动条件：工作条件与资源平台	0.247*	0.553*	0.594*	1.000

注：*表示$P<0.05$。

由表6-10呈现的各变量均值和相关系数可知，各项组织支持感与工作压力全部显著正相关，初步支持了本研究的相关假设。

在所调查的702名国内高校青年教师中，根据劳动关系类型的不同，分别统计其对工作压力的感知水平，主要观察三种劳动关系类型所占总样本数的比例及不同劳动关系类型的整体工作压力，具体描述性统计如表6-11所示。

表 6-11　高校青年教师工作压力描述性统计

劳动关系类型	均值	标准差	非常大	大	合适	不大	很小	样本数比例
事业单位编制（长聘制）	2.15	0.766	13.15%	50.96%	31.23%	4.39%	0.27%	51.99%
人事代理	2.15	0.767	8.96%	43.28%	44.03%	3.73%	0	19.09%
预聘制	2.15	0.766	39.35%	40.16%	19.67%	0	0.82%	17.38%
总计	2.15	0.766	16.38%	47.29%	32.05%	3.99%	0.29%	88.46%

注：其他劳动关系类型的高校青年教师不作深入分析，占比11.54%。

由表6-11可知，高校青年教师工作压力的整体均值为2.15，说明当前高校青年教师的工作压力普遍较大。对于不同劳动关系类型的高校青年教师而言，工作压力水平的整体均值并无显著差别。在总样本中，占比最高的为事业单位编制（长聘制）型（51.99%），人事代理、预聘制占比分别为19.09%、17.38%。事业单位编制型的高校青年教师大多都认为工作压力大，认为工作压力"非常大"及"大"的人数占比为64.11%；人事代理型高校青年教师的工作压力相对而言不大，认为工作压力"非常大""大"及认为工作压力"合适""不大"的人数比例相差不大；预聘制高校青年教师的工作压力比前两者都大，认为工作压力"非常大"及"大"的人数占比达到了79.51%。总的来说，不同劳动关系类型的高校青年教师工作压力普遍较大，即使是长聘制教师也并没有因为其职业稳定而感到工作压力较小，而预聘制教师更是由于其职业的不稳定、严格的考核评价和繁多的教学、科研及管理工作等，认为工作压力是非常大的。

2. 不同组织支持对高校青年教师工作压力的影响分析

以福利水平、职业成长空间以及工作条件与资源平台三种组织支持为自变量，模型（1）以青年教师工作压力为因变量，模型（2）加入性别这个控制变量，进行回归分析，结果如表6-12所示。模型摘要如表6-13所示。

表 6-12 不同组织支持对高校青年教师工作压力影响的回归结果

自变量		模型（1）		模型（2）	
		β	t	β	t
组织支持	福利水平	0.059	1.251	0.063	1.352
	职业成长空间	0.117*	2.388	0.127**	2.265
	工作条件与资源平台	0.144**	3.015	0.135**	2.848
控制变量	男性（参照组：女性）			0.137***	3.790
N		702		702	

注：* 表示 $P<0.05$，** 表示 $P<0.01$，*** 表示 $P<0.001$。

表 6-13 模型摘要

模型	R^2	调整后的 R^2
（1）	0.075	0.071
（2）	0.094	0.089

如表 6-11 和表 6-12 所示，模型（2）不管是 R^2 还是调整后的 R^2 都在 90% 左右，说明该回归模型的拟合效果是比较好的。模型（1）和模型（2）方差分析的显著性均为 0.00<0.05，说明在本次分析中，高校青年教师工作压力和组织支持感存在显著的线性关系，即高校的福利水平、职业成长空间、工作条件与资源平台均与高校青年教师工作压力具有正相关关系，证实了高校青年教师在工作中所感受到的组织支持感越强烈，其工作压力便会越小，假设 4（H4）得到了部分验证。最后，依据标准化系数，组织支持影响力大小依次是工作条件与资源平台、职业成长空间、高校的福利水平。模型（2）将性别作为控制变量纳入，发现结果依然稳健。

6.6 资源投入对高校教师劳动关系满意度的影响

6.6.1 分析框架

不同劳动关系的高校教师在工作要求、考核标准、福利待遇等方面都存在差异，对工作资源的要求和偏好也有所不同。从工作资源的角度出发，依据高校教师劳动关系满意度影响因素相关研究，综合考虑显性资源与隐性资源的作用，将工作资源划分为四类：提高收入、职称职级晋升、职业成长空间和社会认可度。经济收入是教师的基本保障，资源投入表现为提高教师的收入；职称职级是教师学术生命的脉络，通过职称职级对教师的贡献进行区分，匹配福利待遇、平台机会等，是高校提供给教师的一种隐性资源，对教师劳动关系满意度具有一定影响；职业成长空间是职业生涯的发展环境，影响着教师的职业生涯规划和发展的可能性，高校能提供的职业成长空间不仅是吸引人才的因素，更是发展人才、留住人才的隐性资源；社会认可度是社会对教师职业的认同程度，作为一种隐性资源或多或少地对教师的社会声望、职业名声、职业认同、社会地位等都产生影响。不同劳动关系类型的高校教师劳动关系满意度分析框架如图 6-3 所示。

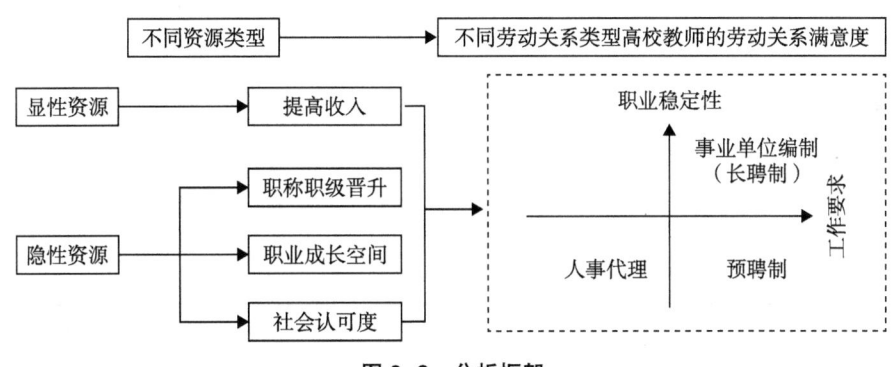

图 6-3 分析框架

6.6.2 变量选择及描述性统计

当前对满意度的测量主要采用两种方法：单一整体评估法（single global rating）和工作要素综合评分法（summation score）。单一整体评估法要求被调查者回答整体感受，不划分单独的要素作为组成部分；而工作要素综合评分法倾向于用多种要素共同评价满意度，将满意度进行多维度、多层次、多因素的拆分，依据各个因素的测量结果来判断总体满意度。本研究将高校教师劳动关系满意度作为因变量，将工作资源作为自变量，将教师性别、年龄等作为控制变量。变量选择及描述性统计如表 6-14 所示。

表 6-14　变量选择及描述性统计

变量	样本数	均值	标准差	变量定义
因变量					
劳动关系满意度	2640	3.36	0.974	观测题，"您对您和院校的劳动关系是否满意？"，1~5 分（1=很不满意，…，5=很满意）
工作资源					
提高收入	2640	2.72	0.990	观测题，1~5 分（1=很不满意，…，5=很满意）
职称职级晋升	2640	2.91	0.933	观测题，1~5 分（1=很不满意，…，5=很满意）
职业成长空间	2640	3.08	0.844	观测题，1~5 分（1=很不满意，…，5=很满意）
社会认可度	2640	3.5	0.891	观测题，1~5 分（1=很不满意，…，5=很满意）
控制变量					
性别	2640	1.42	0.498	男性=1，女性=2
年龄	2640	2.19	0.932	35 岁及以下=1，36~45 岁=2，46~55 岁=3，55 岁以上=4

6.6.3　实证分析结果

1. 不同劳动关系类型高校教师的劳动关系满意度存在显著差异

由表 6-15 可知，高校教师劳动关系满意度的整体均值为 3.36，呈现出比较满意的现状。对不同劳动关系类型的高校教师而言，满意度水平存在显著差别。在总样本中，占比最高的为事业单位编制（长聘制）型（76.88%），其次为人事代理型、预聘制型，占比分别为 10.42%、6.58%。满意度最高的为事业单位编制型教师，其满意度均值为 3.47，选择"很满意"和"比较满意"的高校教师占了 54.65%，这表明当教师职业稳定，且工作要求未发生显著变化时，增加资源投入能够更大限度地提升满意度。其次为人事代理型高校教师，其满意度均值为 3.00，选择"很满意"和"比较满意"的高校教师占了 26.62%，总体来看，人事代理型高校教师的满意度一般，其满意度水平低于事业单位编制（长聘制）型高校教师。而当前满意度最低的为预聘制高校教师，其满意度均值为 2.89，选择"很满意"和"比较满意"的教师占了 30.11%，这表明高校教师处在预聘制阶段时，渐增的工作要求会导致其满意度显著降低。相当一部分教师对劳动关系不满意，占比为30.11%。

表6-15 高校教师劳动关系满意度描述性统计

类型	均值	标准差	很不满意	不太满意	一般	比较满意	很满意	样本数比例
事业单位编制	3.47	0.950	4.12%	9.72%	31.51%	44.05%	10.60%	76.88%
人事代理	3.00	0.899	4.78%	21.50%	47.10%	22.18%	4.44%	10.42%
预聘制	2.89	1.031	13.44%	16.67%	39.78%	27.96%	2.15%	6.58%
总计	3.36	0.974	7.45%	15.96%	39.46%	31.40%	5.73%	6.12%

2. 显性资源与隐性资源对高校教师劳动关系满意度的影响分析

根据表6-16所列的相关系数可知，各项工作资源与劳动关系满意度全部显著正相关，初步支持了本研究的相关假设。

表6-16 各变量均值与相关系数（$N=2640$）

变量	(1)	(2)	(3)	(4)	(5)	(6)
(1) 工作要求：劳动任务与工作压力	1.000					
(2) 工作资源：提高收入	-0.012	1.000				
(3) 工作资源：职称职级晋升	0.043*	0.588**	1.000			
(4) 工作资源：职业成长空间	0.022	0.570**	0.685**	1.000		
(5) 工作资源：社会认可度	0.109**	0.432**	0.474**	0.563**	1.000	
(6) 劳动关系满意度	0.002	0.504**	0.505**	0.515**	0.419**	1.000

注：* 表示 $P<0.05$，** 表示 $P<0.01$。

通过对工作资源的作用进行总体趋势上的分析，从整体上剖析工作资源对高校教师劳动关系满意度的影响。因此，将工作资源作为自变量，将劳动关系满意度作为因变量，建立线性回归模型（见表6-17）。

工作资源中的各要素——提高收入、职称职级晋升、职业成长空间和社会认可度均与高校教师劳动关系满意度呈现正相关关系，也就是说，高校教师在工作中能够得到的经济、社会、组织资源越充足，其劳动关系满意度就越高，这一结论与人们通常的认知一致。依据标准化系数，工作资源影响力大小依次是提高收入、职业成长空间、职称职级晋升、社会认可度。模型（2）将性别、年龄作为控制变量纳入，发现结果依然稳健。

表 6-17 高校教师劳动关系满意度的回归结果

自变量		模型（1）		模型（2）	
		β	t	β	t
工作资源	提高收入	0.240***	12.207	0.237***	12.155
	职称职级晋升	0.174***	7.868	0.171***	7.793
	职业成长空间	0.189***	8.234	0.190***	8.356
	社会认可度	0.127***	6.793	0.128***	6.905
控制变量	男性（参照组：女性）			0.030*	1.961
	年龄			0.088***	5.735
调整后的 R^2		0.358		0.365	
N		2640		2640	

注：* 表示 $P<0.05$，** 表示 $P<0.01$，*** 表示 $P<0.001$。

3. 高校不同劳动类型教师群体与资源投入的匹配效应分析

根据问卷回收的结果，对工资福利进行分类（见图6-4），结果显示当前高校教师对收入的公平性与合理性的满意度只有2.71，在工资福利中满意度最低，可见高校教师对于收入的公平性与合理性有强烈的诉求。同时，图6-4表明当前高校教师在收入水平、收入分配和社会保险等方面还存在诸多不满意。

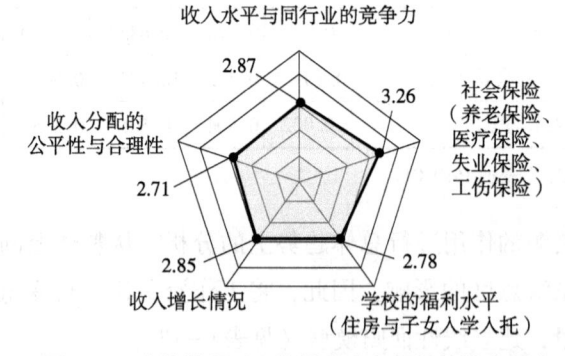

图 6-4 高校教师对工资福利中各指标的满意程度

由表6-18可知，晋升阻碍选项得分为6.69，说明当前大部分高校教师都认为职称职级晋升阻碍大。同时，由图6-5可知，有855名教师认为职称职级考核标准高，即工作要求高，工作资源投入却与自身期待不匹配。此时，高校教师面临着高要求—低工作资源投入的现状，工作要求与工作资源的匹配程度低。

表 6-18 高校教师劳动关系中存在的主要问题

选项	分值
收入分配不公平	6.27
过度劳动	6.50
流动壁垒	5.79
体制机制壁垒	6.36
教师聘任制度不合理	5.85
学术评价制度不科学	6.52
劳动保障不力	5.23
工作条件不好	5.11
工作压力大	6.81
晋升阻碍	6.69
职业倦怠感增加	6.12
个人成就感缺失	5.99

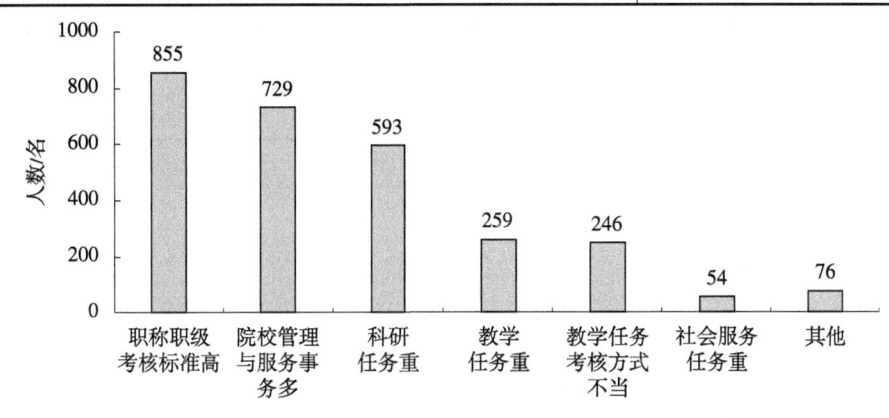

图 6-5 高校教师主要工作压力来源

那么，不同劳动关系类型的高校教师对显性资源和隐性资源的感知程度如何呢？针对不同劳动关系类型的高校教师进行分组回归发现，对于预聘制教师而言，职业成长空间对劳动关系满意度并无显著影响，各项工作资源按作用大小依次为职称职级晋升、提高收入、社会认可度和职业成长空间。对于事业单位编制（长聘制）型教师而言，各项工作资源对提升其劳动关系满意度均有一定作用，作用大小依次为提高收入、职业成长空间、职称职级晋升和社会认可度。对于人事代理型教师而言，各项工作资源对提升其满意度均有一定作用，作用大小依次为提高收入、职业成长空间、社会认可度和职称职级晋升。这表明对于不同劳动类型的高校教师而言，工作资源并不是越多越有效，显性资源和隐性资源也发挥着不同的功能。就总体而言，增加收入是其中最为关键的工作资源，对各种类型高校教师满意度的提升都有效，且效果显著（见表6-19）。

表6-19 工作资源对不同劳动关系类型高校教师劳动关系满意度影响的回归结果

		高校教师劳动关系满意度					
		事业单位编制（长聘制）		人事代理		预聘制	
		β	t	β	t	β	t
工作资源	提高收入	0.224***	9.866	0.287***	4.713	0.238***	3.92
	职称职级晋升	0.156***	6.095	0.142*	2.1	0.456***	6.371
	职业成长空间	0.207***	7.901	0.163*	2.217	0.071*	0.955
	社会认可度	0.121***	5.677	0.144*	2.386	0.134*	2.068
控制变量	性别	0.043*	2.411	0.079	1.669	-0.001	-0.027
	年龄	0.044*	2.508	-0.041*	-0.851	-0.006	-0.132
调整后的 R^2		0.341		0.378		0.566	
N		2162		293		185	

注：* 表示 $P<0.05$，*** 表示 $P<0.001$。

6.7 研究结论

6.7.1 影响高校教师劳动关系满意度的关键因素

基于上述数据分析结果和劳动关系的经济、社会、法律三个维度，结合工资福利、职业发展与社会融入、劳动保障与工作条件三个影响因素以及工作压力的调节作用，归纳并得出以下结论。

1. 工资福利能够正向影响高校教师的劳动关系满意度

高校教师劳动关系经济维度的影响因素是由劳动关系中的关键主体——高校教师的经济地位所决定的，而高校教师的经济地位又与其工资福利水平和其他行业的收入水平密切相关。对高校教师而言，薪酬是其收入的主要来源，福利待遇是保障其生活质量的基础。只有当高校教师在教学、科研工作中付出的精力和劳动与他们认为应该得到的报酬和奖励相符时，即当劳动关系对象的需求与供给平衡时，高校教师劳动关系满意度才能达到预期水平。对劳动关系的另一主体——高校而言，满足教师的基本生存需要和给予其应得的工作奖励，可以影响教师的工作投入，进而间接影响高校自身的建设和发展。基于此，提供给高校教师的工资福利就不只是单一地改善教师的生活水平，而是有利于促进劳动关系双方的"互利共赢"。

2. 职业发展与社会融入正向影响高校教师劳动关系满意度

影响劳动关系社会维度的因素主要包括高校教师的人际关系、职业发展等。高校教师的人际关系相较于其他职业比较简单，其与同事能否在教学和科研任务上相互配合、是否存在恶性竞争等情况都是人际关系的重要影响因素。舒适的人际关系可以提高高校教师的工作动力，促进教学与科研成果的创造。反之，高校教师如果不能向高校制定的任务指标努力，将有损高校主体的利益，那么高校可能会采取一些惩罚或警告手段，这在很大程度上会打击高校教师参与下一阶段工作的积极性，进而导致不和谐的劳动关系。另外，高校制定的晋升制度、考核规则和标准与教师的职业发展息息相关。教师的职业发展规划建立在完成工作任务的基础上，而是否能够顺利地完成工作任务除了受高校教师自身投入的影响，还受制于考核规则和标准的公平性与合理性，不公平感不仅会直接影响到高校教师今后的工作态度和行为，也会影响其劳动关系满意度。

3. 劳动保障与工作条件正向影响高校教师劳动关系满意度

劳动关系法律维度主要受到外部环境和法规政策的影响。对高校教师而言，其外部环境主要是指教学与科研所处的"客观"工作条件、学术氛围以及民主参与决策等。高校作为高等教育科学研究和人才培养活动的主要阵地，为高校教师提供的工作设施在很大程度上体现了对于教师工作的认同感。而学术氛围作为工作环境的辅助条件，尤其受到研究型高校的重视。对高校而言，改变固有的物化思想，转变为以人为中心的观念，采用人性化的民主参与决策，在很大程度上能直接满足高校教师的需求。此外，我国是法治国家，关于劳动关系争议事件有《中华人民共和国劳动法》和其他相关法律作为支撑，也可采取仲裁等方式进行调解，这些法律和途径无疑是影响高校教师在劳动纠纷中能否维护其合法权益的关键，也是影响高校教师工作稳定性的因素。

4. 工作压力能够负向影响高校教师劳动关系满意度，且工作压力越大，职业发展与社会融入、劳动保障与工作条件对劳动关系满意度的影响越大。

工作压力是高校教师应对工作任务或目标要求而不得不承受的持续性精神与

心理紧张。导致工作压力的因素本身也能够正向影响高校教师劳动关系满意度，即工作压力可以降低高校教师劳动关系满意度。此外，工作压力还可以提高职业发展与社会融入、劳动保障与工作条件对高校教师劳动关系满意度的影响程度。高校为了避免人才流失和消极怠工，会改善教师的工作条件、出台与科研产出等绩效相关的考核评价制度。但这也潜在地通过改变教师的工作负荷、教师职业发展等增加了教师的工作压力，迫于工作压力，虽然高校教师开展工作的积极性不高，但仍然会继续履行这种劳动关系，且外部环境的改善提高了高校教师对职业发展与社会融入、劳动保障与工作条件的依赖程度，由此工作压力强化了职业发展与社会融入、劳动保障与工作条件对高校教师劳动关系满意度的正向影响。

6.7.2 学术权力对高校教师劳动关系满意度的正向预测

1. 符号作用与权力实现：工作特征对高校教师劳动关系满意度有差异

高校教师的工作特征对于其劳动关系满意度的影响体现出"学术圈"的符号作用，由职称、劳动关系类型、薪资等要素构成的工作特征，可以从侧面反映出不同层次类型高校中教师学术权力的实现程度。

我国高等教育系统呈现复杂化、多样化的特征，在学术劳动力市场化转型的助推下，高校教师个体间的职业发展鸿沟日渐凸显。以职称为例，正高级教授在劳动关系中的职业稳定性往往更高，尤其是身处"双一流"高校的高级职称教师，职业"天花板"带来的学术红利增强了工作嵌入程度。但反观预聘制高校教师，进入"双一流"高校平台意味着青年教师需要在短时间内产出较高质量和数量的成果。虽然从高校教师质性访谈中了解到，对于满怀学术理想的青年教师来说，主观意愿上牺牲个人时间与成就职业价值并不冲突，但结果是现实的，"非升即走"成为大幅度拉低劳动关系满意度的主要原因。一般本科高校教师劳动关系满意度在职称与劳动关系类型上呈现的"轻微塌陷"，低职称、预聘制教师与高职称、事业编教师呈齐头并进的趋势。一方面，由于院校发展定位上没有迫切的竞争刚需，对于教师的绩效考核要求不太严格，因而缺少激发教师彰显学术权力的外部动机；另一方面，一些一般本科院校认为，保持稳定的收入已经令人满足。此外，高职高专与民办本科院校教师劳动关系满意度整体上表现较为"中庸"，这主要是囿于院校学术发展资源有限，投资与回报之间的不对称性似乎为表面的和谐现象提供了依据。从中不难发现，学术权力、工作特征和高校教师劳动关系满意度已经成为相互关联的三个维度：工作特征的符号作用为学术权力的实现提供了便利，从而能够进一步提升高校教师劳动关系满意度。

2. 物质保障与心理归属：院校给予与教师反馈具有双向共振效应

学术权力对高校教师劳动关系满意度的影响显著，不仅体现在劳动保障条件等物质方面，还体现在高校教师所感受的"尊重"、"接纳"与"融入"上。在回归分析模型中，工作特征中包含的职称、劳动关系类型、薪资、工作压力等都是高校教师所关心的重要内容，尤其是在学术资本主义和市场化驱动机制的影响下，"趋利"所占比例得以彰显。客观来看，只有当高校教师职业的谋生属性成为坚实的基础设施时，其公益属性才能成为宏伟的上层建筑。学术权力的保护成为高校教师专业发展的推动力，但真正的学术自由来自高校教师心中的回应。对"组织文化融入"进行中介效应检验后的数据结果表明，其间接中介效果十分显著。因此，通过学术权力的实现提高组织认同感，进一步提升高校教师劳动关系满意度，形成院校给予与教师反馈的双向共振效应。组织认同属于一种心理感受，模型中"人际关系"对组织认同的影响最为显著。在访谈中，数位高校教师表示良好的人际关系能够提升劳动关系满意度，同样验证了这一理论逻辑。因而，实现学术权力对于劳动关系的影响，来自"叩"和"鸣"两方面，"叩"代表着院校提供的权力保障，"鸣"则体现为高校教师主动归属的意愿。

3. 性别差异与参权意愿：男女高校教师对于学术权力感知的微妙差距

布鲁贝克在《高等教育哲学》中说道："高深学问如此复杂，以至于只有那些入门者，即教师和管理人员，才有能力管理他的事务，因此他们应该是一个自治的团体。"❶ 这里不仅强调了学术权力的封闭性特征，更显示出权力主体的统一性和向心性。尽管目前各行各业中的性别差异逐渐缩小，但男女教师在职业上仍存在一定的差距。学术权力主题下的"参与院校决策"这一变量，在内涵上不同于其他三者，如果说维持好"人际关系"是参与社交活动的本能，"权利保护"与"劳动保障"代表着学术环境下被动地享受条件，那么"参与院校决策"就意味着在学术权力中把握主动权，一个变量中微小的不同仍然显示出性别差异隐秘地植根于组织结构中。❷ 因此，从男女高校教师对于学术权力感知的微妙差距可以看出双方对劳动关系的诉求是不同的，充分理解高校教师个体对于学术

---

❶ 约翰·S. 布鲁贝克. 高等教育哲学 [M]. 王承绪，等译. 杭州：浙江教育出版社，2001：36.
❷ ACKER J. Inequality regimes: Gender, class, and race in organizations [J]. Gender & Society, 2006, 20 (4): 441-464.

权力重要性的认知,对于提升高校教师劳动关系满意度具有重要意义。

6.7.3 加强组织支持感能够减小高校青年教师工作压力

1. 目前高校青年教师工作压力普遍较大

随着高校办学层次的逐渐提升,近年来高校对科研工作愈加重视,积极鼓励青年教师开展科研工作,高校青年教师的学术科研成果与他们的职称评定、工资待遇等直接挂钩,不同高校对科研工作的要求有所不同,但基本都在不断提高这方面的要求,而这也是广大高校青年教师必须面对的工作。除了科研工作,高校青年教师日常要完成的教学量也较大,这些都需要他们付出非常多的时间和精力。另外,严格的考评制度、职称评审和岗位晋升制度,都是导致高校青年教师工作压力大的主要原因。

2. 不同劳动关系类型的高校青年教师在工作压力方面存在差异

不同劳动关系类型的高校青年教师在工作压力方面存在差异,其中预聘制高校青年教师的工作压力相对最大,其次是长聘制高校青年教师,人事代理型高校青年教师的工作压力相对较小。对于预聘制高校青年教师而言,由于学校对其科研工作等各类考核要求比较高,加之他们自身在职称和职位晋升上相对较难,为了保住工作、提高待遇、晋升职位,他们会努力发文章、争项目、拿称号,因此他们普遍会感受到更大的工作压力。而长聘制教师,可能因其职业的相对稳定性,组织归属感和认同感更加强烈,且在福利待遇、职称评定等各方面也更有优势,因此总体的工作压力会比预聘制青年教师小。而对于人事代理型高校青年教师而言,由于我国普遍实行的是人事代理教师与编制内教师"同岗同酬"制度,人事代理制度只是一种过渡性的制度设计,所以他们的总体压力较小。

3. 高校青年教师感知的组织支持感与其工作压力呈负相关关系

互惠原则作为人的基本心理运行机制,在高校和教师之间具体体现为:高校需要教师的高效工作向外提供服务和产品,教师则需要高校提供的薪资福利等来满足个人需要,这样就形成了一定的互惠关系。在互惠原则作用下,要通过提升高校青年教师的福利水平、扩大职业成长空间及改善工作条件与资源平台来减小他们的工作压力,激发他们的工作积极性和主动性,提升他们对组织和职业的认同感，避免因为心理压力导致职业倦怠和离职等问题。[1] 如果高校青年教师感受不到学校对自己的关心和重视，即具有较低的组织支持感，会增加他们在工作上的负担，降低其工作积极性和工作效率。也就是说，高校青年教师感知到的组织支持感（包括高校给予青年教师的福利水平、职业成长空间、工作条件与资源平台）与其工作压力呈负相关关系。根据研究结论，影响力度最大的是工作条件与资源平台，其次是职业成长空间，最后是福利水平。

6.7.4 资源投入与劳动关系满意度呈正相关关系

根据调查问卷数据，基于 JD-R 模型构建分析框架，考察资源投入对高校教师劳动关系满意度的影响。本研究有以下发现：第一，整体上，显性资源（提高收入）和隐性资源（职称职级晋升、职业成长空间、社会认可度）均与高校教师劳动关系满意度呈显著正相关关系，工作资源供给越多，高校教师劳动关系满意度就越高；第二，按劳动关系类型不同，可将高校教师分为事业单位编制（长聘制）、人事代理和预聘制三种类型，其中事业单位编制高校教师的满意度最高，预聘制教师的满意度最低；第三，对于不同类型的高校教师而言，增加显性资源供给并不一定能最大限度地提升其满意度；第四，职级职称晋升提升预聘制高校教师劳动关系满意度的效果最为显著。

根据双因素理论，激励劳动者投入工作的因素可分为保健因素和激励因素两类。保健因素即满足劳动者基本工作环境要求的外部因素，如工作平台、薪酬待遇、工作环境、劳动保障等；激励因素更多是指激发劳动者工作热情的内部因素，如职业追求、自我满足、自我价值的实现、自我效能感的提升等。保健因素是根本，如果保健因素都存在缺失，便谈不上对劳动关系的满意。但是，要想更大限度地促进劳动者的工作投入，需要调动激励因素，这样才能更加长远地影响劳动者。按照双因素理论对工作资源进行区分，提高收入与职业成长空间类似于"保健因素"，其对高校教师劳动关系满意度的影响有限，对于部分劳动关系类型高校教师的满意度甚至没有显著的提升作用；可将职称职级晋升和社会认可度看作"激励因素"，其对高校教师发展更能起到长足的正向影响作用。对于高校教师而言，社会认可度高能增强其对工作本身的认可与成就感，从而提高高校教师劳动关系满意度，使高校教师这一职业成为高满意度的工作。

---

[1] 陈志霞. 知识员工组织支持感对工作绩效和离职倾向的影响 [D]. 武汉：华中科技大学，2006.

第7章

高校教师劳动关系的影响机制和逻辑机理研究

新中国成立70多年来,我国高校教师劳动关系伴随着经济体制、结构的变化在不同历史阶段呈现出不同的特点。在计划经济体制下,资本处于被抑制的状态,基于市场契约的劳动关系失去了存在的土壤。改革开放以来,随着高等教育改革的不断深化和增量改革的推进,资本从被抑制的状态中释放出来。同时,在以学科建设为核心的院系绩效考核机制的影响下,高校为了争取更多社会资源以促进办学水平提升而展开了"标尺竞争",放松了对教师劳动权利的保护,高校教师应有的劳动权利遭到忽视。高校教师劳动关系总体上呈现出一种从资本抑制向劳动抑制演变的趋势,出现了"强资弱劳"现象。高校教师劳动关系变迁的影响不仅体现在高校聘任管理方式的变革上,也体现在劳动关系系统的整体转型上。

7.1 劳动关系对高校教师个体、组织以及学术系统的影响

劳动关系的变迁其实并不是全新的事物。历史上每一次劳动关系的变迁,都对社会结构及个体权利产生了很大的影响。高校教师劳动关系的多元化发展是社会变迁的重要标志。高校教师劳动关系的演变是一个多层面的综合变化过程,不同时代的高校教师劳动关系演变有其特定的逻辑。显而易见的是,构建和谐的高校教师劳动关系对于高校教师个体、院校组织以及学术系统的健康稳定发展具有重要意义。2021年,全国劳动关系工作座谈会在总结"十三五"时期和2020年劳动关系工作的基础上,强调紧扣实现"十四五"目标任务,推动

构建"十四五"和谐劳动关系工作高质量发展,加强治理体系和治理能力建设。❶ 因此,推动高校教师和谐劳动关系工作高质量发展,也是加强院校治理体系和治理能力建设的主要内容。就本质而言,高校教师劳动关系是否和谐健康,影响着院校与教师的根本利益,影响着学术系统的和谐与稳定,也影响着社会的和谐发展。

7.1.1 对高校教师发展的影响

在高校教师层面,劳动关系的多元化不仅使高校在聘任方式上有了更多的选择,也使高校教师有了更多的选择。但总体来看,院校组织与高校教师在聘任方式的选择上权力常常是不对等的。由于高校在配置学术劳动力资源过程中具有权力优势,高校教师有时会被迫接受自己不愿意选择的聘任方式。因此,部分工作的临时性和压力性会使高校教师缺乏职业的稳定感与安全感。同时,这种不对等的劳动关系也改变了教师与高校之间的认同关系,在高校减少对教师投入的同时,教师也在减少对高校的忠诚与工作投入,导致高校与教师之间劳动关系的不和谐。总体而言,高校教师劳动关系的多元化会对其地位发展、专业能力发展和伦理素质发展产生影响。

首先,高校教师的收入问题将成为劳动关系中的核心问题。2021年1月,教育部等六部门印发的《关于加强新时代高校教师队伍建设改革的指导意见》(以下简称《意见》)使高校绩效工资制度迎来了改革的机遇。《意见》中明确指出要推进高校薪酬制度改革,落实以增加知识价值为导向的收入分配政策,完善高校内部收入分配激励机制。对照党中央、国务院提出的完善按劳分配、按要素分配的工资福利改革要求,高校教师收入分配机制的市场化将引发如下变化:①高校教师职业选择去向多元化。从国家统计局发布的2021年规模以上企业就业人员年平均工资来看,各行业中层及以上管理人员平均年薪达到180630元,专业技术人员平均年薪为125035元,而教育行业人员平均年薪为111392元,多元化的行业特征使高薪资行业对高校教师产生了更大吸引力。❷ 根据相关数据,企业对博士毕业生产生的分流影响正日益扩大。2016年清华大学博士毕业生去企业工作的占比为40.20%,2020年上升至48.20%。②高校竞

---

❶ 中华人民共和国中央人民政府. 全国劳动关系工作座谈会召开 [EB/OL]. (201-04-22) [2022-08-07]. http://www.gov.cn/xinwen/2021-04/11/content_5598899.htm.

❷ 国家统计局. 2021年城镇非私营单位就业人员年平均工资106837元 [EB/OL]. (2022-05-20) [2022-10-29]. http://www.stats.gov.cn/tjsj/zxfb/202205/t20220520_1857628.html.

相招揽高层次人才。近年来，越来越多的高校为了吸引优秀人才，不惜花费重金，在安家费、各类补贴等方面提高引进人才待遇，同时在教师职业发展和人才晋升通道上给予更多政策红利。很多沿海地区高校通过百万元年薪招聘高层次人才，吸引了一大批国内外优秀人才。短期来看，经费充足的高校可以借高薪吸引一批优秀青年人才，从而提升本校师资队伍的建设水平。但长期来看，这种方式可能引发人才市场的无序竞争和学术领域内人心浮躁等问题。③工资是高校教师主要的收入来源。无论是在公办高校还是在民办高校中，聘任制下高校教师的工资依然受到其职务等级的影响。尽管现在的分配结构已经转变为按劳分配与按生产要素分配相结合，但由于高校教师自身所拥有的要素有限，因此其获取收入的主要渠道依然是工资，从而使工资成为高校教师收入来源的主要组成部分。对于大部分高校教师而言，其享有的薪资待遇并不高，这从互联网上高校教师公开的各地区具有代表性的薪资信息中可见一斑。❶ 总体而言，高校教师薪资待遇在不同地区和行业间存在差距，保障高校教师薪资，使高校教师回归教学科研之本依然道阻且长。④财产性收入增加，劳动收入水平相对下降。随着思想认识的逐步提高和市场观念的日渐形成，高校教师运营其有形资产和无形资产的能力将得到提升，其获取的财产性收入也将大幅度增加，例如，高校教师通过参与研究项目或讲座得到的额外收入能使其财产性收入达到较高水平。相对于通过劳动获得收入的增幅而言，财产性收入的增幅将超过劳动收入水平的增长。而财产性收入（包括科研绩效收入，知识产权转化收入，讲座、评审、著述等社会服务收入，自身财产投资收益等）的差距扩大主要是由高校教师的知识和能力差异导致的。

其次，劳动关系成为影响高校教师职业安全的根本问题。例如，在"预聘—长聘"制度下，高校教师可能面临经常性的职业中断危险，不利于其对高深学问的持续研究。刘旭东指出，预聘期较长的美国"预聘—长聘"制度都有可能丧失一些优秀人才，我国高校"非升即走"制度相对更短的预聘期显然更不利于高深学问的持续研究。❷ 职业安全风险的扩大不仅给社会经济发展造成巨大压力，而且直接影响到高校教师基本权益的实现。目前我国劳动力市场就业问题较为突出，同时也具有自己的特点：①优秀青年人才培养数量增加，造成结构性失业与需求不足和失业并存的局面。2010 年以后，我国博士毕业生数

---

❶ 152 位高校教师接龙晒工资，给打算入高校的博士们参考！[EB/OL]. (2022-07-31) [2022-10-29]. https://baijiahao.baidu.com/s?id=1739848145322603859&wfr=spider&for=pc.

❷ 黄文武. 大学教师"非升即走"制度安排的利弊分析 [J]. 江苏高教, 2020 (6): 89-96.

量开始超过新增专任教师岗位数量,学术劳动力市场总体上呈现供过于求的状态,供求矛盾越来越突出。❶ 这种局面不仅加大了学术劳动力市场的竞争程度,也直接导致了学术劳动力供给过剩,使供给与需求结构失调。②传统的产业结构调整和经济制度变迁所导致的失业现象正在不断蔓延发展。如果不能妥善解决这些问题,势必会影响高校教师的职业安全和经济社会的稳定。此外,高校教师群体内部关系也在发生变化,主要表现就是教师人力资源的多元化。随着越来越多的高校采用多元聘任模式,高校中拥有固定编制的教师和聘用制教师之间的差别日益扩大,从而产生了两类群体聘用模式的差别。这种身份的分化常常会使无固定编制的高校教师产生制度性不公平的感知,不同聘任身份的教师群体之间产生潜在矛盾冲突的可能性也因此而增加,其信任与合作水平也会随之降低,这为高校的聘任管理工作带来了新的挑战。

最后,劳动关系成为影响高校教师组织支持的关键问题。和谐、稳定的劳动关系能够为高校教师提供组织支持。①良好的薪酬和福利、充足的休息时间、安全卫生的工作环境可以吸引并留住高校教师,使高校教师增强对组织的认同感和归属感;订立聘任合同、办理社会保险、规范劳动争议程序、建立工会组织等权利保障体系,能够帮助高校建设稳定、高质量的教师队伍,促进高校民主制度的发展;而参与管理、教师培训和晋升奖励等措施,可以为高校教师提供深度主体激励,引起更加积极的工作反应。有研究表明,福利待遇、公平保障、发展晋升对创新创业意愿都具有正向的两两交互效应,即三者中任一变量的提高,都会增强其他变量对创新创业意愿的影响水平。❷ ②在为高校教师营造良好的劳动关系氛围与正向的支持感的前提下,高校教师能够坚定长期服务于组织的强烈意愿,认同组织的价值观与规范,增强对所在部门和高校发展的责任心,产生组织承诺感,自觉服务于组织的战略意图,将个人职业生涯规划与高校长期发展目标统一起来,从而提升工作满意度、降低离职率,进而提高高校的生产率和财务绩效。③为高校教师提供聘任保障和有针对性的业务培训、晋升机会,可以促进专有性人力资本在组织中的积累,激发高校教师进行高水平的知识和科研创新,提升组织的知识生产能力,有利于高校教师业绩、才能与工作效率的提高,并弱化高校教师的跳槽动机,有利于高校留住人力资本。

---

❶ 李志峰,梁言.学术劳动力市场、供给侧拐点与博士生培养结构调整:基于三方博弈模型的分析[J].清华大学教育研究,2021,42(5):105-113.

❷ 程龙,曹先宇,张志刚.劳动关系对高校科研人员创新创业意愿影响实证研究:福利待遇、公平保障、发展晋升的两两交互效应[J].电子科技大学学报(社科版),2020,22(4):105-112.

④在大学漫长的发展历史中形成的高校教师劳动关系具有路径依赖的特征，这种路径依赖逐步嵌入组织的日常行为和程序中，并内化为组织文化、组织氛围的一部分。和谐劳动关系所包含的内容，如优厚的福利待遇、周延的权利保障和充分的发展空间可以使高校教师产生岗位荣耀感，提升职业自尊，主动学习岗位所需的知识和能力，降低离职率，增强工作效能，进而有利于整个高校绩效的提升。⑤高校教师素质要适应劳动关系双方力量均衡的要求。高校教师素质不仅指教师的个人素质，还应包括教师的集体素质。劳动关系作为一种利益关系，更重要的是表现为组织与群体的利益关系。对于作为劳动关系主体的高校教师来说，群体的作用更为重要和突出。因为高校教师的力量在于组织，而高校教师组织的力量，一是有赖于高校教师个人素质的提高，二是在高校教师个人素质的基础上通过组织的作用形成一种集体的素质，具体表现为高校教师的政治素质与组织素质。简言之，随着劳动关系的多元化发展，高校教师的素质必须适应劳动关系的需要而不断进行调整。

当然，新时代高校教师人事制度的异化也会给其发展带来新的制度困境。《中华人民共和国教师法》第3条规定："教师承担着为党育人、为国育才，立德树人，培养德智体美劳全面发展的社会主义建设者和接班人、提高民族素质的崇高使命。"其中，"为党育人、为国育才，立德树人"不仅是新增内容，也是规范高校"非升即走"制度的核心理念，因为"非升即走"制度已经在一定程度上解构了高校的学术场域，迫使青年教师热衷于追逐"学术GDP"而忽视了教书育人的固有使命。"非升即走"制度一方面促使我国高校学术研究的功利化，弱化了高校教书育人的固有使命；另一方面，这种异化的背后是把人当作工具而非目的的实践逻辑，导致实践中高校及相关部门未充分重视教师的程序利益。高校"非升即走"制度为新入职教师设置了较短的预聘期和较重的科研任务，导致青年教师受制于晋升考核的去留条件[1]，无暇耕耘个人的学术爱好，无法进行超越世俗的思考，而只能忍受"不发表即出局"的现实，唯"学术热点"马首是瞻。这给我国学术事业带来了泡沫化的虚假繁荣，其代价是扼杀了学者的本源性学术追求，甚至会导致科研造假、学术不端等学术腐败现象。[2]

---

[1] 黄岚，樊泽恒. "非升即走"对教师专业发展的影响和对策 [J]. 江苏高教，2015（6）：72-76.
[2] 刘旭东. 我国高校"非升即走"制度的困境研判及规范理路：基于《教师法（征求意见稿）》修订内容的研究 [J]. 教育发展研究，2022，42（5）：53-60，78.

7.1.2 对院校组织发展的影响

转型期高校教师劳动关系的变化不仅会对高校教师产生影响，对高校本身的影响也很大。

首先，高校教师劳动关系的市场化转型促进了院校组织向现代化和民主化发展。这种影响具体表现为：①高校教师劳动关系的转型发展对高校管理提出了更高的要求；②高校教师经济身份和需求多样化要求高校能给予其充分的尊重与满足；③高校教师劳动关系的契约确立要求高校管理必须纳入法治化轨道；④高校教师劳动关系的市场化调控要求高校的发展机制必须做出相应的调整。传统高校教师劳动关系的调控是由国家来实行的，而当下高校教师劳动关系的调整则是以高校和市场为本位。正是因为以高校和市场为本位，高校教师劳动关系的市场化转型导致重科研、轻教学现象日益加剧。长期以来，教学成效在高校职称晋升中所占比重越来越小，部分高校甚至规定科研成果可以量化折合为教学工作量，反之却不能[1]，这严重损伤了高校教书育人的固有职能。其实，近代以来具有国际影响力的学派大都产生于大学而非纯粹的科研院所，原因在于大学同时肩负着教学育人的使命，并进而能够产生薪火相传的育人效果，这确保了学术思想的传承与创新。"非升即走"的考核机制更关注高校教师的学术成果产出，导致高校陷入唯论文的量化陷阱。

其次，这种影响还反映在民办高校中。随着《中华人民共和国劳动合同法》（以下简称《劳动合同法》）和《中华人民共和国民办教育促进法》的颁布实施，作为中国高等教育主体的重要组成部分，民办高校面临着越来越激烈的竞争，教师劳动关系面临的问题也越来越多。除了少数高校教师劳动关系比较规范、冲突较少、运行相对稳定，大部分民办高校教师的劳动关系都处在不稳定的状态之中。这种状态对民办高校的发展与管理的反作用是直接的，也是明显的。具体表现在：①民办高校教师劳动关系的聘用性质决定了劳动报酬和劳动保障在高校劳动关系中的重要性。与公办高校教师劳动关系的性质相反，民办高校教师的劳动关系是一种典型的资本聘用型劳动关系，这种关系是通过双方各自的利益最大化实现或均衡的程度来维持的。民办高校在与教师签订劳动合同之前，对《劳动合同法》的重视程度不够，不签订劳动合同、签订合同

---

[1] 张杰. 高校教师评价机制行政化的成因分析：一种路径依赖[J]. 黑龙江高教研究，2012，30(1)：56-59.

却不支付保险费、保险费基数选择低、不按合同支付工资、程序不严格等，导致了一系列劳动纠纷，影响了院校的声誉，也影响了高层次、高素质人才的引进。②民办高校教师劳动关系的规范化问题要求管理者充分重视法律法规在高校发展中的作用。我国民办高等教育的发展，在很大程度上依赖于市场机制的调控，如果没有规范的契约关系，很难保障其正常运作。因此，管理者需要依靠法律建立起民办高校规范的高校教师劳动关系。③转型期民办高校教师的劳动关系，由于制度和环境的变迁，使民办高校教师在其身份、地位、契约关系等方面呈现出与公办高校教师平等的趋势。这要求学校管理者必须摒弃传统的科层制等级观念，树立平等、民主、公正、合作的新理念，使学校的管理制度处于法律法规、教师工会的监督之下。同时，高校教师在与学校产生劳动纠纷时，应通过法律途径积极维护自身的合法权益。

7.1.3 对公共政策与学术系统发展的影响

高校教师聘用合同制度是社会主义市场经济体制下新的用工制度，即以聘用合同的形式确定高校和教师之间的劳动关系及双方权利、义务的用人制度。"服务期"条款是高校教师聘用合同的重要内容，也是高校防止高层次人才流出的重要手段。❶ 高校教师劳动关系的市场化转型对公共政策与学术系统发展的影响主要表现为以下几点。

第一，加剧人才市场无序流动，扰乱学术劳动力市场。在高校教师劳动关系中，国家和市场应齐头并进。唯市场论容易产生强者恒强、弱者恒弱的马太效应，进而不利于学术系统的稳定，并威胁院校组织的利益。具体表现在：其一，以高薪方式招揽人才可能会引发中西部及东北地区优秀人才流失，对中西部和东北地区的区域发展和高等教育发展都十分不利；其二，这种方式可能会削弱高校培养人才的信心，优秀青年人才的成长与高校的培养息息相关，处于落后地区或相对劣势地位的高校吸引优秀人才的能力有限，优秀人才的流失不仅会加大高校间的师资差距，也会削弱这些高校培养人才的能力和信心。

第二，助力科研成果产出实现大幅度增长。学术劳动力市场的自由流动，使高校教师能够寻求更有利于个人发展的平台，一些院校在经费、设备上增加投入，这有利于推动我国原创性科研成果产出。科研论文是科研产出的重要形

---

❶ 鲁文辉. 高校教师聘用合同"服务期"条款的合法性反思 [J]. 中国高教研究，2021（2）：70-76.

式，国际期刊论文数量在一定程度上代表着国家或高校的科研产出能力。2016年我国大陆高校的国际期刊论文数量不足50万篇，2020年该数量已经超过83万篇，5年内增加了33万多篇，增幅接近70%，已然成为国际期刊论文产出大国。❶ 由此可见，我国大陆高校国际期刊论文数量增长显著，科研产出能力大大提升。但是，从高质量的发展要求审视，我国与高等教育强国之间的科研产出能力还存在一定距离，原始创新能力不足是制约我国学术系统发展的主要因素。因此，从注重数量转向提高质量，从追赶速度转向注重内涵的调整成为高校发展的必然趋势。

第三，平衡高校与政府间权力和资源的配置。从新中国成立到21世纪前的半个世纪中，政府在高校内部管理机构的设置上起着绝对的主导作用，以纵向科层制为特征的内部组织结构与政府行政体系相互呼应，对计划经济时期提高政策落实的有效性和高校的行动效率发挥了巨大的促进作用。但强势的行政主义在市场经济面前无法获得制度的合法性和持续性，高校"去行政化"的实践由此陆续开始实施。按发展时间线进行梳理，2010年颁布了《国家中长期教育改革和发展规划纲要（2010—2020年）》；2013年11月党的十八届三中全会通过的《中共中央关于全面深化改革若干重大问题的决定》中，重申"去行政化，创造条件，逐步取消学校、科研院所、医院等单位的行政级别"❷；2015年，教育部官网发布《关于深入推进教育管办评分离，促进政府职能转变的若干意见》；2017年，教育部等五部门出台《关于深化高等教育领域简政放权放管结合优化服务改革的若干意见》。上述政策的出台，加之市场经济的发展，进一步促使高校主动迈出"去行政化"的步伐。高校教师自由流动进一步凸显了对高校办学的影响，其本质是学术和市场在逐步渗入高校办学权力与资源配置的利益结构。高校"去行政化"，并不是完全不要行政化，而是更合理地分配有限的资源。随着高校对学术人才的重视，近年来高校自主设置了教师教学发展中心、党委教师工作部等机构，以满足市场、学术在高校教师劳动关系参与中的角色期待。同时，在教师招聘考核上，充分落实二级学院和学术单位的用人自主权，改变校级职能部门权力过大而学院自主权力较小的现状❸，科学地

---

❶ 青塔研究院. 中国高等教育趋势发展报告（2021）[R]. 杭州，2021.
❷ 新华社. 中共中央关于全面深化改革若干重大问题的决定[EB/OL].（2013-11-15）[2022-10-30]. http://www.gov.cn/jrzg/2013-11/15/content_2528179.htm.
❸ 余利川，段鑫星. "夹缝生存"："双一流"建设高校二级学院院长的权责困境与生成逻辑[J]. 江苏高教，2022（2）：61-69.

站在学科建设的角度上建设师资队伍，并且适当使用一定权力，从而更合理地分配学术资源。

第四，促进高校教师劳动关系决策科学化和实效化。公共资源配置中单一主体的决策难以保证配置结果的公平和有效。[1] 我国高等院校实行中央和省级两级管理体制，院校的统一管理避免了办学资源浪费、办学效益低下的窘境，树立起高等教育一盘棋的观念，站在高等教育现代化建设全局的高度谋划院校改革发展总体目标，整体协调和统一规划高等教育发展。同时，高校教师劳动关系的市场化转型牵扯到政府、高校、教师群体多个利益相关者，劳动关系三方集体协商机制的建立对于形成和谐、平衡的劳动关系至关重要。因而，高校内部治理结构必须遵循高等教育发展规律，提高自主办学能力。英国剑桥大学原副校长埃里克·阿什比认为，大学这种特殊社会组织的运行，应以其内在逻辑为主，但要配合政府、大学教育评议会以及各研究会的合法力量。[2] 要逐步扩大高校办学自主权，前提是服从和服务于高校建设的总目标，要以高等教育治理体系和治理能力现代化的目标、方向、战略为指导。为了摆脱政府主导下的行政主义路径依赖，政府应积极完善劳动关系立法，高校应逐步健全现代大学制度，为构建高校教师和谐劳动关系提供制度保障和决策支持。同时，宏观领导与自主办学之间的相互依存推动了高校教师劳动关系政策改进方式的发展与完善。一方面，宏观领导与自主办学的统一充分调动了高校办学的积极性和创造性，推动了高校教师劳动关系从自上而下的科层制管理向上下互动的共同治理转型；另一方面，宏观领导与自主办学的统一有利于建立科学顺畅的内部治理结构，提高高校教师劳动关系治理水平。党的二十大报告明确提出要"加快建设高质量教育体系"，高校教师劳动关系的市场化、法治化、契约化将引领高校人事制度改革方向。

7.2 高校教师劳动关系市场化转型的发生机制

构建和谐稳定的高校教师劳动关系是高校可持续发展的重要因素，而保持良好的劳动关系可以使高校的发展无后顾之忧。然而，如果高校不重视教师发

---

[1] 刘继安，康宁，高众，等. 改革开放以来我国高校内部管理机构设置变迁及制度逻辑 [J]. 北京大学教育评论，2019，17（4）：124-137，187-188.

[2] 龚放. 正确认识大学的运行逻辑与学术权力：关于大学"去行政化"的再思考 [J]. 江苏高教，2015（3）：1-7.

展，不重视稳定劳动关系的建立，其在高等教育市场的竞争中将处于不利地位。高校的可持续发展有赖于宏观层面的政府与社会、中观层面的学校与工会、微观层面的教师自身三个维度的协调发展。只有从上述三个层面加强完善立法工作、充分发挥高校工会保护教师合法权益的职能、提升教师自身的法治意识，才能化解师资队伍建设用人矛盾，调动高校教师的工作积极性，促进高校教师劳动关系管理工作的持续健康运行。

7.2.1 劳动关系系统理论与高校教师劳动关系

1. 劳动关系系统理论

美国著名劳动关系学者邓洛普（Dunlop）于1958年提出的劳动关系系统理论被国内外广泛用于分析各类组织的劳动关系问题。[1] 该理论采用了社会学家帕森斯（Parsons）的结构功能主义分析范式，将社会视为具有自我调节和自我维持功能的系统，能够自动实现社会均衡。[2] 劳动关系系统理论认为，劳动关系是由管理者、劳动者（及其工会）以及政府（处理劳动关系的政府部门）三个相关主体构成的一个系统，如图7-1所示。

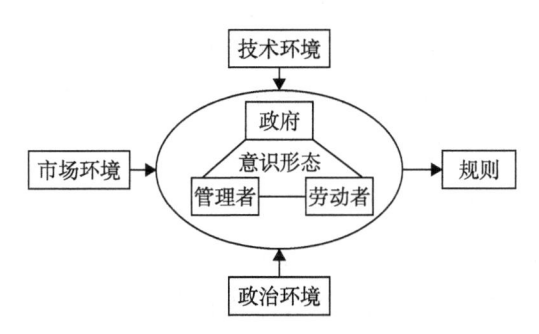

图7-1 劳动关系系统理论框架

劳动关系的制度核心从不同学科角度出发有不同的解释。从经济学视角来看，劳动关系的核心是供给与需求；从法学视角来看，劳动关系的核心是权利与义务。劳动关系究竟是管理问题还是经济问题，抑或直接走法律程序？就像面对一种疑难杂症，不同的医生开出的是不同的药方。作为对劳动经济学的补充和现实层面的延展，劳动关系必然更强调社会与法政层面。总而言之，政府、

---

[1] DUNLOP J. Industrial Relations Systems [M]. New York：Holt, 1958：132.
[2] ROCHER G. Talcot Parsons & American Sociology [M]. New York：Nelson, 1974：3.

劳动者、管理者三方主体的局面已然形成，其分别具有不同的权利与义务。首先，在强资本、弱劳工的格局下，劳动者没有集体谈何"平等谈判"？因而劳动者不仅是个体劳动者，更包括劳动者的组织。劳动者权利也被分为个别劳权与集体劳权。集体劳权是为弱者发声的权利保障，其拥有的四项权利展示了劳动者争取权利的阶段：结社→谈判→获得民主管理权→罢工，这几项依次对应于团结权、集体谈判权、民主参与权、集体争议权。其次，康芒斯（Commons）的集体行动理论对工会意义的分析诠释了工会的权利，工会通过组织集体行动达到它为会员争取权利的目的，即通过"限制"会员的行为，一致对抗资本家专制，最终达成对资本家权力的分割。事实上，工会所做的事情就是法律批准的集体劳权内容：谈判、集体争议、工人参与。再次，管理者的义务就是劳动者的权利，在组织劳动生产的过程中，管理者享有指挥权与奖惩权。在面对罢工/集体行动时，管理者还有终极撒手锏——闭厂权。最后，政府在劳动关系中扮演"既当运动员，又当裁判员，还是主办方"的复杂角色。政府的决策目标因政权性质而异，也因执政理念而异。一般而言，多数人认同政府扮演裁判的角色。落实到法律层面，政府负责立法和司法。而在现实社会中解决任何矛盾时，政府都需要扮演好四种角色：规制者、监督者、损害控制者、调解与仲裁者。劳动关系系统理论对劳动关系规则的成因进行了阐释，认为规则是在特定思想和环境的浸润下，通过相互作用产生的。邓洛普的劳动关系为高校教师劳动关系的研究提供了一个全新的分析框架。

2. 高校教师劳动关系的主体角色

在高校学术场域中，构成高校教师劳动关系的主体有政府、高校、教师及工会。三者角色演变的历史轨迹受到计划经济的影响。

第一，从组织角色与地位来看，百年来我国高校教师劳动关系演化的历史轨迹需要追溯到1898年晚清京师大学堂的建立。从初创时期带有浓厚集权性、官僚性、封建性管理特征的学校组织，演化到在民国"内忧外患"政治经济环境中追求集权与民主并重、去官僚化的学术组织。此间，近代有前卫思想眼界和爱国精神的大学校长或教育家群体在办学治校过程中不拘一格，在教师选聘、晋升、评价等方面形成了自己的风格特色。新中国成立后，传统意义上的学术组织被否定，高度集中的计划经济体制环境促进了公办高校的产生，高校教师劳动关系属于事业单位人事制度系统。改革开放后，作为聘用教师主体的高校组织在变革中出现的组织运作形态，在高校教师劳动关系管理中发挥着必不可少的角色制衡作用。

第二，从我国高校教师身份地位来看，清末教师的聘任按照官员的办法进行管理，强调德与才，且教师都有相应的任命和品级。特别值得一提的是，当时教师的来源分别是"访学"、访求加选考、调任、从留学生和进士中补充、官员推荐，这五种来源直接决定了其具有官员的特征。民国时期的教师选聘以学诣为主，高校教师不论学历与资历，只要有学术水平即可任职。文化精英作为与行政抗衡的劳动管理主体，展示出了应有的"力量"，诞生了一批如蔡元培、梅贻琦、蒋梦麟、陶行知、刘半农这样的杰出学者。总体来看，民国时期的高校人事制度安排在高校教师劳动关系形成和发展过程中具有启蒙作用，成为现代我国高校教师劳动关系基本框架的雏形。新中国成立后，国家通过院系调整创办与管控高校，并要求高等教育为政治服务，教育本身的功能受到一定程度的忽视。这一时期，高校教师的社会地位并不高。编制定员工作使高校教师处于固定工作制，"搭便车"行为的存在反而形成了低效的劳动关系。改革开放后，我国高校教师在市场化背景下开始出现以组织绩效、经济绩效为工作中心的劳动关系，既有聘任契约化回归的趋势，又在多元化、多样化聘任制度中衍生出劳动争议事件。

第三，行政对高校教师劳动关系的管控，成为百年来我国高校教师劳动关系的主要背景。从政府对高校教师劳动关系主体双方的干预程度来看，清末高校教师劳动关系受到封建政府的直接干预，以宗族血缘为纽带形成的高校教师劳动关系在信任关系上保持强关系，但其封闭性会将高校教师劳动关系异化为"近亲繁殖"的"学缘型"劳动关系，对现代高校教师劳动关系的发展造成了根深蒂固的影响。而民国时期的高校教师劳动关系不完全受控于政府，教师聘任权集中于校长。新中国成立后，高校教师劳动关系走上法治化道路。劳动法是政府扮演角色的重要手段，其意义自然也贴合政府的角色。严格来讲，劳动法既不同于适用于国家权力干预的公法，也不同于适用于市场自行调节的私法，而是介于两者之间的社会法。政府在保护高校教师合法权益的同时，也进而形成"高校自主选聘、教师自主竞聘、政府参与监督"的劳动关系新模式。

3. 高校教师劳动关系的环境因素

晚清时期半殖民地半封建的社会形态，造成高校教师的聘任权无法独立行使。无论是学校的办学宗旨、教师薪酬，还是组织架构、学生发展等方面，清政府都具有最高领导权。高度集权化的管理使晚清高校教师劳动关系呈现出与其官学体系高度同化的特点，塑造出行政垄断的经营性组织形态，对教师劳动关系的平衡协调无法起到正面作用。民国时期的高校教师劳动关系随国家政体的转变发生变化，逐渐褪去了清末的官僚性，在人事组织机构设置和制度安排上渐趋民主化，注重高校教师"学术人"的特性。政府表面上对高校采取集权管理方式，但由于"内忧外患"的诸多影响，导致高校教师劳动关系主体身份多重、角色复杂，在多元、多样的高校教师劳动关系中，表现出契约协商的精神。1949年以后，集中指令性的计划经济大规模建设使高校教师劳动关系不能得到均衡发展，统包统揽的"计划调配"使高校教师成为单位制下劳动生产的附庸。❶ 党的十八大以来，我国高校教师劳动关系在外部市场经济环境压力及劳动政策法律法规环境约束下，逐渐走向市场化、契约化、法治化。在市场经济体制下，政府直接干预和计划命令下的行政管理模式被市场机制所代替，一定程度上消解了计划经济时代行政管理模式的弊端。同时，市场化转型下的高校教师劳动关系有效地消除了行政化模式下教师过度追求和崇拜行政权力的异化现象。❷

7.2.2 高校教师劳动关系的市场化转型

在劳动关系系统理论视域下，高校教师劳动关系市场化转型机制是在深入推进高等教育"放管服"背景下，对高等教育"管办评"分离改革中政府职能转变的具体化。具体表现为高校人事制度系统中的治理理念、薪酬制度、职业标准等要素发生了全面而深刻的变革。从转型过程来看，可将高校教师劳动关系的市场化转型机制划分为动力机制、组织机制和保障机制三个部分。

1. 外压与内驱：高校教师劳动关系市场化转型的动力机制

"动力"原指促使机械做功的各种作用力❸，在这里指推动高校教师劳动关系内在发展的力量。从劳动关系系统理论视域来看，高校教师劳动关系市场化转型的动力主要来自行动主体、环境因素和意识形态。这些因素分别对高校教师劳动关系转型产生内部、外部动力作用和主体动力作用。内部动力因素表现为高校自身的改革，外部动力因素表现为全球发展环境、政治制度影响，主体动力因素来自高校教师的积极性。这些因素变化的长期性和持续性，决定了高

---

❶ 李志峰. 高校长聘教职制度：历史发展及其演变逻辑［J］. 国家教育行政学院学报，2017（7）：15-20，27.

❷ 冉亚辉. 高校行政化与去行政化论析［J］. 现代大学教育，2010（5）：11-15.

❸ 阮智富，郭忠新. 现代汉语大词典［M］. 上海：上海辞书出版社，2009：12.

校教师劳动关系的变迁是一个长期的过程。对于当前还处于经济社会转型阶段的中国高校来说，在未来很长一段时间内，高校教师劳动关系依然是沿着社会主义市场经济规定的发展方向变迁。三种动力因素对促进高校教师劳动关系转型的作用机理不同，形成的内驱机制、外压机制和利益机制也存在差异。

一是内驱机制。内驱机制的实质是高校教师劳动关系自我完善、自我发展的内部驱动力量。内部动力因素对高校教师劳动关系的作用是一种由内而外的驱动过程，通过这种过程激发高校教师劳动关系转型的能动性。内部动力要素驱动高校教师劳动关系的作用过程形成了内驱机制。目标驱动是高校教师劳动关系转型的内部核心动力因素。为了确保学术权力在各级学术管理组织中的正常行使，我国高校人事制度进行了两个方面的改革：一是在学术管理组织中减少行政人员的比例；二是将学术管理组织分得更细。同时，高校科层组织的特性决定了效率是高校的组织目标之一，对效率的强化使高校人事制度在内部管理上呈现出行政化倾向，在机构设置上删繁就简，在资源配置上开源节流，在评价方法上以绩效为核心。和谐劳动关系建设是高校教师劳动关系转型的根本动力因素。我国高校教师劳动关系自萌生、发展至今，一直遵循这一规律。高校教师劳动关系的和谐发展是高校教师劳动关系变革的内在逻辑。

二是外压机制。就全球发展环境来看，受经济全球化和新技术革命的影响，高校所面临的环境也不断发生变化，主要体现在环境对高校发展的要求上。这些环境变化要求高校具备更强的创新能力、节约成本的能力和教师的快速反应能力。在教师聘任制的实践过程中，聘用合同作为一种特殊的劳动合同，由聘用单位与受聘教师按照国家有关法律、政策，在平等自愿、协商一致的基础上订立。[1] 显然，聘任制度的变化形成了高校教师劳动关系转型的外在压力，这是一个方面的影响；另一个方面的影响来自新自由主义经济思想。20世纪70年代之后，世界各国开始出现以市场为基础的高等教育资源配置方式。随后，我国亦呈现出明显的市场化资源配置改革倾向。因此，在建立与市场经济相适应的高等教育制度的同时，高校教师劳动关系的转型势在必行。

就国家制度而言，我国高校教师劳动关系转型的进程与其他国家相比，表现出更加明显的本土特征。虽然我国高校在很大程度上受到了外部环境因素的影响，但高校教师劳动关系变化本质上是一个长期的制度变迁过程，所以其发展历程也更多地刻有中国制度转型的烙印。而发达国家高校教师劳动关系的多

---

[1] 劳凯声. 教师法律身份的演变与选择 [J]. 中国教育学刊，2020 (4)：5-14.

元化趋势一般是外因导向性，虽然在这一过程中也有制度的交替影响，但我国的制度交替程度更深、现象更加复杂，主要体现在以下两个方面。第一，高校教师聘用方式多元化发展的均衡性存在差异。我国高校教师聘用方式的多元化由于制度转型而出现了割裂的现象，各种新旧制度的并行交替造成了高校教师聘用方式多元化的进程不是同质变化的，而是存在基于学术劳动力市场的多重分割。这一复杂特点导致了我国公办高校和民办高校在高等教育管理体制改革过程中所受到的制度约束存在很大的不同，而这也使内部的教师聘用管理方式存在很大的差异。第二，阻碍高校教师聘用方式多元化的制度性因素存在差别。在聘用方式多元化的过程中，我国与美国、日本等国都存在支撑行政任命制的制度因素，当聘用方式多元化发生时，这些因素就成为阻碍因素。对比来看，美国和日本等国的阻碍性制度因素主要来自中间层次，如美国产业层面的产业关系系统，我国的阻碍性因素表面上来自高校层面，实际上来自国家层面。因为我国的公办高校在很大程度上依然受到原有管理体制的影响，公办高校的教师聘用方式变化需要国家的政策变革进行推动，而民办高校中基本不存在阻碍力量，其自一开始便不存在类似于美国、日本等国的中间层次的阻碍力量。

三是利益机制。利益机制是指政府、高校、教师在利益诉求的基础上，对实际情况进行分析，激发出改革的愿望，进而促进教师的劳动关系转变的程序或过程。而一个以利益为基础的高校人事制度系统中各个主体之间的互动，直接推动着高校教师劳动关系的转型。利益诉求是高校教师劳动关系转型的主体动力因素。基于劳动关系系统理论的观点，劳动关系系统的基本原则是实现激励相容。在市场经济体制的背景下，沿袭计划经济体制的人事管理制度，无法解决高校教师薪资、过度劳动、教学能力提升等问题，那么行为主体便会产生要求高校人事制度进行改革的意愿。[1] 利益机制的功能在于，行为主体出于对利益的追求，渴望改变高校教师劳动关系的形态，从而获得最大化的利益。这种利益诉求激发了主体推动高校教师劳动关系转型的积极性，进而加速其转型的进程。

2. 甄别与联动：高校教师劳动关系市场化转型的组织机制

组织机制是指在客观事物或现象有规律的运行过程中，影响这种运行的各种因素的结构、功能及其相互联系、相互作用的过程、方式和原理。[2] 组织机

---

[1] 程斯辉. 人事制度：高校改革亟待突破的难点 [J]. 高等教育研究, 1998 (3): 77-79.
[2] 郑伦仁. 大学学术权力运行机制研究 [D]. 重庆: 西南大学, 2012: 37.

制确保了高校教师劳动关系市场化转型过程中的良性运转。

一是选择机制。选择机制是行为主体在确定机构设置、用人制度、分配制度、晋升制度等关键要素的目标形态后，筛选出适合于高校人事系统所需内容体系的一套操作程序。在高校人事制度的发展过程中，为什么高校在聘用模式的调整中开始大量地使用"非升即走"和聘期考核、合同制、劳务派遣等方式？引起这一变化的高校内在动因是什么？对于这些问题，王思懿和张爽提出了自己的观点，将高校采用多元聘用方式的缘由总结为绩效、竞争等市场理念的影响。[1] 全球化和信息技术的发展从制度和技术两个方面改变了高校的发展环境，使高校面临的环境动态性不断提高，这是当前高校通过调整聘任模式来发展人力资源柔性的重要原因。人力资源柔性管理力是组织柔性管理的一个组成部分，是指在环境变化的情况下，高校对教师的"质"与"量"进行调整的能力。

机构设置、用人制度、分配制度、晋升制度等关键要素是高校教师劳动关系转型需要重点关注的部分。每一个部分实现转型，都需要进行内容选择，都需要选择机制的介入。以用人制度为例，用人制度是国家和高校对所需人员的选拔、聘用制度。未来的高校人事制度将实现劳动关系的转型，就必须采取选择机制。因为高校教师用人制度的方式多种多样，一所高校的制度设计不可能包罗万象。选择机制的运行，能突出重点内容，从而实现对关键要素的重新选择和定位。

二是联动机制。从劳动关系系统理论来看，高校教师劳动关系的改善必须从国家、院校、教师三个层面进行系统分析。如果国家出台了促进高校教师发展的良好政策，那么相关法律的出台对高校教师权益的保护可谓"万事俱备，只有东风"。只有建立一支稳定、高水平的师资队伍，高校才能在改革浪潮中迅速发展壮大。当前，构建和谐稳定的高校教师劳动关系是当务之急，它是高校的重要组成部分，也是保证高校健康和可持续发展的关键。在宏观政府层面，需要建立健全高校的支持和管理机制，同时确立民办高校和公办高校教师的平等地位。在中观高校层面，第一，应转变认识，构建互动式劳动关系；第二，应加强对教师劳动关系的管理；第三，应充分发挥教师代表大会和工会的作用；第四，应规范教师招聘、培训、入职、离职程序；第五，应优化系统管理，采

---

[1] 王思懿，张爽. 多重制度逻辑下高校教师人事场域的改革变迁 [J]. 河北师范大学学报（教育科学版），2022，24（2）：96-103.

用以人为本的管理方式。在微观教师层面，一方面，要研究校园文化，增强自我意识，与高校共同成长；另一方面，要加强沟通和有效反馈信息，便于学校掌握教师的动态，更全面地调整规章制度。因此，联动机制中政府、高校、教师是缺一不可的。

3. 规制与激励：高校教师劳动关系市场化转型的保障机制

新时代高校教师劳动关系市场化转型，是影响高等教育人事制度深层结构的重大转型，而转型并非一蹴而就，政府在规制和激励制度层面的支持，对于解决转型过程中的很多非技术难题具有重要的保障作用。

一是政策规制机制。政策规制是高校教师劳动关系的指挥棒。从一般意义上理解，政策包括政府颁布的公共政策和院校内部制定的政策，它们共同对高校教师劳动关系发挥作用。高校在中央和地方公共政策的影响下，高等教育体系更加完善，院校规模结构得到进一步调整，高等教育资源得到进一步优化。制定的人事制度政策不仅涉及机构设置、用人制度、分配制度等，还重视行为主体之间的责任划分、联系合作，更突出针对主体的激励约束制度。政府可以扮演规则制定者、仲裁者和实施者的角色。规制带有强制性扩散机制的压制和约束作用，同时促使行动者采取行动、获得权益或权力等，因此，制度既有制约功能，又有赋能功能。高校人事制度具有依赖法律法规、政策条例等规制性要素来发挥制约、调节、赋能社会行为的功能。在战略引导下加强高校人事制度设计，优化高校人力资源结构，实现制度供给与需求之间的均衡。

政策规制机制的顶层设计涉及制度环境和政策导向两个方面。在制度环境方面，政府应加快步伐，尽快实现民办高校教师与公立高校教师法律地位的平等。要重视民办高校教师的成长和发展，在职称评定、社会保障、考核、项目申报等方面，营造与公立高校平等的环境，享受同等的报酬和福利待遇。在政策导向方面，应清理和纠正学校的各种歧视性政策，制定和完善促进民办教育发展的政策。例如，政府应根据社会发展形势制定高校教师职业发展规划，对高校教师劳动关系转型做出大方向指引等。例如，促进高校人事制度管理从"管制"型向规制—服务管理型转变，从人事管理理念向应用人力资源理念转变。❶

二是政策激励机制。"任何一个组织都存在一个激励问题，也就是如何使每

---

❶ 李立国. 高校人事制度改革的走向 [N]. 光明日报，2014-06-13 (13).

个人为自己的行为负责。"[1] 改革开放之前，我国基本是计划经济体制一统天下的格局，高等教育也不例外，高校教师是行政任命制，因此在很长一段时间内，能够进入高校就被认为拥有了"铁饭碗"。公办高校强调教师工作的稳定性、资历在晋升和薪酬福利中有着重要的作用、重视对高校教师的长期培养、关注教师的参与，这些特点来源于高校与教师之间的利益高度一元性。在经济体制转型的过程中，首先发生的重大变化是原有的计划经济体制一统天下的格局被打破，这造成了不同所有制院校的制度分割，即在不同的所有制高校中，决定高校教师聘用规则的机制存在明显的差别。由于不同办学体制的高校所面临的制度环境存在巨大的差异，在一定程度上导致了相同体制高校中教师聘用模式具有制度性同构和不同体制高校之间存在体制性差异。以往的高校人事和人才激励制度在用人自主权、工作效率、身份管理等方面存在诸多弊端，已不适应社会主义市场经济体制的需要，必须从以人为本的角度，着力建立一种灵活自主的人事管理制度，建立一种能上能下、能进能出和鼓励优秀人才脱颖而出、人尽其才的用人机制。[2] 2016年人力资源和社会保障部表示，将研究制定高校、公立医院不纳入编制管理后的人事管理衔接办法，紧接着就是《2017年事业单位分类改革实施方案》的出台，"编制的改革"对高校教师"铁饭碗"产生了巨大影响。取消高校教师编制是方向，但是编制紧张也是不争的事实，尤其是站在塔尖的"双一流"建设高校，由于编制不足衍生了如劳务派遣、合同制、员额制等不同属性的专业技术岗位来弥补教师的数量缺口。

任何人事管理制度的基础和目标都是对从业人员进行激励。《中华人民共和国劳动合同法》和《事业单位人事管理条例》的基本激励机制都包含了劳动的经济报酬。[3] 因此，需要继续探索适应教书育人和学术创新的激励机制。公办高校与民办高校有着不同的工资和就业决定机制，公办高校在教师的选、育、用、留方面的弹性小于民办高校。同时，由于公办高校内部存在教师使用编制的限制，其开始采用聘用制方式来弥补教师人员数量上的不足，在这一过程中，有编制的教师与没有编制的教师在聘用管理模式上存在很大的不同，因此出现了基于聘用身份的第二重制度分割，在一定程度上导致了岗位和劳动关系的不平等。除此之外，互联网平台和人工智能也给高校人事管理制度带来了新的变

---

[1] 万碧波，蔡静. 高校人事制度改革的几个问题 [J]. 高校教育管理，2010，4（4）：38-41.
[2] 张维迎. 大学的逻辑 [M]. 北京：北京大学出版社，2012：17.
[3] 于安. 公立高校人事制度的决策及其改革 [J]. 中国高等教育，2014（22）：23-25.

化，表现为一种打破制度分割、构建了一个基于互联网平台的学术劳动力市场的特点，能够给高校教师劳动关系带来更多的信息共享、平等协商的机会。

7.3 高校教师劳动关系市场化转型的逻辑机理

高校教师劳动关系的市场化转型有其内在的规律。基于邓洛普的劳动关系系统理论，我们可以全面、系统、客观、清晰地总结出高校教师劳动关系市场化转型的三条基本线索。在经济关系上，高等教育管理体制改革的实质是将私营部门的工作方法向公共部门转移，高校从政府的管控下向准市场结构过渡，高校发展也受相应的外部评价机制所设定的激励影响。这些机制推动高校教师对学校管理的依赖性增加、经济待遇的变化以及向市场提供优质产品。❶ 在法律关系上，行政命令高于教学科研任务，使高校教师很难与领导沟通。高校教师与院校之间相互的不满或不认可折射出高校教师劳动关系市场化转型的必然性。在社会关系上，单位身份制的瓦解透视出改革开放以来高校教师获得寻求满足自身发展需求的机会，从而使高校教师对学校的依赖性增强，职业竞争性加大、工作量增加。

7.3.1 经济关系：从计划走向市场

我国高校教师劳动关系市场化过程是在"政府—市场"关系变迁中重塑政府、高校与教师之间的关系，对"劳动—资本"关系从直接包揽转向间接调控和引导的过程，也是劳动和资本获得双重解放、劳动关系灵活性逐渐增强的过程。在这一过程中，政府是"高校教师劳动关系的改革者"。高校教师劳动关系的运行将形成由政府、高校和教师三方代表平等协商的三方共治格局。基于我国高校的实际状况，以高校教师与校方的不同关系和职务特点为标准，将高校教师的任职方式分为三大类，即后文所提的行政任命制、聘任制、编外聘任制。在这三种分类中，任命制以及聘任制下的高校工作人员均属于全民事业编制，即"正式编"人员。编外聘任制分为人事代理、劳务派遣等类型。❷

---

❶ ABDULKADYROV U U, PAK O A, MAKUSHKIN S A. Regulation of professional and labor relations of university teachers: International practice and national characteristics [J]. Revista Tempos e Espaços em Educação, 2021, 14 (33): 1-16.

❷ 李建华.《劳动合同法》视角下的高校教师人事制度问题研究 [D]. 北京：北京化工大学, 2014.

1. 岗位稳定性：按性质区别

劳务派遣是指由劳务派遣机构与派遣劳工订立劳动合同，把劳动者派向其他用工单位，再由用工单位向派遣机构支付一笔服务费用的用工形式。如果牵涉劳务纠纷，劳务派遣人员也只能与第三方劳务公司进行劳务仲裁，与用工单位无关。可以说，劳务派遣人员是纯粹的"校外打工人"，也谈不上职业稳定性。相较于劳务派遣岗，高校的合同制岗明显好得多。校聘合同制是指和学校签订劳动合同，合同的稳定性由学校决定。有的高校还沿用旧体制，按常规教职工管理，即便考核不合格，职工也可以选择转岗；有的高校则是给予一个固定聘期，到期可能会不续聘。高校中稳定性最强的岗位是事业编制岗位。近几年，不少高校开始招聘员额制工作人员，成为高校岗位的新成员，与传统事业编制不同的是，员额管理存在一个理论上的合同续存期，是否能在这个体制内继续工作，需要对聘用期内的工作进行考核，再决定是否续聘。也就是说，除了传统意义上的编制，员额管理的岗位可以说是最稳定的岗位。

在高等教育改革的过程中，一方面，没有深入解决"铁饭碗"岗位的低用工弹性问题；另一方面，人员编制的限制使得必须控制在编教师的数量。为了突破以上两方面的困境，高校开始广泛地采用聘任制来满足额外的教师需求，以此规避人员编制的限制。随着聘任制教师的不断增加，高校形成了具有不同聘任身份的教师群体，他们在经济、社会与法律地位上存在明显的区别：有编制的正式教师在聘任管理上依然具有一些单位制的特点，即稳定的编制与较好的薪酬待遇；而没有编制的教师的管理方式更加趋向市场化，薪酬水平也主要由劳动力市场来决定，这就在公办高校中形成了明显的基于聘用身份的教师差别。这一情况在2008年《劳动合同法》颁布之后发生了新的变化，该法律中关于无固定期限合同的规定给这些临时员工增加了一条转变为正式员工的途径。为了回避这一点，一些高校开始将聘用方式从临时工转换为无劳动关系的劳务派遣形式。这种变化意味着公办高校在转型过程中面临着原有的制度惯例和新出现的法律法规的双重约束，这使公办高校在聘用模式的选择上面临着更加复杂的制度性约束，这种情况是由我国新旧体制的交替造成的。

目前，学术劳动力市场仍然是一个封闭的、缺乏竞争机制的不完全市场。这就造成了我国高校教师事实上的终身制和聘用中"只进不出"的困局。[1] 因为高校的事业编制数量有限，只能将宝贵的编制资源用在重要的岗位上，对于

---

[1] 黄文武. 大学教师"非升即走"制度安排的利弊分析 [J]. 江苏高教, 2020 (6)：89-96.

一些重要性不强的岗位，可以用劳务派遣或者人事代理的方式进行人员补充，以保证高校工作的正常运转。在公办高校中，在编教师较大程度上受到原有管理体制的影响，不过这种影响正在减弱，并且在经济体制转型和高等教育改革的过程中新出现的几种机制也开始发挥作用。而公办高校中非正式编制教师的聘用机制与民办高校更加相似，主要表现为非正式编制教师也通过劳动力市场招聘而来，但其工资水平不会过低，待遇一般高于民办高校的同类岗位。因此，可以认为，在聘用机制上，公办高校中的非正式编制教师与民办高校教师大同小异，正式编制教师与民办高校教师小同大异，其中的差异主要是由原有体制中的社会治理方式造成的，而相同的部分则是由劳动力市场的机制决定的。

2. 聘用机制：按岗位划分

民办高校教师的聘用机制主要包括竞争的劳动力市场、政府监管和人力资源管理，这三种机制都处于进一步强化的态势。在改革开放之前，我国依靠计划经济中的人员调配方式进行劳动力的配置；在改革开放之后，国内劳动力市场逐步建立，并随着体制改革的不断深化而完善。在体制改革的过程中，一方面，我国高校构成发生了重大的变化：在公办高校大量产生的同时，民办高校也开始逐渐增加，两者都开始逐步通过劳动力市场来招聘教师，民办高校产生了大量的教师需求。另一方面，越来越多层次与类型的教师应聘者开始依靠劳动力市场来获取工资。应当说，竞争性的学术劳动力市场是民办高校教师聘用的主要机制，这一机制的作用也在不断地增强。有关调查显示，目前北京市民办高校教师权益主要面临三类问题：一是劳动合同签订、执行不够到位；二是社会保险水平有待提高；三是职业发展通道需要进一步畅通。❶

公办高校中教师聘用机制的情况较为复杂。一方面，在正式编制与非正式编制之间存在基于聘用身份的制度性差别，两者适用的机制有所不同；另一方面，在市场经济的影响下，公办高校中原有的教师行政任命制在弱化，其在某些方面产生了与民办高校趋同的变化。在公办高校的正式编制教师劳动关系中，起主要作用的依然是行政任命制，但其作用已经有所弱化。政府出台了一系列高校人事制度改革的相关文件，推动了高校教师劳动关系的变革。1993年颁布的《中华人民共和国教师法》第一次从法律上确认了教师职业的专业性和专门性属性，并且明确提出，学校要全面实行劳动合同制度，以推动教师从国家工

---

❶ 赵冬玲，蒋汶桐．共建共治共享理念下民办高校教师劳动关系治理对策研究［J］．中国高等教育，2019（24）：42-43．

作人员到专业人员的身份和法律地位的转变。1999年教育部发布的《关于当前深化高等学校人事分配制度改革的若干意见》强调实行聘任合同制是要将教师由"身份管理"转向"岗位管理",形成"能进能出、能上能下、能高能低"的竞争机制。❶ 这些政策提出了高校教师的退出机制,建立了在编教师从"学校社会人"向"市场社会人"的身份转换机制,在一定程度上为解决公办高校中存在的教师聘用制度过度刚性的问题提出了制度上的依据,增加了公办高校对教师聘任和管理的权限,为行政任命体制的消解提供了制度上的依据。但这些制度的具体执行情况和高校所面临的市场竞争情况密切相关。一些研究型高校面临着较大的市场竞争压力,它们根据这一制度削弱了原有的行政任命制的影响来适应竞争性环境,并且由于竞争性的作用,在教师聘用模式上以业绩为中心。而那些综合实力不强的高校由于缺乏这种竞争的压力,其在长期任命体制、管理方式和教师聘用模式上的变化相对较少,依然在一定程度上保留着原有体制中社会治理的特点,具有较高的稳定性。总体而言,这些制度的出台和改革的深化,使公办高校教师人事制度也受到了竞争性劳动力市场机制的影响。

3. 经济待遇:同工不同酬

作为"校外打工人",劳务派遣岗位的要求相对较低。从某"双一流"建设高校的劳务派遣员工招聘启事中可以看出,岗位应聘条件是具有本科以上学历即可,而岗位特性也大多是行政类非核心岗位,兼有临时性、替代性的特性。而合同制岗位的要求相对较高,从各大高校的招聘简章来看,即使是行政类岗位,最低学历要求也是研究生,视学校要求还要参加一系列的笔试、面试,所以想要踏进校门,成为"校内人",总的来说并不容易。而"双一流"建设高校事业编制教师招聘的要求高、岗位少,多是教学、科研等核心岗位,引进的过程也充分展现了学历和资历的等级,在薪资待遇上具有明显的功利主义倾向。❷

高校劳务派遣人员的薪资待遇一般为固定工资,根据绩效考核确定奖金和津贴的情况很少,也就是说,个人的学历、工龄、能力、业绩与收入几乎是不相关的。另外,其社保缴费基数通常也在低档水平。对于合同制岗位,值得庆幸的是,部分高校的校聘基本实现了与事业编制同工同酬,这部分在招聘时的

---

❶ 周光礼,彭静雯. 从身份授予到契约管理:我国公立高校教师劳动制度变迁的法律透视 [J]. 高等教育研究,2007(10):37-42.
❷ 阎光才. 高校教师聘任制度改革的轨迹、问题与未来去向 [J]. 中国高教研究,2019(10):1-9,19.

表述是比较明确的。

民办高校的资金来自学费,而大部分民办高校是营利性组织,投资高等教育是需要获得回报的,节省开支是办学过程中的必然选择。这会导致民办高校在教师的社会福利保障方面秉持低标准的原则。一般情况下,民办高校保险费是按照当地最低标准支付的。教师的根本利益得不到充分保障,存在劳动关系不稳定的隐患。大多数民办高校实行职工基本养老保险制度,而事业单位实行事业单位养老保险制度。两种制度的支付基数、支付比例和核算方式不同,因此教师退休后领取的养老金也不同。民办高校和公办高校都是教师,都承担着教书育人的重大责任,但两类组织中教师的地位和社会认同存在很大差异。这就导致了高校教师群体中"同工不同酬"的不平等问题。民办高校经费有限,一些民办高校在考核教师时比较严苛,考核指标与行为异化,考核体系不健全,给教师带来了一定的心理压力,这也导致了部分民办高校与教师之间劳动关系的不和谐。

4. 职业发展:同岗不同权

既然是非核心岗位,也就决定了劳务派遣岗位的临时性、替代性的特性,那么劳务派遣人员在高校中也就无法得到稳定、长期、有效的职业发展。而优越的硬件设施、丰沛的科研资源、充裕的财政支持、高校改革创新的"排头兵"、人才济济的教师队伍……这些在"双一流"建设高校工作的好处自然不必多说,只是对于劳务派遣人员而言是看得到、摸不到的。相较于劳务派遣人员,合同制员工的职业发展情况就乐观得多,不过大家最关注的是能不能"入编"的问题。这从理论上是可以的,但高校编制总体来说在缩减,有限的编制也是留给高端人才。"非升即走"其实可以理解为高校不压制人才的承诺。如果没有这样的承诺,优秀的人才可能会被埋没、被压制,教授就得不到公平的待遇。正因为"非升即走",学校就必须公正。❶

在政府监管方面,民办高校受到的制度性约束主要来自日益规范和完备的劳动法律体系。在计划经济时代,政府主要依靠直接的行政管理来约束公办高校,但这种方式无法应用于与政府缺乏隶属关系的民办高校,因此政府在改革开放之后出台了一系列与劳动有关的法律、行政法规、部门规章、地方性法规来加强对民办高校的规制,与教师劳动关系有关的法律包括1995年颁布的《中华人民共和国劳动法》和2007年制定的《劳动合同法》及其后续出台的补充

---

❶ 张维迎. 博弈与社会 [M]. 北京:北京大学出版社,2013.

规定。劳动法规的建立是为了应对劳动力市场的负面效应，政府的监管更多地在于保护教师的权益。

在人力资源管理机制方面，长期以来由于法律的滞后性和其他增加教师权益的聘用机制的缺乏，早期民办高校在教师招聘中拥有极大的权力，它们不仅能够控制整个招聘流程，而且各种聘用、薪酬福利和劳动条件也由高校来决定，教师处于从属和被动的状态。同时，劳动力市场长期处于供大于求的状态，高校在劳动力市场中占据着优势地位，在教师聘用方式的选择上更加关注教师的灵活性和用工成本的降低。这两种情况决定了民办高校更加倾向于选择灵活的用工方式，并且其也拥有比较充足的权力来作出这种选择。

总的来说，正式编制也就是事业编制的待遇优于校聘合同制，在职位晋升上，没有编制几乎就没有发展空间，唯一的例外可能是高层次人才协议年薪制的岗位，这种岗位即使没有事业编制，工资待遇仍然很高，劳务派遣岗位的待遇则是最差的。在高校编制改革的大背景下，优胜劣汰、业绩考评在高校中愈演愈烈，业已成为高校加强对教师管理的主要手段。显然，不同所有制以及不同层次类型院校的教师劳动关系在市场化转型过程中正在形成多样化态势。

7.3.2 法律关系：从管制走向法治

中华人民共和国成立以来，尤其是1978年以来，我国高等教育立法始终关注高校教师劳动关系的变革和发展，历经40余年的风雨沧桑和蜕变进步，逐步探索出一条从基本立法到单行立法、从地方立法到中央立法、从粗放立法到精细立法的路径，形成了循序渐进、日趋成熟的法治态势，在深化高等教育改革、全面建成世界一流大学的过程中发挥着重要作用。在此期间，高校教师劳动关系法治化既呈现出较为鲜明的特点，也暴露出一些缺陷和不足：统一的法律规范尚未全面形成、关于高校教师劳动关系的立法滞后、庞杂的法律规范体系需要加以协调，这些问题的存在一定程度上阻碍了高校教师和谐劳动关系的发展。因此，明晰不同高校教师的法律身份地位、权利与义务，强化高校教师劳动关系的"身份契约"作用，实现高校教师劳动关系从混乱走向法治，是高校教师劳动关系市场化转型的主要目标。

1. 法治先行：高校教师和谐劳动关系的基本向度

一是重视对高校教师权益的维护和保障始终是劳动关系法治化的一条主线。在《中华人民共和国宪法》（以下简称《宪法》）的规范和统领下，确认和保护高校教师合法权益理所当然地成为劳动立法的使命与宗旨。特别是自改革开放以来，高校教师劳动关系主体、内容及形式发生着剧变，其法治化是一个顺应教师群体逐步多样、利益诉求日益多元、劳动民主化程度越来越高的演进过程。当前，我国高等教育正处于转型发展的深水区，高校教师劳动关系矛盾进入凸显期和多发期。高校教师劳动争议案件逐步增加，高校教师法律地位及其与用人单位的法律关系等不利于教师利益的现象比较突出，构建和谐高校教师劳动关系的任务艰巨而繁重。对此，应在已有法律如《中华人民共和国高等教育法》《中华人民共和国教师法》《劳动法》《劳动合同法》对高校教师权益进行保障的基础上，进一步加强对高校教师权利的法治保障，明晰其使命定位，细化法律规范，与《劳动法》《劳动合同法》等其他法律法规相互匹配，解决高校教师人事争议与合同争议中的各类问题，作为构建和谐高校教师劳动关系的根本出发点和落脚点。

二是紧随经济社会发展步伐、适时回应劳动关系现状是劳动关系法治化的基本主题。美国联邦最高法院霍姆斯大法官在其著作《普通法》中谈道："法律的生命从来不是逻辑，而是经验。"❶ 伴随着市场经济体制的建立，市场与高校教师主体地位的逐步确立，高校教师诉求的日益增加和多样化，高校教师权益保护越发受到重视，我国高等教育的立法在适应高校发展和回应现实需求中不断调整、更新，在推动构建和谐劳动关系实践中获得长足发展，逐步走向成熟和完善。2021年11月，《中华人民共和国教师法（征求意见稿）》面向社会公开征求意见，进一步推动了我国高校教师劳动关系的法治化进程，劳动立法也在回应新问题、新诉求的过程中不断前行。

三是由以政策为主到以法律先行成为劳动关系法治化的重大转变。从制定主体来看，由国家行政机关发布的较多，而由立法机关制定颁布的较少，目前只有广东、青岛等以地方立法的形式明确了教师惩戒权力，然而关于高校教师劳动关系的地方立法几乎没有；从法律规范的形式来看，各种规定、条例、办法占据绝大部分，而真正意义上的法律却比较少；从整个内容体系来看，对高校教师劳动关系的内容都有涉及，但较为原则化、零散，且多为暂时性规定，缺乏系统性、规范性、稳定性及可操作性。随着我国高等教育转型对法律制度需求的日益强烈，制定和出台相应的法律法规逐步成为规范市场行为、保障教

---

❶ 马俊彦，翁国民. 论公司法研究的科学转型 [J]. 浙江大学学报（人文社会科学版），2019，49（3）：227-239.

师权利的必然要求。随着我国建立起聘任考核制度、资格准入制度、师德评价制度、荣誉表彰制度、培训保障制度等基本规范，我国高校教师劳动关系规制逐步发生了从以政策为主到以法律先行的重大转变。

四是自下而上的立法进程与自上而下的立法体系构成劳动关系法治化的基本规律。我国的地方劳动立法影响和推动中央立法，突出表现在教师聘用制度、教育教学管理制度、安全制度等诸多方面。地方立法在法律规范设计的针对性、可操作性、实效性等方面具有显著优势和经验，为中央立法奠定了良好基础。与此相反，高校教师劳动法律体系的形成则是自上而下的过程，即先有基本法，后有单行法。《中华人民共和国教育法》作为教育领域的基本法，对教师的权利和义务、法律责任和各项相关制度逐一作出体系性规定与设置，为日后建立完备的高校教师劳动法律体系做了应有的铺垫与规划。

2. 制度偏差：政府调控劳动关系的主要缺失

一是统一的法律规范尚未全面形成。如前所述，在涉及高校教师劳动关系各项内容的法律法规方面，现阶段只能将《教师法》《劳动法》《劳动合同法》视为统一的基础性法律规范，高校教师劳动关系在政策法规层面还没有全面形成体系，法律规范和具体制度还有待进一步完善。当代高校教师兼具公务性与专业性的身份特征，偏向任何一方都是对高校教师身份法律内涵的狭隘理解，这在很大程度上影响了高校教师劳动法律制度的针对性和有效性。新中国成立以来，高校教师的身份定位始终在公务性和专业性之间摇摆，并以其中一种身份为主导。改革开放后社会主义市场经济体制的建立使高校教育教学逐渐从封闭走向开放，人才培养质量必须满足相关利益主体的需要，这在客观上对高校教师专业性身份的明确提出了迫切需求，但在一定程度上弱化了高校教师的公务性身份，高校教师法律身份地位、权利与义务的明确，仍需要通过统一立法加以规定，这就需要促进高校教师劳动法律制度体系的完备。

二是关于高校教师劳动关系民主化的立法滞后。劳动关系民主化问题贯穿高校教师劳动关系始终。其一，当产生一系列劳动纠纷时，教师个体无力对抗高校。院校是非营利组织，只有充分发挥教师工会的作用，才能解决用人矛盾，稳定劳动关系；其二，从权益保障角度出发，扩大高校教师权利，削弱权利结构的不均衡性，降低高校教师过度劳动的可能性；其三，由于和谐劳动关系的维护需要在各主体间建立稳定的关系，有必要构建政府、高校与教师之间的三方协商机制，使其参与劳动关系立法的形成与实施过程，以保证高校教师在工作期限内对自身权益进行保护；其四，高校教师不能被动应对，应积极与管理者沟通，及时向学校反馈自己的需求，以主人翁的身份提出建议，帮助学校改善学术环境，提高管理效率。因此，完善高校内部治理结构，起草并颁布实施高校章程，建立现代高校制度是历史的必然趋势。

三是高校教师劳动关系"不完全契约"关系依然存在。计划体制的"身份"取决于国家权力科层制的具体级别。在高等教育领域，高校教师的身份也遵循这个逻辑，高校教师的身份就是"单位所有制"下的计划身份，个人归属于具体的组织。社会主义市场经济体制的确立使高校教师由"身份"关系向"契约"关系逐步转变，但这个转变过程较为艰难。与计划经济向市场经济转型一样，"从身份到契约"的转型同样沿着"双轨制"的路径发展。高校教师人事制度在经济关系上逐渐融入"契约社会"，但在法律关系上仍然是身份行政与契约行政并存的"二元治理"格局，继续沿用计划经济时期的高校教师人事制度制约着高校教师劳动关系的市场化转型。从这个意义上说，我国高校教师劳动关系属于"不完全契约"关系。之所以会出现这种情况，是因为劳动关系的市场化转型不能是"革命"性的，只能是渐进式的调整，要充分考虑到制度惯性的力量。但总体而言，市场化转型作为一种趋势势不可挡，走向"契约社会"的劳动关系已成为必然选择。

3. 角色转变：政府治理劳动关系水平的完善路径

从内在逻辑来看，高校教师劳动关系法治化过程是把劳动关系建立、运行、监督、调节的诸领域和全过程都纳入法治化轨道，发挥法治的引领、威慑、规范和秩序生成作用的过程，也是弥补市场化调整缺陷、约束劳动关系灵活性和增强安全公平性的过程。[1] 传统高校教师劳动关系在立法上的问题较多：第一，法律法规体系在总体上相对单一，当高校教师的利益受损或者教师与单位出现利益冲突时，教师的利益往往得不到充分维护，多数情况都是按照上级的指示来处理，这在客观上造成了高校劳动关系的恶性循环；第二，传统高校人事管理制度依然发挥着重要作用。

高校教师劳动关系法治化的完善需要从以下三个方面进行。

首先，建立信任的组织氛围和实施人力资源多元化管理。《劳动合同法》和学校规章制度决定了聘任合同约定着高校教师劳动关系。外部因素压力的增

---

[1] 余雅风，王祈然. 教师的法律地位研究 [J]. 华东师范大学学报（教育科学版），2021，39（1）：49-58.

大，意味着个体劳动关系越来越接近私营部门的特征。对大多数高校教师来说，学术职业具有固定期限，工资薪酬取决于个人表现，职业发展取决于教师在科学界的知名度。在院校工作的特殊性在于，高校教师是一支高素质的劳动力队伍，需要公平的交易、明确的人事/人力资源管理规则、良好的职业发展环境，以及跨文化合作。以教师为中心的人力资源战略和实践依赖于高校领导，但人力资源管理仍停留在人事管理层面，没有对教师的工作满意度和劳动关系进行深入分析。因此，必须从高校组织管理的角度营造值得教师信任的组织氛围，实施人力资源多元化管理。

其次，把契约机制引入学术生活领域，充分发挥教师的自主权利，鼓励教师参与院校管理和劳动关系治理过程。高校教师劳动关系中出现的制度寻租现象，归根结底是权力为谁所有的问题。如果权力体系建立在身份关系基础上而不是契约关系基础上，而"身份社会"又天然具有人治特性和非法制性。那么，就必然会导致高校教师劳动关系的封闭和服从。因此，只有实现劳动关系的契约化，充分发挥教师的自主权利在劳动关系中的参与、监督、约束作用，以权利制约权力，才能从根本上消除高校教师劳动关系中的不和谐现象，实现契约行政。契约行政包含两方面：一方面是高校教师与组织关系的契约化，实行高校教师聘任制；另一方面是事务管理的服务性契约，淡化权力色彩，以多元、协商、平等的柔性治理理念实行公共产品的第三方契约服务。

最后，明确高校教师的法律地位，完善劳动关系立法。《教师法》关于"教师是履行教育教学职责的专业人员"的规定，只确立了教师作为专业人员的职业属性，并非法律身份。[1] 公立高校教师的属性具有多元化特征，将教师定位于"专业人员"很难从法律地位上对教师进行界定。[2] 在编教师作为事业单位人员，可以认定其与院校的法律关系是人事关系。然而，高校教师的人事关系与劳动关系并非完全对应，从聘任制的角度透视，高校教师的人事关系具有特殊性。因此，建立高校教师劳动关系的法治化运行制度需要形成契约型劳动关系。长期以来，高校教师劳动关系都是依靠行政手段进行管理，这不仅导致高校教师劳动关系法治观念的淡薄，而且影响了其健康可持续运行。要通过法律手段，有效地保障教师劳动关系的制度化、科学化，形成高校教师劳动关系的配套法律法规体系，促进高校教师劳动关系的法治化建设。

---

[1] 胡磊. 改革开放以来我国劳动关系调整的路径与逻辑 [J]. 中国劳动，2018（8）：53-63.
[2] 于颖珊. 公立高校与教师法律关系研究 [D]. 上海：华东师范大学，2020.

7.3.3 社会关系：从"单位人"到"社会人"

"单位制"的实行为整合有限的社会资源，提高利用效率，加快推进我国现代化建设做出了卓越的贡献。而生活在"单位制"下的高校教师，其个人发展能动性在单位的照顾下降低。社会主义市场经济体制的确立，要求充分发挥高校教师的主观能动性，向社会利益相关者提供优质服务。在市场面前，高校教师劳动关系从"终身制"变为"契约制"，学术人力资本的流动，虽然改善了高校教师劳动关系氛围，提高了劳动关系运行质量，但也增加了组织融入的成本和难度，不利于高校与教师间信任关系的构建。

1. 身份差别：院校—教师心理认同差异的来源

聘用关系是教师与高校之间的社会和经济方面的交换关系，不同聘用身份的差别是导致教师行为分化的主要原因，心理契约是分析该现象的主要工具。心理契约最早由阿吉里斯（Argyris）提出，主要用来分析聘用双方的隐性交换关系，是一种有别于正式合同的隐性、未明确说明的双方协议。已有研究对比了正式聘用与非正式聘用员工在心理契约内容和特征上的差异后发现，聘用员工的方式会影响员工心理契约的内容与特征，这意味着不同的聘用方式可以体现出员工与组织之间交换关系的差别。[1] 聘用方式对心理契约的作用在高校教师劳动关系场域中同样产生了影响：聘用的稳定性是决定高校与教师之间心理契约性质的重要因素。在编教师与非在编教师的一个主要差别在于在编教师的聘用时间长，具有较高的职业稳定性，大多数的非在编教师则相反。职业稳定性是高校与教师之间建立高度信任与相互投入的关系的必要条件。在短期聘用中，高校与教师个人出于风险的考虑均不愿向对方做出长期的投入，而这造成了高校与教师之间的聘用关系基本呈现出短期和有限投入的特征。根据绩效标准的明确程度与聘用的时间框架两个维度，将心理契约分成交易型、变动型、平衡型与关系型。其中关系型的心理契约代表了高校与教师之间建立起广泛而深入的关系，交易型契约则意味着双方之间的投入较为有限并具有短期化的特点。当教师的聘用方式发生变化时，也带来了高校与教师之间聘用关系的再调整。不同的聘用方式所产生的聘用身份往往意味着教师在高校组织中的经济待

---

[1] MILLWARD L J, BREWERTON P M. Contractors and their psychological contracts [J]. British Journal of Management, 1999, 10 (3): 253-274; MAUNO S, KINNUNEN U, RUOKOLAINEN M. Exploring work-and organization-based resources as moderators between work-family conflict, well-being, and job attitudes [J]. Work and Stress, 2006, 20 (3): 210-233.

遇和社会地位，聘用方式的转变带来了教师对劳动关系心理契约的调整与重建，也由此带来了人力资源实践的变化。

2. 过度劳动：契约化衍生的高校教师工作形态

从工作压力来看，不同高校教师的工作量、工作强度及工作时间已不再均衡分布，而是处于不断变化之中。在计划经济体制下，高校教师的工作类型基本以固定的工作标准为主，每天的工作量、工作强度及工作时间都有相应固定的衡量标准；在市场经济体制下，以绩效管理为核心的工作样态衍生出另一种工作类型，即难以用固定标准衡量的工作，这种工作类型弱化了组织对高校教师的控制与影响，然而由职业竞争引发的自愿性过度劳动却开始在高校各级管理层及教师群体间弥散。

与在编教师相比，非在编教师在工作中面临更多的压力源，尤其是在当下"非升即走"制度安排下，高校青年教师的工作量和工作强度通常较大，过劳问题较为普遍。首先，与在编教师相比，非在编教师能够在工作中得到的支持相对较少。非在编教师所从事的岗位常常具有缺乏控制力、较多的角色压力和有限的组织支持等负面工作特征，在工作过程中难以得到高校给予的与在编教师等同的组织资源。此外，非在编教师从与其共事的在编教师那里得到的工作上的支持较少，这些因素增加了非在编教师完成工作的难度，成为他们工作中的重要压力来源。其次，缺乏职业安全感也是非在编教师工作压力的一个主要来源。"非升即走"的制度安排常常意味着工作的短期性和不稳定性，这使非在编高校青年教师面临着继续寻找工作的压力，并缺乏稳定性和安全感。职业的不安全感常常会降低高校教师的组织承诺，导致其对高校管理层的不信任、较低的工作绩效，组织文化的低认同导致教师工作环境发生变化。[1] 高校教师对于职业发展目标的定位源于个人生涯规划与职业态度，教师个体对劳动强度的把握具有充分的选择权。但本质上，职业发展目标与态度受高校学术环境的影响，脱离职业环境的发展目标是不切实际的。因此，过度劳动会形成高校教师对所在学校文化认同的疏离感，并择优挑选适合自身发展的学术环境。

3. 学科认同："单位人"身份式微下的专业情结

文化是社会关系中不可或缺的因素，其具有凝聚系统内各要素的功能，大学学科文化在学术系统中同样发挥着凝聚功能。正如伯顿·克拉克所言："很少

---

[1] 胡彰，黄景文，杨曦. 地方非"211"本科高校教师转职行为研究[J]. 教师教育学报，2015，2（3）：75-81.

有哪些现代机构像学科那样显著和顺利地赢得其成员坚贞不二的忠诚和持久不衰的努力。"❶ 一个学科的话语体系能否被学科成员广泛接受，体现着该学科文化的辐射能力和带动能力，激励学科成员为学科发展而奋斗。高校取消事业单位编制之后，学校固有的利益结构被不断消解，新的阶层不断涌现，重构新的学术职业结构成为可能。这个结构既在市场化、法治化的轨道上运行，也在人性化、自由化的方向上发展。尤其是高校教师的去编制化、预聘—长聘制的推进，教师对学科的忠诚已经大于其对组织的忠诚，成为社会人的教师具有了更多的职业发展和个人生活选择权。同时，学科本身的包容性属性使学科成员更加坚定不移地为本学科服务，形成浓郁的专业情结。各个学科方向的高校教师通过学术沙龙、讲座、会议、论坛等形式进行学术交流，增进学科内成员之间的情感与信息互通，而高校中的优势特色学科与其他学校的相同学科相比，往往具有更加强大的文化凝聚功能。一方面，优势特色学科在学校中的地位奠定了其具有更加丰富的学术资源、优越的学术环境和学术条件，促使本校学科成员孜孜以求地发展壮大学科实力，同时也不断吸引优秀师资，实现个人职业与学科发展的双赢；另一方面，优势特色学科所在单位往往具有悠久的学科历史和卓越的学术成就，是该学科在全国乃至全世界有影响力的学术组织，其本身所具有的学科感召力更易被学科成员所接纳。此外，成为"社会人"的高校教师具有更加弹性的工作安排，例如，以项目团队成员、兼职教授、特聘教授身份开展工作突破了学校的地理界线，而研究问题的聚焦性能使高校教师产生强烈的学科文化归属感。随着个性化工作的逐渐增多，高校教师对组织的依赖性逐渐降低，个人依赖于学科的工作能力逐渐增长，虽然组织对高层次人才的需求越来越大，但高校教师不再像以前那样依赖组织。

4. 关系淡化：高校教师流动下的组织融入挑战

计划经济体制下的高校教师流动是由政府主导的，为开展国家计划调配而进行的战略发展行为。在这种条件下，任何组织实行未经批准的高校教师流动政策是不被允许的，因而结合本校实际、为本校发展和以满足教师发展需求为目的的教师流动很少。市场的介入使高校教师能够进行自由流动，而自由流动有利于高校教师将掌握学术和生活发展的主体意识渗透到其日常行为之中，并深刻影响院校的环境和结构。高校教师的自由流动成为消解劳动关系矛盾冲突

---

❶ 克拉克. 高等教育系统：学术组织的跨国研究［M］. 王承绪，等译. 杭州：杭州大学出版社，1994：38.

的重要方式，也是保障教师权利的重要选择，教师与高校之间的双向选择、个人对岗位的多样化选择已经成为现实。此外，高校之外的利益诱惑对教师的影响逐步加大，外资企业、私人企业高工资和高收入的事实存在吸引着越来越多的教师从凝固的"单位人"成为流动的"社会人"。但每个组织都有自身的运作规则和运行逻辑，想要占据优势地位，必须遵守所在场域的习惯，教师多元资本的匮乏、场内群体的排斥及组织与个人价值旨归的差异进一步增加了组织融入的成本和难度。首先，优胜劣汰是自然界的生存法则。个体占据的资本类型和数量越多，其所拥有的资源、利益等也就越多，进而为其获取更多的资本奠定了基础。[1] 高校是文化资本占主导地位的学术场域，而高校教师就是文化资本的主要承载者，但他们无法仅依靠文化资本扩展自身发展空间，其自身的社会资本和经济资本也产生了很大影响。现实中并不是所有流动教师都具有强大的多元资本，想要在高校中处于优势地位，势必需要进行资本的累积与兑换，资本的匮乏意味着这部分流动教师在组织融入过程中受到其他行动主体的竞争，难以实现利益转换。其次，高校教师流动常常会遭到新场域中团队成员"外来人式"的排斥。资源的有限性、文化差异性以及组织内部的利益矛盾都不利于流动教师的组织融入。在资源有限的情况下，行动主体的增加无疑加剧了场域内成员之间的竞争，引起原有成员对流动教师的抵制，流动教师在陌生的组织环境下若没有与组织成员进行充分沟通交流的机会，便难以在心理上产生对组织文化的认同，而组织内部既有的利益矛盾对并不熟悉场内情况的流动教师而言，有可能造成工作上的误会及冲突，削弱其融入组织的意愿。最后，作为接受过系统专门教育的知识人，其对于自我实现的需求是十分迫切的。在学术自由理念的引领下，高校教师具有强烈的反思与批判精神，不畏艰难、追求真理成为他们共同的奋斗目标。然而现实恰恰相反，当代高校正在成为以"学术绩效"为核心的企业化组织。面对高等教育普及化浪潮，高校需要面向社会获得更多的资源，董事会、校友会，产学研合作，高校、企业等都在努力和社会形成共识，并实现双方和谐合作的共振。高校教师发展在以"学术GDP"为指标的裹挟下，逐渐同化为科研生产机器。基于二者价值旨归的差异，崇尚学术自由的高校教师在进入新的组织后，双方若无法达成妥协，极有可能产生新的教师流动，这也成为他们组织融入困难的原因之一。

---

[1] 尚瑞茜，么加利．从"学校场域"走向"社会场域"：我国当代大学教师公共性的式微与提振[J]．黑龙江高教研究，2021，39（9）：91-97．

7.4 高校教师劳动关系的文化认同与社会偏好

高校人事代理机构服务质量与水平有限、身份等级化与岗位选择性执行、激励机制异化与淘汰机制缺位、法治建设滞后与纠纷隐患并存等困境的产生❶，本质上是制度对组织行为的影响。文化认同是促成和谐劳动关系的新思维。❷因此，科学准确的高校教师劳动关系文化认同评价体系，能够正确引导高校教师劳动关系的管理，从而构建高校教师和谐劳动关系，促进高校及教师的双向发展，进一步推动高等教育高质量教育体系的构建。

7.4.1 高校教师劳动关系文化认同的协调机理

随着多元聘用模式的广泛使用，高校出现了基于聘用方式的教师经济与社会身份的分化。在这种分化中，在编教师与非在编教师之间在工作条件和工作待遇上常常存在明显的差别，这些差别在很大程度上是由高校对不同类型教师的差别化管理造成的。教师的身份代表了其在高校组织中的经济与社会地位，而教师身份的形成常常与高校的特定管理制度紧密相关。随着新型聘用模式的大量使用，高校中出现了以聘用方式为主要标志的教师身份差别，教师层面的个体行为机制的变化深深地嵌入组织情境中，教师聘用身份的形成在很大程度上来自新型的聘用模式。教师聘用身份的分化从多个层面改变了高校的内部教师劳动关系，而这些关系的变化最终传导到了教师的工作态度与行为之中，即聘用身份对教师行为的影响是通过改变高校的内部劳动关系来实现的。这些关系包括：第一，改变了教师个体与高校之间的聘用关系，聘用身份的分化使教师与高校之间的聘用关系形态变得更加复杂和多样化；第二，改变了教师对组织公平的认知，具有不同聘用身份的教师在相互比较的过程中对组织公平的感知产生了新的差别；第三，教师群体内部形成了具有不同聘用身份的亚群体，增加了教师内部人力资源多元化的类型与程度，带来了新的互动关系和行为方式。

1. 个体层面：高校教师行为的差异化

从文化认同的角度出发，赫伯特·卡夫曼（Herbert Kaufman）曾指出，情

---

❶ 张虹. 高校人事代理制度的发展困境与优化路径探索：基于重庆市 8 所公立高校人事代理文本的研究 [J]. 北京社会科学，2020（3）：47-58.

❷ 曹凤月. 文化研究：建构劳动关系和谐的新思维 [J]. 当代世界与社会主义，2013（6）：165-167.

感是维系组织最强有力的纽带，但不是唯一的纽带，在组织中除了情感，与利益相关的因素也具有凝聚组织成员的功能。❶ 因此，和谐的高校教师劳动关系中除了来自情感的学科文化认同，还包含利益驱使下的理性选择结果，即在继续现有工作和放弃原有教职寻求新的利益的过程中所需承受的消极后果之间进行的价值选择。不同的高校教师选择聘任制的缘由既有工具性选择，例如获得额外的经济收入、自我提升，也有"踏脚石"选择，即先通过预聘方式获得工作机会，而后以此为跳板成为长聘教职，还有基于个人偏好的自愿选择。可以说，意向不同的高校教师在工作态度上存在显著差异，对聘任制持正面的态度时，可以引发其积极的工作态度与行为。

从组织公平视角来看，组织需要加强对高校教师的人文关怀、树立共赢理念等，但现实中高校教师会将自己的工作投入与绩效和其他教师进行对比，而在聘用身份不同的高校中，非在编教师由于在工作收入、培训与晋升机会和组织支持等方面的待遇较差，所以他们更容易产生负面的组织公平感知，进而导致其消极的工作态度与行为，而高校教师自身缺乏职业精神和学术道德，造成了高校教师对学科文化认同感低，这自然会造成劳动关系的不和谐乃至冲突。

从社会对高校教师的职业认知来看，拥有固定编制才能够满足社会对理想职业的要求，在高校逐渐采用预聘—长聘制、人事代理等多元聘用模式的今天，高校教师已经不再是一份传统意义上的"铁饭碗"工作。聘任制的实施重新定义了高校教师的社会角色，尤其是青年教师在经济压力和工作压力的双重挤压下，更是被贴上了"学术链底端"的标签。这意味着与以往相比，社会对高校教师的身份认知出现了分化。将工作意义附着在薪资、待遇和福利等外部物质上的高校教师群体将业绩指标的达成作为自己的奋斗目标，当这些指标没有达成时，他们容易表达出对教师职业意义感的丧失、成就感的缺乏和职业崇高感的瓦解。❷ 对高校教师而言，既要为"稻粱谋"，也要拥有"诗与远方"，构成了叠加的压力源。有研究称，高校教学是职业道德支撑下的"良心活"。❸ 从这个意义上而言，高校教师面对的现实利益诱惑虽重，但依然需要有人仰望星空。和谐的高校教师劳动关系不仅是达成业绩指标，更重要的在于高校教师自身对

---

❶ 克拉克. 高等教育系统：学术组织的跨国研究 [M]. 王承绪，等译. 杭州：杭州大学出版社，1994：84.

❷ 黄亚婷. 聘任制改革背景下我国大学教师的学术身份建构：基于两所研究型大学的个案研究 [J]. 高等教育研究，2017，38（7）：31-38.

❸ 韩双淼. 妥协还是坚守：大学青年教师的学术身份构建 [N]. 中国科学报，2022-05-17（03）.

于学术发现的愉悦成就感，即便超负荷工作，也是由兴趣引发的自愿性过度劳动。

2. 群体层面：高校教师群体间的互动影响

在多元聘用模式中，高校教师被制度化地分成了不同的群体，群体之间是否存在地位差别以及不同地位的教师群体会表现出什么样的行为特点，实际上是由一些群体间的特征决定的。影响高校教师群体行为的因素主要包括群体间的地位差别、身份的转换和地位的稳固性。多元聘用模式下教师群体存在地位差别，不同群体成员的行为方式也会有所不同。以知识分享为例，地位不同的教师在合作与知识分享的行为表现上存在差别，但在行为动机上存在争论。一种情况是，地位高的教师更愿意进行知识分享，原因在于地位低的教师知识量相对较少，更有可能对一些独特的知识进行保留，避免进行知识分享；而另一种情况则是，地位较低的教师更愿意进行知识分享，这是因为通过分享知识可以获得学校与其他教师的认可，避免在高校中被边缘化，提高自身在高校中的地位，地位高的教师没有这种顾虑，他们会因为担心知识流失而回避知识分享。

这种矛盾性的情况可以通过加入地位的稳定性和身份的转换进行解释。在地位稳定性方面，对于地位高的教师群体而言，类似于群体间知识分享这类有利于其他群体的互动行为的出现受到一个因素的影响，即这种行为是否会损害自身现有的地位，或是否有利于提升自身现在的地位。职业身份差异对在编教师群体和非在编教师群体的影响取决于群体间身份的稳定性，身份稳定性的差异会逆转身份差异对教师的心理状态和行为动机的影响，进而影响其工作积极性。在身份差异相对稳定的群体中，在编教师群体的工作评价受到保护，在开展教学、科研过程中具有更高的心理安全，因此表现出积极的工作行为；而非在编教师群体的工作努力状态难以改变其现有状态，那么其努力的程度会降低。在身份差异缺乏稳定性的情况下，在编教师会倾向于知识隐藏以维护现有优势，非在编教师会倾向于积极地进行知识分享以改善自身地位。在身份转换方面，编外教师群体在有机会成为高地位教师群体的情况下，会做出有利于高地位群体的行为，更多地表现出有利于群体间的行为而非群体内的行为，以实现身份的改变；在编教师则只会表现出有利于群体内部的行为，这说明当多元聘用模式中存在正向的身份转换机制时，非在编教师群体会更加认同在编教师群体而非自身所属的群体。

3. 影响高校教师劳动关系实施效果的潜在机制

对于教师个体层面发生的行为变化，X效率理论具有较强的解释力。X效率是由哈维·莱宾斯坦（Harvey Leibenstein）于 1966 年最早提出的，它强调人在生产过程中的作用。X 效率理论的关键在于这种努力程度的大小，而这种努力程度又取决于企业内部的管理与协调性。与莱宾斯坦的 X 效率理论相似，在当今聘用方式多元化的环境中，高校开始更多地采用聘任制，这种内部聘用模式的变化引起了教师行为的多样化与差异化，其中很多短期聘用的教师降低了自己对高校的投入程度，这是短期聘用难以避免的问题，所以在这种情况下，容易出现 X 低效率的情况。

莱宾斯坦的 X 效率主要是从经济学的角度来分析个体努力程度的影响，而在组织的实际运行中，员工不仅以个体的方式进行活动，还以群体的方式进行活动。具有内部一致性的教师任命制度不仅可以培养教师的忠诚度，还可以提高教师的一致性。这种一致性包括价值观念的一致性，可以提高教师与组织的整体契合程度，并且长期的互动也提高了教师群体的知识水平，可以使教师之间进行深度的知识分享，有利于进行知识创新。在当前的形势下，教师任命制的适用性在降低，很多高校更多地使用多元聘用模式。这两种策略在不同的方面提高了教师群体内部的多元化水平，在价值观念和组织认同方面，在编教师具有很高的一致性，非在编教师常常与他们存在较大差异，这种差异化是导致群体冲突的一个原因；同时多元聘用带来了教师之间的聘用身份差别，这种地位差别会产生组织公平的问题，因为多元聘用模式代表着高校内部存在多种人力资源管理系统，所以这种公平不仅包括人力资源管理系统内的公平问题，还包括系统之间的公平问题。此外，在编教师与非在编教师之间存在工作负荷和聘用安全等方面的矛盾。这些问题加大了高校内部教师群体之间的劳动关系冲突，如果不能妥善地处理，将会给高校带来负面影响。

7.4.2 高校教师劳动关系文化认同的构建路径

组织文化以间接的、非人际性的互动对高校教师劳动关系产生影响。高校作为思想智慧的集体创造地，将为个人和机构利益相关者提供交流的机会，并将人的思维和交流"科技化"，高校教师对院校组织的忠诚，本质上是对其组织文化的认同。因此，文化认同是高校教师劳动关系稳定和谐的基础。[1]

1. 弘扬社会文化的人本主义

高校教师是一种"活的""具有创造力"的学术资源，因此，院校要秉持

---

[1] 吕景春，李永杰. 论和谐劳动关系的文化机制与路径选择 [J]. 经济问题，2008（4）：8-13.

以人为本的管理理念，尤其是民办高校需要在教师招聘方面投入更多的资金吸引优秀教师的加入。具体而言，院校需要从以下几方面体现"以师为本"的理念：第一，院校要了解不同层次教师的不同需求，对新入职教师、三年入职教师、入职时间较长的教师给予优惠待遇。特别是在工资发放时间、福利待遇类别、住房条件、相关配套工作条件等方面，应采取人性化的管理措施。根据马斯洛的需求层次理论，这些都是满足高校教师生理需求的项目。对于很多教师来说，能否在这方面得到更多的满足，对于高校教师劳动关系的稳定和维持是非常重要的。民办高校需要为教师提供学习和晋升的机会与平台，帮助教师实现更高的目标。

第二，院校管理者应视高校教师为不可或缺的资源，而非劳动工具，建立长期合作互动的劳动关系。高校教师应更注重心理契约，更注重情感的互动。院校应合理设定高校教师的发展目标，帮助高校教师做好职业生涯规划。高校教师应在学校发展战略的指导下，根据自身的情况和目标进行充分规划。将学校发展与教师个人晋升结合起来，形成一种互动的合作关系，可以有效降低目标偏离程度和离职风险。

第三，院校要不断完善学校管理制度，规范劳动关系管理。合理设置教师比例和专业结构，通过各种渠道吸收人才，完善各种福利，培养高校教师对学校的归属感、家庭感和认同感。只有这样，才能促进劳动关系健康有序发展。

第四，高校工会组织要承担起保护职工的重任。工会不是行政一级的附属机关，而是独立参与协调劳资关系的组织。工会要了解教师的动态和需求，发挥维护教师权益的作用，充分利用三方协调机制，构建和谐稳定的高校教师劳动关系。

2. 强化组织文化的契约理念

英国心理学家认为，在学校组织结构调整和雇佣关系变化中，心理契约是最能集中反映这种变化的敏感的核心因素。[1] 契约理念是高校教师劳动关系转型存在的前提和主要的表现方式，是教师心理层面的感知和承诺，有利于教师之间书面的成文约定，是为激发教师对教学发展的外部动机。满足教师的个体期望建立起的权利义务机制和协议。这主要体现在以下两个方面：第一，聘任合同的设定与规范，聘任合同的设定须在国家法律规定和劳动法框架内进行；

---

[1] ZHANG H. Application of psychological contract theory in mental health and professional development of university teachers [J]. Journal of Environmental and Public Health, 2022（15）：1-8.

第二，除了明文规定的条款，还存在一些无形的期待。例如，学生关心的是学到的知识是否等同于支出，教师关心的是其付出和得到之间的相关性，学校关注的是投入产出比，这些需要从教师角度出发，用实际行动赢得教师信任。按照契约理念去思考高校教师劳动关系时，要让"信与守"这个理念的核心价值充分体现出来，使高校教师劳动关系稳定和谐并有序发展。

高校教师劳动关系的"契约化"必须明确院校与教师的法律地位，强调权利义务的对等。传统高校教师劳动关系只规定了教师"单位人"的义务而没有发展其职业权利，造成"契约异化"，与规范的人事制度相背离。新时代和谐平衡的高校教师劳动关系，需要院校组织与教师签订具有法律效力的聘任合同，确立高校教师的法律地位。实践中，关于高校教师与院校的法律关系性质如何判断，对高校教师的招聘录用、辞职辞退，以及对其聘用合同的订立、履行、变更、解除、终止受到哪些法律的调整，并没有系统的规定和详细的解释。高校教师与院校的人事争议、合同争议就会不可避免地产生。例如，两者间的法律关系、高校教师劳动关系的法律适用以及法律争议中常见的法律误区等问题都反映了在立法层面，有必要进一步完善高校人事相关的法律法规和政策制度。由身份走向契约，体现高校教师的权利与义务对等，是新时代高校人事制度文明的必然要求。

3. 增强个体文化的普遍信任

高校教师在进入工作岗位时，要充分了解和认同学校文化。在此基础上，做好自己的教育职业生涯规划，实现院校与教师的合作发展。教育的连续性和教师的稳定性对学生的学习有很大的影响，这也是院校持续稳定发展的必要条件。高校教师的心理素质、精神境界和专业知识水平的提高，有助于有效解决院校与教师之间的劳动关系问题。

信息化时代的来临、全球化的纵深发展使信任关系发生了颠覆性的变革。信任危机、信任赤字如果得不到有效解决，市场经济就难免会被扼杀在摇篮之中。韦伯把信任区分为两种方式：以血缘性社会为基础，建立在私人关系和家族或准家族之上的特殊信任和以信仰共同体为基础的普遍信任。第一，我国的传统文化重视"关系"，尤其是血缘关系，社会信任建立在地缘、血缘、宗族的基础上，对于无血缘关系的人则表现为不信任。费孝通在《乡土中国》中把我国传统社会关系和社会结构特征概括为"差序格局"。❶ 由此及彼，可以发现

---

❶ 费孝通. 乡土中国生育制度 [M]. 北京：北京大学出版社，1998：26.

我国社会的信任结构也呈现"差序格局"的状态，人们之间的信任度随着"波纹"的扩展而不断递减。不过这种内外亲疏边界较为模糊，富有弹性。西方社会的发展证明，由强关系向弱关系社会转变是一种历史进步。但我国的情况有其特殊性，我国几千年的文化、习俗都是在处理人与人、人与社会之间的关系。第二，人情关系是中国人际交往体系中的重要特征。在具体的交往过程中，人情在情感的基础上衍生出了交换之物与伦理规范两层含义，也就是说，人情关系是有形和无形资源的交换关系，"礼尚往来"的礼物传递链条广泛存在于我国的人际交往中。第三，受到人情约束的关系不是所有的人际交往，而是在以"己"为中心的差序格局中，除去离个人最近的和离个人最远的圈子之后的中间圈子。介于两者之间的人情关系，按照圈子从近到远的顺序表现为情感性逐渐递减、工具性逐渐递增，形成了一圈圈推出去的连续网络。而在高校学术系统中，虽然不是以血缘关系构成的以"己"为中心的差序格局，但是，以学缘关系构成的以"己"为中心的差序格局正深刻地影响着学校的运行发展和形成普遍信任，并影响着高校教师劳动关系的和谐发展。

  在社会交往中，关系的主要功能在于它保证了交往各阶段所需要的信任。高校教师如果没有切实履行工作职责，就会受到聘任合同中约定的惩罚，而且可能会失去关系网络及其中所包含的社会资源。例如，高校教师的自由流动并不意味着其可以违反"秉持诚实，恪守承诺"的诚信原则，无所顾忌地随意离职。也就是说，如果有事实证明因高校教师违反诚实信用原则的离职行为给院校工作造成了损失，院校可以主张要求赔偿。基于关系中蕴含的义务对高校教师个人存在较强的制约作用，高校教师与院校间信任的建立可以通过强关系的搭建得到逐步满足。但是，真正建立普遍信任需要依靠法治，建立制度化信任。因此，高校教师劳动关系的文化认同不仅是基于对教师品性的认知，更在于对制度安排及其执行机构的信任。在没有持续诉诸规则的单位，普遍信任的基础将受到削弱。对此，加强对高校教师劳动关系的信任可以从两个方面着手：一是自上而下式，在实现公平、守约等方面履行规定，信任有可能增加；二是自下而上式，即通过增加教师融入单位的机会来培养教师对学校和院系给予信任的习惯，将教师自身的认知与单位人事制度的价值观进行充分融合，形成认同高校人事制度价值观的视界，形成教师与单位相互理解的境界，继而通过文化认同建构和谐的高校教师劳动关系。

第8章

高校教师劳动关系矛盾冲突的预警机制

随着社会主义市场经济转型，我国高校教师劳动关系类型、聘用方式以及法律关系出现了新变化。高校与教师之间的关系从以计划式、行政化为基础的单一性劳动关系转向市场化、法制化和契约性的多元化劳动关系。处于契约制下的劳动关系双方，即高校与教师之间在目标与利益追求上相互碰撞，显示出不同程度的矛盾与冲突。由于高校和教师之间存在多样化的矛盾冲突，导致我国的一些高校在一定程度上存在部分教师"躺平"，以及教师与所在学校、院系双向不信任等问题，这将影响教师的教学质量与科研产出以及高校管理机制的正常运行，从学校的角度来看，也可能影响学校战略目标的实现。因此，对影响高校教师劳动关系矛盾冲突的因素进行预警分析与监测，构建高校教师劳动关系矛盾冲突的预警机制，预测并防范高校教师劳动关系的矛盾、消解劳动关系冲突、营造良好的工作氛围具有重要意义。

高校教师劳动关系矛盾冲突的预警机制是对高校与教师劳动关系中的不稳定因素进行科学系统的评估，并及时对高校教师劳动关系的潜在风险进行监测和示警，通过各项指标分析其影响因素，判断其可能出现的危机事件，以此制定相应的保障措施以及相关的程序和方法。因此，科学有效的预警机制应具有预判性与时效性特点，传统的危机处理方式是在事件发生后再采取相应的措施，滞后的信息处理容易给高校教师劳动关系带来更大的危害。由于危机事件具有一定的突发性与破坏性，遵循预判性的预警机制设计将会为政府、高校及时处理劳动关系纠纷和矛盾提供时间条件。❶ 同时，高校教师劳动关系预警机制还应当具备时效性和信息化的特点，能够有效遏制高校教师劳动关系矛盾与冲突事件的扩散和冲突事件的恶化，避免对高校与教师的社会形象产生不良影响，为高校教师劳动关系和谐治理提供有利条件。

8.1 高校教师劳动关系预警系统的理论基础

8.1.1 高校教师劳动关系矛盾冲突预警理论

1. 预警系统的基本内涵

（1）高校教师劳动关系危机预警

在信息化程度不断提高和快速发展的背景下，信息技术时常被用于相关研究之中。在高校这个社会学术组织中，通过对教师群体的工作环境、薪资待遇、科研条件、心理状态、组织文化氛围、职业安全感等进行持续关注，对影响教师劳动的相关因素进行分析，有利于选取相关指标，构建有效的预警指标体系。在预警技术的支撑下，充分了解高校教师劳动关系状况，对可能出现的危机进行预测与监测，当危机出现时，管理部门能够对预警信息进行及时反馈和处理，分析问题出现的原因，并借助相关技术寻求解决问题的方案。❷ 在对高校教师劳动关系进行调节的过程中，政府和高校作为劳动关系矛盾冲突等危机处理的主体，需要充分发挥其监管作用。在危机预警系统中，需要加强对高校学术人力资源的合理和优化配置，不断完善高校的管理制度和政策体系。

高校教师劳动关系危机预警的内容可分为以下两个方面：一方面是对高校劳动关系外在要素进行预警，包括高校教师资源配置状况、组织适应程度等；另一方面是对劳动关系内在要素进行预警，对高校教师的法律关系、经济关系和社会关系所构成的要素进行分类，包括教师的法律地位、工资待遇、职业发展潜力等多个维度。依托相关的信息技术，借助先进的预警方法，实施高校教师劳动关系矛盾冲突预警工作，分析高校与教师的关系，确保高校教师劳动权益，促进高校劳动关系管理的稳步推进。

---

❶ 刘欢. 高校危机事件治理的预警机制缺失问题研究 [D]. 成都：电子科技大学，2021.
❷ 罗帆，佘廉. 企业人力资源危机的预警管理 [J]. 工业工程与管理，2003（4）：10-14.

(2) 预警机制在高校教师劳动关系危机管理中的效用

预警机制的建立能够以快速而准确的方式发出警报信号和传递警情，同时，及时地向相关组织管理部门提供警示，有利于管理人员采取合理手段，控制警情的发生和发展。在预警系统中，需要对预警指标的选取、预警指标体系的构建、预警系统的建构、预警信息的监测以及所采取的防控措施等进行科学合理的安排，使预警系统在各个环节发挥重要作用，以降低警情发生的概率和减缓恶化的趋势。高校教师劳动关系矛盾冲突的预警工作需要建立在相关管理部门的关注与控制之上，通过建立专门的预警管理部门来处理高校与教师的各方面问题，运用技术性手段和采取有效措施，对可能发生的矛盾冲突事件进行预测与监控，收集预警信息，以此来判断警情的程度。在高校内部治理过程中，需要通过构建预警指标体系和建立完善的预警系统，及时反馈警情，协助管理部门及时采取相应的措施来解决问题和降低损失，并以此保障高校内部的稳定和谐发展。❶

2. 预警系统的理论基础

(1) 人力资源配置理论

在社会分工的背景下，各级组织对劳动力的雇用状况和人力资源分配状况存在差异性，对相关的情况进行调查和研究有利于分析人力资源分配模式，促进人力资源的有效配置。在市场经济改革发展时期，市场化的分工模式对人力资源的配置提出了新的要求，人力资源需要按照不同的发展状况进行重新分配和调整，以促进社会经济的发展和保证组织利益最大化。在社会主义市场经济转型发展的过程中，劳动力倾向于加入经济收益更高的组织和单位，以寻求个人利益最大化。在劳动力市场中，劳动者根据市场需求以及对劳动力的供求来决定进入哪一类劳动组织，在市场经济调节下，劳动者的收益随着用人单位的需求发生波动。因此，劳动者的就业选择依据市场需求以及人力资源配置状况发生改变，同时，基于利益最大化的选择，劳动力资源分配呈现出动态优化的形态。

人力资源配置直接影响组织劳动关系。组织劳动关系的和谐建构以人力资源配置为前提，科学的人力资源配置包括人力资源数量、质量、结构、效益等核心要素的配置，人力资源薪酬结构的合理性、工作的稳定性、满意度、劳动条件、劳动环境的和谐程度、人力资源培训与发展等，直接影响劳动关系的治

---

❶ 马琳. 我国危机管理研究述评 [J]. 公共管理学报, 2005 (2): 84-90, 95.

理。高校教师作为学术系统中核心的人力资源，其工作具有学术性，但作为人力资源，他们同样需要在学校这个组织中进行合理配置，人浮于事、人少事多、任务重收入低、福利待遇不高、职业稳定性和安全性差、职业权利得不到充分保障等都会极大地戕害教师的工作士气。因此，在一定条件下，在组织的协调和管理下，对教师资源进行优化配置，激发其学术潜力，促进组织目标的实现，也就成为教师劳动关系治理的基础。

（2）预警管理理论

预警管理理论是通过建立预警管理体系，对组织中可能存在的冲突和未来发生的风险进行预警监测与防控的理论。预警管理的主要方式是基于科学合理的预警原则，根据相关预警指标，对预警对象建立一系列预警机制，采取有效的防控对策来缓解和消除警情。在预警处理过程中，分析预警各项影响因素的变化，对预警相关信息进行分析和处理，根据警情结果采取防治措施，推动预警管理工作的顺利进行，以防止组织内部出现混乱。❶ 预警信息的甄别与分析在预警管理过程中发挥着基础性作用，可以为制定防控措施提供有用的信息。在分析危机产生的原因和影响因素的基础上，通过预警系统的及时监测和有效反馈，将预警信息传递给政府和高校管理部门，以应对危机的不断恶化和蔓延。面对潜在的危机，高校需要采取一系列控制行动，有针对性地进行预警管理和消除危机。在高校教师劳动关系治理过程中，充分发挥预警管理的作用，对高校教师劳动关系的核心要素及其工作环境进行预警监控，及时发现可能存在的潜在风险，形成信息收集和分析机制，并采取相应的预警管理措施，减少矛盾冲突的发生和组织的损失，维护高校自身及其相关群体利益，是高校教师劳动关系预警体系设计的目标。

8.1.2 高校教师劳动关系预警系统的构成

1. 预警监测系统

高校教师劳动关系预警系统包含了高校教师劳动关系预警监测、预警分析、预警处理的全部过程。预警监测在预警研究中起基础的作用，为预警管理提供信息；预警分析是对问题产生的原因进行充分有效的探究，是消除劳动关系矛盾冲突警情的前提；预警处理是对警情进行分析后，采取有效措施以预防和消除矛盾冲突的处理过程。

---

❶ 刘英茹，张怡梅. 论组织危机管理过程中的预警管理 [J]. 经济研究导刊，2005 (1)：35-37.

预警监测系统主要是对高校教师劳动关系的警情进行监测和判断，其预见效用对于预警具有重要意义。其基本思路是，找出高校教师劳动关系危机和警情，把握潜在的规律，对高校教师劳动关系的相关情况进行预测，把握高校组织运行和教师职业发展的各种相互作用因素，通过对高校教师劳动关系矛盾冲突的各种影响因素进行分析，建立预警指标体系，通过关注指标的动态变化，在警情出现时，能够及时感知问题出现的具体方向和位置，防止冲突的发生。

高校内部管理体制的深层改革必然导致由于新旧体制机制的转换带给教师新的压力和挑战，尤其是现阶段高校危机管理水平还比较低。因此，高校教师劳动关系矛盾冲突事件逐渐增多但处理不及时，导致了多样化的院校与教师之间围绕劳动关系形成的矛盾冲突，成为社会关注的重大舆情，在一定程度上威胁着高校与教师之间的劳动关系，也给高校和教师带来了双向的利益损害和声誉损害。高校教师劳动关系的预警监测系统需要构建完善的监测体系，在分析高校教师劳动关系矛盾冲突影响因素和各项指标时，使预警监测作用能够有条不紊地发挥出来，并且将监测到的信息快速地传递给下一个预警环节，以预判矛盾冲突发生的可能性及发展趋势。

2. 预警分析系统

预警分析系统处于预警系统的中间环节，在收到预警监测系统传递的预警信息后，需要对信息进行有效分类、真假鉴别和原因分析，并对其状况进行预警判断。在高校教师劳动关系的预警信息识别过程中，通过预警分析系统进行有效的分析，找出矛盾冲突产生的根本原因，将其传递给下一个预警系统，发挥其预警分析的作用。通过对收集到的信息进行有效的甄别，关注预警指标的有效性，保障信息的客观性与真实性，同时，在信息传递的过程中，需要对传递途径进行有效设计，以防止信息在传递过程中失真。[1] 因此，在分析相关信息时，预警系统需要对信息进行合理筛选，以保障预警过程的有效性与真实性。

高校教师劳动关系预警分析系统的设计需要对涉及教师自身权益的具体指标进行分析，例如，聘任类型与形式、教学环境、科研条件、薪酬待遇、职业发展前景、工作幸福感、组织文化认同感等都与教师的工作满意度密切相关，因此，高校管理人员需要定期进行调查和了解，充分掌握教师的政治思想态度、学术工作的环境和条件、相关评价和管理制度、教师自身的物质和精神需求等，

---

[1] 高娟. 高校风险管理研究综述 [J]. 财会通讯，2015 (16)：43-46.

这样才能够全面、系统、客观地进行分析。高校和教师都是劳动关系主体，从学校的角度来看，需要关注教师群体的实际需求和存在的问题，当教师得到的待遇和具备的条件与其心理预期存在落差时，教师将出现更高的职业追求心理，在此情况下，高校将难以吸引高层次人才与潜在求职者。❶教师的工作态度与职业发展受到高校经济报酬与文化感染力的影响，在反思可能的劳动关系矛盾时，教师会充分考虑各种因素，寻求更符合自身预期的高校组织而产生流动行为。当高校与教师受到环境的影响时，两者之间的关系会发生变化，并可能激化为劳动矛盾和法律纠纷。

3. 预警处理系统

通过对高校教师劳动关系预警信息的收集、检测与分析，预警处理系统将对系统反馈的相关信息进行防控处理，对造成高校教师劳动关系矛盾冲突的影响因素进行分析，在掌握相关信息的基础上，分析高校教师劳动关系的不同影响因素和动态发展，从而构建和完善高校教师劳动关系矛盾冲突预警指标体系。在高校与教师相互博弈的过程中，需要对高校的运行结构与教师的工作职能进行探究，找出两者之间矛盾与冲突产生的原因，迅速地识别高校与教师之间矛盾冲突的影响因素，并将其导入预警指标体系中。在劳动关系矛盾冲突发生时，借助预警系统的作用，提醒预警部门和管理人员做出积极反应，防止矛盾冲突的扩大和恶化。

建立高校教师劳动关系预警处理系统需要分析教师职业发展、工作环境、成果回报、组织规范、感情承诺、机会承诺等对教师职业满意度的影响，分析高校外部环境因素与高校教师内部影响因素对高校教师劳动关系的影响和冲击，增强对高校教师劳动关系矛盾冲突影响因素的监测功能，提升对高校教师劳动关系矛盾冲突发生的可能性和发展趋势的评价能力，并通过分析收集到的相关信息，对高校教师矛盾冲突发生的潜在趋势做出评估。在分析警情的前提下，通过预警处理系统处理造成矛盾冲突的影响因素，调节劳动关系双方的矛盾纠纷，制定高校和教师都能够接受的解决方案。

8.2 高校教师劳动关系预警系统的构建

高校教师劳动关系预警系统是高校全面把握教师职业发展动态，预防和化

---

❶ 韩淼. 新时期高校劳动关系的特点及工作策略 [J]. 教育探索，2009（3）: 71-72.

解高校教师矛盾冲突的重要依托。寻找高校教师劳动关系的影响因素，选取合理的预警指标，建立预警监测、预警分析以及预警处理系统，对于及时干预高校与教师之间的矛盾冲突具有重要的意义。[1] 预警监测系统可对高校教师劳动关系可能出现的隐患性因素进行预报与示警，以便相关部门掌握涉稳信息，及时采取措施，降低冲突风险；预警分析系统能够科学合理地判断风险发生的概率以及范围，分析各类矛盾冲突事件发生的可能性，并进行风险评估，成为制定预警方案的重要依据；预警处理系统将综合分析前期采集的信息，结合高校的运行规律与教师职业发展的特点，采取措施以促进高校教师劳动关系和谐发展。三个子系统分工合作，共同构成高校教师劳动关系预警系统。

8.2.1 预警指标体系构建

1. 高校教师劳动关系的预警指标

正如前文所论及的那样，在工业界，劳动关系又称劳资关系，表现为由双方利益引起的合作、冲突、力量和权力关系的总和。史尚宽认为，"劳动关系谓以劳动给付为目的之受雇人与雇佣人之间的关系。"[2] 从经济的角度来看，劳动关系是劳动者和劳动力的使用者为实现劳动过程而构成的一种社会经济关系，是生产关系的重要组成部分。劳动关系作为市场经济中最基本的社会关系之一，在促进社会经济和谐发展中起到了重要的作用。从劳动关系的形成与社会变迁来看，18世纪中叶以后，在机器大工业的背景下，劳资双方为了追求自身利益最大化，往往会产生无法避免的冲突，因为经济实力上的巨大差距，工人处于弱势地位，在实际中，资方拥有单方面决定契约内容的优势，工人开始凭借集体的力量取得与资本家交涉的地位，迫使资本家及政府不得不转换态度，甚至通过立法来保障劳工的基本权利。

从法律的角度来看，劳资双方法律关系的内容表现为双方以劳动者的劳动力的使用权和支配权为交易对象，以平等协商和市场交易的方式订立以劳动者提供和给付劳动作为确立彼此权利义务关系的劳动契约，由此形成法律上的合意、平等和互利，进而形成内部管理与隶属关系。[3] 因此，在劳动法视角下，劳资关系双方签订劳动合同，在劳动契约的规范与约束下，双方处于平等地位，

---

[1] 徐家庆. 多维视域中的高校稳定问题研究 [D]. 济南：山东大学，2015.
[2] 董保华. 劳动关系调整的法律机制 [M]. 上海：上海交通大学出版社，2001：89-90.
[3] 黄越钦. 劳动法新论 [M]. 北京：中国政法大学出版社，2003：120-125.

共同协调各自的权利与义务，在劳动合同签订之后，双方受到法律协议的约束。

我国高校与教师之间的劳动关系既有一般性的劳动关系属性，也有其特有属性，不能完全按照市场经济条件下企业和员工之间的劳动关系来处理高校与教师之间的劳动关系。我国是社会主义国家，应坚持以人民为中心的原则，这是马克思主义政治经济学的根本立场。以人民为中心的发展思想是习近平新时代中国特色社会主义思想的重要内容，贯穿于习近平新时代中国特色社会主义思想的各个方面，其本身也具有系统的理论体系，有着丰富而深刻的思想内涵，包含着一系列相互联系、相辅相成的思想和观念。在我国，公立高校依然是高等教育的主体力量，高校与教师是平等的劳动关系主体，二者通过所签订的劳动合同形成一种法律地位对等的契约关系。

高校教师劳动关系结构可以被认为是高校和教师在劳动过程中形成的经济、社会和法律关系的集合。其经济关系表现为教师薪酬、福利待遇、教师激励、学术资源分配上的关系；社会关系表现为职业地位声望、教师工作满意度、组织文化氛围、身份认同、学术评价系统、教师流动等方面的关系；法律关系表现为教师在从事学术工作过程中的法律地位、司法救济、教师权益等方面的关系。

高校教师劳动关系受社会需求、经济发展水平、组织适配程度、教师权益、文化氛围等诸多因素影响，通过对影响高校教师的经济关系、社会关系和法律关系进行分析，找出影响各类关系的具体因素，并构建高校教师劳动关系预警系统的指标体系。❶

（1）经济关系方面

影响高校教师劳动关系经济方面的因素有教师薪酬、福利待遇、学术资源分配等，各因素间相互联系、相互影响，共同构成高校教师劳动关系中的经济关系。

在经济关系方面，高校管理目标与教师自身职业发展目标有着各自的标准与价值期望，双方都希望通过努力和博弈达到各自的预期价值目标。对于高校教师而言，学校的经济激励机制对其职业潜力的发挥存在显著影响。高校应通过设计科学合理的薪酬分配制度对不同职位和岗位的教师群体进行经济激励，使经济激励与教师的劳动价值相匹配，充分体现按劳分配的原则。在经济关系

---

❶ 李志峰，张金丹. 印度卓越大学教师劳动关系：既成矛盾与治理结构［J］. 大学教育科学，2020（3）：96-104.

方面，产生矛盾冲突的主要原因体现在以下几个方面：一是高校教师的劳动属于脑力劳动，劳动的产品是学术成果和学生，而无论是学术成果，还是学生的培养质量，都很难通过具体量化的指标予以评估，只能通过模糊的评价方式对不同层次类型高校教师的劳动进行评价，给付相应的工资，提供相应的福利待遇和学术资源，这就给高校教师的劳动价值定位提供了自由评价的空间，高校教师对于自身劳动价值的期待和高校赋予的实际价值可能存在较大的差距，而这种差距构成了劳动关系矛盾冲突的重要因素；二是在一些高校二级院系的绩效工资再分配过程中，分配制度不合理、不公平，民主共治的权利没有得到充分体现；三是在既有的制度设计中，高校教师群体之间的收入差异比较大，导致高校教师之间由于收入差异而激化劳动关系矛盾；四是在学术资源分配方面，由工作室、实验室、科研平台、科研团队、学科专业与科研经费等发展性资源分配不合理导致的劳动关系矛盾冲突也是经济关系诱发的矛盾纠纷的重要方面。这些因素都在一定程度上影响着高校教师的学术士气。

高校对教师的高期望与高激励，使教师受到高绩效压力的困扰，为了达到学校的期望，教师需要在教学与科研上投入更多时间与精力，针对学校的标准与要求来完成教学任务、完善知识结构、提高学术水平以胜任工作岗位。[1] 高校应该根据教师的实际需求来提供发展条件，满足教师的学术追求与教学理想，给予教师与其劳动相匹配的价值回报，从而提升高校教师的工作幸福感，促进高校教师自我价值的实现。

高校在招聘教师时，经济收入水平及其相关的学术资源条件是吸引求职者的重要因素，进入科研团队并给予科研启动经费等都直接影响着教师与院校之间的劳动关系。高校给付教师，尤其是高水平的优秀教师的薪资和学术资源是重要的人力资本投资，作为投资方的高校面临着人力资本投资风险、人才引进风险及师资队伍建设风险，其风险的大小受到不同类型教师的影响。对于部分高校正在推进的高校教师预聘制，新任教师的预聘合同规定了教师的工作职责、薪资和社会保障条件，由于职业的不确定性，由经济原因及其违约责任导致的法律纠纷屡屡见于媒体，因此，高校与教师之间的经济关系是诱发其矛盾冲突的主要方面。

（2）社会关系方面

影响高校教师劳动关系中社会关系的因素有职业地位声望、教师工作满意

---

[1] 冉亚辉. 高校行政化与去行政化论析 [J]. 现代大学教育，2010（5）：11-15.

度、组织文化氛围、身份认同、社会融入、教师流动等,对影响高校教师社会关系的因素进行分析,有利于构建相应的预警指标体系。

1935年,美国心理学家霍伯克(Hoppock)率先对工作满意度进行研究,提出工作满意度的概念。他认为工作满意度受到多种因素的影响,具有复杂性,劳动者在工作过程中所经历的工作实践、周围的工作氛围及环境、工作心理预期等都将对其工作满意度造成影响。工作满意度由此得到了不同领域学者的广泛关注。❶ 弗鲁姆(Vroom)认为工作满意度受工作环境、工作内容、组织本身、管理人员、同事关系、薪资待遇和晋升机会等的影响。❷ 邢占军认为员工的工作满意度根据员工自身工作情况而定,员工的家庭生活环境对其工作满意度存在一定程度的影响,在社会因素方面,社会变革进程、员工的社会关系和物质满意感都将影响其工作满意程度。通过分析可见,高校教师工作满意度的影响因素有工作报酬、职业发展、晋升机会、工作热情等。高校教师的工作满意度随着其影响因素的变化而出现差异,在高校教师的职业发展过程中,教师工作理念、职业地位声望、组织文化氛围、身份认同、社会融入,以及工作实践、周围的工作氛围及环境、工作心理预期等都深刻影响着高校教师的价值追求和价值期待。实践中,由于学校文化的疏离、群体文化的融入困难、身份难以获得认同等导致教师流动、矛盾激化的案例不胜枚举。因此,在预警系统中,重视社会关系因素的分析和预警非常重要。

在经济全球化和院校竞争的双重影响下,人才流失成为普遍存在的现象。目前,高校教师的职业压力与生存压力普遍较大,越来越多的高校教师面临着不断变化的职业竞争环境,高校在应对环境变化、提高自身综合竞争力的过程中,在教师的招聘条件、职业发展、科研条件等方面提出了更高的标准,以吸引高层次人才,提升高校的人才竞争能力。在这样的大环境下,高校教师受学术声望、学术权力、科研环境、经济利益等方面的诱惑,可能会流向环境更佳的学校。高校教师的流动之所以会发生,除了薪酬待遇等经济因素,社会因素也是重要的原因,更高的社会地位、更好的平台、更好的科研环境、更好的人际关系、更好的身份认同等都是非常重要的影响因素。不少研究已经证明,非经济因素对于高校教师职业发展具有重要的价值。因此,对于高校教师劳动关系的社会性预警也是预警系统设计的重要内容。

---

❶ HOPPOCK. Job Satisfaction [M]. New York:Harper Row,1935:236-245.
❷ VROOM. Work and Motivation [M]. New York:John Wiley,Sons Inc,1964:175-183.

显然，高校教师劳动关系受组织文化因素的影响，高校教师在组织中的价值发挥、利益保障、决策话语权、组织关怀等都与组织文化相关联，和谐的组织文化氛围有利于高校教师工作积极性的提高，从而有利于营造和谐的高校教师劳动关系。在高校这个学术文化组织中，应成立教师工会和教师委员会等使教师能够民主参与院校管理的组织机构，关心教师的工作状况和职业发展前景，关注教师的工作和心理诉求，帮助教师解决实际问题，保障教师的利益。和谐的组织文化氛围有利于激发高校教师的职业兴趣与发展潜力，提升高校教师的工作效率和对学校的忠诚度，从而促进高校教师劳动关系和谐发展。

学术评价制度是学术系统的重要组成部分，稳定的学术评价制度可以理解为一种学术文化，潜移默化地影响着高校教师的学术生活，建构着教师和高校的劳动关系。在学术评价系统中，通过对高校教师学术论文、科研项目、职称评定、教育教学成果、人才称号等进行评价，来衡量高校教师的学术成果与学术贡献，而高校教师为了在学术领域中保持学术优势和掌握学术话语权，致力于追求学术论文发表和科研成果展示，从而实现自身的学术积累与成就，在学术阶层流动中，对高校教师流动具有积极的作用，促使高校教师群体实现学术阶层的跨越。❶ 从社会关系的维度来看，学术评价制度是决定高校教师能否获得社会认可、院校认可、学术声望等的基础性制度，对于教师的学术劳动产生重要的作用，学术评价制度是否科学合理直接影响着高校教师劳动关系的建构。因此，这也是预警系统设计需要重点关注的内容。

（3）法律关系方面

影响高校教师劳动关系法律方面的因素有法律地位、司法救济、教师权益等，对法律关系的影响因素进行分析，有利于推动高校教师法律关系预警指标体系的构建。

劳动关系法治化建设和高校人事分配制度改革的相关政策规范了高校教师劳动关系双方的法律关系，明确了劳动关系的主体、性质，对现阶段高校教师劳动关系进行了法理界定和身份识别。❷ 但是，由于高校教师从过去的任命制向聘任制过渡，教师身份从单一化向多样化转型，高校与教师之间的法律关系仍然是需要深入研究的法学课题。

---

❶ 卢盈. 学术评价系统与学术阶层的形成 [J]. 江苏高教，2020（11）：9-17.
❷ 周光礼. 中国高等教育治理现代化：现状、问题与对策 [J]. 中国高教研究，2014（9）：16-25.

推行高校教师聘任制是高校人事制度改革的大势所趋，在相关法律和政策的支持下，高校教师聘任制的实行为高校和教师的法律关系带来了新的挑战。高校教师人事制度的改革改变了教师身份，也导致了高校与教师关系的转变。通过签订聘任合同，在双方地位平等的基础上实行契约管理，构成劳动契约关系，不仅规定了双方的责权利的关系，更重要的是实现了教师法律身份的转变。目前，在高校教师聘任制度的推行过程中，应当确保高校和教师各自的权益不受损害，学校应依法保障教师应有的权利，注重与教师之间的沟通和协商，避免侵犯教师的合法权益。

由于高校教师劳动关系较为复杂，在高校内部管理体制中，教师的学术权力与高校的行政权力难以协调，势必引发两者之间的矛盾与冲突，高校教师劳动关系法律纠纷也日益增多，解决这些矛盾纠纷需要进一步完善高校教师劳动关系司法救济制度。为了解决高校教师劳动纠纷和保障高校教师的权益，高校需要根据《高等教育法》《教师法》《劳动法》的相关条款，在内部建立规范的申诉机制以保障高校教师合法权益。从目前高校教师劳动纠纷的实践来看，针对高校人事纠纷解决机制的法律法规还不完善，在高校与教师产生劳动纠纷时，高校会依照自身情况出台政策，导致相关纠纷难以得到有效的协调和解决，尤其是对于高校教师聘用关系中服务期、违约金的处理，矛盾较为集中。因此，要依据相关法律文件的内容，充分保障教师权益，促进高校和教师之间劳务法律关系的和谐发展。

随着我国高等教育内涵式发展、高校管理体制改革、教师聘任制度改革以及高等教育法治基础的形成，学术劳动力市场的法治建设正在不断地完善。在学术劳动力市场的完善和发展阶段，高校教师聘任制度的变革推动了高校教师劳动关系的转变，通过对高校教师劳动关系中法律关系要素的确定，进一步明确预警指标体系的建设，从短期预警到中期预警、长期预警，再到多要素协同预警，才能够更好地保障教师权益，及时有效地解决劳动纠纷，促进和谐劳动关系的形成。

2. 高校教师劳动关系预警指标体系构建

高校教师劳动关系预警是预防和解决高校与教师间劳动关系矛盾冲突的基础，在一定程度上，防范高校教师劳动关系矛盾冲突，维持高校稳定和谐发展，是高校出现教师危机事件时的技术支持体系，因此，加强高校教师劳动关系矛盾冲突预警意识，设计高校教师劳动关系矛盾冲突预警机制，并构建合理的高校教师劳动关系矛盾冲突预警指标体系，具有重要的现实意义和实践价值。

高校教师劳动关系矛盾冲突预警系统设计，需要寻找高校与教师之间劳动关系的影响因素，针对这些影响因素设置警情提示指标，对可能引起高校教师劳动关系矛盾冲突的各种因素及其所呈现出来的不稳定信号和征兆随时进行严密的动态监测，对其发展趋势和可能产生的矛盾冲突及其程度进行科学合理的评估，并将预警结构向高校相关部门发出危机警报的一种运行体系。预测可能产生的矛盾冲突、合理地评估矛盾冲突的发展趋势、对矛盾冲突所产生的后果进行处理，是构建有效预警指标体系的核心目标。

科学有效的高校教师劳动关系矛盾冲突预警指标体系对于高校教师劳动关系预警系统的构建非常重要。利用高校教师劳动关系矛盾冲突预警指标体系，可以对预警信息进行定量化和系统化处理，帮助高校科学有效地评估当前高校教师劳动关系的状况、发展趋势及其矛盾冲突的程度，在一定程度上能够避免和消除高校教师劳动关系的紧张状态与不良态势，保证高校与教师间劳动关系的和谐稳定。

（1）指标体系的内涵

指标在统计学中是表明对象特征和数量关系的概念。一般来说，指标名称和指标数值构成了指标的主要内容，指标中表明对象特征的部分反映了指标所描述对象的实际内容，指标中表明数量关系的部分反映了指标所描述对象的具体数量。在不同的环境和条件下，影响指标的各个因素之间相互制约、相互作用。因此，对指标进行分类探究，找出反映指标内容的具体特征，建立和完善指标体系，可以丰富指标体系的层次结构。

（2）指标体系构建原则

第一，针对性原则。高校教师劳动关系受到经济、社会、法律关系等各个方面因素的影响，当影响因素出现不稳定状况时，有可能导致高校教师劳动关系矛盾冲突的产生。因此，在建立高校教师劳动关系矛盾冲突预警指标体系时，有针对性地选取可能引起高校教师劳动关系矛盾冲突的各项指标十分重要，同时，分析高校教师劳动关系状况时，建立指标评价体系有利于高校教师劳动关系矛盾冲突预警工作的展开。

第二，可操作性原则。指标体系的构建与评价工作是基于各项指标的可收集性与可操作性，以确保高校教师劳动关系矛盾冲突预警结果的真实性与可靠性，因此，高校教师劳动关系矛盾冲突预警指标体系的构建应该遵循可操作性原则。在实际操作中，应从定性和定量两方面对高校教师劳动关系影响因素进行评价，确保预警指标体系在高校教师劳动关系矛盾冲突预警工作中的可操作性与可靠性。

第三，科学性原则。科学性是构建高校教师劳动关系矛盾冲突预警指标体系的基本原则，一切指标的设置都需要建立在科学合理的基础上。应保证科学合理地采集信息与筛选指标，客观地反映高校教师劳动关系以及高校教师劳动关系矛盾冲突的发生和发展趋势。在预警指标的选取过程中，需要充分考虑各项指标在评价研究对象中的实际作用和代表程度，以保证预警指标体系的科学性和合理性。

（3）预警指标体系

通过对高校教师劳动关系中的经济、社会、法律三维关系的影响因素进行分析和指标选取原则分析，采用文献分析法和理论分析法相结合的方法构建高校教师劳动关系矛盾冲突预警指标体系。指标体系包括高校经济关系预警、社会关系预警和法律关系预警，体现为教师薪酬、福利待遇、教师激励、学术资源分配、职业地位声望、教师工作满意度、组织文化氛围、教师流动、学术评价系统、法律地位、司法救济、教师权益等方面，如表8-1所示。

表8-1 高校教师劳动关系矛盾冲突预警指标体系

一级指标	二级指标	三级指标
经济关系预警	教师薪酬	薪酬制度
		绩效管理方式
	福利待遇	福利待遇制度
		教师奖励制度
		工作与生活条件
	教师激励	职业发展平台
		职称评定标准
		成果奖励办法
	学术资源分配	学术条件支持
		科研经费

续表

一级指标	二级指标	三级指标
社会关系预警	职业地位声望	学术资源控制程度
		教师保障制度
	教师工作满意度	职业发展前景
		教学与科研环境
		公平的竞争机制
		工作兴趣程度
	组织文化氛围	价值理念认同
		民主参与管理
		社会融入程度
	教师流动	职业压力
		组织吸引力
	学术评价系统	学术论文评价
		科研项目评价
		职称晋升评价
		人才称号评定
法律关系预警	法律地位	教师聘任关系
		高校教师合作方式
	司法救济	行政救济渠道
		纠纷解决机制
		教师申诉机制
	教师权益	教育教学管理
		民主参与权益
		劳动报酬权益
		职业安全与生活保障

8.2.2 高校教师劳动关系矛盾冲突预警系统

1. 预警系统的结构

高校教师劳动关系矛盾冲突预警是在对高校教师劳动关系进行客观分析的基础上，对矛盾冲突事件发生的可能性和发展趋势进行预测与判定，并根据综合评价指标体系来判断高校教师劳动关系状况。若出现矛盾冲突，预警系统将及时给出警报信号，以便高校管理部门和管理人员采取有效的预防措施，防止高校教师劳动关系矛盾冲突恶化，确保高校与教师之间关系的和谐稳定。❶

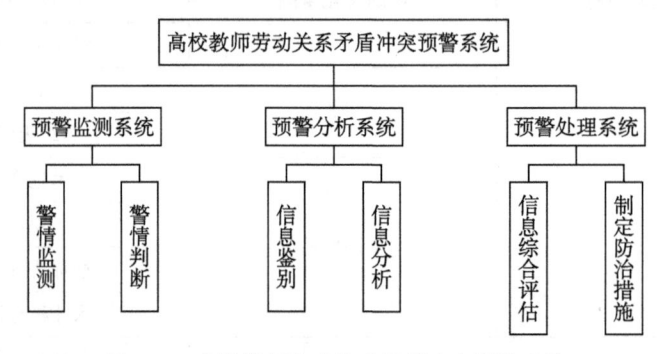

高校教师劳动关系矛盾冲突预警系统的结构设计依据预警的相应程序进行层层预防监控，以防止高校教师劳动关系矛盾与冲突的发生。预警系统建立在预警信息收集和监测、预警指标体系分析的基础上，以此判断高校教师劳动关系矛盾冲突发生的可能性程度，预测冲突事件发生的后果，并及时发出警报，以便采取预防措施，减少高校教师劳动关系矛盾冲突引发的损失。在复杂的内外部因素的影响下，高校教师劳动关系矛盾冲突预警系统的结构具有复杂性和专业性的特点。高校教师劳动关系矛盾冲突预警系统的结构如图 8-1 所示。

图 8-1 高校教师劳动关系矛盾冲突预警系统

2. 预警系统的价值

建立健全高校教师劳动关系矛盾冲突预警系统，可以预测矛盾冲突发生的可能性，提升学校的反应和处理能力，最大限度地减少冲突造成的损失。当高校教师劳动关系矛盾冲突发生时，学校声誉和教师利益将会受到一定程度上的影响，甚至对高校教师劳动关系的和谐发展造成严重的威胁。高校管理部门和管理人员需要时刻保持对劳动关系预警和监测状况的敏感性，及时收集和了解各种信息，尽力避免矛盾冲突事件的发生，以科学合理的预警系统促进高校教师劳动关系和谐发展。

随着高校人事制度改革的不断推进、人事分配自主权的不断落实，高校人事制度从政府直接管理逐步转向高校自主管理。高校自主管理权不断增强，其在加强教师队伍管理、促进薪酬分配制度完善、实行教师聘任制度、提高资源

---

❶ 周彬，周军，徐桂红. 论科研团队的冲突管理与有效沟通［J］. 中国科技论坛，2004（3）：120-123.

分配效益等方面有了更大的治理权力。相反，在高校内部学术劳动力市场中，供需矛盾导致用人单位——学校在处理教师劳动关系过程中处于主导地位，教师处于从属地位，教师的劳动权利如何在高校的主导地位下得到充分保障就成为人们广受关注的问题。由于高校与教师实质性地位的不平等，大多数高校是行政权力主导学术权力发展，教师的劳动权益有可能受到不同程度的影响，就会形成实质上的高校教师劳动关系矛盾冲突。

2016年，我国高校人事制度改革持续推进，薪酬分配制度等各项人事制度不断出台。在人事制度改革过程中，高校原有的管理体制出现了较大调整，高校和教师双方的聘任关系更加灵活，教师的学术成果与绩效奖励差异化更加明显，教师的职业发展与晋升渠道竞争日益激烈。❶ 在压力渐大的竞争环境下，高校教师实现自身的个人价值和职业发展的压力更大，由于一系列改革不断深化触发的深层次的矛盾浮现出来，高校与教师之间的争议和矛盾日益突出，高校人事纠纷事件数量呈上升趋势。在相关法律法规不够完善的基础上，高校教师劳动关系纠纷涉及面广且复杂，然而，高校管理部门难以协调高校教师争议，不少争议只能通过法律途径来解决，这也反映出高校教师劳动关系矛盾纠纷预警的重要性。

在法律实践中，高校劳动申诉制度的不完善导致高校教师劳动关系双方调解难度上升。《教师法》规定："教师对学校或者其他教育机构侵犯其合法权益的，或者对学校或者其他教育机构作出的处理不服的，可以向教育行政部门提出申诉。" 2015年，《中共中央 国务院关于构建和谐劳动关系的意见》对和谐劳动关系提出了新要求，对劳动争议调解组织进行规范，以推动单位调解争议机制的建设。❷ 实际上，高校虽然在加强制度建设，但并未建立起完善的申诉制度，更多的是通过行政手段、思想政治教育工作等促进劳动争议的解决。尽管学校人事管理部门、校和院二级工会组织具有调解劳动争议的职责，但总体而言，通过行政手段解决劳动纠纷的多，通过法律手段提交申诉的少。当然，提交法律申诉的也大多是难以通过行政方法解决的纠纷。如果能够提前感知、提前预警，及时解决劳动关系中的矛盾冲突，就可以大大减少劳动纠纷案件。同时，在申诉过程中，高校内部申诉委员会、争议调解委员会虽然形式上存在，但管理人员并非专业调解人员，在处理申诉事项过程中，难以提出有效的争议

---

❶ 阎光才. 对大学人事制度改革的反思[J]. 探索与争鸣，2003（10）：1-4.
❷ 尹晓敏. 我国教师申诉制度研究[J]. 清华大学教育研究，2005，26（1）：46-50.

调解方式与预警方案，影响了劳动关系双方的有效沟通。

从国内研究现状可以看出，高校教师劳动关系预警理论与实践研究在不断深入展开，预警理论在高校管理领域日益受到重视。但是，由于高校教师劳动关系研究时间还不长，对高校教师劳动关系指标体系影响因素的分析侧重点不同，因此高校教师劳动关系的预警研究还不够成熟。一方面，政府对高校教师劳动关系矛盾冲突预警信息系统的建立缺少政策引领与财政支持；另一方面，高校对劳动关系预警的投入水平较低，信息收集、监测、预测、预警机制建设还处于初步探索阶段，其功能还没有得到充分发挥。因此，构建完善的高校教师劳动关系矛盾冲突预警指标体系，可以为建立科学合理的预警政策提供基础条件，对高校教师劳动关系矛盾冲突的产生与发展趋势进行预警规避。

8.3 高校教师劳动关系预警机制设计

建立高校教师劳动关系矛盾冲突预警机制可以使高校在教师劳动关系失衡时快速作出反应，有利于高校相关管理部门采取措施，减少矛盾冲突带来的损失。同时，系统、有效地进行预防与示警，对提升高校预警效率，分析与处理影响高校教师劳动关系的不利因素，保障高校教师的合法权益，完善高校内部管理体制具有重要作用。[1] 当矛盾冲突发生时，预警机制将会及时地发出警报，缩短判断危机发生可能性的时间，提高高校管理部门和管理人员的反应速度。在早期阶段，及时采取有效措施有利于阻延高校与教师关系失衡的既有矛盾，提高对高校教师劳动关系矛盾冲突的预警敏感度，提升高校相关管理部门的预警管理水平。在处理过程中，科学合理的预警机制将会为高校提供较为稳定的监测结果，提高高校教师劳动关系反馈结果的可信度，降低高校管理部门制定方案的难度，有利于提升高校对教师工作状态与职业发展生态等的关注度，加强高校与教师之间的紧密联系和充分沟通，为有效解除高校教师劳动关系矛盾冲突提供有力保障。

8.3.1 基于院校治理的预警机制

1. 院校治理需要预警机制

在社会主义市场化经济背景下，高校以提供充足的资源与条件来增强对教

---

[1] 丁小浩，何章立. 我国高校教师结构"灰犀牛"式危机的风险预警 [J]. 高等教育研究，2021，42（2）：57-66.

师的职业吸引力，在高校教师日益期待薪酬待遇、工资福利、职业发展前景、成果激励和学术成就等的价值实现时，学校也必然会对教师的教学与学术能力提出更高的要求。高校与教师之间目标和利益的价值导向差异将会给高校教师劳动关系的和谐稳定带来一定程度上的冲击和风险。为了及时发现并规避风险，需要建立科学合理的高校教师劳动关系矛盾冲突预警体系，这是预防矛盾冲突的前提，也是构建和谐稳定的高校教师劳动关系的基础，在一定程度上是维护教师个人利益、增强教师职业安全感、提升高校内部管理水平的重要保障机制。

高校教师的教学水平与科研质量决定了高校的社会形象价值及发展前景。随着高校管理体制改革的深入，高校对教师聘任标准、职业能力和研究成果质量的要求不断提高，高校教师的教学质量与科研水平对高校的社会声誉及长远发展发挥着基础性的作用。高等学校作为法律法规的授权组织，具有行政主体资格。[1] 高校与教师之间签订劳动合同，形成具有法律效力的劳动契约关系。在教师聘任过程中，高校根据内部需求设置教师考核标准，对教师进行资格检定以实现最优选择；教师在被考核的过程中，依据高校的各项要求和服从学校的规则来发挥自身价值。教师在聘任过程中处于被动地位，教师与高校之间权利的不对等，使劳动关系双方处于不平等的地位，造成两者间矛盾冲突发生频率的上升。[2] 因此，增加有效手段保障高校教师劳动关系和谐发展，构建高校教师劳动关系矛盾冲突预警机制就显得非常必要。

在社会主义市场经济背景下，高校依照相关法律和政策规定，依据市场和内部需求自主聘任教师，对教师人力资源进行合理配置以发挥人力资源竞争优势成为必然选择。在教师招聘过程中，遵循公开公正、平等竞争、择优录取的原则，按照国家和地区规定的教师职务合理结构比例，通过按需设岗、择优聘用、竞争上岗、考核评估、契约管理等程序，建立优胜劣汰的用人机制，打破了脱离实际工作需要的职称终身制，淡化了职称概念，强化了岗位聘任，突出了教师履职考核和聘任管理，为教师群体创造了一个宽松、公平的竞争环境。[3] 高校教师聘任制实质上是寻求有效率的人力资源配置方式，提升学术资源的效用，实现学校利益最大化，从而提高学校的核心竞争力。然而，高校教师作为

---

[1] 江永众. 高校行政化的劳动关系学分析 [J]. 现代教育管理，2012 (11)：47-51.
[2] 李华. 现代大学学术权力的权利性回归：现代大学制度建构的路径分析 [J]. 现代教育管理，2011 (6)：46-49.
[3] 俞启定，王为民. 审视与反思：我国高职教师职称评审标准的套用问题 [J]. 教师教育研究，2013，25 (1)：17-21，16.

从事学术职业的特定群体,具有知识性、思想性、学术性和高价值性,追求知识的传授与自身价值的实现,建立自身的学术声誉是其价值追求。因此,高校教师群体为了保证和强化自身的专业性地位就可能与绩效主导下的学术评价制度产生冲突。因此,通过预警系统的建设化解教师劳动关系矛盾冲突成为高校治理的主要领域。一方面,教师劳动关系矛盾冲突预警体系有利于优化高校教师管理活动,通过对高校教师工作过程中职业理念与心理状态的持续监控,可以收集到有关高校教师劳动关系的相关资料,从中发现高校教师教学活动及工作过程中存在的问题,进而对出现问题的环节进行及时调整;另一方面,高校教师劳动关系矛盾冲突预警体系有利于教师个人的职业成长,使高校能清楚地观察到教师的工作状态,以便于高校在教师劳动关系矛盾冲突中及时采取措施。

2. 预警机制的治理效能

(1) 有利于建立和谐的高校教师劳动关系,保障高校健康发展

20世纪80年代中期,随着改革开放的进一步深化、高校人事分配自主权的落实,高校开启了自身的改革步伐,开始从政府直接管理逐步转向间接管理、自主管理。❶ 21世纪初期,国家全面推进人事制度改革,高校内部管理体制改革进程加快,针对高校教师的聘任制度逐步确立,教师薪酬福利和资源分配机制也逐渐完善。从2016年开始,高校人事改革机制逐渐完善,高校根据教师特点制定了相关制度,推行教师聘任制度,对教师的专业考核标准以及考评体系进行调整和完善,构建了一系列的薪酬福利体系来保障教师的经济权益,加强对教师的分类管理,不断推动高校人事制度改革的进程。在人事改革过程中,高校原有体制出现较大调整,高校和教师双方的聘任关系更加灵活,绩效奖励差异化更明显,教师职业晋升竞争更为激烈。❷ 面对更加艰难的职业发展,部分教师难以及时调整自身职业发展理念,因此,由教师工作满意度降低引发的教师与高校间劳动关系争议愈加突出,教师劳动关系复杂性上升,高校内部人事争议事件数量呈现上升趋势。

构建高校教师劳动关系矛盾冲突预警体系能够从源头上防控冲突事件的发生与扩大,最大化地减少冲突事件造成的损失;同时,为高校教师劳动关系矛盾冲突的发生建立防范机制,能够排除冲突隐患,消除潜在矛盾冲突,建立和谐稳定

---

❶ 赵新亮. 大学内部治理能力现代化的权力运行机制 [J]. 重庆高教研究, 2015, 3 (1): 10-15.

❷ 牛风蕊. 我国高校教师职称制度的结构与历史变迁:基于历史制度主义的分析 [J]. 中国高教研究, 2012 (10): 71-75.

的高校教师劳动关系，保障高校高质量发展和治理水平的持续提高。

（2）有利于高校树立危机意识，提高内部治理水平

高校作为社会系统中重要的学术文化组织，其内部矛盾冲突的发生影响着社会的安全与稳定。高校人事制度改革的重心转向"以人为本"，目标是激发教师的生产力，鼓励优秀人才通过竞争方式进入职业岗位，发挥其职业价值，同时，强调激励与引导的弹性管理，并通过对高级岗位设定荣誉性岗位的特殊激励制度，来吸引教师获得更好的工作条件和生活条件，实现教师人力资源的不断增值，构建吸纳优秀人才的良性循环机制。高校教师劳动关系矛盾冲突预警体系可以通过对潜在冲突信息的收集、分析、排查与评估，使高校树立强烈的危机意识，提高对矛盾冲突发生的敏感度与警觉性。

（3）有利于高校建立科学合理的高校教师劳动权利损害救济制度

随着高校教师聘任制的实施和推行，传统的身份任用形式不复存在，高校更倾向于选择符合自身发展需求的高质量教师进入组织内部，两者之间通过契约依附形成合作关系。教师是高校人力资源的主体，教师追求的是自身价值的实现，他们更看重对自身价值的激励和报偿。❶ 因此，在激烈的市场竞争背景下，教师在实现自身价值的同时，其心理价值需求也会发生变化，教师职业压力的增加与院校价值赋予之间的矛盾冲突不可避免。高校教师劳动关系矛盾冲突预警体系的建立有利于明确教师的利益与权益情况，有利于高校建立科学合理的高校教师劳动权利损害救济制度。

8.3.2 预警机制设计的内在逻辑

高校教师劳动关系矛盾冲突预警系统，就是根据一系列相互联系，能迅速、敏感地反映高校与教师之间劳动关系情况与问题的指标彼此之间有机结合，所构成的预警机制。❷ 高校教师劳动关系矛盾冲突预警机制就是要建立一个可以反映教师工作相关的信息收集、处理、评价、及时发现、反馈评价信号的警报体系，并将关于高校教师劳动关系的评价信号快速提交给相关部门以便其做出防范决策，预防和规避劳动关系矛盾冲突发生的过程。

1. 预警机制的构成

高校教师劳动关系矛盾冲突预警机制主要包括信息管理机制、指标管理机

---

❶ 徐勇. 法治视角下的高校教师聘任制 [J]. 国家教育行政学院学报, 2005 (4): 55-58.
❷ 邱林, 王洪昌, 张志功. 企业危机预警管理的理论分析与研究 [J]. 重庆工业管理学院学报, 1998, 12 (5): 44-46.

制、预防决策机制和警报机制等，如图8-2所示。

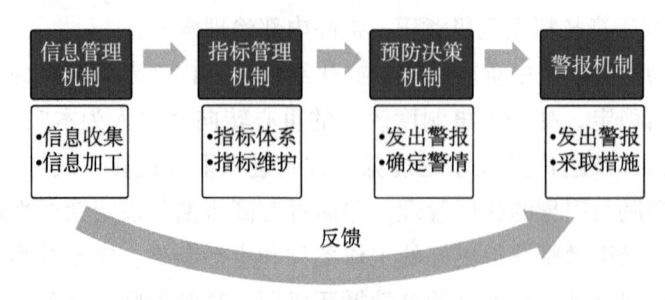

```
信息管理机制  →  指标管理机制  →  预防决策机制  →  警报机制
·信息收集      ·指标体系      ·发出警报      ·发出警报
·信息加工      ·指标维护      ·确定警情      ·采取措施
         ←─────────── 反馈 ───────────→
```

图8-2 预警机制整合模型

（1）信息管理机制

信息管理机制由信息收集系统和信息加工系统两个部分构成。

①信息收集系统。在对高校教师劳动关系矛盾冲突的影响因素进行分析的基础上，对预警指标进行分类，完善信息的具体内容，保障其真实性与客观性。在信息收集的过程中，明确信息的分类标准，对各个类别的影响因素进行具体划分，为构建预警指标体系提供有效的信息基础，以保证其实际操作过程中的准确程度。在对相关信息进行具体分类的过程中，要明确各个指标的具体含义和划分标准，当面对较为模糊的信息时，通过对预警对象的分析来区别不同指标的类型，在信息收集过程中，应当保障信息的真实性，排除外界对相关信息的干扰。高校可以通过建立专业的管理部门和安排信息管理人员来处理相关事件，防止信息泄露或者遗失等问题。因此，在预警系统设计中，对信息收集进行有效管理具有重要意义。在组织中建立安全可靠的信息采集渠道十分必要，当信息采集受到影响时，能够及时发现问题。

②信息加工系统。在信息加工系统中，对信息进行分类整理，并根据具体的信息类别，对各类信息进行识别与认证，以便将信息转化成有效的指标。在高校教师劳动关系矛盾冲突预警机制指标体系中，需要对收集到的劳动关系影响因素进行整理和归类，使相关信息清晰和具有条理，帮助相关部门从整体上把握收集到的信息。另外，对收集到的影响因素进行具体的识别与分类，确保各项指标的有效性。在信息传递过程中，由于各方面的影响，信息的真实性会受到影响，因此，需要完善信息加工系统。

（2）指标管理机制

指标管理机制的主要任务是建立预警指标体系，并对指标体系进行管理与维护。首先，在建立预警指标系统时，对高校教师劳动关系矛盾冲突的影响因素进行分析，选择合适的指标构建预警指标体系。其次，在构建指标体系的过程中，需要关注指标的连续性，即保证能够持续获取所需要的相关信息。再次，需要保障指标体系的客观性与稳定性。劳动关系矛盾冲突预警的各种指标应该保持相对的稳定性，避免其受到环境的影响。当预警指标环境出现变化时，预警系统将难以对相关指标进行正确的预警提示，预警系统将失去预警作用。最后，在不断变化的高校教师劳动关系中，指标数据要根据具体情况的不同而不断更新，随着高等教育内涵式发展与内部管理制度改革，已经建成的指标体系也要与时俱进，不断深入开发和修正完善，对指标体系的结构进行适当调整。

(3) 预防决策机制

预防决策机制的功能是根据信息管理机制的结果来决定是否发出警报和确定警情的级别，并向警报机制发出指令。❶ 该机制可以为高校管理者提供及时应对高校教师劳动关系矛盾冲突的应急预案。构建预警决策机制是预警机制的重要环节，在高校教师劳动关系矛盾冲突发生时，它可以根据矛盾冲突的发展程度向警报机制发出信号。在预防决策机制中，通过建立专业的解决与咨询系统，在问题出现时，通过网络与各方面的专家进行沟通与交流，并整理和保存相关的意见资料。在制定相关决策时，在预警信号的提示下，针对矛盾冲突的发生程度与发展趋势，制定相应的预警预案。

(4) 警报机制

在预防决策机制发出信号提示后，警报机制对各项指标和因素进行预警分析，判断其是否达到或者即将达到预警程度，根据其程度来决定是否发出警报。警报机制的运行主要是将不同的预警信号直观地反映给相关管理部门，供管理部门处理。警报机制的功能是向高校教师劳动关系预警管理部门或管理人员发出警报信号，以便他们采取相应的措施来预防矛盾冲突的发生。同时，警报机制要告诉相关人员矛盾冲突的可能等级，因此，警报机制需要与高校教师劳动关系矛盾冲突预警管理部门或成员进行有效的沟通，同时，应对管理部门成员进行预警相关的教育培训，使他们能够及时反映警情。

2. 预警机制的运行

高校教师劳动关系矛盾冲突预警机制的运行是通过信息管理机制进行信息的筛选与处理，在决策机制中进行信息分析，以便警报机制能够及时发出预警信号，采取防控措施的过程。整个预警机制的最终目的是监控高校教师劳动关

---

❶ 许莹. 高等学校教育质量预警机制的构建与实践 [J]. 黑龙江畜牧兽医, 2016 (10): 252-254.

系矛盾冲突的发生，并为高校调整教师劳动关系矛盾冲突提出有效决策。

在高校教师劳动关系矛盾冲突预警机制的运行过程中，对影响高校教师劳动关系的指标信息进行分类收集，通过信息管理机制的操作，对收集到的信息进行有效识别。当信息数据传输到预防决策机制时，预防决策机制对信息数据进行分析，判断其是否构成矛盾冲突，并将其传递给警报机制。警报机制收到相关指令后，根据预警情况确定警情等级，发出警报信号。❶ 在高校管理部门以及管理人员收到预警信号后，根据实际情况采取解决矛盾冲突的有效措施，以此帮助高校制定劳动关系矛盾冲突预警机制，调整高校的人事管理目标，建立完善的预警机制。

（1）预警信号子系统的运行

在预警系统中，预警诊断子系统和预警警报子系统对预警系统的运行具有重要作用，也对诊断高校教师劳动关系提供了系统支撑。在构建高校教师劳动关系矛盾冲突预警指标体系的基础上，预警诊断子系统在信息诊断方面发挥了核心作用，具体表现在对高校教师劳动关系的矛盾冲突状态进行判断，根据实际情况得出评价结果。在得出诊断结果后，预警警报子系统将发出预警信号，对高校教师劳动关系潜在矛盾冲突状况进行综合评估。❷ 根据预警警报子系统的功能，为相关管理部门提供有效的警报信息，对高校教师劳动关系矛盾冲突的产生原因进行反馈，发挥预警机制的重要作用。

（2）预警管理机制的健全

建立高校教师劳动关系矛盾冲突预警机制是实现预警的前提条件，预警机制的运行需要依靠管理人员的行为来完成预警工作。对预警管理人员的相关职能进行合理的设置，是完善高校教师劳动关系矛盾冲突预警工作的前提。❸ 同时，预警工作的实现需要设置专门的预警管理机构，以解决高校教师劳动关系预警的组织保障问题，完成高校教师劳动关系预警的任务，为高校教师和管理人员提供有效的预警服务。

3. 预警机制的功能

高校教师劳动关系矛盾冲突预警机制就是对高校与教师之间的关系进行跟踪和监测，及时、准确地针对高校教师劳动关系的偏离状态发出警报，以便在

---

❶ 陈贵超. 高校核心人才流失预警机制的构建研究：基于行为管理的视角［J］. 经济与社会发展，2008（2）：171-174.

❷ 栾秀云，贾蔚，林秀君. 企业人才流失危机管理系统构建［J］. 商业时代，2006（1）：21.

❸ 胡蓓，李毅. 人才流失危机预测预警管理［J］. 中国人力资源开发，2004（12）：23-26.

高校管理组织中构建一种对高校教师劳动关系不稳定情况进行预防和调整的预警机制，从而促进高校教师劳动关系的和谐稳定发展。高校教师劳动关系矛盾冲突预警系统的主要功能包括高校教师劳动关系矛盾冲突的信息收集功能、实时监测功能、警情预报功能、有效防控功能，通过分析相关信息，对高校教师劳动关系警情进行预报与防控，并采取相应的预防措施促进劳动关系稳定发展。

（1）信息收集功能

高校教师劳动关系矛盾冲突预警需要进行相关信息的收集，通过收集与分析高校相关政策、高校管理方式、教师工作状态、教师工作满意度，并进行分类分析比较，判断劳动关系是否存在发生矛盾冲突的可能性及其发展程度。在高校教师劳动关系矛盾冲突预警过程中，信息收集具有基础性作用，也是最基本的功能。

（2）实时监测功能

对高校教师劳动关系进行实时监测是高校教师劳动关系矛盾冲突预警机制的重要组成部分。对高校环境、教师教学与科研情况、考评制度、组织文化氛围等进行跟踪监测，及时了解高校教师劳动关系的状态，将教师工作的实际情况和高校管理目标、计划、标准进行联系，对高校教师劳动关系状况做出预测，可以及时发现产生矛盾与冲突的原因或存在的具体问题。[1]

（3）警情预报功能

在收集相关信息和进行实时监测后，及时对矛盾冲突进行预报，根据指标体系中的异常情况，对出现的问题进行确认，在确认可能影响和危害高校与教师劳动关系的关键因素时，高校教师劳动关系矛盾冲突预警机制能够预先发出警告，提醒高校管理部门和管理人员及时采取有效对策，避免潜在的冲突造成对高校教师劳动关系的损害。

（4）有效防控功能

高校教师劳动关系矛盾冲突预警机制通过收集、监测、诊断高校教师劳动关系潜在的矛盾冲突，有助于高校相关管理部门及时找出产生矛盾冲突的原因，完善高校教师劳动关系矛盾冲突预警系统，提供有效措施来调整高校管理与教师工作过程中的偏差，有效防控劳动关系矛盾冲突的发生，促进高校教师劳动关系的健康发展。

---

[1] 徐军. 新形势下高校教师人才流失现象探析［J］. 湘潭师范学院学报（社会科学版），2004（4）：124-126.

4. 预警机制的作用

(1) 收集信息与实时监测，保证高校决策科学化

高校作为社会子系统，高校教师劳动关系矛盾冲突预警体系的建立有利于高校对预警信息的收集，对矛盾冲突预警及时做出反应，增强高校教师劳动关系矛盾冲突预警体系的功能。高校教师劳动关系矛盾冲突预警体系既具有对高校教师劳动关系的监测功能，也具有为高校管理决策提供咨询与建议的功能，可以有效促进高校管理部门制定和调整院校政策，提高高校决策的科学化水平。

(2) 促进高校树立预警意识，提高预警管理水平

高校教师劳动关系矛盾冲突预警体系的建立是高校治理体系的重要组成部分，也是促进高校治理能力现代化的动力。高校教师劳动关系矛盾冲突预警体系通过对潜在矛盾冲突信息的收集、监测、分析、评估，促进高校树立强烈的劳动关系预警意识，提高对高校教师劳动关系矛盾冲突发生的预警敏感度，以及高校管理部门的预警管理水平。

(3) 保障高校教师劳动关系和谐稳定和健康发展

在社会快速发展与高校竞争环境下，影响高校教师劳动关系的因素不断增加，高校教师职业发展与工作状态问题突出、高校教师劳动关系矛盾冲突事件时有发生，影响了高校与教师之间劳动关系的健康发展与职业安全，构建高校教师劳动关系预警体系能够从源头上防控冲突事件的发生与恶化，最大化地降低矛盾与冲突对高校教师劳动关系的损害。[1] 同时，稳定、有效的预警机制为预防矛盾冲突的发生建立防范机制，有助于消除潜在冲突，保障高校教师劳动关系健康发展，有利于建立和谐稳定的高校教师劳动关系。

---

[1] 李靖华，徐蕾，宿慧芳. 组织关怀如何调节高校教师情绪劳动与工作倦怠的关系 [J]. 重庆高教研究, 2016, 4 (4): 73-83.

第9章

中国、美国、印度三国
高校教师劳动关系治理模式比较

我国高校教师劳动关系中部分存在着目标冲突、权利失衡、群体失协、工会机制失灵等现实问题,而现有研究多集中于我国政策诠释和现实实践探究,从对比分析的视阈来探究高校教师劳动关系的成果较少。那么,其他国家高校教师劳动关系是何种样态？能否为我国高校教师劳动关系提供有益启示？为了解决上述问题,本章主要以中国、美国、印度三个国家的高校教师劳动关系治理模式为研究对象,通过探究三国高校教师劳动关系模式的共同特征与差异,分析三国高校教师劳动关系的治理动因、治理过程、治理结果,旨在为我国高校教师劳动关系治理提供经验借鉴,以丰富新时代高校教师劳动关系治理的理论体系。

选取美国高校教师劳动关系作为研究中国高校教师劳动关系的参照对象的理由在于：在新时代背景下,全球高等教育竞争愈发激烈。在 2020 年世界大学学术排名前 100 名中,美国大学有 41 所[1],可以说美国大学占据世界一流大学的半壁江山,有着无可撼动的学术实力。高校教师劳动关系作为美国一流大学发展道路中的重要调节机制,对美国高等教育的发展具有重要的推动作用。同时,我国高校正在试行的"预聘制"源于美国的"终身制",遵循的是美国高等教育"非升即走"的制度逻辑。因此,选取美国作为发达国家高校教师劳动关系治理的典型,深入了解其治理模式,探究其治理经验和实践措施,能为我国高校人事制度改革的顺利推进提供参照。

选择印度高校教师劳动关系作为参照的原因则在于,印度和中国同属发展

---

[1] 上海软科. 世界大学学术排名 [EB/OL]. (2020-08-15) [2021-02-23]. https://www.shanghairanking.cn/rharwu/2020.

中国家，与中国高校教师劳动关系治理格局具有相似的背景，在文化、适龄人口基数、高等教育基础、在校学生规模、高校教师治理方式、高校教师职称岗位等级等方面存在可比之处。因此，印度可为我国高校教师劳动关系的市场化转型提供可资借鉴的实践经验。

虽然中国、美国、印度在教育结构、社会文化等方面存在差异，但其高校教师劳动关系的治理内容、治理主体等趋于一致，为开展三国高校教师劳动关系治理模式的研究提供了可对比的现实基础。为了提高研究的可比性、针对性，本章以"治理动因—治理过程—治理结果"为框架，探究中国、美国、印度高校教师劳动关系治理模式的历史流变及内在逻辑。

9.1 中国高校教师劳动关系治理模式

我国高校主要分为普通高等学校、职业高等学校、成人高等学校等类型。2016年7月，人力资源和社会保障部进一步推进改革创新，研究高校不纳入编制管理后的人事管理衔接办法。随着政策的下沉与延伸，各地积极响应政府号召，完善高校教师合同聘任制的相应制度，如江西省、北京市、山西省等省市开始了先行试点。由此可见，在政策愿景与实践探索中，我国高校教师劳动关系正在经历从事业编制到合同契约的过渡时期。

9.1.1 中国高校教师劳动关系的治理动因

在"双一流"建设与"放管服"改革的强势推动下，我国陆续颁布《事业单位工作人员收入分配制度改革方案》（国人部发〔2006〕56号）、《中共中央 国务院关于分类推进事业单位改革的指导意见》（中发〔2011〕5号）、《教师法》和《高等学校教师职称评审监管暂行办法》（教师〔2017〕12号）等涉及高校教师聘任、薪酬、晋升、住房、退休的系列政策文件与补充条款，促使盘踞于高校数十年的事业编制制度逐步撤离高校教师人事管理制度，以顺应学术劳动力市场的变化。这意味着在中国高校教师劳动关系治理中，政府主动地从主控性管理移位至指导性调节，其治理权限、治理范畴等发生变动，传统的行政高校教师劳动关系面临转型，以契约自由与合同规范作为运行秩序的新型高校教师劳动关系正在逐步成形。[1]

---

[1] 张金丹. 高校教师劳动关系治理模式比较研究 [D]. 武汉：武汉理工大学，2021.

自1977年恢复高考以来，我国高校学生规模迅速增加。根据教育部《2022年全国教育事业发展统计公报》，全国共有高等学校3013所。其中，普通本科学校1239所；本科层次职业学校32所；高职（专科）学校1489所；成人高等学校253所。另有培养研究生的科研机构234所。各种形式的高等教育在学总规模4655万人，高等教育毛入学率59.6%，高等教育专任教师197.78万人，其中，普通本科学校131.58万人；本科层次职业学校2.78万人；高职（专科）学校61.95万人；成人高等学校1.47万人。普通本科学校生师比17.65∶1，本科层次职业学校生师比18.31∶1，高职（专科）学校生师比19.69∶1。[1] 这将为高等教育强国战略的实施做出重大贡献。在我国高等教育规模提升的过程中，促进高等教育内涵式发展，实现高等学校治理体系和治理能力现代化成了高等教育事业发展的重要议题与战略目标。而实现这个目标离不开和谐的高校教师劳动关系的构建，通过激发院校和教师之间劳动关系的同向共振实现高等教育的内涵式发展。

但是，不得不承认的是，目前我国高校教师劳动关系面对诸多方面的钳制，例如，不断扩大的国内外博士生规模导致了学术劳动力市场供给数量的不断增加，而学术劳动力市场的需求数量却趋于饱和，这必然会引发学术劳动力市场的供需失衡，导致高等学校选人、用人的标准不断水涨船高，也不断推动高等学校内部学术劳动力市场的调整和发展。外在政策环境的"去编制化"、内在院校制度的"非升即走化"都在一定程度上造成了高校教师劳动关系中的新问题。聘任制改革带来的目标与工作之间的压力、工资薪酬待遇与工作任务的匹配性、劳动条件和劳动保障制度的供给不足、教师流动时空格局的根本性变化、学术评价标准与制度的不断调整、教师的法律身份不清、教师的社会融入和社会地位问题等给高校教师劳动关系带来了新的挑战。无可讳言的是，高校教师劳动关系正在走向一个新时代。

显然，在市场化转型过程中，高校教师流动已由"政府主导"模式转为"市场调整"模式，中国学术劳动力市场不断繁荣发展，高校教师"价格性"流动、"商品性"人才竞争成为高校凝聚教师力量、打造高质量师资队伍的速成型路径，高校教师劳动关系在此趋势下呈现"高流动，低情感"的态势，教师对院校的忠诚度逐渐下降。如何以和谐化、平衡化的高校教师劳动关系留住

---

[1] 中华人民共和国教育部. 2022年全国教育事业发展统计公报［EB/OL］.（2023-07-05）［2023-10-30］. http://www.moe.gov.cn/jyb_sjzl/sjzl_fztjgb/202307/t20230705_1067278.html.

高水平教师、激发教师学术活力成为我国高等教育亟待解决的问题之一。

在传统的高等学校治理过程中，高校与教师的学术权力被行政力量所裹挟并由此出现式微趋势。随着时代的发展，高校教师人事制度的行政管理模式的弊病愈发凸显。但是，自从1979年12月《人民日报》发表了由苏步青、李国豪、刘佛年、邓旭初撰写的文章——《给高等学校一点自主权》以来，❶中国高等教育就拉开了以扩大高校办学自主权为核心的高等教育体制改革。40余年的高等教育改革发展使得高校自主权得到了充分的释放，高校对教师的管理权力不断扩大。高等学校通过《高等教育法》等法律赋予的权力逐步掌握了高校教师的职称评审权、薪酬发放与制定权、岗位调动权等。在政府简政放权等诱发性环境的推动下，高校与教师的学术权力在不断增强，表现最为显著的是政府放开对高校教师职业流动、就业选择的束缚与管制，增强了教师"择优而用，择善而从"的职业选择权，为高校教师争取到流动自由、话语独立、权利有效等职业红利。在此趋势下，我国高校教师的劳动从属性削弱，身份识别符号逐渐由"行政管理下的公务员"向"自由平等的学术劳动者"过渡，其角色逐渐与行政属性相剥离。虽然高校教师职称评定、薪酬获取、培训进修等仍依赖于高校及政府的正向资源回馈，但与过去相比，新时代学术权力的回归在一定程度上助力教师提高了自身的话语权、议价权，高校教师可以参与自身劳动利益的维护，其作为劳动者的权利得到了较为充分的体现。

总体而言，在外部环境嬗变与内部学术权力回归的相互碰撞下，我国高校教师劳动关系权利主体的固有职能发生调整变动，高校教师劳动关系因高校、教师、教师工会等利益相关者的博弈与冲突激发的矛盾和劳动摩擦，需要各方利益集团协同治理。

9.1.2 中国高校教师劳动关系的治理过程

1. 政府健全劳动制度体系

由于我国高等教育的公益性属性，高等教育管理形成了以中央政府为核心和引领、地方政府配合的央地关系治理格局。两者在我国高校教师劳动关系和谐演进中扮演着建立健全劳动者制度体系的作用。

---

❶ 康宁. 中国高校办学自主权制度演进及基本特征分析[J]. 教育与教学研究，2020，34(1)：99-119.

制度能有效降低人们互动与外部环境中的不确定性。[1] 在"教育大计，教师为本"教育战略方针的引导下，《劳动合同法》《劳动法》《高等教育法》《教师法》等代表国家意志的法律文本得到及时调整，《高等学校教师职称评审监管暂行办法》《教育部关于高校教师师德失范行为处理的指导意见》等政策文本从不同角度对高校教师聘任、劳动行为、劳动内容等进行了制度规定，促进了高校、教师、社会价值、国家利益的高度统合，细化了高校教师的权责分工，对消解信息不对称、校师利益冲突等带来的教师同案不同判、同工不同酬等冲突发挥了积极作用。

各省市地方政府根据中央政策，结合当地的院校及师资建设情况颁布了一系列本土化的高校教师劳动关系相关政策制度。例如，2018年10月江西省出台《关于在全省高校建立岗位动态管理机制的指导意见》，对聘期考核不合格的工作人员，作出"低聘、转岗或解聘"的决定；2019年2月北京市人力资源和社会保障局发布了《北京市高等学校教师职务聘任管理办法》，提出"岗位聘用实行聘期制，聘用合同期满进行聘期考核，考核不合格的，高等学校可根据受聘人员与岗位的适用情况，低聘岗位等级直至解除聘用"；2020年6月山西省人力资源和社会保障局发布《关于深化高等院校、科研院所、公立医院人事管理改革有关事项的通知》，提出"取消对高等院校下达增人计划的管理模式，试行宏观调控、事中事后监督的管理办法"。由此可以看来，地方政府围绕高校教师劳动关系的制度体系正在不断修改完善之中，将对后续的高校教师劳动关系治理发挥积极的作用。

2. 学校工会承担多重职能

我国高校工会是教职工自愿结合的群众性组织，也是联系党与群众的官方行政组织，具有一定的行政属性。《中华人民共和国工会法》（以下简称《工会法》）规定："中华全国总工会及其各工会组织代表职工的利益，依法维护职工的合法权益。"高校工会属于我国基层工会组织，在高等教育体系中扮演着中层群团组织的角色，根据《工会法》的规定，维护教师合法权益是高校工会的首要职责，也是高校工会赖以生存的基础。

高校工会在教师劳动关系治理中承担着参与、维护、沟通、交流、建设、教育的职能。这决定了我国工会治理具有"上通下达"的双向交流作用，是高

---

[1] 诺斯. 制度、制度变迁与经济绩效[M]. 杭行，译. 上海：格致出版社，上海三联出版社，上海人民出版社，2014：69.

校与教师之间重要的沟通桥梁与纽带,既可以"由上至下"地传达上级精神,促进高校规章与教师行为规范的契合,也可以"自下而上"地反映高校教师的职业呼声,使其参与学校管理。我国高校工会在教师学术劳动与生活闲暇中充当"答疑解惑"与"减压阀"的作用,通过反馈教师意志、工作生活意见、学术要求等推动高校人事制度改革。同时,高校工会通过设立"教职工代表大会""工会委员会"等组织形式定期举行会议,讨论学校工作,以保障教师参与权、话语权等法定权利。《全国工会网上工作纲要(2017—2020)》提出稳步推进"互联网+工会服务"。❶ 为了提高内聚力,高校工会的服务内容和工作范围发生转变,例如,近年来清华大学、北京大学等高校纷纷建立本校工会门户网站,加强工会的网宣力度。许多高校工会设置维权热线、网络论坛、微信群、微信公众号等新型沟通形式,高效、及时地宣传党和政府的重大方针政策、解释与纾解教师学术劳动者与生活中的政策与实践问题,传达教师意见,促进教师和高校之间的密切沟通,协商解决用人单位之间的劳动纠纷等。在高校工会的牵头下,高校与教师之间的双向沟通交流机制将发生新一轮的迭变。

3. 高校治理体系调整劳动规则

从历史的角度而言,我国高校领导体制经过了六次大调整,现在稳定运行的是党委领导下的校长负责制,即由党委集中领导,全面负责学校各项重大工作,领导高校各项教育事业。按照"党管人才"的原则,党委主要负责人才队伍建设,因此在高校教师劳动关系处理过程中,党委研究部署的重大制度设计是解决高校教师劳动关系问题的核心,将直接引导教师的各项学术劳动,牵涉各方利益。高校党委既要充分考虑与上级政府主管部门的政策对接,又要充分考虑学校的具体情况,涉及面广,因此,高校人事制度改革往往也是非常困难的。囿于传统行政模式的制度惯性,我国高校人事管理改革仍存在一定的畏难情绪❷,但高校与教师学术权力的增强使高校能够根据教师流动、异质化需求、学科建设等创新调整劳动规则,从教师岗位规范到劳动纪律,从工时安排到人岗分配进行契合实际的自主创新,以合理的劳动规则实现高校教师由身份管理向岗位管理、由综合管理向分类管理转型,提升高校教师劳动关系转型期的激

---

❶ 叶潇潇. 基于SCM的高校"互联网+工会服务"创新研究[J]. 教育教学论坛,2020(16):358-359.

❷ 李汉学. 我国高校教师分类管理研究[D]. 武汉:武汉大学,2017.

励性、过渡性、竞争性。由此，在学术权力的影响下，高校人事制度改革对于保障教师合法权利发挥着重要作用。

高校预聘长聘制的试行加大了教师的工作压力，教师职业的稳定性逐渐被消解，职业稳定性成为高校教师劳动关系中普遍关注的焦点问题。例如，2015年，上海交通大学推行"准—长聘"教职制度，为新入职教师设置六年的准聘过渡期；2019年，华南理工大学实行具有本校特色的教师"预聘—长聘"制度，通过动态调节劳动规则引导积极的劳动情绪，形塑教师的规范劳动行为；2019年，海南大学发布的《预聘教师管理办法（试行）》指出，预聘教师合同期内实行协议工资制，薪酬标准由聘任双方根据受聘人员条件及工作任务确定。预聘—长聘制度将应聘教师的工作性质、工作内容、工作权利等通过合同的形式固化、制度化、契约化，成为约束劳动关系双主体的共同准则。在高校教师预聘期内，通过若干明确的、量化的工作指标反映出教师的胜任力特征，自主甄选出相应的岗位匹配者，在严格遵守《教师法》《劳动合同法》等法律法规的前提下，调整劳动规则。

4. 教师通过多种途径参与治理

在我国高校教师劳动关系治理中，松绑的人事管理制度赋予了教师参与学校治理的更多权利与可行的实践途径，教师成为高校教师劳动关系治理的主体之一。我国高校教师主要通过教职工代表大会、校长信箱、投诉建议、教授会、教学委员会、学术委员会、学位委员会、座谈会等多种方式直接或间接地参与劳动关系治理实践，促进院校及时调整劳动关系，切实对接教师职业发展愿景，满足教师在教育教学、科学研究、进修培训、薪酬议价、休息休假、职业安全、社会保险等方面的异质化需求。

当高校无法达成教师的职业预期或高校与教师之间存在劳动纠纷时，教师主要采取三种方式进行解决：一是教师与高校通过校内纠纷解决机制或校内申诉机制协商解决，就争议内容达成双方合意，并形成书面协议或口头承诺；二是教师选择自主择业，通过自由流动的方式"用脚投票"，将劳动成果让渡给新单位；三是教师根据《高等教育法》《劳动合同法》《事业单位人事管理条例》《劳动法》等法律法规，通过行政诉讼、人事争议仲裁、司法救济等途径维护自身的劳动权益。

9.1.3 中国高校教师劳动关系的治理特征

1. 法律关系：从规定劳动行为向保护权益发展

在高校教师劳动关系的建构过程中，法律关系是一种非常重要的基础性关系，关涉高校和教师受哪种法律约束与保护的问题。随着《教育法》《高等教育法》《教师法》的颁布与实施，我国高等教育建立起较为完善的高校教师劳动关系法律体系，较好地保障了高校教师的权利。由于我国既存在属于公益二类事业单位的公立高校，又存在企业事业组织、社会团体及其他社会组织，以及公民个人利用非国家财政性教育经费，面向社会举办的民办高等学校。因此，较难对高校与教师之间的法律关系进行具体规定，高校教师到底隶属于哪一种法律身份，现在仍然是需要深入研究的法理与实践问题。总体而言，我国高校教师法律关系具有公法与私法相互杂糅的特性。

现行法律对高校教师的法律身份定位存在偏差甚至冲突（见表9-1）。高校教师的身份认定既趋向于大陆法系定义的"公务雇员（public employee）"（《刑法》），又带有部分英美法系的"学校雇员（school employee）"属性（《劳动合同法》）；高校教师劳动关系治理的法律关系既具有行政管理的公法特征（《教师法》《刑法》），又渲染着因劳动契约这一因素产生的私法色彩（《劳动合同法》）。我国高校教师法律身份的模糊边界未得到法律的明确界定，高校教师法律身份存在语义、逻辑上的歧义。

表9-1 中国高校教师法律身份的立法规定

法律	条款内容
《教师法》[1]	教师是履行教育教学职责的专业人员，承担教书育人，培养社会主义事业建设者和接班人、提高民族素质的使命（第3条）
《劳动合同法》	国家机关、事业单位、社会团体和与其建立劳动关系的劳动者，订立、履行、变更、解除或者终止劳动合同，依照本法执行（第2条）

---

[1] 《教师法》是对所有学段教师普遍适用的法律，而关于不同学段，尤其是义务教育和非义务教育阶段的教师身份、基础教育和高等教育的教师身份是否均适用于《教师法》的规定，尚有争议。实践中，《教师法》并没有明确教师的法律身份，只是用"履行教育教学职责的专业人员"来表达其法律身份，难以区分教师和其他专业人员的法律身份属性。

续表

法律	条款内容
《刑法》	国有公司、企业、事业单位、人民团体中从事公务的人员和国家机关、国有公司、企业、事业单位委派到非国有公司、企业、事业单位、社会团体从事公务的人员，以及其他依照法律从事公务的人员，以国家工作人员论（第93条）

在高校教师身份法定属性模糊的背景下，教师与高校之间是一种模糊的公法契约（契约属于私法）关系，其关系处于行政法和劳动合同的双重约束之下。高校教师法规不细不实，法律条款分割的客观事实使教师合法权利容易受到相对笼统的法律制度的钳制与遮蔽。例如，《中华人民共和国行政诉讼法》作为目前我国规范高校人事行为的基本法，却无法为高校教师合理申诉提供一套可供操作、可供参考的法律判断依据。因此，在高校教师劳动关系运行的过程中，高校教师法律关系的模糊属性常常导致劳动冲突难以调解。目前，尽管高校教师法律身份以及教师和高校的法律关系还存在一定的亟待明确的空间，但是总体而言，现行和正在修改的法律法规制度开始更多地关注高校教师劳动权益的转向。

2. 经济关系：以岗位等级依归趋向多元

随着我国高校教师被动地卷入灵活多变的学术劳动力市场运作之中，原有按国家标准发放高校教师薪酬福利的经济制度受到冲击，教师的薪酬福利转而需要依靠高校年度综合收益的多寡来决定。在市场价格机制的刺激下，绩效公平成为新一轮高校教师经济利益分配的主要趋势，以教师岗位职务为分配逻辑的薪酬制度得以逐步确立。1985年《高等学校教职工工资制度改革实施方案》明确提出"高等学校的教职员实行以职务为主要内容的结构工资制"，自此开始，相关部门颁布实施了一系列关于高校教师绩效工作的政策文件。随着历史制度的更迭，目前我国高校教师已经形成根据"教授（正高四个岗位等级）—副教授（副高三个岗位等级）—讲师（中级三个岗位等级）—助教（初级三个岗位等级）"进行分配的阶梯工资制度，各高校根据教师的具体劳动情况实施基于不同岗位等级的绩效工资与津贴制度。

除此之外，我国高校教师薪酬体系还以知识工作产出的成效（社会贡献、期刊发表数量、期刊等级、课题项目、专利转化等）为依据，设置包含医疗保险、年度奖金、特殊津贴、绩效奖励、基本福利等补充性补贴在内的薪酬体系。

虽然高校"非技术进步型"组织的特性决定了其不是教师工资的主动定价者，而是被动接受者[1]，但是在政府的引导与教师学术劳动力市场的影响下，我国已有部分高校尝试年薪制（天津师范大学、华东交通大学等）、协议工资制（河北师范大学、南方科技大学等）、项目工资制（华南理工大学等）、绩效工资制（南昌大学等）等多种类型的薪酬制度。加之在其他竞争市场的刺激下，持股、提成、利润分红等企业薪酬管理形式都将逐渐进入高校教师薪酬福利管理体系之中，成为高校教师可能的收入来源，如2001年新疆财经学院开始实施的"津贴期权制"收入分配方法。由此可见，新时代背景下，高校与教师的经济关系由统一向多元、由平均向差异化过渡。

3. 社会关系：从组织依附向平等过渡

在传统事业编制管理模式下，高校教师依据职称岗位形成了相对固化的身份差别，政府的统包统揽消解了学术劳动力自由就业和自由流动的可能性，教师在长期的劳动履职中出现了严重的依赖心理，主要表现在不敢流动、不愿流动、高度依赖高校薪酬分配等方面。但随着制度性捆绑被拆解，我国高校出现了教师流动常态化、契约合同短期化、聘任形式多样化等趋势，高校与教师在长期的工作场域中所形成的双向建构与依赖被打破，教师对高校的组织依附心理将被其个人的职业发展期许所取代，教师与高校在社会关系上呈现出平等独立的特点。

从学术地位的角度来讲，原本以所属高校综合实力与声誉为主要指标的教师评价体系发生了较大转变，高校教师地位的不断崛起将推动社会评价系统更加附着于教师个人的学术能力、工作贡献、学术地位等，更多地依赖于自身的学术发文量、专利数、项目数、学术头衔荣誉及学术界的承认等，而非教师所属高校的层次、类型。

从心理契约的角度来讲，学术市场竞争的白热化以及高校人事制度的摩擦暗示着高校教师可能面临被辞退的职业风险，进而经历又一轮的学术市场筛选并面临后续落户、子女转学、搬迁等系列后果。这必然催生高校教师从经济人的利己角度出发，忽视高校、教师的协同式整体发展，从而造成其心理契约履行的动机偏差，组织向心力下降。高校教师依附性心理定位将被频繁化、短期化、不稳定化的职业流动所取代，引发教师心理依附与组织疏离之间的必然矛盾。

---

[1] 阎凤桥. 大学组织与治理 [M]. 北京：同心出版社，2006：150.

就社会融入而言，新时代背景下，高校教师个体劳动权不断彰显，新型的"自由人""经济人"等身份将逐渐渗入高校教师的角色丛中，社会公众及高校普遍接受了高校教师作为独立劳动者的身份符号转换，教师应有的、独立的人格将获得更多的社会尊重与学术认可。

9.1.4　走向市场化的中国高校教师劳动关系治理模式

就劳动关系治理主体的治理权限而言，中国高校教师劳动关系治理模式呈现由"政府绝对主导"向"政府引导、市场导向、多中心联动"的模式过渡。在这个过程中，高校人事管理中的行政权力有所削弱，政府适度放开对教师聘任、薪酬、福利、晋升等标准的管控，转而以引导、调控的手段规划高校教师劳动关系的宏观方向，让学术劳动力市场发挥着较为重要的矫正作用。在这个模式中，高校教师相对自由，教师能进能出、聘用方式多元等市场化现象愈发凸显。学术劳动者（教师）与用人单位（高校）在此格局下逐渐形成力量制衡、地位趋于平等的模式。同时，院校、教师、教师工会、社会大众多个利益相关者也参与到高校教师劳动关系治理中来，形成多主体共同治理的格局。

我国"政府引导、市场导向、多中心联动"的新型高校教师劳动关系治理模式具有尊重高校与教师的互择权，发挥市场积极作用，实现优者留、劣者流的良性生态，激发学术劳动力创造活力，鼓励学术岗位"自由搏击"等优点，具有显著的"市场化"特征。但在当前的转折时期，新型治理模式与旧模式存在一定的利益对撞和制度脱节，在一定程度上扰乱了高校教师劳动关系秩序与规范。例如，目前个别高校教师掀起的"提前退休潮"就是在编教师为继续享受"编制制度"带来的职业红利，避免承担市场波动所进行的经济风险转嫁行为，此类教师希望通过提前退休来维持自身养老保险金等福利，再等待高校以返聘等形式继续聘用自己，实现自身经济利益在合法范围内的最大化。再如，"非升即走"制青年教师囿于个人思维能力、科研能力，在入职前几年未完成院校劳动任务安排，不得不面临转岗或调岗。2022年全国"两会"上的《关于完善高校青年教师"预聘制"的提案》，重点关注了近年来高校预聘制"非升即走"做法所引发的争议。《关于完善高校青年教师"预聘制"的提案》指出，从近年社会上关于预聘制"非升即走"做法的争论中不难看出，试点高校暴露出来的职称晋升、科研成果评价及导向、青年教师权益维护等问题值得深思，该制度尚有许多亟待完善的地方。实际上，目前已有不少高校开始逐渐放宽或者取消"非升即走"制度。如2021年4月，南京信息工程大学发布《高层次人才招聘启事（2022年）》，特别标注"南京信息工程大学不采用'非升即走'或类似招录模式，不实行竞争性淘汰"。2022年2月10日，浙江工业大学之江学院发布《2022年高层次人才招聘公告》，明确"高层次人才绩效津贴享副教授待遇，不具有高级专业技术职务的新引进博士，三年内岗位绩效津贴按专业技术七级岗执行。无非升即走要求"。由此可见，高校教师劳动关系的未来走向仍不明确，需要我们对此议题继续保持高度的关注与警惕，以期为高校教师谋福祉，为高等教育稳步发展谋出路。

9.2 美国高校教师劳动关系治理模式

美国高等教育家弗莱克斯纳（Abrahaln Flexner）指出："美国高等教育缺乏方向和焦点，但是多样性是这一系统的核心组织模式。"❶ 这也反映在美国高校的类型上，自1862年《莫里尔法案》（*Morrill Act*）颁布以来，美国高等教育开始以多样化的机构载体呈现，并逐渐形成公立大学、私立大学、研究型大学、社区学院、文理学院、教会大学等类型。但美国各类高校与教师之间的劳动关系基本遵循着合同契约的方式，因此，在高校教师劳动关系治理上具有一定的共性。

9.2.1 美国高校教师劳动关系的治理动因

第二次世界大战后，美国高等教育快速发展，建成了世界上第一个大众化（Massification）教育体系。❷ 1971年，美国高等教育毛入学率达到50%❸，成为世界上第一个实现高等教育普及化的国家。近年来，由于在线教育、留学教育、终身教育的风靡，美国高等教育入学人数还存在进一步扩张的趋势，据《2019年：十字路口的高等教育》预测，未来美国留学生与成人大学生的数量将大幅度提升。❹

同时，20世纪五六十年代，美国社会遭受国内广泛教育危机与国外美苏争霸的双重夹击❺，增加了学术知识的象征性价值与交易价值。高等教育属于典

---

❶ 官天然. 试论美国高等教育多样性的可持续发展 [J]. 黑龙江高教研究, 2011（12）：29-31.

❷ 王保星. 深度解析美国高等教育发展的阶段特征与社会贡献：《美国高等教育史》（三卷本）的学术价值 [J]. 高等教育研究, 2020, 41（7）：106-109.

❸ 高书国. 美国高等教育普及化模式 [J]. 世界教育信息, 2006（9）：34-36, 64.

❹ Inside Higher Ed. 2019: Higher Education at a Crossroads [EB/OL]. Inside Higher Ed. Report & Date. (sine die) (2019-07-15) [2020-08-26]. https://www.insidehighered.com/print/sponsored/2019-higher-education-crossroads.

❺ 古尔德. 公司文化中的大学 [M]. 吕博, 张鹿, 译. 北京：北京大学出版社, 2005：12.

型的资源依赖型组织，教育市场需求的空前高涨使知识商品化、学术资本化的市场理念渗入高校。在知识商品化的市场理念席卷下，美国政府减少了对高校教师职业发展、学术交流等方面的财政支持，致使教师将学术资源获取投注于市场。这直接导致美国高校教师学术资源和自身劳务报酬在公共属性与知识商品化的矛盾张力中，出现了"强市场、弱政府"的学术资源依赖。这为高校教师学术资本增值提供了现实契机。由于学术知识无法剥离于人身隶属独立存在，因此，教师的社会地位、劳动价值也随着大众化的教育需求得以抬升。教师对学术职业的需求空间不断扩大，随之出现多样化的教师队伍响应了学生对知识的差异化需求。

在知识商品化的影响下，美国高校内部引入了绩效管理的理念。由于兼职教师、临时教师具有降低高校办学成本，满足多元化、短期化、动态化教育需求，提升学术劳动力市场绩效，促进学术劳动力市场竞争等优点[1]，因而兼职教师或临时教师被美国高校视为正式教师的理想替代者或廉价学术劳动力。兼职教师、临时教师也因此成为推进美国高校绩效管理中可利用、可发展的重要人力资源。20世纪50年代后，在美国高等教育大众化的浪潮下，大批硕博毕业生出现，由此引发的学位贬值现象使大量的潜在学术劳动者（硕博毕业生）寻求与文凭等价的岗位，在自身知识能力与职业期待的博弈匹配中，高校兼职教师、临时教师往往成为此类人才经过多重职业筛选后的理性选择。在此趋势下，美国高校兼职教师、临时教师群体迅速崛起，数量不断增加，高校教师队伍岗位结构出现调整。

美国大学教授协会（American Association of University Professors，AAUP）发现，2016年美国所有高等教育机构中脱离终身制轨道的教学职位比例高达73%，兼职教师最常出现在两年制大学中（占比65%），两年制大学中终身教师仅占不到20%，授予硕士或学士的高等教育机构中有近50%的教师是兼职教师。美国大学教授协会明确指出，"兼职教师是高等教育中最不安全、报酬最差的教师职位，他们每节课的工资很低，福利也较为匮乏。其数量的扩充将严重侵蚀高校教师的群体利益，阻碍学术自由、教授治校的发展"[2]。来源复杂、结构多元的高校教师拉大了美国高校教师队伍的差距，提高了美国高校教师劳动关系的管理难度。

---

[1] 张伟. 美国高校兼职教师崛起的原因与影响探微［J］. 比较教育研究，2020，42（6）：89-96.

[2] American Association of University Professors. Data Snapshot: Contingent Faculty in US Higher Ed [EB/OL]. American Association of University Professors.

高等教育大众化驱动的学术劳动增值、知识赋值等趋势与院校内部教师岗位调整相互交织，致使美国高校教师频繁流动、职业前景动荡、学术自由精神削减、正当劳动保护程序缺失等高校教师劳动关系冲突出现，亟待多元治理主体协同治理，由此构成了美国高校教师劳动关系的治理动因。

9.2.2 美国高校教师劳动关系的治理过程

1. 州政府设置劳动制度

美国《宪法修正案》(*Amendments to the Constitution*) 第10条规定，美国联邦政府对高等教育没有直接管理权。1972年美国《教育修正案》(*Education Amendment*) 进一步提出"政策的决议是一般赞助学校机构的责任，应该继续由州政府来承担"[1]，这更强化了美国高校以州政府为主体的地方分权管理模式。高校教师劳动关系作为高等教育管理的重要内容，也相应承接了以州政府为治理主体的方式。

美国各州政府主要通过设立在院校的各类校董会来了解高校、教师、教师工会等多元利益主体的权利需求，设置略有区别的高校教师劳动关系规范制度。例如：新泽西州（New Jersey）立法规定，连续在州立大学工作五年以上的教师即可获得终身教职，保障高校教师学术职业的顺畅晋升；加利福尼亚州（California）的州宪法赋予教师对高校进行治理的独特权力。[2] 同时，美国各州政府设立专项基金或经常性教育经费资助教师提高教学能力和学术水平，满足教师对职业晋升的发展需求；制定不同的教学科研质量评估体系与战略规划，为高校教师提供劳动职业发展方针政策与目标引领。另外，美国各州政府也会为高校教师提供社会救济、社会福利等，据统计，约有97%的全职高校教师可以通过州政府的制度保障获得额外工资，约94%的全职教职员工以机构缴纳保险计划保费的形式获得医疗福利。此举无疑以州政府的权威性力量保障了高校教师应有的劳动利益与学术权力。在各州政府因地制宜的政策逻辑下，美国高校教师劳动关系呈现出差异化的公共政策环境。

而联邦政府在美国大学治理中更多地扮演了"无为而治"的角色[3]，联邦

---

[1] GLADIEUX, LAWRENCE E, WOLANIN, et al. Congress and the Colleges: The National Politics of Higher Education [M]. Maryland: Lexington Books, 1976: 226.

[2] DOUGLASS J A. How and Why the University of California Got its Autonomy [J]. Center for Studies in Higher Education, 2015 (5): 1-14.

[3] 别敦荣. 美国大学治理理念、结构和功能 [J]. 高等教育研究, 2019, 40 (6): 93-101.

政府对高校教师劳动关系的治理主要体现在通过拨款的形式支持教师学术培训与交流合作。但总体而言，美国联邦政府拨款占高校教师学术发展与经济来源的比重较小，且近年来由于新自由主义浪潮的出现、美国经济危机爆发等外在因素，美国联邦政府对高校教师的财政拨款呈现下降趋势。美国高校教师学术津贴更多地来自高校资助、企业合作等途径。

2. 教师工会加强对教师权利的保护

美国公立大学的教师工会主要分为设立于各院校的教师工会和全国性教师工会两种类型。美国大学教师工会作为维护高校教师群体的利益集团，其根本行动主旨在于保障高校教师权利的落实，通过"集体谈判"等方式在教师—高校之间建立一种长期协商的沟通机制，确保交流渠道的畅通，在两者之间充当"调节者"的角色。美国大学教师工会的行动逻辑遵循1935年《全美劳工关系法》（*The National labor Relations Act of* 1935）、1947年《劳工管理关系法案》（*The Labor Management Relations Act of* 1947）等法规以及全美劳工关系委员会（The National Labor Relations Board）的指导。随着美国高校教师队伍的多元化、组织治理的成熟化，美国高校教师工会正在呈现逐渐多元化、专业化、民主化、人权化的发展态势，并成为高校教师解决各类劳动冲突成本最低的方式之一。

院校教师工会一般由本校教师构成并参与院校治理，与其他管理机构共同形成院校公共决策协商治理机制。由于院校层次、院校类型、学科设置、教师队伍等属性不同，美国各个院校教师工会在职责与改革走向上存在些许出入。但总体而言，美国院校教师工会的治理权限主要集中于参与教师聘任晋升评聘、确定学术能力标准、探讨薪资分配方式、制定薪资等级标准、保障学术发展机会、促进学术交流等方面。在院校教师工会强有力的推动下，教师权利得到了有效落实，例如，有调查显示，在有教师工会的大学，教师薪酬增长幅度更为显著。[1]

美国全国性的教师工会包括美国大学教授协会（American Association of University Professors，AAUP）、国家教育协会（The National Education Association，NEA）、美国联邦教师协会（American Federation of Teacher，AFT）等联合机构。由于美国教育联合会、美国联邦教师协会包含中学、小学教师，对高校教师治理的针对性稍弱，故本书主要聚焦于美国大学教授协会展开论述，以透视其在美国高校劳动关系治理中的重要作用。

---

[1] STEVEN E H, JOHN M KRIEG, CHARLES S W et al. Collective Bargaining and Community College Faculty: What is the Wage Impact? [J]. Journal of Labor Research, 2012 (33): 104-117.

1973年美国大学教授协会正式通过《集体谈判声明》，指出其基本主旨是保护学术自由，为教师提供有效的申诉渠道。几十年来，美国大学教授协会一直践行此方针，在高校教师劳动关系运作中始终坚持"增进学术自由和分享管理"的根本宗旨，切实改善兼职教师、终身制教师、全职教师等类型教师的工作条件，保障其经济安全和学术自由。例如，美国大学教授协会根据高校教师反馈的问题组成专门的调查小组，深入调查院校与教师的劳动冲突。再如，针对美国高校与教师之间的法律纠纷、矛盾冲突，美国大学教授协会的法律事务所为高校教师提供法律援助与法律咨询，并成立集体谈判分会保障教师权利。同时，美国大学教授协也会将侵害教师学术自由、薪酬保障、职业发展等合法劳动权益的高校纳入谴责院校名单（Censure List）[1]，虽然谴责院校名单不具有强制的法律制裁效力，但这种间接的劳动关系预警作用能在一定程度上让教师在职业选择中有效地规避风险，减少职业试错成本，并督促谴责院校进行高校教师劳动关系制度改革。

3. 高校行政权力与学术权力协同制定教师劳动规则

高校可灵活自主地对教师岗位细则作出细致的规定，决定其聘任条件、学术职务等级等。[2] 美国高校治理结构主要由"以校外人士为主导的董事会+以校长/校长办公室为主导的行政系统+大学评议会（学术力量）"构成，从而形成了美国高校行政权力与学术权力二元制衡的协同治理模式。

董事会是美国公立高校的最高权力机构，[3] 对教师人事战略规划、教学科研经费拨款等掌握宏观决策权。校长则在董事会的领导下制定教师录用、人事调动等政策，而由于"教授治校"理念长期根植于美国高等教育的治理模式中，因此，美国高校教师能够参与高校治理，换言之，美国高校劳动关系治理模式中存在一定的学术力量，大学评议会就是学术力量的代表。大学评议会主要负责制定微观层面上的劳动事宜，如教师招聘、遴选、考核、晋升、职业发展、学术交流、教学工时、科研任务等劳动细则和工作事务。在学术自由理念的引领下，美国各高校遵循"人岗匹配、岗变薪变"的原则，设置异质化的劳动规则，如佐治亚理工学院（Georgia Institute of Technology）根据40%、40%、

---

[1] 杨凤英，毛祖桓. 美国高校教师权利的维护：以美国大学教授协会活动为例 [J]. 比较教育研究，2008（2）：61-64.

[2] Susan B T. Values, Policies, and Practices Affecting the Hiring Processfor Full-Time Arts and Sciences Faculty in Community Colleges [J]. Journal of Higher Education, 2005 (76): 423-447.

[3] 张晓冬. 高等学校内部权力制约机制研究 [D]. 武汉：华中科技大学，2013.

20%的比重评价教师的教学、科研、服务，由此决定高校教师的去留与职业晋升；再如，威斯康星大学麦迪逊分校（University of Wisconsin Madison）提出的"集群聘任计划（Cluster Hiring Initiative，CHI）"❶，主要负责遴选、聘任、考核、评估教师，实现了教师队伍布局的精简优化，便于学校高效支配学术劳动力。由此可见，在行政权力与学术权力的共治下，美国高校能较为自主、灵活地设置教师职业细则。

4. 高校教师拥有相对平等地参与劳动关系治理的权利

受"教授治校"与"学术自由"的深远影响，美国高校教师不仅享有参与权、治理权，甚至拥有选择院校领导层的权利。❷ 1966年，美国教育委员会与大学和学院理事会协会共同制定了《关于学院和大学管理的声明》，该声明明确指出"教师是财政资源配置的决策者"❸，制定了美国高校教师参与学术决策的程序、原则、方针和指导意见，并明确了理事会、行政部门和学校的主要责任领域。在自由学术文化氛围与制度规章的双重加持下，美国高校教师在高校教师劳动关系治理中拥有较大的自主选择权与话语权，并且这种权利的合法性被法律法规、制度规章、教师手册或其他具有契约意义的文本延续下来。美国高校普遍采用聘任制的形式与教师构建劳动关系，在聘任之初，教师有权基于合约自由、平等协商的原则对合同条款进行充分协商，在达成双方合意的契约文本后，教师就进入了高校的治理场域，继而享有确定薪酬、监督高校人事运作、维护学术自由的权利。由此可见，美国教师在高校公共决策协商机制、日常管理协商机制、矛盾处理协商机制等方面都掌握了一定的话语权。当发生高校侵犯教师权益、劳动冲突等事件时，美国高校教师劳动纠纷往往遵循穷尽内部救济原则，即教师在法院提起诉讼前，须穷尽高校内部救济程序。当高校内部救济程序无法达成双方谅解的结果时，终身教职教师可以通过契约化管理（聘任合同）进行身份权、劳动权的伸张，而非终身教职序列的教师也可借由美国大学教授协会等工会组织进行学术职业人的合法发声，来促进工作满意度的提升。

总体而言，美国教师被赋予了较大的自主选择权、话语权、流动权，能够以一种相对平等的姿态与高校进行人事商榷，参与自身的劳动关系管理和劳动权利保障。

---

❶ 蒋家琼，张玲. 美国一流大学跨学科集群教师管理制度及启示：以威斯康星大学麦迪逊分校为例［J］. 湖南师范大学教育科学学报，2020，19（4）：119-124.

❷ 别敦荣. 中美大学学术管理［M］. 武汉：华中理工大学出版社，2000：69.

❸ The Role of the Faculty in Budgetary and Salary Matters［J］. AAUP Bulletin，1972，58（2）：170-172.

9.2.3 美国高校教师劳动关系的治理特征

1. 法律关系：受公法体系与私法原则双重约束

在法律属性上，美国法律规定公立高校是受到普通法、联邦宪法、州宪法等法律规范进行教育职责的公共机构。而公立高校教师则往往被界定为"有证书的政府受雇人""公法人""宪法规定的独立法人"等。无论何种称谓，美国公立高校教师的法律属性均表现为趋向于公务雇员。但是，美国私立高校教师的身份定位未能得到清晰界定，这导致美国私立高校教师的法律属性是公私并兼的。

美国学者卡普琳（William A. Kaplin）提出，美国高等教育法律包括联邦与州宪法、联邦与州政府行政部门的规定和规章等。[1] 美国高校与教师的法律关系属于高等教育法律系统的重要组成部分，高校与教师双方的法律权责相应地由联邦法律、各州法律在坚持劳工利益本位的原则下确定，并共同构成高校教师劳动关系运作的法律程序、法律保护。这种"联邦法律+地方法律"的法律调节模式使高校与教师的合法劳动既要遵循外部法律的规制，又要依据高校与教师签署的合同条款。由此，美国教师与高校之间的法律关系呈现出多层次的法律特征（见表9-2）。

表9-2 美国高校教师劳动法律列表

法律类型	法律名称	具体条文
联邦法律	《联邦宪法第一修正案》(First Amendment of the America Constitution)	教师享有学术自治的权利
	《国家劳动关系法》(The National Labor Relations Act)	保护教师个人权利；鼓励集体谈判；消除教师不公平劳动行为；保障不当劳动行为控告权利
	《高等教育法》(Higher Education Act)	教师享有培训、教育的权利
	《平等薪酬条例》(The Equal Pay Act)	确保教师同工同酬；确保岗薪匹配

---

[1] WILLIAM A K, BARBARA A L. The Law of Higher Education [M]. San Francisco: Jossey-bass, 2013: 30-32.

续表

法律类型	法律名称	具体条文
地方法律	《爱荷华州法典》（Iowa Code）	确保教师教育教学权
	《新泽西州法规》（New Jersey Statutes）	在新泽西州高等教育委员会设立少数民族教师晋升方案
	《加州高等教育雇主与雇员关系法》（Higher Education Employer-Employee Relations Act）	法案原则为"发展高等教育公立机构与其雇员之间和谐合作劳动关系的根本利益"
	《得克萨斯州教育法典》（Texas Education Code）	教职员工对终身教师享有绩效评价权与建议权

资料来源：根据美国法典网 http://www.cit.uscourts.gov/ 整理。

另外，美国政府规定高校和教师可在不违背劳动法律的前提下，基于各自考量、利益等缔结、变更、终止劳动关系，制定条款明晰的契约合同，并在当事人之间产生法律效力。由于美国高校教师群体以合同制、聘任制教师为主，因此自治自主、自由协商、主体平等私法因素在美国高校教师劳动关系治理中尤为重要，契约自由的私法色彩始终贯穿于美国高校教师的劳动法律体系中。

2. 经济关系：遵循价值等价有偿的市场规则

在市场竞争理念的影响下，美国高校教师福利薪酬的分配遵循价值等价有偿的市场规则。20世纪80年代，美国高校开始采用按劳分配的方式给予教师报酬，高校对教师薪酬福利的发放也逐渐趋于企业化管理模式，市场因素进一步渗透到美国高校与教师经济关系中。

首先，高校教师作为典型的高智力密集型劳动力，劳动力投入周期长、筛选机制严格，劳动价值较一般劳动力高，因此，在市场规则的浸润下，美国高校逐渐形成了"高薪养学"的传统。高校不仅支付给高层次教师高额薪水，也负责学术人员及其亲属的医疗保险、子女学费优惠等。[1] 并且，美国高校教师的薪酬福利设置随着市场变化动态调整[2]，形成了较为成熟和规范的薪酬福利增长机制。美国大学教授协会统计发现，近年来，美国高校教师平均工资增幅

---

[1] 阿特巴赫，瑞丝伯格，优德科维奇. 高校教师的薪酬：基于收入与合同的全球比较[M]. 上海：徐卉，王琪，译. 上海：上海交通大学出版社，2014：321.

[2] 张金丹. 高校教师劳动关系治理模式比较研究[D]. 武汉：武汉理工大学，2021.

与国民消费指数增幅基本保持同频共向的态势，即美国高校教师平均工资随着外部市场变化进行动态调整。

其次，由于不同职称岗位高校教师的人力资本有所出入，根据市场人力资源等价交换的原则，不同职称岗位美国高校教师所获取的物质性劳动回报相应地呈现薪酬阶梯状分布格局。例如，2018年美国教授三学分课程的兼职教师平均工资仅为3894美元。在宗教隶属学院工作的教师平均工资最低，为2925美元。区别于全职教师，大多数高校并未为兼职教师提供退休金。同时，美国实行地方分权制，各州物价水平、学术市场规则、学术竞争各有不同，即使是同一水平或职称的高校教师，处于东北部经济发达地区的高校教师的收入往往比东南部欠发达地区高校教师高出约40%。

在市场因素的拉动下，美国高校教师与学校之间的经济关系根据学术劳动力发展、个人劳动价值与业绩、岗位职能、职称头衔、地区规则等市场要素而不同，呈现公平分配、岗变薪变、适度差异的态势。

3. 社会关系：高校教师职称头衔的社会融入效应

在绩效管理的原则下，美国高校与教师之间的社会关系依据教师职称头衔而具有明显的差异。美国高校根据教师职称头衔设置配套的职业待遇，主要表现在以下几个方面。

从学术地位而言，美国高校被列入终身轨道的教授、副教授等教师能够凭借其学术成就享有较高的学术声望与职业红利，学术地位较高。而美国高校有限的终身制名额在学术劳动力的不断更新中被逐渐瓜分[1]，因此高校教师形成了相对固化的学术人员阶层结构，兼职教师等弱势群体难以挤入正式用工序列，这决定了他们无法获取相对丰富的学术资源，增加了其学术地位提升的难度。这种既得利益者（正式教师）的良性循环和未得利益者（兼职教师）的恶性循环，使得具有不同职称头衔的美国高校教师学术地位悬殊。

在心理契约上，处于终身轨道上的正式教师可以凭借制度化、长期化、稳定化的合同与高校建立长效稳定的劳动互动机制。而非正式教师的职业安全则受限于短期的学术劳动年限，难以与高校在短暂的劳动合作中相互配合，形成较理想的心理契约，这导致兼职教师大多出于经济人的利己目的履行学术劳动。美国大学教授协会调研发现，"相比于全日制的非终身教师来说，兼职教师通常

---

[1] 吴慧平. 学术世界的寄居者：美国大学兼职教师的生存写照 [J]. 教师教育论坛，2014，27 (10)：92-96.

很少被治理机构接纳"❶。因此，即使美国高校发生了违背劳动契约的不当行为，兼职教师仅凭个体力量是无法与高校抗衡的，只能将希望寄托于教师工会，凭借教师工会的集体谈判进行个体劳动诉求。

在社会融入上，由于美国两百多年学术环境的定势，处于学术职位金字塔顶尖的教授、副教授等教师往往处于美国社会声望分层中的中上层次，他们能较好地融入社会、高校，并能与高校进行平等的劳动协商。而处于学术职业底端的高校教师（讲师、兼职教师、临时教师等）则由于流动频繁、聘期短暂被排斥于社会接纳与高校治理之外，部分高职称的正式教师甚至认为，美国高校兼职教师的大量涌入破坏了学术职业的专业性，瓜分了他们的职业红利。美国低职称非正式教师受到学术圈层的隐性排挤已是公认的事实。比较教育学家菲利普·阿特巴赫（Philip G. Altbach）指出："美国的大学正在变成一种类似印度种姓的体系，终身聘用的教师享有较好的学术融入，而较低的阶层则处于屈从的位置。"❷

9.2.4　走向不平衡的美国高校教师劳动关系治理模式

从治理主体的治理权限而言，美国高校教师劳动关系属于"市场主导、政府调控、协约自治"的治理模式。契约自由、按能设岗、多元聘任、流动自由、人薪匹配等市场因素在高校教师劳动关系治理中尤为凸显，美国高校教师劳动关系治理呈现高度市场化、契约化的治理特征。美国政府在高校教师劳动关系治理中更多地起着宏观引导与调节的作用，而教师工会、院校、教师个体等也在高校教师劳动关系治理中形成了长期稳定的协商博弈模式，是有一套较为成熟的平等对话机制，由其协商制定高校教师的聘任条件、薪酬待遇、职业培训等内容。各方在长期配合中的意思自治得以彰显。

这种"市场主导、政府调控、协约自治"的治理模式能有效降低高校教师政策的对抗性高成本，扩大教师、院校的民主合意，提升高校教师劳动关系的和谐度、平衡度，为各方治理者搭建更畅通的沟通协作渠道，形成"平等协商、契约管理、救济顺畅"的治理格局。

但是，美国高校教师劳动关系治理模式也存在一定的不足：一是市场发挥

---

❶ AAUP. The Inclusion in Governance of Faculty Members Holding Contingent Appointments [EB/OL]. (2012-09-05) [2020-09-15]. http://www.aaup.org/report/governance-inclusion.

❷ 阿特巴赫. 比较高等教育：知识、大学与发展 [M]. 人民教育出版社教育室，译. 北京：人民教育出版社，2001：125.

的作用过大，未获取终身教职的教师在聘期结束后不得不面临又一轮的职业筛选，激发了教师的职业不安全感。例如，2018年美国共有六个州发生教师罢工事件，他们聚集在州议会大楼表达他们的诉求。同时，兼职教师缺乏职业归属感，对他们而言，教职工作是动荡的，随时会因为个人绩效、学术成就、市场环境、同类竞争者发生改变。而一旦此类教师遭遇解聘、辞退、降薪等，对教师个人乃至其家庭都会将造成沉重的经济和心理打击。市场的过分介入必然导致学术劳动力市场的紊乱。美国大学教授委员会指出："非全日制教职员工是否有权享受学术正当程序的特定规定，以及他们是否有资格担任非全日制职位，都需要加以讨论。"[1] 二是美国高校终身教职教师享有极大的学术权力与治理权力，在制度规章与美国高等教育约定俗成的文化传统中，只要终身教职教师未严重触犯院校规章制度，将终身享有教职岗位。因此，一旦教师获得制度的永久认可，便可能滋生学术惰性，这显然不利于高校的可持续发展。

9.3　印度高校教师劳动关系治理模式

印度独立后，其国内政局趋于稳定，政府开始将目光更多地聚焦于高等教育方面。印度公立大学根据立法可分为国立大学（由中央政府资助建立）和邦立大学（由各邦政府资助建立），而印度私立大学大致分为受助私立学院（private aided college）、私立准大学（private deemed university）、自筹经费学院（private unaided college）和私立大学（private university）四类。受印度政治、经济、文化的影响，印度高校教师劳动关系具有自身特点。

9.3.1　印度高校教师劳动关系的治理动因

20世纪80年代，崇尚调解经济矛盾、维护市场自由、公平竞争的新自由主义席卷印度。1991年，时任印度总理纳拉辛哈·拉奥（Rao P. V. Narasimha）提出推动经济自由化改革方案，1999年，印度政府正式开始实施经济结构调整改革政策。新自由主义带来的巨大经济利益推动了印度经济格局的巨大转变。

印度国内经济市场中劳动力自由、权利自主的浪潮冲击了印度的高等教育

---

[1] The Status of Part-Time Faculty [EB/OL]. [2023-10-01]. https://www.aaup.org/report/status-part-time-faculty.

系统。印度政府逐渐认识到知识是一种重要的资本投入，能够在刺激经济增长、确保社会稳定等方面发挥极大作用。❶ 因此，印度政府逐渐放松了对高等教育的管控。印度高校的管理方式从"管理型"向"促进型"转变。❷ 高校教师劳动关系中的"行政"成分也随之减弱，市场性、契约性因素不断渗透其中。高校教师劳动关系管理模式的转变客观上促进了印度学术劳动力市场的国际开放与国内外学术劳动者的流动。同时，西方国家"学术自由""教授治校"等思想的浸润进一步解放了印度高校教师的自主意识，他们渴望能够亲身参与自身的劳动关系治理。行政弱化的印度高校教师劳动关系面临着政府、高校、教师等利益主体治理职能调整后的新问题、新挑战。

伴随着印度高等教育规模的迅速扩张，高等教育入学人数不断增加，教师资源严重不足，难以负荷日益增长的高等教育需求。《国家教育政策》(The National Education Policy)更是提出"将所有高等教育机构转变为拥有数千名学生的大型多学科机构，到2040年，在每个地区建立一个这样的大型机构，作为高等教育集群或知识中心"的战略目标。❸ 为满足印度高等教育的发展需求，填补印度高等教育师资缺口，除了几所印度顶尖公立大学，几乎所有的印度高校都聘任了临时教师。但此类教师受限于工作年限和学术资源、学术能力等因素，其能力远不如全职教师。据印度《政治家》杂志报道，印度政府资助的公立大学大约有50%的教师职位是空缺的❹，与之前非官方估计的高校教师空缺率相比高出15%。阿特巴赫指出，印度高校中只有1/3的教师拥有博士学位，并且主要分布在研究型高校。❺ 2014年《印度时报》通过全国区域教师协会和联盟(Regional Teachers Associations and Federations)等组织机构收集了印度全国高校合同制教师的信息。他们发现，目前印度高校多达40%的教师是临时雇员之类

---

❶ CHATTOPADHYAY S, MUKHOPADHYAY R N. Embracing the Global Knowledge Economy: Challenges Facing Indian Higher Education [M]. New Delhi: Springer India, 2013: 551.

❷ MALIK G. Governance and Management of Higher Education Institution in India [R]. National University of Educational Planning and Administration, 2017: 5.

❸ Expanding Indian Higher Education [EB/OL]. (2020-08-06) [2022-03-04]. https://www.insidehighered.com/news/2020/08/06/india-adopts-major-plan-higher-education-expansion.

❹ India's Faculty Shortage Worsens, With 50% of Positions Vacant [EB/OL]. (2008-10-06) [2020-11-23]. https://www.chronicle.com/article/indias-faculty-shortage-worsens-with-50-of-positions-vacant/?bc_nonce=3y1pg5vpanfmk2bkk9x6jj&cid=reg_wall_signup.

❺ CLARKE G, LUNT I. International Comparisons in Postgraduate Education: Quality, Access and Employment Outcomes [J]. Higher Education Funding Council for England, 2014.

的非正式员工,且聘期一般为短暂的 6 个月。❶ 印度高校教师质量下滑与数量空缺成为影响印度高等教育发展与高校教师劳动关系的关键性问题。

印度高校教师质量下滑与数量空缺使印度教师群体缺乏与高校平等对话的学术底气,难以汇聚成可以与高校对等的制衡力量。在高校教师劳动关系治理过程中,印度高校依仗政府的权力授予,往往拥有极大的话语权,印度高校与教师之间谈判地位的失衡成为目前高校教师劳动关系的主流趋势。

外部经济自由化的冲击与高校教师劳动关系主体地位平衡化的内在呼唤,预示着庞大的印度高等教育系统急需合理的高校教师劳动关系制度设计,从而为高校教师参与自身的劳动关系治理留下空间,使印度高校教师劳动关系能够朝着和谐平衡的方向发展。

9.3.2 印度高校教师劳动关系的治理过程

1. 中央政府与邦政府共治高校教师劳动关系

由于制度惯性,印度作为英国近 100 年的殖民国,相应地承接了英国的联邦制管理模式——由各邦政府主要负责管理印度高等教育系统。1977 年《印度宪法第 42 修正案》把教育事业从邦政府的管理权限归入邦政府与中央政府协同管理权限范围❷,即印度高等教育由中央政府与邦政府协同管理,目前印度已经形成中央政府和邦政府分级合作、各司其职管理教育系统的体制。

印度中央政府设置了人力资源开发部(Ministry of Human Resource Development,MHRD)、大学拨款委员会(University Grants Committee,UGC)、全印技术教育委员会(All India Council for Technical Education,AICTE)、高等教育司(Department of Higher Education)等机构,这些机构负责制定高校招聘教师、支付工资、提供福利、工作责任等的相关政策。❸ 例如,近年来,印度政府通过制定五年计划来加强高校教师在职培训,1986 年《国家教育方针》提出建立教师进修学院(Academic Staff College,ASC),以满足高校教师的职业发展、职业

---

❶ 王文礼. 移植与创新:印度大学拨款委员会的发展历程、组织架构和作用 [M]. 北京:新华出版社,2017:86.
❷ 安双宏. 印度教育战略研究 [M]. 杭州:浙江教育出版社,2014:111.
❸ KEARNEY, M L. Comparative Higher Education:Knowledge, the University, and Development [J]. Comparative Education Review, 1998, 44(1):96-98.

晋升需求。截至 2019 年，印度政府共设立 66 所教师进修学院。[1] 教师进修学院能够为印度高校教师提供为期 4 周的定向训练，同时，其规定每位高校教师至少 5 年参加一次培训。该政策的目的在于实现高校学术岗位升级与教师知识更新的相互匹配，满足人岗匹配的基本要求。再如，印度中央政府负责制定公立高校教师工资福利政策，规定各类教师的最低起薪和最高薪酬，根据高校教师的学历与职称头衔等级制定明确的高校教师年薪递增额度。

印度各邦政府下设邦立教育服务委员会或邦立公共服务委员会分管高校教师劳动关系。此类机构主要负责批准、任命、调度印度邦立高校的正式教师。因此，有学者提出，"在邦政府的管理下，印度教职员工的聘任和调动也被政治化了，相关的原则条例早就名存实亡了。"[2] 印度许多邦立大学教师的岗位调动、聘用方式基本由邦政府操控，学校对教师的管理权限较小，高校教师劳动关系受邦政府政策影响较大。

2. 教师工会以院校工会为主体参与劳动关系治理

印度高校教师工会主要分为全国性教师工会与各院校教师工会。全国性教师工会组织机构主要有全国教师教育委员会（National Council for Teacher Education）、印度全体教师联谊会（All-India Fraternity of Teachers）等。全国教师教育委员会、印度全体教师联谊会均包含印度所有教育层次的教师，故印度全国性高校教师工会对印度高校教师治理的针对性较弱，其主要职责在于促进印度高校教师之间的学术交流和举办学术活动等。

印度高校教师工会主要依赖院校教师工会参与高校教师劳动关系治理。值得注意的是，由于联邦制模式下地区治理的差异，高校教师工会主要集中于邦立大学，偏远地区、贫穷地区的高校较少设立本院校的专属教师工会。这直接导致了印度全国高校教师工会的密度小，教师工会的集体谈判能力相对薄弱。但不可否认的是，作为一种集体性利益组织，印度院校教师工会在高校教师劳动关系治理中也发挥着较为重要作用。印度院校教师工会不仅能够通过集体谈判全面提高教师工资，也能帮助教师抵制高校的问责压力。[3] 例如，印度理工

---

[1] NEERU S. Higher Education in India: Refocusing Faculty Development [M]. New Delhi: Springer India, 2019: 296.

[2] 阿特巴赫, 巴兰. 世界一流大学: 亚洲和拉美国家的实践 [M]. 上海: 上海交通大学出版社, 2008: 81.

[3] KINGDON G, MUZAMMIL M. The School Governance Environment in Uttar Pradesh, India: Implications for Teacher Accountability and Effort [J]. Journal of Development Studies, 2013, 49 (2): 251-269.

大学孟买分校的教师工会每学期至少进行一次会议讨论，会议内容涉及教师聘任、产假休假、医疗保障、校园环境治理等❶，在印度理工大学教师在教师工会内部达成一致后，派出工会一致认可的教师代表（往往是教授级别的教师）与印度理工大学高校管理层进行协商，促进制度性的劳动人事政策改进与落实。由此可见，印度院校教师工会能代表教师的集体意志，凝聚各阶层的学术力量，有效促进教师福利的实现与提升。

3. 高校通过以行政权力为主的系统调节教师劳动关系

印度公立高校人事管理机构主要由评议会、行政委员会和学术委员会组成。评议会、行政委员会、学术委员会中都包含政府官员（如各邦省长、印度人力资源开发部成员、大学拨款委员会成员）。其中评议会和行政委员会负责制定教师工时、带薪休假期限、子女补贴、劳动报酬、职工培训、劳动保护、劳动纪律、劳动保险、退休金等规章条款，而学术委员会则主要负责制定高校教师教学内容、教学时长、科研任务等劳动内容。此外，印度总统或副总统还担任印度所有中央大学的视察员，各邦邦长担任印度各邦大学的校长或视察员❷，总统或各邦邦长负责对高校的人事管理事务进行监督和检查，保障高校教师劳动关系的正常有序运行。不难看出，印度公立高校是典型的科层制治理模式，其组织机构中穿插了大量的行政人员，高校教师劳动治理带有较强的集权式特征。而在印度私立高校中，主要由董事会等机构组织对高校教师劳动关系进行管理。

尽管近年来市场因素逐渐渗入，但政府力量在印度高校人事管理系统中依然占据主要地位。印度高校在发放教师薪酬福利、组织教师培训的过程中必须遵守政府设置的规章制度，在行政指令下僵化地调节高校教师劳动关系。例如，2005年印度的教育中央咨询委员会（The Central Advisory Board of Education，CABE）负责人颁布了一份旨在加强高校教师自治权的报告建议。但令人遗憾的是，规章建议与治理初衷却是背道而驰的，如报告建议停止任命合同制教师，这明显阻碍了印度高校与教师契约合作的发展，抑制了高校教师劳动关系的市场化趋势。印度人力资源发展部发布了《2010年教资会大学及学院聘用教师及其他学术人员的最低资历及维持高等教育水平的措施规例》，提出助理教授需要

---

❶ DIPAN G. Faculty Handbook：A Survival Guide for IITB Faculty. Indian Institute of Technology, Bombay. Faculty（2014-01-20）[2020-09-30］. http://www.iitb.ac.in/sites/default/files/Faculty-Handbook-2014.pdf.

❷ 温才妃. 印度：高校职称评定依法办事［N］. 中国科学报，2012-05-23（08）.

保持每周16小时的教学时数，副教授及教授需要达到14小时的直接教学时数。❶ 这直接干涉了印度高校对教师的人事规章制定权与劳动协商权，高校教师的教学工作量和劳动强度比较大。

4. 高校教师参与劳动关系治理的权利较为有限

2006年，印度政府规定高等学校教师主要分为助理教授、副教授、教授三种职称类型。由于印度公立高校教师属于公务员，受到公务员管理制度的影响，高校教师除了对自身教学内容享有适度的控制权，几乎没有其他的自主权。❷ 高校与教师之间生产资源和社会资本占有量的悬殊造成了印度高校对教师资源与权利的变相剥夺。学术自由成为印度大学教师职业发展的最大愿景。❸ 然而，从职业招聘之初，印度教师就必须满足政府设定的职业门槛与学术成绩指数（Academic Performance Index，API），只有达成印度政府规定的硬性指标，高校教师才能取得从事学术劳动的资格。印度高校教师进入学术劳动力场域后，在完成规定的劳动内容后，根据印度大学拨款委员会设定的薪酬标准获取相应的劳动报酬。同样，印度高校教师的职称晋升也必须达到印度工资改革委员会在教师工作经历、学术成绩指数、专家委员会评价三个方面设定的硬性标准。❹ 在印度高校教师从事学术劳动的过程中，其基本没有参与政策制定的权利，教育政策制定权往往掌握在那些被增选到权力机构中的精英教师手中。❺ 如果发生劳动冲突，印度高校教师需要依次通过写信给系主任、向董事会提出申诉的方式进行劳动维权，继而由高校行政人员负责劳动争议调解。

9.3.3 印度高校教师劳动关系的治理特征

1. 法律关系：以公法为主要依据调整劳动关系

从法律属性而言，印度公立高校由中央政府或邦政府直接管辖，在法律语

---

❶ Government of India Ministry of Human Resource Development Department of Higher Education. [EB/OL]. (2016-05-24) [2020-10-30]. https://www.education.gov.in/sites/upload_files/mhrd/files/press_release-_26_may_2016.PDF.

❷ ALTBACH P G. India's Higher Education Challenges [J]. Asia Pacific Education Review, 2014, 15(4): 503-510.

❸ EISEMON T O. Institutional Correlates of Faculty Outlooks and Professional Behaviors: A Study of Indian Engineering Faculty [J]. Higher Education, 1974, 3 (4): 419-438.

❹ 王玲，张鲲. 印度公立、私立高校教师地位差距及制度成因 [J]. 外国教育研究，2019, 46(10): 45-57.

❺ 安双宏. 印度教育战略研究 [M]. 杭州：浙江教育出版社，2014: 227.

境中是典型的公立组织。印度政府文职人员等级由高到低分为 A、B、C、D 四组，印度公立高校教师属于政府文职人员中的 A 类，其身份带有明显的公法属性。而印度私立高校教师虽然较少受到中央政府与邦政府的管理，但其也受到诸如"五年计划"、大学拨款委员会等政策与政府机构的影响。例如，印度 2003 年颁布的《大学拨款委员会私立大学创办与质量维持规章》对印度私立高校教师的师资力量提出了明确要求。

法律属性是高校教师法律关系的内核，印度高校与教师的法律权责主要围绕公法展开。在公法的保护下，高校教师的利益保障不断得到法律的修缮，从《高等教育"二·五"规划（1956—1961）》到 2020 年《新教育政策》，印度教育法律制度的嬗变不仅逐渐完善了高校教师的平等权、劳动报酬权、社保福利权、职业技能培训权、劳动争议处理权等权利（见表9-3），而且通过设定劳动基准，将教师的利益以高校法定义务的方式确立了下来。高校与教师劳动法律的完善能够保障教师进行学术劳动过程中的正当权利与学术劳动者应有的地位。

表9-3 印度高校教师劳动法律列表

法律	法律条文
《劳资纠纷法》 （The Industrial Disputes Act）	合同制教师不应被视为"工人"
《雇员国家保险法》 （The Employees State Insurance Act）	在疾病、生育、受伤等情况下也需要向雇员支付福利薪酬
《国家教育政策》 （National Policy on Education）	重视教师工会与教师的参与权
《教育与国家发展报告》 （Education and National Development Report）	为教师设置公平的薪酬等级
《国家教育政策》 （National Policy on Education）	首次提出尊重高校教师学术自由权

资料来源：根据印度法律服务网 http://legalserviceindia.com/ 整理。

2. 经济关系：政府管控下的不公平经济依赖模式

在印度薪酬委员会等机构的第六次调整制定下，印度高校教师主要形成了由等级薪酬与学术职级薪酬制度结合的基本工资模式，辅之以年度增额制（教师工资根据履职年限从起点工资逐年上涨到最高工资）。除此之外，印度高校教师还享有物价补贴、房租补贴、城市补偿补贴、交通补贴、子女教育补贴等多种福利待遇。

但值得注意的是，目前印度高校教师似乎正处于一种矛盾的局面——与其他发展中国家的学者相比，印度高校教师的经济待遇较高[1]，处于印度中产阶级地位，然而印度高校与教师遵循的并非协议工资制，高校教师薪酬福利的制定、发放、调整等都要依附于政府的政策约束，印度高校教师是"被动地"被安排在同一工资级别框架中（见表9-4）。《印度时报》尖锐地指出"一个覆盖所有各级各类教师的薪级制度，会严重抑制教师的积极性，甚至导致教师在晋升职称时过分侧重资历，而非学术成就"[2]。由上述论述可知，印度高校教师的工资福利不是依据高校教师量化、指标化的劳动业绩，而是基于工龄与职称等级。换言之，印度高校教师的工资福利遵循着僵化的薪酬等级链，向高职称和高职位倾斜，却忽略了对教师教学质量、科研成果和工作业绩的考核，既不奖勤，也不罚懒，缺乏高校教师劳动关系中应有的学术竞争和激励机制。一个履职多年的高职称教师即使未做出学术贡献，也可享受到较高的薪酬待遇。这直接导致高等教育学术发展与政府控制的矛盾凸显，常常诱发高校教师的不满情绪，引发教师的罢工活动。

总体而言，这种紧紧依附行政官僚系统的高校教师经济关系弱化了印度学术劳动市场的创造活力与流动可能，附着于公职人员身份的收入稳、保障牢等强有力的保障也滋生了高校教师的劳动惰性，扰乱了学术市场竞争规律。印度高校与教师之间呈现一种以牺牲绩效公平与组织效率为前提的固化的利益分配关系。这严重影响了印度高校教师劳动付出与经济回报的公平匹配（见表9-4）。

表9-4 印度高校教师工资情况

单位：卢比/月

学术职级	等级	起薪
助理教授	10	57700
	11	68900
	12	79800
副教授	13A	131400
教授	14	144200
	15	182200

资料来源：《大学拨款委员会关于修订工资规模、任用大学和学院教师的最低规模以及其他维持标准的措施的报告》（2017年版）。

---

[1] 马迎晨. 印度的高等教育质优价廉作用大 [N]. 光明日报, 2013-09-07 (05).
[2] NEERU S. Higher Education in India: Refocusing Faculty Development [M]. New Delhi: Springer India, 2019: 54.

3. 社会关系：政府钳制致使高校教师社会融入感较弱

派特指出"支持学术发展的文化氛围尚未在印度学术机构扎根。"[1] 换言之，高校教师并未登上印度高校治理的中心舞台，成为高校治理的主要主体之一。在印度高校教师劳动关系治理中，政府、高校、教师之间是一种明显的垂直型行政隶属关系，即印度政府对印度高校教师劳动关系进行了多方位的管辖，导致治理的权力重心高。印度高校教师的社会关系由此呈现政府钳制下的服从和被服从的关系，缺乏有效的社会融入，主要表现在以下几个方面。

在学术地位上，印度传统文化将教师定义为"古鲁（Guru）"，即个人宗教导师与精神导师。由此可见，印度高校教师在学生个人发展中起着极大的引领作用，教师享有极高的社会地位，处于社会系统中的中上层。但是，近年来印度高校大量兼职教师的涌入在一定程度上降低了高校教师的地位。正如依斯摩（Eisemon）所言，"大学教师'边缘化'已经成为印度高等教育的普遍现象"。[2]

在心理契约方面，印度高校教师劳动关系治理并非呈现由高校与教师协调对话的和谐关系和平等权利模式，而是一种自上而下的等级层级结构，印度高校教师的薪酬、聘任、政治权利、学术自由、职称晋升等都要服从政府的统一标准与宏观调节。不少教师表示，印度高校对教师的薪酬绩效、终身教职等并不是基于明确的激励制度与指标，而是根据部门或者政治制度所授予的。[3] 例如，目前印度部分邦立大学已经停止招聘教师，而是将这项职能交由邦立公共服务委员会履行。由此可见，在高校与教师学术劳动过程中，教师实质上是与政府达成了长期稳定的心理契约合同，由政府规定设置入职规则。当高校教师选择就职于另一所高校时，其劳动内容、薪酬福利、晋升条件也大多雷同（遵循政府制定的规则）。因此，印度高校教师较难找到适合自我职业发展的隶属高校，这导致高校与教师之间的情感纽带实质上非常脆弱，高校教师很难对学校形成持续的职业忠诚。

在社会融入中，印度全国普遍建立了"大学教师＝政府公职人员"的社会认知，将高校教师社会角色与行政人员挂钩。在印度公务员官僚主义理念的持

---

[1] PATEL P J. Academic Underperformance of Indian Universities，Incompatible Academic Culture and the Societal Context1 [J]. Social Change，2012，42（1）：9-29.

[2] Eisemon T O. Institutional Correlates of Faculty Outlooks and Professional Behaviours：A study of Indian engineering faculty [J]. Higher Education，1974，3（4）：419-438.

[3] ANNETTE O B. The Cosmopolitan Guru：An Analysis of Indian Faculty Mobility and Career Trajectory [D]. Tucson：The University of Arizona，2015：111.

续影响下,印度高校教师在社会声望结构中依据资历头衔呈现阶梯型特点,即大学高职称教师(教授)的院校忠诚、学术资源明显优于低职称(副教授、助理教授)的教师,他们更能实现"体面"劳动。许多合同制教师无法积极参与大学治理,他们的职业发展与生活需求往往被搁置,其社会认可度较低。这类教师与高校之间是纯粹的依附性"劳动者"与"雇主"的关系。印度高校合同制教师的职业归属感较弱,职业不稳定感激增,在一定程度上挫败了其学术士气。

9.3.4 走向行政化的印度高校教师劳动关系治理模式

就治理主体的权限而言,印度高校教师劳动关系属于"政府主导、市场调节、集权管理"的治理模式。印度国家战略与高等教育发展高度耦合的利益链使行政化的管理模式渗透于高校人事管理机制之中,印度高校教师劳动关系运行的各个方面(聘任、薪酬、学术职业培训、晋升等)都盘踞了一定的行政力量,印度高校教师劳动关系运行带有浓重的行政色彩,印度高校教师劳动关系治理模式更多地呈现出一种行政集权的特征。

诚然,这种"政府主导、市场调节、集权管理"的治理模式能够凭借政府的强大号召力与资源整合力广泛集中印度高校教师的学术力量,以权威性的国家机制保证印度高校教师劳动关系的稳定性、持续性,使印度高校教师的学术方向、学科发展与国家战略政策高度贴合,进而促进印度高校师资队伍整体素质的逐步提升。但是,在行政主导的话语体系下,印度高校教师劳动关系存在以下缺陷:一是印度高校教师严格地遵守政府设计的职业生涯发展方案与考核要求,其内生的学术治理权与学术创造性被动地消解了。印度政府报告曾指出,印度高校在教师职业管理、教师招聘等中,往往存在政治控制或政治干预,稀释了学术权力与学术自由。同时,过于宏观的教师职业发展规划未能贴合印度不同高校、不同教师的实际情况,可能导致规章制度与教师个体需求、院校发展之间的不适配,进而滋生高校教师劳动关系矛盾。二是高度的集权管理会激发学术腐败,阻碍学术公平。在政府的权威力量下,印度高校教师往往怯于对"唯工龄、唯职称"的学术职业发展模式提出异议。例如,有学者指出,虽然印度大多数大学的招聘程序表面上是合法的、公平的,但仍能听到教师对偏袒、任人唯亲和腐败的抱怨。❶可见，印度高校教师的劳动环境并不十分宽松，缺乏自由和民主的学术氛围。

9.4 中国、美国、印度高校教师劳动关系治理模式的比较分析

9.4.1 治理动因的比较分析

中国、美国、印度高校教师劳动关系的治理动因存在相似之处，主要表现在以下三个方面。

一是中国、美国、印度高校教师劳动关系治理均受到学术劳动力市场国际化、全球化的影响。在知识促进经济发展的全球战略共识下，理想的学术象牙塔必然受到多种外部力量（政治、经济）的介入。学术竞争的国际化导致各国纷纷将竞争的筹码投放于知识赋能的人力资本之中，希望借由学术资本的流动以及国际高等教育的合作解绑人才流动的空间与制度桎梏。中国、美国、印度的高校教师也希望通过职业流动、职业选择来寻找自身学术发展的有效空间，给自身与家庭带来利益最大化的职业选择。高校教师劳动方式与劳工利益格局随之发生变化，这无疑给中国、美国、印度高校教师劳动关系带来了极大的机遇与挑战，例如，目前高校教师可以通过跨院校、跨国家实现挂职、兼职，高校教师聘任方式趋向多元化、灵活化，院校也愈发重视教师的参与权，高校给予不同种姓、性别、肤色、国籍的教师同等的薪酬待遇。不难看出，在学术劳动力市场国际化的影响下，中国、美国、印度三个国家的政府与高校均希冀通过教师职业公平与体面劳动留住与吸引高质量的教师，即以和谐的高校教师劳动关系助推国家在新一轮国际经济文化竞争中取得人才优势与战略高地。

二是中国、美国、印度高等教育高速发展，高深知识进入商品化时代，知识的价值属性普遍得以彰显。2021年，我国高等教育毛入学率达到57.8%❷，进入世界公认的高等教育普及化阶段，我国接受高等教育的人口达到2.4亿，新增劳动力平均受教育年限达13.8年，劳动力素质结构发生了重大变化。20世纪70

---

❶ 阿特巴赫. 高校教师的薪酬：基于收入与合同的全球比较［M］. 上海：上海交通大学出版社，2014：159.

❷ 新华社. 我国高等教育毛入学率达到57.8%［EB/OL］.（2022-05-17）［2023-10-12］. http://www.moe.gov.cn/fbh/live/2022/54453/mtbd/202205/t20220517_628223.html.

年代，美国正式进入高等教育普及化阶段，之后美国高等教育入学人数继续保持上升态势。2019年，印度高等教育入学率为27.1%❶，正处于高等教育大众化阶段。印度国家教育政策草案明确指出，2035年将高等教育的毛入学率（GER）至少提高到50%。由此可见，三个国家的高等教育事业都处于蓬勃发展阶段，对高质量高校教师的需求空前强烈，这在一定程度上助推高校教师的知识价值显著增强，学术资本主义逐渐扩张。基于发展高等教育的理性考量与利弊权衡，中国、美国、印度高校根据教师的职业需求、学术特征、个性禀赋及时调整治理方式，促进高校与教师之间劳动地位的平衡，彰显高校教师劳动价值成为共同趋势。

三是新型管理范式渗透至中国、美国、印度高校教师劳动关系治理理念中，推动形成多元共治的治理格局。20世纪80年代的信任危机使西方政府遭受一系列挑战，为了走出困境，西方各国掀起了一系列改革，如新自由主义改革、新公共管理改革，其目的均在于提倡维护个人自由，减少政府干预。随着其他国家、其他组织机构的正向反馈结果持续输出，新兴管理范式开始迁移至三个国家的高校教师劳动关系治理中。尽管在不同国家参与治理的程度有所不同，但不可否认的是，新的治理理念、劳动规则已经渗透于三个国家的高校教师人事管理中，高校愈发重视高校教师的择业权、发展权、参与协商权。在治理过程中，政府、社会、学校和教师共同参与教师劳动关系治理已经被广泛接受。

然而，由于国情环境的差异，中国、美国、印度高校教师劳动关系治理动因也存在不同之处。

第一，中国、美国、印度高校教师劳动关系治理受新自由主义、新公共管理主义的影响程度不同。得益于改革开放与大学自主权下放后的包容性、创新式环境，新自由主义理念❷逐渐渗透至中国高校管理的各个方面，但由于我国的国情与制度惯性，行政化的高校教师劳动关系治理理念仍占据主导地位。而美国作为新公共管理主义的发源地，其理论渊源、实践运用已成体系，且由于美国历史文化与政治制度的原因，美国大学教授协会等组织具有一定的话语权，在高校教师劳动关系治理中享有极大的学术权力，美国高校教师各项权益得到了进一步的扩张与保障。在印度，虽然新公共管理主义中"民主、自由"的理

---

❶ 印度总入学率[EB/OL]. knoema. (2019-11-25) [2023-12-10]. https://cn.knoema.com/atlas/%e5%8d%b0%e5%ba%a6/topics/%e6%95%99%e8%82%b2/%e9%ab%98%e7%ad%89%e6%95%99%e8%82%b2/%e6%80%bb%e5%85%a5%e5%ad%a6%e7%8e%87.

❷ 一种经济和政治学思潮，它反对国家和政府对经济的不必要干预，强调自由市场的重要性。

念响应了高校教师争取自身劳动权益的呼声,但以印度政府为主导的高校教师管理机构与制度臃肿体胖,一时难以根除,新公共管理主义范式缺乏环境土壤。可以说,在新公共管理主义对高校教师劳动关系的影响程度方面,美国最甚,中国次之,印度最弱。

第二,中国、美国、印度高校教师劳动争议类型不同。目前,中国正处于高校教师劳动关系由行政管理向市场化转型的过渡阶段,高校与教师的劳动矛盾主要集中于劳动关系管理立法不够完善、新旧制度交替、劳动合同争议、聘任人事纠葛、职业稳定性问题等方面。而美国高校教师结构的动态调整导致大量兼职人员挤入学术职业岗位,其高校教师劳动关系冲突主要表现在学术资源分配不公、学术竞争激烈、教师整体地位下滑、管理两极分化等问题上。印度高校教师劳动关系的争议焦点则在于政府行政管控过多、教师学术权力式微、劳动双主体谈判地位失衡、高职称教师劳动惰性滋生等方面。

9.4.2 治理过程的比较分析

中国、美国、印度高校教师劳动关系在治理过程中同样存在相似之处与不同之处。具体来讲,三国高校教师劳动关系治理过程中的相似点表现为以下几点。

一是治理过程协作化。虽然国情不同,但是各个国家的政府、教师工会、高校、教师的基本权责存在共性。例如,高校教师劳动关系涉及社会保障、法律法规等保障性措施支持,需要也必须由政府进行宏观调控,因此应明确各方职责,共同助推高校教师劳动关系和谐发展,中国、美国、印度高校教师劳动关系治理过程存在协作化合作的特点。在中国高校教师劳动关系的治理过程中,往往由政府设置宏观的法律约束与学术劳动运行基本准则,即政府进行宏观引导与调控;高校则根据政府的宏观顶层设计,结合具体的院校实践,与教师工会、教师个体进行对话协商,制定工作休假、劳动报酬、职工培训、劳动保护、劳动纪律、保险制度等权益保障机制。在美国,宪法赋予了联邦政府与州政府管理高校教师的权限,因此联邦政府与州政府有权对教师的法律属性、学术工作等设置宏观的规范体系。受"学术自治"思想的浸润,美国高校能够较为自主地调节高校教师劳动关系。美国大学教授协会之类的美国高校教师工会负责监督教师劳动过程中的不规范行为,设置"公开谴责"等制度来保障教师各项权利的落实;美国高校教师则享有知情权、决策权、协商权、参与权与监督权等权利,能够与高校就自身工作职责与工作内容进行协商,在治理过程中发挥着举足轻重的作用。在印度,《宪法第 42 修正案》规定联邦政府与邦政府有管控高校教师劳动关系的权力,教师工会、高校、教师根据政府的规定在教师劳动关系纠纷中进行申诉、反馈和调解等。总体而言,在中国、美国、印度高校教师劳动关系的治理过程中,相关利益主体的权责与诉求使"政府+教师工会+高校+教师"的四维治理主体组合成为应然之义,高校教师劳动关系治理过程呈现协作化的特点。

二是治理内容相对一致。由于高校教师劳动关系涉及的各个要素相互缠绕,例如薪酬制度会影响高校教师的履职意愿,晋升条件会影响高校教师的劳动选择趋向。因此在中国、美国、印度高校教师劳动关系的实际治理过程中,治理内容是难以完全分割的。例如,中国高校教师"兼职""返聘"等类型的聘用形式也决定了"项目工资制""年薪制"等多种经济分配方式;美国教师工会、高校对教师法律申诉、职业不公等负责,治理内容的边界是相对模糊的;印度政府则主要负责设定高校教师薪酬等级、入职条件、晋升条件等内容,学校自主权较小,无法有效调节劳动内容,而这又影响到教师的职业公平性、岗位竞争性,继而左右教师学术绩效。

中国、美国、印度高校教师劳动关系治理过程的不同之处表现为以下几点。

一是治理主体权利比重不同。中国高校教师劳动关系治理正在经历由行政管理趋向高校、教师自主管理的过渡模式,高校与教师逐渐掌握了高校教师劳动关系相关内容的治理权,教师成为自身劳动关系治理的主体之一,治理过程逐渐呈现出"以政府为引导,多中心治理"的发展趋势。在美国,政府、高校、教师工会、教师都是劳动关系治理中的主体,均有权对教师岗位细则进行沟通协商,高校教师独立意识较强,敢于也善于维护自身权益。印度高校教师的劳动关系治理则主要服膺于政府需要,高校教师的薪酬分配、职称晋升、聘任要求听令于政府行政条文,高校教师劳动关系是典型的政府主导式科层制治理,高校更多地扮演了执行者、维护者的角色,而非劳动规则的制定者,教师也成了自身劳动关系调节中的"失语者"。

二是治理主体权责有所差异。在政府权责上,中国地方政府是以中央政策文件作为行动指南的,即高校在中央文件精神的指示下,根据当地实际情况调节高校教师的薪酬、福利、聘任、劳动内容。而美国则是典型的地方分权制国家,相较于中央政府,州政府对高校教师的治理内容则更为周密,在实际的治理过程中形成了以州政府为主体的治理模式,这也使美国各州的高校教师劳动条件更为异质化,美国高校教师劳动关系呈现多元化的格局。印度政府把教育事业从邦政府的权限归入邦政府与中央政府的协同权限范围，因此邦政府与中央政府构成了平行治理高校教师劳动关系的模式。在教师工会治理上，中国高校教师工会在涉及教师劳动权益的问题上发挥着重要作用，具有广泛性与代表性，能够较好地反映教师呼声，协调处理好各种劳动争议和纠纷，是颇具特色的中国高校劳动关系治理主体。美国高校教师工会包括各院校教师工会和全国性教师工会两种，学术性与教师团体性较强，是一种维权型工会。印度高校教师工会也包括院校与全国两种形式，教师工会渲染着浓厚的行政色彩，这也使教师工会对高校教师的争议调解、劳动协商贴近政治需要，印度高校教师工会是一种服务型工会。

9.4.3 治理特征的比较分析

在治理特征方面，由于中国、美国、印度高校教师劳动关系内涵与各权责主体职能的趋同性，因此治理特征存在部分相似。首先，中国、美国、印度高校与教师的法律属性都是以公法为基础进行调解；其次，中国、美国、印度高校教师相对国内其他职位岗位而言，均享有较高的薪酬标准和福利待遇；最后，虽然目前非正式教师的挤入在一定程度上拉低了这三个国家高校教师的社会认可度，但是高校教师内附的知识价值以及社会对人才的普遍尊重，使高校教师仍能享有较高的社会地位与学术融入。

然而，由于国情与治理理念的差异，中国、美国、印度高校教师劳动关系的结果输出存在差异。

一是法律关系的差异。中国高校教师劳动关系正处于转型时期，契约自由的私法因素逐渐渗透至高校人事管理中，中国高校教师法律权责表现为公法与私法杂糅的特点，如对于教师离职引发的劳动争议适用于劳动法或行政法。目前而言，由于制度惯性与高校教师的特殊地位，在中国高校教师劳动关系治理中，依法治理、依法治校依然占据主导地位。美国高校以合同制、聘任制教师为主流，自由协商、意思自治、主体平等私法因素在劳动关系治理中尤为凸显，美国高校教师法律体系是一种私法与公法相互协调配合的模式。近年来，印度政府出台一系列政策，在一定程度上杜绝了教师合同制，因此在高校教师劳动关系主体的法律属性与法律权责方面，印度高校与教师的法律关系更偏重适用公法。

二是高校教师劳动关系治理在经济关系方面的差异。中国高校教师薪酬正在由行政主导向市场契约过渡，学术劳动力市场的力量逐渐占据主流，这促进了高校教师工资薪酬体系形成以岗位为核心的多元化（绩效、学术贡献等）制度设计。而美国高校主要借鉴企业按劳分配的经济模式，遵循市场与学术资本等价交换的规律，由市场发挥主导作用。印度高校教师薪酬由政府强制安排，工资标准主要依据高校教师的工龄与职称设置，是一种资历型教师工资治理模式。

三是高校教师劳动关系治理在社会关系方面的差异。当前，中国高校教师逐渐脱离编制，从"单位人"向"自由人"转变，这导致高校与教师的社会关系逐渐从组织依附型向平等独立型演变，教师与高校之间的情感黏结渐趋减少。美国高校教师则由于职称、正式用工和临时用工的区别，呈现不同的心理契约、学术地位和社会融入状态。印度高等教育过度的行政权力稀释了高校与教师的学术权力，教师话语权式微，这也导致高校与教师之间的社会关系僵化，缺乏灵活性和自由性。中国、美国、印度高校教师劳动关系的治理结果如表9-5所示。

表9-5　中国、美国、印度高校教师劳动关系治理结果比较

劳动关系		国家		
		中国	美国	印度
法律关系	法律属性	公法		
	法律权责	模糊的公法契约	公法、私法平行治理	以公法为主、私法为辅
经济关系	收入水平	中等偏上	高	高
	工资增长	主要依据学术业绩与职位	主要依据学术业绩与职位	主要依据工作年限与职位自动增额
	薪酬制度	以岗位津贴为主多元衍生	年薪制	职务等级制
	福利待遇	五险一金	医疗保险、养老金计划、子女学费优惠等	物价补贴、房租补贴、城市补偿补贴、交通补贴、子女教育补贴
社会关系	学术地位	较高	高	高
	心理契约	组织向心力有所下降	依据职称头衔差异化	行政主导
	社会融入	社会身份由行政身份隶属转为自由契约合作	学术人、自由人	具有行政人员的身份识别符号

总体而言，中国、美国、印度高校教师劳动关系的治理根植于本国的政治、经济、文化情境之中，发生于教师的学术劳动之中，契合本国高校教师劳动的实际情况，均存在科学性与合理性。但是，中国、美国、印度的高校教师劳动关系治理也有一定不足，离高校教师平衡与和谐劳动关系的理想愿景还有差距。实际上，高校与教师，乃至政府与教师之间由于价值期待和价值赋予存在本质矛盾，因此，无论哪种制度设计，都难以完全消除高校与教师之间的劳动关系矛盾，需要以一种辩证的视角看待不同国家的高校教师劳动关系治理。我国高校教师劳动关系治理以及和谐劳动关系的建立需要立足中国国情、扎根中国大地、充分考虑中国高等教育发展的实际情况，以高等教育的基本规律为主线，以高校与教师和谐发展为价值旨归，进而在"取其精华去其糟粕"的前提下，改进我国高校教师劳动关系的治理模式，为推动中国高等教育高质量发展提供和谐劳动关系支持。

第10章

高校教师和谐劳动关系治理体系建构与政策改进

党的十八大明确提出构建和谐劳动关系。2015年发布的《中共中央 国务院关于构建和谐劳动关系的意见》明确指出，劳动关系是生产关系的重要组成部分，是最基本、最重要的社会关系之一。劳动关系是否和谐，事关广大职工和企业的切身利益，事关经济发展与社会和谐。党和国家历来高度重视构建和谐劳动关系，制定了一系列法律法规和政策措施并作出工作部署。各级党委和政府认真贯彻落实党中央和国务院的决策部署，取得了积极成效。但是，我国正处于经济社会转型时期，劳动关系的主体及其利益诉求越来越多元化，劳动关系矛盾已进入凸显期和多发期，劳动争议案件数量呈增长态势。在新的历史条件下，努力构建中国特色和谐劳动关系，是加强和创新社会管理、保障和改善民生的重要内容，是建设社会主义和谐社会的重要基础，是经济持续健康发展的重要保证，是增强党的执政基础、巩固党的执政地位的必然要求。高校教师劳动关系作为劳动关系系统的重要组成部分，其和谐程度直接关系学校和教师的切身利益，事关学术发展和进步。尤其是在高等教育高质量发展的历史转型时期，面对高校人事管理制度的深层变革，如何妥善处理高校教师劳动关系，建构具有中国特色的高校教师和谐劳动关系，就成为亟须研究的课题。

10.1 和谐的学术：高校教师劳动关系治理的理论解释

10.1.1 何为和谐

和谐是管理的最高境界。❶ 东西方对于"和谐"有着较为不同的理论解释。

1. 东方关于"和谐"的理论阐释

东方关于"和谐"的内涵阐释发源于中国古代，之后随着时代的发展，其内涵及理论不断拓展演变。因此，本书以中国古代为例，论述东方对于"和谐"的理论解释。在人与自然的关系上，中国主张"天人合一"，肯定人与自然界的统一，强调人类应当认识自然，尊重自然，保护自然，而不能破坏自然，反对人类一味地向自然界索取。这种思想基因根植于中国人的思想信念中。习近平总书记在十九届中共中央政治局第二十九次集体学习时发表"努力建设人与自然和谐共生的现代化"的重要讲话，其中蕴含了人与自然和谐共生的价值底蕴与理想愿景。在人际关系上，中国古代提倡"和而不同""和气生财"，追求以和谐人际关系为主题的大同社会。孔子指出："君子矜而不争，群而不党。"《论语·卫灵公》在心与身的关系上，中国古代主张身心和谐，保持平和、恬淡的心态，正确处理理与欲的关系。子曰："富与贵，是人之所欲也。"（《论语·里仁》）"富而可求，虽执鞭之士，吾亦为之。"（《论语·述而》）但他又强调"欲而不贪"（《论语·尧曰》），反对放纵欲念。他说："君子有三戒，少之时，血气未定，戒之在色；及其壮也，血气方刚，戒之在斗；及其老也，血气既衰，戒之在得。"（《论语·季氏》）在国家关系上，中国古代主张"政通人和"，和谐共处，协和万邦。《尚书·尧典》曾言："百姓昭苏，协和万邦。"《周易·乾卦》说："首出庶物，万国咸宁。"即主张万邦团结，和睦共处。孔子提出"四海之内皆兄弟"（《论语·颜渊》），"远人不服，则修文德以来之。既来之则安之"（《论语·季氏》），主张以文德感化外邦，反对轻率地诉诸武力。而在中国特色社会主义新时代，社会和谐是国家富强、民族振兴、人民幸福的重要保证，科学地回答了中国怎么发展的问题。

总体而言，无论是何种关系，中国传统文化尤为重视"和谐"共处，体现了中国传统文化的"和谐"气质，表达了我国古人对于自然和人类社会变化、

---

❶ 姜帆. 和谐是管理的最高境界 [J]. 通信企业管理，2004 (9): 61-62.

发展规律的朴素认识，它是人们追求美好事物和为人处世的价值观、方法论。虽然不同关系的"和谐"具体的内涵有所不同，但是都指向了中国传统文化中"和谐"的本质——和谐不是同一，和谐是相异事物之间的平衡与统一。

2. 西方关于"和谐"的理论阐释

西方传统文化的和谐精神，最初主要体现在古希腊哲学家对和谐思想的探讨上。❶ 相较于东方，西方主要通过对音乐、宇宙、数学的观察，逐步形成了自己的和谐理论。毕达哥拉斯（Pythagoras）最早较为系统地阐述了和谐问题，他阐述了音乐和谐与数字比例之间的关联，并指出"整个天就是一个和谐"。文艺复兴后，许多思想家、科学家都将"和谐"视为重要的哲学范畴。之后，英国经济学家亚当·斯密（Adam Smith）于18世纪发表《国民财富的性质和原因研究》，提出"经济现象是基于具有利己主义的目的的人们的活动所产生的"❷，但是，每个人的利益又为其他人的利益所限制，由此产生了相互制约的共同利益，也出现了人们追求关系和谐的萌芽。19世纪，马克思与恩格斯从人的发展、社会的发展等方面阐释了自己独到的见解，对"和谐"的内涵进行了系统的辨析。恩格斯在《国民经济学批判大纲》中提出"两大和解"，即"人类与自然的和解以及人类本身的和解"。"两大和解"实质是"两大和谐"，是人与自然之间、人与人之间两大矛盾的真正解决。在《共产党宣言》中，马克思在分析资本主义社会严重不和谐的现实及其原因的基础上，明确提出构建未来和谐社会的基本路径。

总体来讲，尽管近代西方并未真正提出"和谐"的理论与内涵，且对和谐的理解停留在音乐、数字、宇宙等方面，但经过时代的发展，"和谐"这一理论逐渐迁移至西方经济、管理、社会等领域，并得到了科学化、系统化的梳理与发展。虽然研究对象有所不同，但不难发现，西方对于"和谐"的理论界定体现在和谐对象的多样性以及和谐对象之间矛盾张力的消解上。

3. 东西方在"和谐"理论阐释中的共性

东西方关于"和谐"的理论解释带有各自历史文化与政治因素的烙印，有着一定的差异。例如，东方的"和谐"理论透露着儒家、道家的"求善"特征，而西方的"和谐"理论则暗含着科学的"求真"本质。但是，两者在某些

---

❶ 陈素君. 中西和谐精神的异同及其对构建人类命运共同体的文化价值研究[D]. 上海：上海交通大学, 2019.
❷ 斯密. 国富论[M]. 郭大力, 王亚南, 译, 上海：上海三联书店, 2009.

方面是不谋而合的，这为我们探究高校教师和谐劳动关系提供了理论启示。

一是东西方都认为"和谐"是相异事物的统一。如我国庄子提出"天地与我并生，而万物与我为一"，西方的李普曼（Lippman）也指出："和谐，简单来讲就是嵌合在一起，典型的表现就是木匠把两块木板拼合在一起，因此，这一概念的基本前提条件是，存在两个或者两个以上可以相互调整的不同实体。"[1] 二是东西方都认为"和谐"代表着秩序，主张各个要素遵循一定的秩序，各司其职。例如，《尚书》提出"八音克谐，无相夺伦，神人以和"，即各种乐器的声音能够和谐地演奏，不要弄乱了相互间的次序，让神人听了都感到愉悦和谐。这里的和谐就是有序的。[2] 而柏拉图也提出了异曲同工的思想，他指出各个音之间的和谐其实就是各个音之间有序发音的过程。

4. 高校教师和谐劳动关系的理论解释

将东西方对"和谐"的理论解释及其共性归纳迁移至高校教师劳动关系中，可以发现，高校教师"和谐"的劳动关系存在差异性、统一性、有序性等特质。

差异性体现在高校与教师的利益存在部分对冲。通常而言，由于利益的根本对立，劳动关系主体之间的目标存在天然相异性：劳方希冀通过劳动付出换取高额的物质报酬，而资方则期待以较低的成本支出得到劳动者高质量的劳动回报。[3] 这放之于高校教师劳动关系中表现为，教师希望通过劳动获得高质量的生活条件，而高校则希冀以较低的人力成本得到教师的持续性高付出。统一性体现在高校与教师的目标存在部分重叠——二者均希望通过"高校+教师"这一学术共同体带动自身学术声望、学术资本的快速提升。有序性则表现在高校在管理教师过程中需要遵循相应的规章制度与法规政策，而教师也必须在劳动过程中保持对院校制度的尊重。

马克思劳动价值论认为价值是凝结在商品中的无差别的人类劳动，由抽象性的劳动所凝结。既然价值体现为一种人类劳动，那么高校教师作为具有较高知识水平的学术劳动者，能够通过教师的抽象劳动、脑力劳动、具体劳动产出学术职业的价值。在高校教师劳动关系中，教师既是教学劳动、科研劳动、社会服务、传承文化的实践主体，也是院校价值的创造主体。高校教师的劳动不

---

[1] LIPPMAN, EDWARD A. Hellenic Conceptions of Harmony [J]. Journal of the American Musicological Society, 1963, 16 (1): 3-35.

[2] 王世舜，王翠叶译注. 尚书 [M]. 北京：中华书局，2012：28.

[3] 安奉钧，申建国，张慧芳等. 企业劳动关系：环境因素、分析框架与战略路径 [J]. 中国劳动，2016 (20)：42-48.

同于机械劳动,它是一种知识性劳动。教师拥有着强烈的成就动机和自身学术驱动性,在从事学术型劳动过程中产生不同的价值取向和价值预期。在制度价值论中,社会制度是价值的源泉,劳动或劳动技术等是表现价值的手段,即通过劳动创造的价值必须依赖于制度。"人是制度中的人"代表了个体作为社会活动的主要参与者,有意识或无意识地融入社会结构框架中。制度价值论认为自然资源是相对稀缺的和非排他性的,获得即可得到满足,而社会资源是绝对稀缺的,需要通过不断的竞争才能够排他性地占有,因此,社会资源的稀缺性是制度价值论的基础。高校教师劳动价值的彰显需要以制度为媒介,通过高校制度设计,在排他性竞争中获得了社会资源的"稀缺性"满足,包括职称、绩效、资历等,当社会资源的"稀缺性"满足教师的价值需求时,将促进教师和院校和谐关系的建立,进一步巩固劳动关系。

在建立高校教师和谐劳动关系的过程中,价值是分析问题的逻辑起点。无论是院校还是教师,都是围绕"学术劳动"产生的价值而形成劳动关系,这种价值不仅包括物质性的价值,还包括精神性的价值,教师在从事学术劳动过程中的价值期待以及院校对教师工作的价值评价和价值赋予构成了高校教师劳动关系中的基本关系。当教师的价值期待和院校的价值赋予达成平衡统一时,和谐劳动关系就得以形成;反之,则会酿成高校教师劳动关系的矛盾冲突。

必须承认的是,由于高校教师劳动关系的重要意义,"和谐"的理论解释必须包含三重意蕴:一是劳动关系符合高校教师个体的发展规律与实际需求,能够让学术人(教师)在学术文化组织与管理制度中获得较大的获得感和较强的幸福感,令教师的职业价值期待得到充分满足。二是劳动关系能够促进高校发展,推动高校稳步提升教育质量,实现教师学术发展和进步。这主要体现在高校能够通过合理的价值赋予建立和谐的劳动关系,拉动教师持续性、高质量付出,使教师的劳动价值满足院校发展战略的需要,形成合乎院校发展规律的高校人事治理结构,提升院校声望和服务社会的能力。三是高校教师劳动关系必须符合市场、社会与国家的发展规律。高校与教师作为社会系统中的重要分支,深嵌社会与国家发展的宏观背景中,国家的政策、市场的导向、社会的评价系统都影响高校教师和谐劳动关系的建立,需要通过命令和控制来构建合乎劳动关系公平与正义要求的治理结构和治理秩序,平等地分配权利、权力、资源和义务,满足院校和教师各自的价值需要与愿景期许。即高校教师劳动关系的"和谐"是基于价值满足的个体和谐、院校和谐、市场和谐、社会和谐、国家和谐的高度统一。

10.1.2 何为学术

在高校教师教书育人、科研发展、服务社会、传承文化中,学术发挥着重要的基础性作用,它不仅是高校教师的安身立命之本,也是支撑高校发展的重要基石。关于"学术"（Academic）的理论解释同样分为东西方两支,其概念经历了较长的演变过程,由此不断发展形成相应的理论。

1. 东方关于"学术"的理论阐释

我国古代的教育实践与书籍中孕育着"学术"的概念雏形。《说文解字》中写道,"学"与"教"相通,"教,上所施,下所效也","术"乃"邑中道也"。我国古代的《史记·老子韩非列传》《史记·张仪列传》认为"学术"指系统专门的学问,是对存在物及其规律的学科化。随着时代的发展,不少教育学家也提出了自己的看法,梁启超指出："学术的概念包含'学'与'术'两部分,学者术之体,术者学之用。"[1] 即学是术的本体,术是学的用途。蔡元培对此持相同观点,他指出："学是纯粹的学问,术是具体技术;学是根本和基础,术是枝干和应用。"文、理,学也;法、商、医、工,术也,治学者可谓之"大学",治术者可谓之"高等专门学校"。[2] 当代人学家张荣寰将学术的概念界定为对存在物及其规律的学科化论证。

2. 西方关于"学术"的理论阐释

"学术"的概念经历了一个较长的演变过程,最初来源于公元前387年古希腊柏拉图学园（Academia）。"Academia"来源于地名"Akademeia",最初意为追求智慧和真理,获取关于世界的新知识,认识现实的关系和法则。[3] 古希腊人将"Academia"延伸形容为"知识的累积"。17世纪英国及法国的宗教学者常用学院（或学园）来表示高等教育机构。英语称呼为"Academy",而法语称呼为"Academe"及"Academie"。20世纪美国著名的教育学家约翰·S.布鲁贝克（John S. Brubacher）在《高等教育哲学》中将学术区分为两种不同的形态——作为知识结果的学术与作为知识活动过程的学术,他指出作为知识结果的学术是指知识本身,是高深的学问与知识,而作为知识活动过程的学术是学

---

[1] 张兴胜. 大学学术的内涵、价值与发展实践研究 [J]. 高等教育研究学报, 2020, 43 (3): 5-10.
[2] 中国蔡元培研究会. 蔡元培全集：第三卷 [M]. 杭州：浙江教育出版社, 1998：290-291.
[3] 桑元峰, 何菊玲. 大学教师学术能力新论 [J]. 陕西师范大学学报（哲学社会科学版）, 2014, 43 (4): 134-139.

者探索、发现、保存、应用并传递知识的活动过程。❶

3. 东西方的"学术"理论解释的共性

学者们的见解为拓展"学术"的内涵奠定了坚实的基础。不难发现，东西方对"学术"的理论解释存在一定的共性。

一是东西方都认为学术是较为专业、高深的学问。蔡元培在就任北京大学校长时就曾发表演说，他指出"大学者，研究高深学问者也"，将研究学问视为大学的主旨。布鲁贝克也持相同观点，他指出："正像在划分学者的专业内部和外部方面可能存在不确切一样，在高深学问和低级学问之间也很难划清界限。"二是东西方都认为学术是系统科学或系统知识。学术蕴含了整合品性，它是回应知识不断分化和培养全面发展人才内在需要的结果，也是自身逻辑、结构、要素不断完善分化的结果。时至今日，我国社会、学界、高校已对"学术"形成较为统一的共识，即《辞海》所界定的"学术是较为专门的有系统的学问"。

4. 高校教师劳动关系学术特质的理论解释

2014 年，习近平总书记在北京大学师生座谈会上的讲话中指出："大学是一个研究学问、探索真理的地方。"❷ 并提出要做有理想信念、有道德情操、有扎实学识、有仁爱之心的"四有"教师，其中有扎实知识是对教师的基本要求，体现了知识育人的导向。❸ 对于高校与教师而言，"学术"尤为重要。对于高校而言，学术是高校全面建设的重要内涵，也是促进高校高质量建设的基石；而对于教师而言，"学术"不仅是履行教书育人职责的重要前提，也是教师谋求发展、流动、谈判的重要资本。因此，高校与教师之间的劳动关系透露着学术的底蕴色彩，这主要表现在，一方面，高校与教师因"学术"而缔结劳动关系；另一方面，"学术"也影响着高校教师劳动关系的稳定性与和谐性。

5. 和谐的学术与高校教师和谐劳动关系

高校教师和谐劳动关系的本质是建立和谐的学术关系，而和谐的学术本质上要求教师在从事学术劳动过程中不断促进学术的发展和进步，无论是教学的学术，还是研究的学术，抑或服务的学术和综合性的学术，都有发展和进步的

---

❶ 布鲁贝克. 高等教育哲学 [M]. 王承绪，等译. 杭州：浙江教育出版社，2002：14.
❷ 中央政府门户网站. 习近平在北京大学师生座谈会上的讲话 [EB/OL]. (2014-05-05) [2023-09-16]. https://www.gov.cn/xinwen/2014/05/05/content_2671258.htm.
❸ 于鹏飞. 习近平"四有"教师指向"四个导向" [EB/OL]. (2014-09-11) [2023-09-16]. http://cpc.people.com.cn/pinglun/n/2014/0911/c241220-25644462.html.

可能。这是高校教师劳动关系的主体——教师和学校的共同价值目标。为了实现共同的价值目标，需要营造和谐的学术环境，激励教师的士气。而和谐学术环境的营造需要实现高校与教师价值的双向满足。一方面，教师通过付出劳动获得期待的劳动报酬、充分表达自己的权利诉求，换取应有的社会地位和社会认同，实现物质性价值和精神性价值的共同满足；另一方面，高校作为制度设计的主体，希望在制度规定范围内给予教师更大的学术空间、更加自由的氛围、更多的报酬。只有这样，才能实现和谐学术的充分发展。从这个维度理解，和谐的学术是建立和谐劳动关系的基础，也是建构和谐劳动关系的根本目标。

高校教师劳动关系的本质属性是其学术性，这是区分高校教师劳动关系和其他社会劳动关系的根本界分。正因为高校教师的劳动具有极强的学术性、专业性和价值性，因此，高校教师和谐劳动关系的本质就是构建和谐的学术关系，学校和教师围绕着学术劳动、学术环境、学术等级声望等建构起来的基于价值期待和价值赋予的特定社会关系。和谐的学术是高校教师劳动关系的根本目标。

10.2 学术的危机：高校教师和谐劳动关系治理的实践困境

高校教师劳动关系涵盖范围较广（由聘任、就职、履职、流动、薪酬等引起的利益关系），涉及的利益相关者较多（高校领导者、教师、教师工会、人事部门等）。因此，在高校教师劳动关系的治理过程中，亟须科学治理因相关利益者的冲突而产生的"学术的危机"等问题。

10.2.1 高校教师劳动关系治理的实践困境

1. 考核治理困境

考核是高校对教师工作价值的评价，并以此作为教师工资、绩效、续聘、升职等价值赋予的依据。早在20世纪90年代，我国部分高校教师考核中就存在考核指标难以确定，教师的考核与聘任、晋升、奖惩脱节，考核的组织管理不健全，制度不配套、实施不同步等问题。[1] 发展到今天，部分高校教师考核制度仍然存在评价重心偏移、评价主体单一、评价取向功利等问题。用较为一致的、整齐的考核标准来考评所有层次、所有地区、所有类型的所有教师，必然意味着牺牲高校教师个体的创造性潜能。这不仅影响到某一类高校师资队伍

---

[1] 臧玲玲. 大学教师评价的理论遵循和应然选择［J］. 黑龙江高教研究，2021，39（4）：85-90.

的长远发展,而且既无法对高校教师业绩进行有效管理,又难以全面、客观地评价高校教师的真实水平和综合素质。

除此之外,部分高校教师考核也存在价值偏颇的取向[1],高校教师职称考核冲突表现出重视专业素质、轻视师德修养,重视科研成果、轻视教学效果,重视成果数量、轻视成果质量,重视职务评审、轻视岗位聘任等,致使高校教师教学育人的功能被弱化,教师的劳动价值得不到充分表现,诱发高校行政权力和教师学术权力的冲突等问题。

高校教师考核评价深受考核评价当事双方价值取向的影响。同属学校组织的管理者和教师,因身份阶层归属不同,在立场与指向、地位与权力、角色与态度上存在差异。实践中,在聘任考核中让高校教师相互打分能否反映一名教师真实的业务水平?这会不会导致学术界正常的人际关系、同事关系、上下级关系被扭曲?这些是高校教师考核评估中不容忽视的问题。

2. 职称聘任困境

职称是高校教师学术劳动价值的重要"信号",不仅具有物质性价值属性,更重要的是反映了教师学术工作的同行认同、学校价值评价、社会认可,具有显著的精神性价值属性,具有突出的社会地位象征意义。因此,围绕教师职称聘任而引发的劳动关系矛盾冲突,无论是显性的公开争议,还是隐性的内心不满,往往是高校教师劳动关系冲突的核心问题。目前,高校教师和学校之间的聘任纠纷时有发生。由于高校自主权"下沉",因此教师职称评聘主要由二级学院教授会及其他学术委员会负责,经二级学院党政联席会批准同意后,由学校进行分级审核,由职称诱发的劳动关系矛盾冲突主要表现在二级学院一级。虽然实行高校聘任制可以调动高校教师的工作积极性和主动性,增强他们的职业忧患意识,但是择优录用、优胜劣汰的竞选机制也意味着一部分高校教师不能获得职称晋升,只能被迫下岗或降职,客观上给高校教师造成了较大的精神、生活、职业压力。

导致高校与教师在聘任契约关系中的"失衡困境"的原因在于:一是从历史制度主义的角度来看,教师职务聘任制度在实行过程中存在偏离预设方向、制度不完善等问题[2],这些制度困顿在长期的运行过程中形成了一定的惯性与

---

[1] 白明亮,孙中举. 从管理者到教师:基于人视角下的高校教师考核评价思考 [J]. 教育理论与实践,2017,37(16):37-41.

[2] 周鸿武,宋加升. 完善高校教师聘任制改革问题探索 [J]. 黑龙江高教研究,2007(6):101-103.

路径依赖；二是从现实角度而言，在高校教师劳动关系的运行过程中，高校教师专业职务聘任制岗位设置中存在科学设岗与队伍结构的矛盾、科学设岗与人才引进的矛盾。❶ 在现实中，聘任制的实施也难免会遭遇高校岗位设置按需设岗的困境、高校教师岗位聘任全员参与全过程合同的尴尬、高校教师绩效管理与考核评价制度悖论的困境。甚至在法律救济中，还存在高校教师作为劳动者难以获得有效援助的困境。❷

3. 流动冲突困境

自由流动是高校教师的职业权利，也是学术自由的彰显，但是高校人才保护壁垒与教师自由流动之间的矛盾决定了流动成为教师劳动关系矛盾冲突的焦点问题之一。2019年忻州某学院教师向学校提出离职，校方要求该教师赔付42万元的补偿费。无独有偶，2006年广西某学校教师集体跳槽，学校要求违约教师赔偿相应损失。还有个别学校通过扣留教师档案阻碍教师流动。造成高校教师流动冲突困境的原因是多方面的，既有院校自身的制度壁垒原因，也有教师不遵守合同承诺的原因，情况较为复杂。但显而易见的是，教师流动导致的劳动关系矛盾冲突呈现上升的趋势。

伴随着取消事业编制的进程，高校教师具有了较大的自由流动权，流动频率有所提高，进而引发教师"流"与"留"的契约精神讨论、"挖角"院校行为是否合理、学校"先赔钱再走人"的规章制度、人才流动损失计算、签署协议是否合理、协议是否等同于默认赔偿、违约赔偿金的合理范围等一系列后续问题。归结起来，这些都属于高校教师劳动关系中双方对于"劳动价值"博弈中的流动冲突。

高校教师劳动关系流动冲突的根源在于聘任制实施后，高校教师流动仍是以编制为导向的封闭式管理机制，尚未完全从根本上打通人才的"出口"，未形成良性的教师流动运行机制。因此，一所高校的教师很难平稳地进入另一所高校就职。这在客观上造成不同院校杰出人才匮乏与人员过剩、队伍不稳与流动不畅的现实困境。❸

值得注意的是，随着"双一流"建设的推进实施，学术竞争、院校竞争愈发

---

❶ 吴鹏. 学术职业与教师聘任 [M]. 青岛：中国海洋大学出版社，2005：25-37.
❷ 张金丹，覃红霞. "脱编"背景下高校教师司法救济的现状、问题及原因探究：基于160起民事诉讼案件的分析 [J]. 复旦教育论坛，2022，20 (1)：41-47.
❸ 张曦琳，田贤鹏. "双一流"建设中的教师流动治理：挑战、困境与举措 [J]. 高教探索，2020 (3)：108-114.

激烈。有的高校为了快速提升学校排名而急功近利地"抢人""挖人",高校人才流动陷入局部集聚的失序状态,引发了某一地区高校的办学危机,影响了高等教育的生态平衡。例如,东部高校教师资源与数量明显优于西部已成为公认的事实,在"双一流"建设过程中,高校间的"挖人"大战导致西部欠发达地区高校人力资本流失呈现诸多非理性特点❶,因高层次人才流动而形成的流失量比较明显,经济补偿寻求是对流失量进行价值赋予补偿的首要原因;"挖人"大战导致西部高校"止流"乏力,在一定程度上将会阻碍国家中西部发展战略和东北地区振兴计划的实现。是鼓励教师自由流动,还是通过制度壁垒阻止教师流动?在流动过程中如何科学地计量教师的劳动价值?如何根据协议合同实现教师价值期待和学校价值赋予之间的平衡?这些仍然是未来需要进一步研究的课题。

4. 过度劳动困境

只要存在"劳动",就会涉及合理劳动和过度劳动之间的现实冲突。由于教师学术劳动具有潜在性、长期性等特质,对于劳动的"产品"——学生和学术成果,很难在短期内科学测量其劳动量和劳动强度。因此,从理论上讲,高校教师是否过度劳动是很难测评的,但在实践中,过度劳动又是客观存在于高校教师劳动过程中的问题。在外界看来,高校教师每年都有寒、暑假期,是一个工作轻松且职业声望较高的黄金职业。然而近年来,时有高校教师猝死的新闻见诸报端,其中不乏青年教师,如中南地区某大学教师在旁听课程时突然心脏骤停,不幸去世,年仅35岁。一般而言,就高校类别而言,从职业院校、独立院校、一般本科院校再到"双一流"建设高校,教师存在劳动程度与强度过高的现象,主要表现在教师的教学和科研工作量不断增加,高校对教学质量和科研质量的要求越来越高,教师不仅需要完成规定的教学和科研工作,还需要申报并高质量地完成科研项目,从政府、社会组织和企业中获得研究资金,参与社会公益劳动和院校管理服务工作。尤其是科研劳动,它是一种知识创造性的劳动,需要投入大量的时间和精力才能有所产出。因此,教师普遍感受到劳动强度不断提升、完成年度考核和聘期考核的压力较大等问题。如果制度设计的劳动工作量和劳动质量超越了教师能够承受的一般标准,就会造成高校教师过度劳动的现象。

《中华人民共和国劳动法》规定劳动者平均每周工作时间不超过44小时。而根据麦可思高校教师生存状况研究,高校教师周均工作48小时。高校教师周均工作时间超过法律规定时间4小时。由此可见,高校教师正在不断地透支自

---

❶ 闫丽雯,周海涛."双一流"建设下高校"挖人"的制度性动因 [J]. 江苏高教, 2017 (8): 9-12.

己的身体与学术热情,以身体机能的超载负荷换取学术回报。

造成高校教师过度劳动的原因是多方面的:第一,由于高等教育的高速发展与竞争压力的陡增,国家、社会、学生、家长对高质量教育的需求愈发迫切,高等教育成本的上升引发了公众对享有等价甚至超值教育质量的强烈呼吁。这种迫切需求在高校运行过程中转嫁至高校教师身上。高校教师隐性的工作时间和工作强度不断加剧,他们往往肩负着教学、科研、社会服务、文化传承、家庭生活等多方面的任务。❶ 第二,科研基金的申请占据了教师大量的时间,导致高校教师工作负荷超载,最终形成过度劳动。第三,信息经济、互联网发展、线上教学带来的技术变迁(如慕课、云课堂)增加了高校教师工作的时间要求和压力,但相应的组织结构支持、物质支持、人事管理支持却比较缺乏,高校教师的准固定时间成本没有得到重新界定。当空间、时间缺乏应有的秩序时,高校教师工作与生活的边界将会变得模糊。高校教师出于职业本性继续努力工作,以完成对职业的承诺和为学生提供良好教育的道德责任。❷ 第四,学术界兼职就业方式的兴起在一定程度上挤压了全职教师的生存空间,增加了高校全职教师的压力,高校对全职教师的期望不断提升,渴求以稳定的收入和岗位换取全职教师持续的、高质量的学术劳动付出,在这个过程中,高校人事管理制度的价值挤压难免让教师背负着高期望价值的重负。"双肩挑"甚至"多肩挑"的高校教师不断透支时间精力。如何衡量过度劳动的"度"成为高校人事管理亟待解决的重要问题,也是现实中面临的治理困境。

5. 工资待遇困境

工资待遇是教师劳动物质性价值的直接体现,是教师从事学术工作最核心的价值期待,也是造成教师劳动关系矛盾冲突的核心领域。

从国际学术劳动力市场分析,我国高校教师薪酬总体上实行的是指令性工资制度,薪酬弹性小、水平低。而一般来说,欧美国家高校教师的年薪是中国高校教师的5~20倍。美国大学教授协会(American Association of University Professors,AAUP)对美国高校教师薪资状况的年度调查报告——《大学教师职业

---

❶ 刘贝妮,杨河清. 我国高校部分教师过度劳动的经济学分析 [J]. 中国人力资源开发. 2014 (3): 37-41.

❷ 陈秀兰. 浅析高校教师过劳死现象及保护措施 [J]. 法制与社会, 2007 (2): 583-584.

经济状况年度报告（2017—2018）》❶ 通过分析美国 1000 所高校近 38 万名教师的薪资数据发现，2017—2018 年，美国大学全职教师的平均薪资较上年度上涨 3%，除去通货膨胀的影响，涨幅约为 1%，美国大学教师薪资水平近两年持平。高职称与低职称教师薪资差距在缩小。数据显示，美国大学全职教授的年均薪资为 104820 美元，副教授的年均薪资为 81274 美元，助理教授的年均薪资为 70791 美元，讲师的年均薪资为 59400 美元，兼职教师的年均薪资为 56712 美元。私立大学的教师薪资普遍高于公立大学的教师薪资；职称、学历高的教师的收入基本高于职称、学历低的教师的收入。根据美国劳工统计局 2019 年的数据，美国高校教师的年薪为 79540 美元（中位数）。❷

而从国内高校教师薪酬来看，2018 年麦可思大学教师生存状况研究调查显示，83%的大学教师对工资收入不满意，不满意的主要原因见图 10-1。2016 年中共中央办公厅、国务院办公厅印发的《关于实行以增加知识价值为导向分配政策的若干意见》指出，允许科研人员和教师依法依规适度兼职兼薪。但相关数据显示，仅有 21%的被调查教师表示除工资之外有其他收入。虽然近年来我国高校教师劳动报酬有较大提高，但总体水平依然偏低，与其合理的劳动价值期待仍有一定差距。

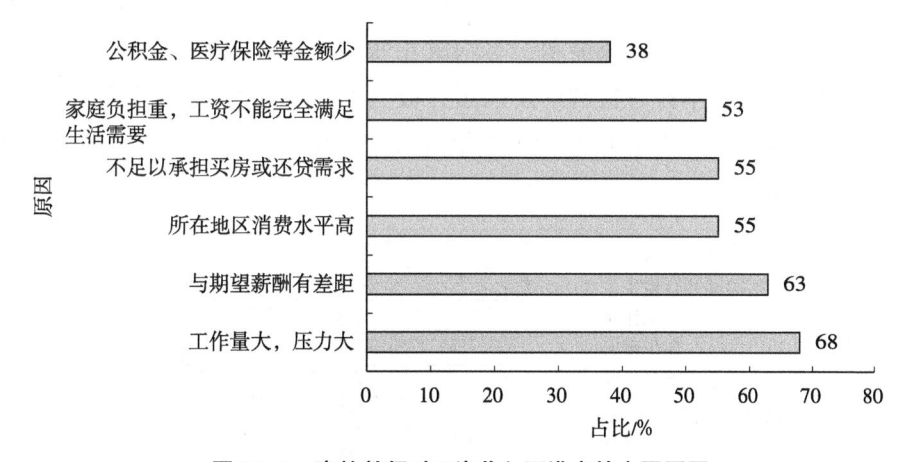

图 10-1　高校教师对工资收入不满意的主要原因

---

❶ American Association of University Professors. The Annual Report on the Economic Status of the Profession, 2017-18 [EB/OL]. (2018-03-04) [2023-10-12]. The Annual Report on the Economic Status of the Profession, 2017-18. https://www.aaup.org/report/annual-report-economic-status-profession-2017-18.

❷ 麦可思研究. 美国大学教师薪资报告出炉，你怎么看？[EB/OL]. (2018-05-18) [2023-10-23]. https://www.sohu.com/a/232014731_121294.

国家对高校教师劳动报酬的主体部分定价仍然偏低❶，对高校教师劳动自身的客观变化规律重视不够，将复杂多变的学术劳动禁锢在一个狭窄的薪酬范围内会导致高校教师劳动价值创新性和市场调节唯功利性之间的"耦合差"、价值模糊性与市场调节等值互利性之间的"耦合差"。现行高校教师薪酬管理的局限性引发了工资冲突，忽视了教师劳动的精神性，助长了教师的物质与功利追求，强化了行政和等级观念，压缩了高校教师应有的学术空间。由工资薪酬引发的高校教师劳动关系矛盾冲突主要表现在：一是总体收入水平较低，不能充分体现高校教师的劳动价值；二是收入结构不够合理，基础性工资偏低，奖励性工资偏高；三是学校收入分配制度和二级学院绩效分配政策导致高校教师收入差距较大；四是与行政管理人员相比，高校教学科研岗教师的奖励性绩效工资相对不合理；五是和其他不同层次、类型的院校横向比较，有些高校教师心理容易不平衡。

6. 劳动压力困境

客观存在于高校教师学术劳动过程中的劳动压力，尤其是学术劳动力市场高度竞争的高等教育系统，不发表就出局的聘任制倒逼教师必须高质量地完成学校的考核任务，压力如影随形。压力冲突成为高校教师劳动关系矛盾冲突的又一表现形式。调查显示，有八成左右高校教师表示实际工作中承受的压力较大。其中本科高校教师反映压力较大的比例为84%，高职高专教师为79%，约88%的高校教师感到工作给其带来了中重度压力，高校教师的压力来源见图10-2。

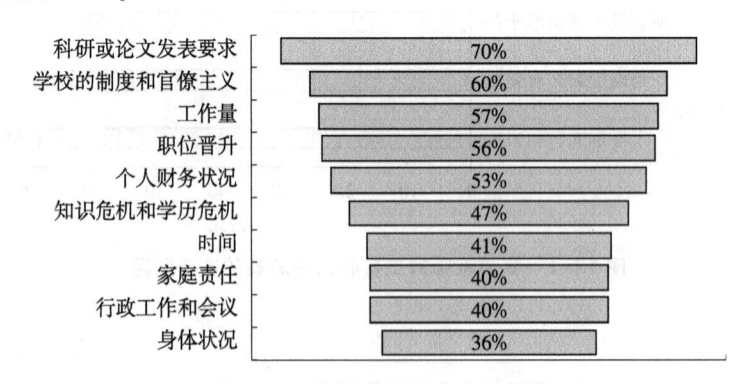

压力来源	比例
科研或论文发表要求	70%
学校的制度和官僚主义	60%
工作量	57%
职位晋升	56%
个人财务状况	53%
知识危机和学历危机	47%
时间	41%
家庭责任	40%
行政工作和会议	40%
身体状况	36%

图10-2 高校教师压力十大来源

---

❶ 王鹏炜，张春梅. 学术职业视域下高校教师薪酬管理改革探析［J］. 研究生教育研究，2012，7（1）：5-8.

高校教师压力的来源是多方面的，最突出的是科研或论文发表要求等。高校教师一般承担着教学与科研两类劳动内容。一方面，繁重的教学任务需要教师在从事教学工作时精神高度集中，不能出现任何疏忽。如果在教学工作方面胜任能力不足，容易使教师与学生产生教学工作上的失望情绪。另一方面，高校教师在科研上的发展是其职业理想中最核心的内容之一，但在激烈的学术竞争中，大部分高校教师都要面对申请科研项目难、科研经费少等问题。高校量化的考核体系，决定了教师科研工作成绩与薪酬分配、职称晋升挂钩，如果高校教师的科研成绩不理想，那么他们的工资、晋升等将会受到牵连，处于不利的境况。

同时，高校教师还要面对职称评定、奖金分配、项目审核、学术声望、教学科研之间的利益冲突。[1] 值得注意的是，高校青年教师的劳动压力发生了功能性和类型的分化，代际特征明显，他们的压力更重，压力源更广。例如，终身教职使青年教师必须在固定的、硬性的履职年限内取得让教授委员会、院校领导层满意的学术成果。常年在高压下超负荷地工作是很多青年高校教师无法避免的学术工作状态。

7. 价值理念冲突

高校教师的劳动价值冲突主要表现在以下四个方面。

一是教师个人价值与社会价值的冲突。社会对高校教师的价值取向往往是偏向于社会本位的[2]，着重强调高校教师对社会的无私奉献，而较少强调教师劳动价值对其个体的意义。但是，对教师个人价值的轻忽与扼抑，势必造成高校教师职业与教师个人发展的尴尬形象和生活窘态。社会对于高校教师劳动的多样化和复杂性往往知之甚少，对于不同样态的学术劳动如何进行价值估算也缺乏较为明晰的界定。这会导致高校教师个体合理价值期待和价值赋予缺乏科学认知，进而导致教师个人价值和社会价值的认同冲突。

二是制度保守价值与学术发展价值的冲突。传统观念认为职务就是职称[3]，高校教师评了资格，升了职务，工资就会水涨船高，但是高校教师能否合格、有效地履行岗位职责却较少被关注。制度保守性与学术发展性之间的价值迷失

---

[1] HAMMERNESS K. Learning to Hope or Hoping to Learn: The Role of Vision in the Early Professional Lives of Teachers [J]. Journal of TeacherEducation, 2003 (54): 43-56.

[2] 阮成武. 教师专业形象的价值取向与现实建构 [J]. 高等师范教育研究, 2002 (6): 21-25.

[3] 张曦琳. 规制抑或自由：高校教师流动治理中的价值冲突与选择 [J]. 中国高教研究, 2021 (1): 26-31.

难免滋生高校教师平庸之恶。

三是公平价值与竞争价值的冲突。由于高校教师劳动力和学校组织对比力量的落差、高校教师维护自身权益的渠道缺失等原因，高校人事内部尚未完全建立起有效的激励机制和竞争机制。例如，高校教师"破格晋升"成为时尚的误区，任何成绩都可能"变身"为高校教师破格晋升的理由，一旦没有被破格晋升，一些教师便会产生埋怨情绪，产生不公平感，对院校的制度安排产生怀疑，进而影响到正常教学、科研秩序、服务的稳定性，也导致部分教师绕着破格条款转，企图"钻空子"。

四是高校教师学术追求价值与经济利益价值的冲突。我国现行高校教师薪酬分配制度为体制外的创生收入创造了可能。而个体的时间是有限的，复杂的、不透明的、不稳定的高校教师薪酬收入使高校教师的学术追求与经济利益追求难以协调一致。高校教师不仅具有个人发展的需求，也承担着家庭、配偶、父母、子女的经济支出，具有一定的经济利益需求。但是，现在的高校教师劳动关系制度却未明确高校教师外部创收的制度规定。

8. 角色矛盾困境

在市场经济开放竞争的氛围中，高校科学研究、社会服务的应用价值、经济价值被释放，高校教师角色内冲突日益凸显。在结构角色理论的语境下，作为高校核心人力资源的高校教师，扮演着知识传播者、知识生产者、知识转化者三重角色。通过不同类型的角色扮演，产生了教学与研究之间的困顿、学术与行政之间的冲突、批判与规训之间的矛盾等角色冲突的现实表征，并且在现实中，高校、社会评价及高校教师自身普遍忽视教育者的角色，重视研究者的角色，推崇服务者的角色。角色之间是彼此排斥的、不同的，而不是相互支持的、交融的统一体，这往往会造成高校教师的角色选择困境。

此外，高校女教师、新入职教师面临着更多的角色冲突。高校女教师的角色冲突集中表现为重视家庭角色（妻子、母亲、儿媳、女儿）、抑制社会角色（女性人才、高层次人才、教师）。而新任教师同样存在角色内冲突、角色间冲突的现象，即新任教师往往在"我是谁"的自问中寻找职业平衡。为减轻角色矛盾，教师会在角色群中选择适合自己岗位、发展前景、学科特征的角色身份来确定自我职业定位，当高校教师的实际工作角色扮演与自我定位角色概念相悖时，相应的角色扮演就会投入不足。因此，高校教师各种角色之间不断地猛烈碰撞，可能带来高校教师劳动矛盾并引发高校教师各类行为范式失当。

10.2.2 高校教师和谐劳动关系治理困境的原因剖析

1. 经济原因：院校缓解财政压力的责任转移

高校作为社会组织，需要获得组织的资源。❶ 虽然近几年国家财政支出供给高等教育的比例呈上升趋势，但仍旧较难满足高等教育的大规模扩张以及社会对高质量发展的要求。院校财政压力不断增大，为了确保学校的良好运行，需要持续不断地"开源节流"。

作为高校组织的一分子，"开源节流"无法避免地给高校教师带来了更大的工作压力。从资源依赖理论视角来看，组织要想获得外部环境的资源支持，就必须和其他社会组织进行交换。高校获取外部经费，实质是用高校教师的劳动成果换取更多的经费资源。例如，院校无论是通过与社会合作获得捐赠，还是与企业合作获得资金支持，或是通过申请项目获得政府的专项拨款，无一例外都需要教师的科研成果作为支撑。在市场竞争机制下，有"资本"才能进行物质交换。作为高校"人力资本"的教师就必须主动或者被动地承担起为院校更好地发展而努力的责任，不断地进行科研和学术上的创新。由此，高校教师的工作压力和财政压力呈现正相关关系，财政压力越大，教师身上的压力就越大。无论是采用何种节约成本的形式和方法，如降低引进人才的条件和待遇、减少科研经费等，都不是长久之计，还可能引发高校教师的不满情绪，导致劳动纠纷和冲突。

在院校缓解财政压力的需求下，作为压力传导链上关键一环的高校教师无疑变成了压力的主要承担者。有的院校为了缓解财政压力，要么让教师产出更多的科研成果，要么减少对教师职业的保障和待遇。这些都是导致高校教师工作压力巨大、对职业产生倦怠和产生劳动关系冲突的重要因素，也是造成当下高校教师劳动纠纷的原因之一。

2. 发展原因：高等教育高质量发展面临的严峻挑战

目前高等教育的发展重心已经由"外延式"数量扩张向"内涵式"质量提升转型，提高高等教育质量成为建设高等教育强国的现实需求。我国高等教育迫切需要一批有能力且有意愿进入学术劳动力市场的高水平人才。

---

❶ 罗志敏. 新时期公立院校财政的抉择与转型：从大学的"世纪难题"谈起 [J]. 中国高教研究，2017（10）：20-25.

从百年未有之大变局看，错综复杂的国际环境给高等教育带来了新挑战。[1] 首先，新冠病毒感染疫情影响广泛而深远，国际摩擦持续不断，逆全球化思潮有所抬头，国际力量对比明显，高等教育国际交流与合作深受冲击。其次，科技革命加速发展，工业4.0渐成现实，高校的现实性物理围墙逐渐消失，虚拟大学等高等教育组织成为可能，高校的知识权威及知识产权面临威胁，高校的学科专业建构遭遇挑战。最后，各种思想文化交流、交融、交锋，意识形态文化层面的安全面临新挑战。高校在更加不确定、不稳定的世界中谋求发展，需要树立底线思维，准确识变、科学应变、主动求变，实现从"跟跑"到"并跑"，再到"领跑"的过程。从实现中华民族伟大复兴之战略全局看，我国新发展阶段对高等教育提出新要求、新期待。从"上学难"到"有学上"，再到"上好学"，人民群众对教育的期待日益增长，使全面提高教育质量、建设高质量的高等教育体系成为紧迫任务。

这对高校和教师都提出了更高的要求和标准。[2] 在高等教育规模不断扩大的背景下，提升质量以满足人们对高等教育的需求逐渐成为国家和教育系统的目标。党的十九大做出"中国特色社会主义进入新时代"的重大判断，明确提出新时代"我国经济已由高速度增长阶段转向高质量发展阶段"，实现经济高质量发展的关键在人才，基础在教育。

高校作为社会必不可少的组成部分，必须考虑社会文化观念及制度对其产生的影响。注重声誉是由高校作为社会组织和学术组织的特性所决定的。正如美国著名的现代教育家克拉克·克尔（Clark Kerr）所提出的观点，声誉一旦建立，它就是一所高校特有的隐形财产。没有获得较高社会声誉的高校，就要争取获得声誉这一"财产"，而已经获得较高社会声誉的高校在保持其良好声誉的同时，需要追求更加卓越的声誉。在当下促进高等教育高质量发展的背景下，高校声誉作为高校与其他社会组织进行交换的"财产"之一，也是高校激烈竞争的重要领域。

高校提升声誉与综合地位的方法主要有：第一，提升自身的教育质量，包括人才培养、科学研究、社会服务、文化传承和国际交流职能的履行和完善；第二，获得第三方权威评价机构具有导向性的评价；第三，加强与声誉较好的

---

[1] 王定华. 为"十四五"高等教育高质量发展提供根本保证［J］. 中国高教研究，2021（4）：1-3，27.

[2] 管培俊. 建设高质量教育体系是教育强国的奠基工程［J］. 教育研究. 2021，42（3）：12-15.

高校、社会机构的合作。而这些都需要依托高校教师高质量的工作，例如，高校追求高质量发展导致大部分高校教师需要同时兼顾教育教学工作、学术研究和学术创新工作❶，但是科学研究不同于教学工作，科研需要投入更多的时间和精力才能完成。而无论是工资绩效、职业上升空间还是职业稳定都和科研成果挂钩，导致很多教师工作压力较大，在结束教学之余还要面对科研考核的压力。追求卓越声誉的内在动力驱使高校教师学术分层更加功利化、绩效化、指标化。部分学校为了追求卓越声誉，存在考核要求过高甚至不合理的现象，导致高校教师职业安全性大打折扣。这些都成为高校教师劳动关系矛盾冲突的隐性助推力。

3. 制度原因：高校人事管理制度的深化改革

我国高校人事管理制度改革经历了复杂而曲折的历程，主要包括计划管理时期（1950—1984年）、自主权下放与效率改善时期（1985—2012年）、质量提升与管理优化时期（2013年至今）三大发展阶段。过去，高校教师资源配置由国家统包统配，长期累积的倾斜性经济保护政策形成了一定的路径依赖。高校教师作为国家干部拥有公务员的权利，职业稳定性较高。但随着我国经济社会的发展，人事管理制度改革也在各个领域开展。高校作为社会组织之一，必然需要推进人事管理制度的深化改革。近年来，终身教职制度逐步取代单一的教职任用制度，成为高校教师主要的聘任方式。

终身教职制度包含前期的"非升即走"规则以及与此相联系的长期聘任制度。❷ 教师一旦选择进入长聘轨道，在经过一段时间的试用期后，要么得到长聘资格，要么被淘汰。凭借"试用期"的筛选甄别，高校大幅减少了劣币驱逐良币的逆淘汰现象，有效避免了"庸人积淀"的问题。通过"锦标赛"式的激励考核，高校实现了教师自身利益和学术发展指标的捆绑，以此形成了对教师的强大激励效应，依靠类似"终身制"的长聘职位，教师被赋予不被解聘、不受干扰的职业安全保证，从而使自身的学术活动免受其他权力的侵犯。

值得注意的是，由于文化和社会背景的不同，我国的预聘—长聘制度是自上而下实施的。长期以来，我国高校人事聘用体系日趋僵化，影响了学术—产出和管理效率。由于高校获取的财政资源有限，为了提升办学绩效、培养更多

---

❶ 周光礼. 从同型竞争到错位竞争：高校品牌形成机制研究 [J]. 中国高教研究，2017（10）：4-12.

❷ 李志峰. 高校长聘教职制度：历史发展及其演变逻辑 [J]. 国家教育行政学院学报，2017（7）：15-20，27.

优秀人才、取得最佳科研效益，高校必须通过有效的制度设计来鼓励教师参与竞争，从而挖掘发展潜能，增强学术活力。但是，长聘制度中指向特定学术成果产出的刚性要求又很容易导致学术功利主义泛滥，背离创设制度的初衷。[1]一些有学术潜力和学术志趣的人被挡在门外，而一些善于运作的学者则利用这种规则名利双收，这导致在人事改革过程中高校教师的学术自由和职业安全得不到充分的保障。

在现实中，预聘—长聘制度由于淘汰功能过强，进一步加剧了高校教师尤其是年轻教师的功利倾向和焦虑情绪，使他们不得已而选择更功利化的学术成果产出方式和学术生存方式。在特定发文压力下，一些学者难以保持学术信仰和追求，反而自觉或不自觉地追求"短平快"的科研活动。在"非升即走"制度环境中，"不发表就出局"的游戏规则不但会影响年轻学者的学术热情，还容易导致高校教师的职业倦怠和学术失范。国内部分青年教师在其最应该出研究成果的时期被安排了过多的教学、社会服务等工作，科研时间投入不足是部分教师发挥不出潜在科研能力的重要原因之一。

在高校人事制度市场化转型过程中，高校教师的职称晋升和续聘被设置了一系列高标准、数字化的考核指标。学术志趣、高深知识不再是高校教师寻求精神价值的手段，而是可被量化、可被换取的绩效指标。高校教师指向精神层面的学术活动变成了既定的数值指标，工作内容被折算成数字化的"工分"并贴上绩效标签，高校教师的学术活动或学术行为被物化。职业活动中的学术短视行为、投机行为增加，置身于高校中的教师，基于"效率"和"功用"的考虑，会主动陷入自利的目的需求之中。

总的来说，高校教师人事管理制度改革的深化，核心是高校与教师劳动关系由身份制转向聘用制所带来的价值交换关系的变化。在这一阶段，高校教师产生自我保护动机，打破高校教师这一"铁饭碗"，而将高校教师置于不确定境遇很可能引起其焦虑和抵触情绪。高校面临对教师控制能力减弱的局面，会担心难以有效对教师实施管理。高校教师则会担心其权利受到削弱和转移，同样容易成为阻滞制度实施的因素。在这样的氛围下，教师和高校都无法产生信任感与安全感，容易使高校教师劳动关系向不和谐、不平衡的方向发展。

---

[1] 鲍威，戴长亮，金红昊，等. 我国高校教师人事制度改革：现状、问题与挑战［J］. 中国高教研究，2020（12）：21-27.

10.3 契约的纠纷：高校教师和谐劳动关系治理的案件分析

"契约的学术"成为目前高校教师脱编后主要的学术劳动方式，但聘任制的实施容易激发高校与教师之间的劳动矛盾，导致近年来高校与教师劳动争议事件屡见报端，如 2018 年湖北某大学公布首次教师聘期考核结果，仅有 3% 的新晋教师通过考核。这引发了一系列社会质疑与讨论。因此，需要根据高校教师劳动冲突中的"具象"个案管窥高校教师契约型劳动关系的具体问题。考虑到高校与教师之间的冲突具有内隐性，难以深入探究不同类型教师对高校劳动关系制度的质疑与理解，因此通过案例类统与个案分析对高校教师诉讼案件进行研判，可以深入地探究高校教师劳动关系治理的问题。

在数据收集方法上，高校与教师劳动契约纠纷较常使用民事诉讼。[1] 因此，本研究以"高校 & 教师"为关键词，在中国裁判文书网（https://wenshu.court.gov.cn/）中进行全文检索，选取 2012 年 1 月 1 日—2022 年 8 月 30 日作为时间跨度（检索日期为 2022 年 8 月 31 日）[2]，限定"民事诉讼案件"为案件类型，检索到 1658 份文书，通过剔除不相关文书，共得到 188 份文书样本（一审 102 件，二审 80 件，再审 6 件）。所有案例判决已实际生效，在样本上具有一定的代表性，由此构成了研究的主要数据来源。

10.3.1 高校教师民事案件的总体特征分析

第一，在案件时间上，近年高校与教师的民事诉讼案件总体上呈现显性上涨趋势，并于 2019 年达到顶峰（见图 10-3）。

---

[1] 湛中乐. 公立高等学校法律问题研究 [M]. 北京：法律出版社，2009：265；郭秀晶，马乐，王霁霞. 北京教育法律救济的现状、问题与政策建议 [J]. 中国教育法制评论，2006（1）：270-295. 于颖珊. 公立高校与教师法律关系研究 [D]. 上海：华东师范大学，2020：1.

[2] 中国裁判文书网最早可追溯至 2010 年案件，但检索发现 2010 年、2011 年案件与高校教师劳动纠纷无关，因此，设定 2012 年 1 月 1 日为时间起点。

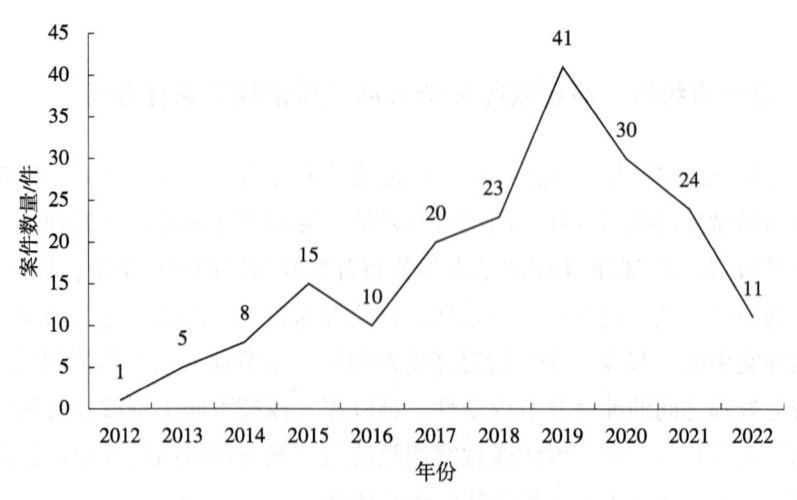

图 10-3　高校教师民事案件发展趋势

第二，在案件判决上，案件审判结果多为高校胜诉（占比 60.10%），双方部分胜诉占比 20.74%，教师胜诉案件占比 18.61%（见图 10-4）。高校胜诉的案件集中于因除名、辞退等产生的人事纠纷，而教师胜诉的案件则集中于因订立、履行、变更、解除和终止劳动合同产生的合同纠纷。

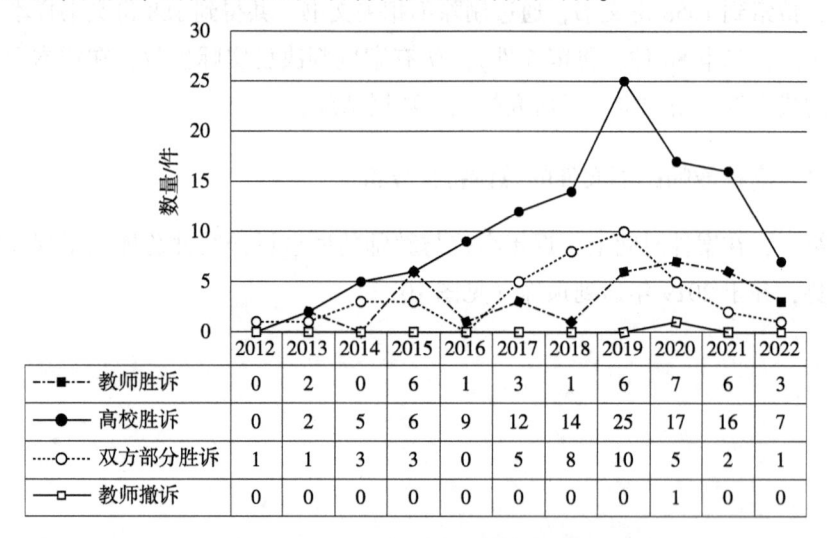

	2012	2013	2014	2015	2016	2017	2018	2019	2020	2021	2022
教师胜诉	0	2	0	6	1	3	1	6	7	6	3
高校胜诉	0	2	5	6	9	12	14	25	17	16	7
双方部分胜诉	1	1	3	3	0	5	8	10	5	2	1
教师撤诉	0	0	0	0	0	0	0	0	1	0	0

图 10-4　高校教师与高校产生的民事纠纷判决情况

第三，在案件的适用法律上，目前关于高校教师劳动关系治理的适用法律范围广泛（见表 10-1）。其中，《中华人民共和国民事诉讼法》最常作为结论性裁判依据，除此之外，《中华人民共和国劳动合同法》《事业单位人事管理条例》等法规的适用次数也较多。

第10章 高校教师和谐劳动关系治理体系建构与政策改进

表 10-1　高校教师劳动关系民事案件适用法律情况❶

分类	名称	次数	频率/%	总计（次）	频率/%
法律	《中华人民共和国社会保险法》	2	0.57	215	61.43
	《中华人民共和国民法通则》❷	5	1.43		
	《中华人民共和国劳动法》	7	2.00		
	《中华人民共和国合同法》❸	10	2.86		
	《中华人民共和国劳动争议调解仲裁法》	16	4.57		
	《中华人民共和国劳动合同法》	60	17.14		
	《中华人民共和国民事诉讼法》	115	32.86		
党政联合发文	《人事争议处理规定》	3	0.86	3	0.86
行政法规	《社会保险费征缴暂行条例》	1	0.29	47	13.43
	《中外合作办学条例》	1	0.29		
	《住房公积金管理条例》	2	0.57		
	《中华人民共和国劳动合同法实施条例》	5	1.43		
	《事业单位人事管理条例》	38	10.86		
司法解释	《最高人民法院关于房地产案件受理问题的通知》	1	0.29	67	19.14
	《最高人民法院关于审理劳动争议案件适用法律问题的解释（一）》	1	0.29		
	《最高人民法院关于民事诉讼证据的若干规定》	2	0.57		
	《最高人民法院关于适用〈中华人民共和国合同法〉若干问题的解释》	2	0.57		
	《最高人民法院关于事业单位人事争议案件适用法律等问题的答复》	3	0.86		
	《最高人民法院关于审理劳动争议案件适用法律若干问题的解释（一）》	5	1.43		
	《最高人民法院关于适用〈中华人民共和国民事诉讼法〉的解释》	13	3.71		
	《最高人民法院关于人民法院审理事业单位人事争议案件若干问题的规定》	40	11.43		

❶ 包含裁判文书中的结论性裁判依据和案件的引用法律。
❷ 《中华人民共和国民法通则》已于2021年1月1日废止。
❸ 《中华人民共和国合同法》已于2021年1月1日废止。

续表

分类	名称	次数	频率/%	总计（次）	频率/%
部门规章	《人事争议处理暂行规定》	7	2.00	8	2.29
	《高等学校教师职务试行条例》	1	0.29		
地方性法规	《江苏省工资支付条例》	1	0.29	1	0.29
国务院行政规范性文件	《关于在事业单位试行人员聘用制度的意见》	3	0.86	4	1.14
	《关于进一步深化城镇住房制度改革加快住房建设的通知》	1	0.29		
地方规范性文件	《四川省事业单位人员聘用制管理试行办法》	1	0.29	5	1.43
	《厦门市事业单位聘用制暂行规定》	1	0.29		
	《浙江省事业单位人员聘用制度施行细则》	1	0.29		
	《广西壮族自治区集资建房管理暂行办法》	1	0.29		
	《山东省事业单位实行人员聘用制度暂行办法》	1	0.29		

10.3.2 高校教师与高校民事案件的个案分析

《中华人民共和国劳动争议调解仲裁法》第2条规定："中华人民共和国境内的用人单位与劳动者发生的下列劳动争议，适用本法：（一）因确认劳动关系发生的争议；（二）因订立、履行、变更、解除和终止劳动合同发生的争议；（三）因除名、辞退和辞职、离职发生的争议；（四）因工作时间、休息休假、社会保险、福利、培训以及劳动保护发生的争议；（五）因劳动报酬、工伤医疗费、经济补偿或者赔偿金等发生的争议；（六）法律、法规规定的其他劳动争议。"以此为参考谱系，对案件类型进行分析（见图10-5）。其中，因订立、履行、变更、解除和终止劳动合同发生的争议占比最大，达到45%，因除名、辞退和辞职、离职发生的争议次之，占比21%。可见，随着柔性的"契约"治理取代刚性的"编制"管理，因解除劳动契约关系而发生的争议将成为高校与教师之间矛盾的主流。

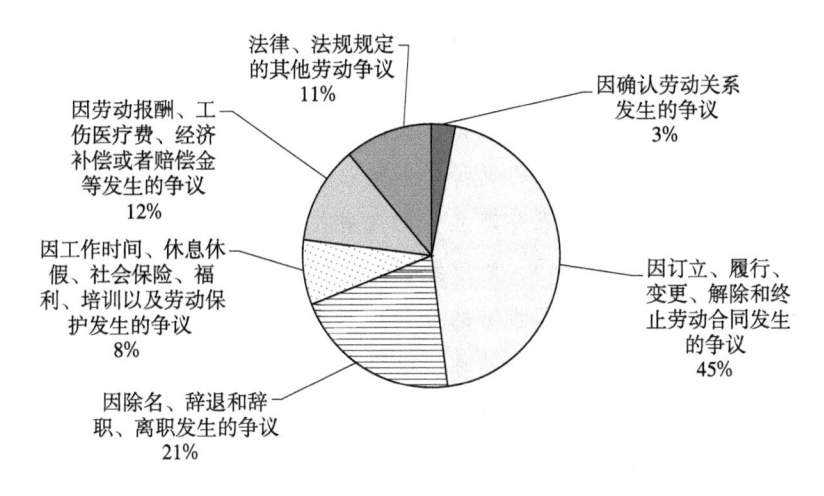

第10章　高校教师和谐劳动关系治理体系建构与政策改进

图 10-5　高校教师劳动人事争议类型

饼图数据：
- 因确认劳动关系发生的争议 3%
- 因订立、履行、变更、解除和终止劳动合同发生的争议 45%
- 因除名、辞退和辞职、离职发生的争议 21%
- 因工作时间、休息休假、社会保险、福利、培训以及劳动保护发生的争议 8%
- 因劳动报酬、工伤医疗费、经济补偿或者赔偿金等发生的争议 12%
- 法律、法规规定的其他劳动争议 11%

除此之外，在高校教师劳动关系案件中也出现了高校教师集资房、过渡房、劳务派遣用工等新型劳动纠纷。并且高校教师劳动人事纠纷呈现明显的牵连和竞合态势：高校辞退教师或将引发教师工作时间认定困难、福利待遇争议等连锁纠纷［如（2014）宁民三终字第48号、（2014）松民一（民）初字第2812号］；职业培训纠纷、劳动报酬纠纷等也会诱发教师的离职行为［如（2015）乐民终字第1059号］。

1. 因确认劳动关系发生的争议

案例一：在（2017）黔0103民初4861号案件中，原告教师与被告高校经过双方协商由被告引进原告作为该校教师，原告通过测试、体检等多项程序审查后，双方于2016年3月19日、21日签订《研究生就业协议书》，该协议系双方在正式建立劳动人事关系前签订的，并承诺在本协议规定的期限内建立劳动人事就业关系的依据，该协议同时对赔偿损失、违约金等进行了约定。协议签订后，原告取得毕业大学开具的《报到证》，载明报到地点为"贵州省贵阳市"，报到时间为"2016年3月29日至2016年6月27日"。截至《报到证》最后日期届满，被告均未能成功办理入职手续。直至2016年9月，原告方才收到被告以"原告年龄不符合贵州省人力资源与社会保障厅要求"为由单方解除协议的邮件。由于原告此前已应被告要求将人事档案及其他材料提供给被告，在此期间只得等待被告答复，从而丧失了入职其他单位的机会。此后原告多次与被告协商未果，为保障自己的合法权益，原告具状诉至贵州省贵阳市云岩区

· 291 ·

人民法院，请求依法判决。而被告学院辩称，被告未能给原告办理入职手续，原因在于原告年龄和职称造假，原告系违约方，原告的损失应由其自行承担，此外，原告诉请的损失不属于客观必然发生的，属于期待利益，亦不应得到支持。法院认为原告与被告签订的《研究生就业协议书》是双方的双向选择，互为确认对方相关信息真实可靠并建立劳动人事关系的依据，如要正式建立劳动人事关系，签订劳动人事合同，尚应经省人社厅对其人事档案审核通过，此类合同关系应经人事主管部门批准的合同。本案中，省人社厅在审核原告的人事档案中，系因原告年龄因素和其称已取得讲师和副教授职务但无相应证据予以证明而未获审核通过。对此，应视为原告未如实介绍自己的情况，该情形足以影响其入职，因此，主要过错在原告。

在此案件中，高校与教师在确认劳动关系之初，因为教师信息失真，导致高校与教师出现劳动关系冲突。这是由于在学术劳动关系市场存在信息非对称化的现象。在理想的、和谐的高校教师劳动关系中，高校与教师应遵守信息真实可靠的原则，进而确认劳动关系。而在此案件中，教师提供的个人信息存在错误，因此，司法判决主要过错在教师。

2. 因订立、履行、变更、解除和终止劳动合同发生的争议

案例二：在（2017）粤19民终6265号案件中，原告教师指出根据科技学院与其于2013年6月27日签订的第二次续聘3年的劳动合同条款内容，科技学院于2016年7月15日做出的不续聘原告教师的通知属于违约行为，科技学院需要支付相应工资等。而被告科技学院则认为其与原告教师的劳动关系于2016年7月15日已解除，科技学院无须向原告教师支付2016年7月15日后的工资、中秋节及教师节慰问金。法院认为本案劳动者系具有副教授职称的高校教师，其工作内容包括授课及科研。虽然科技学院在双方第二次劳动合同期满后，向原告教师发出终止劳动合同通知书，表示不再续订劳动合同，但是原告教师在收到该通知后提出异议。结合原告教师在第二次劳动合同期满后仍然继续完成科研工作，及科技学院仍然为其报销科研经费、提供住宿，且直至2016年10月23日才完成原告教师离职审批手续的事实，原审法院认定双方劳动关系于2016年10月23日终止并无不当。因此，科技学院应向原告教师支付2016年8月1日至2016年10月23日期间的工资、2016年中秋节慰问金及2016年教师节慰问金，具体数额原审法院认定正确，二审法院依法予以维持。

在此案件中，高校与教师就"是否续聘教师"存在争议，教师认为即使自

己未签订劳动合同，但与高校之间存在事实劳动关系，因此可享受劳动者相关福利待遇。而高校则以劳动合同为准，认为由于教师不再续订劳动合同，因此不符合劳动者身份。法院的判决结果以事实劳动关系为准。从此案件中不难发现，当高校与教师之间缺乏明确的合同契约时，容易产生冲突矛盾。即使缺乏相应合同，教师往往出于对高校这一权威机构的信任而选择付出劳动，所以一旦发生劳动纠纷，就会导致说理不清等问题。

3. 因除名、辞退和辞职、离职发生的争议

案例三：在（2021）皖0604民初2012号案件中，原告高校指出原被告双方签订了《淮北师范大学评聘专业技术职务协议书》，协议约定，副教授须在淮北师范大学服务满五年以上，教授须在淮北师范大学服务满六年以上。协议签订后，被告在原告的帮助下取得教授职称，但被告未能按照协议履行淮北师范大学安排的教学工作，虽然被告向淮北师范大学人事处递交了辞职申请，但原告因教学科研需要，并未同意被告的辞职申请。根据双方签订的协议，被告在签订协议后应严格履行，如因特殊情况不能完成规定的服务期限，须经原告批准，因此，被告在原告未同意其辞职申请的情况下，应当继续按照约定履行协议。而被告教师则认为根据《中华人民共和国劳动合同法》《中华人民共和国劳动争议调解仲裁法》等法律，被告具备聘用合同单方解除权。法院认为，本案的争议焦点是被告要求解除与原告之间的人事聘用关系有无事实和法律依据。原被告双方签订的《淮北师范大学评聘专业技术职务协议书》是双方当事人的真实意思表示，合法有效，对于双方当事人均具有法律约束力。根据合同约定，被告在服务期内辞职要经过原告同意，因原告不同意被告的辞职申请，双方的人事聘用关系不应予以解除，双方应继续履行聘用协议。

在此案件中，争议焦点在于高校教师能否在合同约定期限内辞职。一方面，合同契约具有一定的约束力，是契约双方根据自身的意思表示自愿签署的合同，代表了契约双方对合同内容的认可与遵从；但另一方面，教师作为劳动者，享有自主择业权，可以选择是否留任原单位。这两者之间存在一定的逻辑悖论与实践冲突，导致高校与教师因"除名、辞退和辞职、离职"发生冲突。在该案中，法院判决协议书合法有效，双方应继续履行聘用协议，但是这又使得"教师享有流动权"这一议题难以得到有效的回应与解决。

4. 因工作时间、休息休假、社会保险、福利、培训以及劳动保护发生的争议

案例四：在（2016）黑0103民初3393号案件中，原告诉称，1982年，其

· 293 ·

在被告处毕业后留校任教，其间一直认真工作。但从 1990 年开始，被告未按规定给原告安排教学工作，原告向被告提出异议，被告一直未给原告答复，原告已就此事向被告人事处及有关部门反映，现在也没有任何处理结果。原告现已过退休年龄，被告拒绝为原告办理退休，也未给原告缴纳各项社会保险。被告的行为严重侵害了原告的合法权益，导致原告无法享受养老、医疗保险待遇，故诉至法院，请求确定原、被告之间存在劳动人事关系。被告学校辩称：一、被告对原告的"按自动离职"处理决定符合法律规定。经被告各单位清理核实，认定原告自 1992 年 11 月起，未请假长期不在岗，直至 1996 年 4 月，其行为严重违反被告单位教职工劳动纪律，违反教学秩序，对在岗职工的负面影响巨大。需要说明的是，被告自建校以来一直是我国国防领域重点高校之一，在 20 世纪 90 年代，全国各高校对不请假长期离岗人员作出"按自动离职"处理是普遍现象，目前在全国也出现了多起诉讼案例，均被法院驳回诉请。另外，以现有的法律思维和法律意识对 20 世纪 90 年代的高校人事管理行为进行法律评价和审判显然是有悖公允的，所以恳请法院能够在充分了解当时的社会背景和高校管理体制的前提下对本案作出公正的裁判。法院认为，劳动争议申请仲裁的时效期间为一年，仲裁时效期间从当事人知道或者应当知道其权利被侵害之日起计算。被告因原告未请假长期不在岗于 1992 年 11 月便停发其工资，并于 1996 年 4 月 16 日对其作出自动离职处理的决定。原告提供的证据显示，原告系从 2010 年前后开始向被告和相关政府部门提出异议，已过一年的时效期间。原告主张其诉讼未超过时效，证据不足，法院不予支持。

在此案件中，高校对教师作出自动离职处理的决定，并在校园内进行了公告，争议焦点在于"高校能否辞退长期请假不在岗的教师"。原告就此事向被告及多个政府机关反映，认为被告作出的自动离职处理决定不当。那么，高校能否在不经教师同意的情况下辞退教师并拒绝发放退休金等福利呢？在事业编制的保护下，一些教师人浮于事，领着稳定的薪酬待遇却未作出相应的学术贡献，甚至人不在岗，扰乱了学校正常的教学秩序，具有不良的示范效应，因此这一案件能够起到良好的威慑作用。

5. 因劳动报酬、工伤医疗费、经济补偿或者赔偿金等发生的争议

案例五： 在（2018）桂 1002 民初 3186 号案件中，原告教师与百色学院于 2015 年 9 月 10 日签订《百色学院教职工攻读（定向）博士研究生回校服务协议书》，约定其在攻读博士学位学习期满后，到百色学院工作，且服务期限不少

于8年，否则应承担相应的违约责任。2018年6月，原告教师获得博士学位。由于想继续提升自身科研能力及素养，故向百色学院提出继续攻读博士后的申请，因攻读博士后需要全职脱产并将档案转到攻读博士后单位，原告教师只能选择辞职到博士后流动站研究学习。其于2018年6月15日向百色学院递交辞职信，经百色学院多个部门的审核批示，处理结果为同意其辞职，但是要求其根据《百色学院关于加强高学历教师培养的若干规定》百院字〔2011〕105号第3条第2款的规定承担违约责任，向百色学院支付40000元违约金，原告教师同意按照规定支付违约金。2018年7月9日，百色学院要求原告教师将40000元违约金转入百色学院银行账户后方可办理辞职离校手续。原告教师认为百色学院的行为已经严重侵害其合法权益，导致其在开学后无法按时到相关博士后流动站工作和学习，除耽搁其学业外，还导致其无法领取工资及相关报酬。百色学院辩称根据《事业单位人事管理条例》的规定，高校对其聘用的教师有人事管理权，而原告教师在攻读博士学位前，已与其签订《百色学院教职工攻读（定向）博士研究生回校服务协议书》，根据服务协议书第3条第1项约定"乙方学习期满后，到甲方单位工作，服务期限不少于8年……，且不得以任何借口调离或辞去公职"，第3条第2项约定"乙方学习期满违约不到甲方单位工作……提出调离或辞职的，必须经过甲方审批"。百色学院认为原告教师的辞职申请未获得批准，双方人事关系未终止，其诉讼请求没有事实和法律依据，请求驳回原告教师的诉讼请求。法院认为，本案的争议焦点为被告是否已同意原告辞职，双方的人事关系是否已终止。根据《中华人民共和国劳动合同法》第22条第1款"用人单位为劳动者提供专项培训费用，对其进行专业技术培训的，可以与劳动者订立协议，约定服务期"的规定，原告作为被告的在职人员，其在职期间攻读博士学位，并与被告签订了《百色学院教职工攻读（定向）博士研究生回校服务协议书》，双方均应按照合同的约定全面履行各自的义务，因此驳回原告的诉讼请求。

在此案件中，教师因个人发展选择离开原单位，这给高校造成了一定的损失，理应支付一定的赔偿金。但是，赔偿金数额往往由高校自主确定，那么其赔偿依据是什么？赔偿金数额是否超出教师承受范围？这些问题都未得到明确解答。而在签订合同之初，教师出于提升自我的需要和对高校权威的顺从选择签订合同，因此，一旦教师违约，将会衍生一系列纠纷。同时，笔者在整理案件时发现，在创建"双一流"高校的时代背景下，一些高校为了提升自身既有人力资本、推动本校排名提升，与教师签署回校服务协议之类的合同，由高校资助教师继续攻读博士学位或出国交流，而教师在获得学历赋值和知识资本提升后，可能存在主动辞职的行为。这一行为属于教师单方违约，对于高校而言，既损失了资助金额，也将培养的人才"拱手让人"，不利于高校教师劳动关系的和谐稳定发展。

6. 法律、法规规定的其他劳动争议

案例六：在（2018）赣民再12号案件中，原告教师声称原、被告双方签订了《劳动合同》与《补充协议书》，该《补充协议书》第2条第2款规定："甲方为乙方提供已装修的复式商品房一套。乙方在甲方服务满捌年后，甲方将该房的产权移交乙方。"2006年9月21日，原告教师正式入住南昌市湖滨东路69号碧海云天小区×栋×单元×楼×号房。自2006年7月1日入职起至2014年11月辞职获批之日止，原告教师在被告高校服务时间已满8年，全面履行了《劳动合同》《补充协议书》约定的义务，因此享受该住房产权，但被告高校拒绝过户。法院认为本案是因履行劳动合同而引发的纠纷，双方争议的焦点主要是《补充协议书》的履行问题，该协议是双方劳动合同的一部分，协议中的住房奖励约定并不是职工参加单位公有住房改革，而是劳动争议中的福利待遇纠纷，属于人民法院的受理范围。

在此案件中，高校与教师签署的协议约定：当教师达到一定的履职年限后，即可获得商品房一套，当服务期满后，教师选择离职，希望获得协议约定的住房，高校却拒绝过户。由于人才能够显著提高高校的核心竞争力，助推高校在评价体系中的排名提升，因此，不少高校希冀通过固定住房"留下"高水平人才。而部分教师出于趋利目的，在达到服务期限或完成相应任务后就选择去其他高校就职，以此方式获取住房所有权。这就容易导致高校与教师之间发生争议，争议本质是高校稳定发展与教师个人利益之间的碰撞。值得注意的是，未来随着"编制"的解绑，在利益的驱动下，高校教师的非正常离职现象可能还会增加。

10.4 和谐的学术：高校教师劳动关系的治理体系建构

目前我国高校教师劳动关系正处于由行政命令型转向市场契约型的新旧模式交替的拐点阶段。在这个过程中，受到传统治理模式的影响，高校教师劳动关系存在一定的治理惰性与路径依赖，部分体制弊病还盘踞于行政治理中，存

在一定的"权力寻租"现象。2015年4月《中共中央 国务院关于构建和谐劳动关系的意见》指出，高校教师劳动关系和谐治理的标志是实现劳动用工更加规范，预防和化解劳动关系矛盾。而高校教师劳动关系矛盾冲突是复杂的，受到多方面的影响，与多元利益相关者挂钩。因此，必须从院校、教师、市场、政策、法律等多层面化解新时代背景下高校教师劳动关系矛盾冲突，建立规范有序、和谐稳定的高校教师劳动关系。

10.4.1 院校：完善高校教师权益保护机制

1. 充分发挥高校工会的作用

在处理高校教师劳动关系矛盾冲突的过程中，教师作为学术岗位的被聘任者处于弱势地位。因此，需要充分发挥教师工会的桥梁作用，由工会代表教师与高校进行集体谈判，科学设计协商谈判与权利统一的合同有助于维护教师的的权益。

目前，高校教师的聘任主要由学校人事管理部门与受聘教师签订合同，这种仅以教师个体身份与学校签个体合同的形式不利于充分维护和保障教师的权益。应借鉴国外高校集体合同的经验，实行个体合同与集体合同并用，由工会与学校签订集体合同，形成工会与学校之间的合同法律关系。在集体合同的基础上，教师再与学校签订个体合同。由于集体合同是工会依靠教师集体力量，作为一方利益主体与学校在平等协商的基础上签订的，能够更好地维护教师共同的合法利益。现行《中华人民共和国劳动合同法》将集体合同制度作为专门内容进行了规定，可见集体合同在保护劳动者合法权益中的重要性。工会应发挥作为高校教师劳动关系缓冲器和守制者的作用，主动与高校管理人员就相关工作条件、工作规则限制和防止劳资矛盾摩擦方面进行博弈或谈判，使高校在规定教师的工资水平、工作任务和权利使用过程中充分听取工会的意见；利用工会调解的双边谈判制度，逐渐取代高校管理者单方面制定合同条款中的工资等条目的传统授权，在比较合理可控的幅度范围内，适当缩小高校教师与高校之间的谈判力差距。

另外，工会作为职工利益的代表者、维护者，更应凝聚学术劳动者的集体权利，以阶层团结带动情感黏合，形成整体合力，通过教职工代表大会制度积极加强与教师的沟通，以业缘关系的情感互动削弱教师的反感情绪，以活动交流为载体增强教师之间的阶层团结与共鸣，分类维护不同类型教师的利益，拓宽各类教师在院校民主管理、民主监督中的参与渠道。

2. 规范高校教师聘任程序

聘任程序对教师能否进入高校任教起着关键作用❶，因此，高校应促进教师聘任程序规范化。首先，学校应成立教师考核聘任小组或委员会，负责拟订教师聘任方案、教师考核细则及教师奖惩办法，呈交教职工代表大会讨论同意后实行。其次，高校提出被聘任教师应具备的条件和要完成的任务及工作标准，并刊登于内网、院校官网、公众号。最后，由教师聘任小组或委员会对选聘人员进行审核后张榜公布，无异议的由学校与教师签订聘任合同。高校应与教师签订书面形式、权威有效的劳动合同。劳动合同是协调就业关系的基础，能确保劳动关系法律事实的唯一性，是劳动资源合理配置的重要手段，是维护和谐劳动关系的纽带。依法签订并严格履行劳动合同，可抑制高校教师劳动纠纷的发生。在高校与教师签订契约合同之初，双方应就劳动内容的合法性与合同的规范性进行审查。有条件的院校可聘请法律顾问对高校教师劳动合同进行合法性检查，以保证双方劳动行为的规范性。

3. 建立劳动关系预警机制

高校与教师的矛盾冲突具有一定的隐蔽性，因此，为了深入探究高校教师劳动关系的和谐与否，需要建立劳动关系预警机制。一是创建高校外部环境预警体系，以此规避高校教师劳动关系矛盾冲突。外部环境因素主要包括地区经济发展水平、劳动力市场、人文环境、基础建设等，要对这些方面进行预警防控与评价。同时，高校还需加强外部环境建设，规范学术劳动力市场，创造优越的宏观环境以吸引高层次人才，对基础设施建设与资源配置进行合理规划，增强对教师群体的包容力度，营造良好的教学、科研和人文环境，促进地区经济发展，增强对人才的吸引力度，促进教师的社会融入。二是建立高校内部人事预警体系。高校应建立科学合理的高校教师劳动关系矛盾冲突预警系统，及时预警、降低冲突程度。根据预警体系，实行日常监控，把握高校教师的工作情况，并进行预警评价，制定相应的防控对策。高校相关管理部门应及时关注预警状况，当矛盾发生时，及时采取防治措施，避免和消除高校教师劳动关系中的具体问题，减少劳动关系矛盾冲突带来的损害。

4. 强化高校教师法律教育

虽然高校教师属于高素质人才，对法律概念及知识有一定的了解，但高校

---

❶ 周兴国. 聘任制下教师合法权益的保护问题 [J]. 教育评论，2000 (6)：26-29.

教师一般遵循的是"本—硕—博"的学历晋升路径，近十年的时间身居"象牙塔"中，社会经验少，劳动法规应用能力不足。同时，部分高校教师出于对组织单位的信任，忽视了法律细节，导致出现后续劳动纠纷问题。因此，对高校教师进行法律教育，能有效促进高校教师劳动关系的和谐发展。一方面，应鼓励高校教师学习基本法律常识；另一方面，应加强高校教师上岗前的法治培训，以规避后续劳动纠纷。同时，要加强对高校人事管理人员的普法教育，通过定期的法律培训，更新他们的法律知识，从而借助法律力量抑制高校可能存在的法律失范问题。

5. 关注高校教师情感需求

不同层次、类型的高校应当因地制宜，根据院校发展定位为学术权力的实现创设良好的发展环境。例如，"双一流"建设高校应充分利用学术委员会的监督与评审机制，强调公平、公正原则在学术成果考量中的地位；一般本科高校则要重视激励制度对于教师行使学术权力的作用；对于民办本科与高职高专院校，转变"企业办校"的管理理念尤为重要，应突出教师的育人与科研的创造性活动，从而强化身份认同，提高劳动关系满意度，使教师在事业中投入自身价值时保持情感黏性。而多重身份角色对应着不同的组织结构，认同感的强弱在社会角色切换中此消彼长，通过院校支持使教师在自我认知上强化对于教师职业和学者身份的责任感，但单一社会角色的固化势必会影响其他生活场景，因而院校支持不能局限于工作领域，而是需要通过改善组织建设来保障组织认同，强调现实中政策落实后的维系作用。❶高校应主动搭建教师目标和高校目标之间的伦理桥梁，关注教师的伦理道德和情感期待，促进教师与高校间的价值观共享和情感联合，培育教师融洽的心理归属与组织契合感，使高校教师的自利性职业动机贴合教师职业道德实践的价值领域。在组织文化环境方面，高校应尊重高校教师的工作成果，提供更多的资源来帮助教师群体实现自身价值理想，制定人才政策和制度，发挥工会及学术委员会的作用，使高校教师民主参与学校管理工作；在教师工作满意度方面，应充分了解高校教师的工作情况和生活状况，提供更好的学术条件满足教师的职业发展需求，调动教师工作的积极性。而高校教师也需要主动对自身工具合理性的行为进行合规律性和合目的性的规约，明确利益化取向的限度和边界，坚持匡正高校教师的学术和职业坚守。

---

❶ 李芳，闫建璋. 高校教师教育者身份认同探析 [J]. 高教论坛，2021（10）：97-102.

6. 构建科学合理的评价机制

一般来说，我国高校的决策管理系统是高度结构化的，往往很少采纳基层教师的想法和建议。虽然高校教师作为科研和教学任务的参与者最为了解其中的问题，但在实际中很难有渠道表达其真实的诉求。高校高度集中的行政和组织权力对高校教师工作事务与管理决策的干预会使高校教师本身的学术属性边缘化。另外，高校教师需要规划未来的职业发展道路，而大量烦琐的要求和不透明的晋升过程通常使许多高校教师对未来的职业发展心生担忧。因此，构建平权化的评价机制显得尤为重要。具体来讲，可以利用二级学院创造更多的决策参与机会，开放更多的意见收取渠道，并保证意见的有效性，让教师更多地参与高校管理的决策过程，如参与科研考核标准、学生培养计划的制定等。

10.4.2 教师：提升能力与坚守契约精神

1. 提升自身岗位履职能力

教师是高校学术生态圈良性发展的核心和关键，是高校知识成果产出的载体，是高校劳动关系的主体。随着知识作为交易工具和商业资本的交换价值不断飙升，高校教师的自利性偏好和成就需要也在同步发展。但高校教师不仅是一种职业身份，也是高校权利系统的利益相关者，理应成为高校教师劳动关系的制衡焦点。教师需要提升岗位履职能力，将高校整体效益的增加作为个人成就需要的激励动机，将个体的发展预期内化为岗位的伦理和道德情感，将组织贡献熔炼为自身的意志坚守，使个人发展与高校发展的目的相契合，为个人目标的实现和权利博弈争取谈判筹码。此外，学术共同体内部的成员不是孤立的个体，而是彼此联系的命运共同体。学术共同体的繁荣是其成员内在契约精神的彰显。学术共同体是高校学术劳动力市场的智力资源，在享有学术声望和社会尊重的同时拥有学术权威和话语影响力，学术共同体内部高度凝结的契约精神是教师制衡高校权力的天然优势。在目标冲突、权利失衡和竞争力飙升的情境下，高校教师作为学术共同体的成员，只有不断积蓄自身的发展潜力，提升自身的学术价值和声誉，塑造高信度的学术形象，才能有效促进高校教师劳动关系的平衡与和谐。

2. 秉持契约合作精神

契约精神是缔结双方以自愿观念为核心、以平等观念为前提、以守信观念为基础的一种权利和义务关系。❶《中华人民共和国高等教育法》第48条规定："高等学校实行教师聘任制。教师经评定具备任职条件的，由高等学校按照教师职务的职责、条件和任期聘任。高等学校的教师的聘任，应当遵循双方平等自愿的原则，由高等学校校长与受聘教师签订聘任合同。"在教师流动日益频繁的当下，教师的角色由"行政身份"向"契约隶属"转变，需要秉持契约守信精神，恪守合同的有效性与神圣性，对契约进行严格履行与全面遵守，合理、合情、合规流动。当确因个人原因发生违约行为时，应积极与高校进行协商沟通，并主动承担一定的违约责任，确保劳动合同的顺畅履行。

10.4.3 市场：促进学术劳动力市场有序运作

1. 顺应市场化改革的趋势

在计划经济体制下，高校教师的岗位资源、薪酬资源、学术资源、晋升资源等均通过国家计划配置，教师的培养纳入师范教育计划，教师的分配纳入人事部门的计划，学校没有权力决定自身的发展，一切活动都要服从整个国家的计划，根据学校招生的数量设立编制，确定教师的数量。可见，计划经济体制下基本不存在流动顺畅、能上能下的高校学术劳动力市场，而这种学术劳动力资源配置机制决定了高校教师与院校之间是依附性的身份关系而非交易性的契约关系。

而在教师聘任制的新时代背景下，高校教师的人力资本产权发生了变化，高校教师有了对自身人力资本的支配权，客观上对高校教师提升其人力资本产生了激励作用。《中共中央关于建立社会主义市场经济体制若干问题的决定》第一次提出在社会主义市场经济下建立劳动力市场。与之相适应的，高校学术劳动力市场也应逐渐建立起来。在这个过程中，高校教师有了培育、支配自身人力资本以及从中获得收益的权利。同时，高校也享有越来越多的自主性，主要表现为高校在教师任用和学术资源支出上的自主性，这是与教师劳动力市场的建立相适应的。市场力量开始在我国高校教师流动政策中发挥越来越重要的作用。充分发挥市场在资源配置中的基础性、决定性作用，促进了学术劳动力市场的健康发展。市场机制促使高校建立起能者上、庸者下的用人机制，政府主导的高校教师流动理念逐渐向市场主导的流动理念转变。❷

---

❶ 常芬，蔡国春. 教育惩戒管理中契约精神的引入与践行[J]. 教育探索，2022(2)：71-76.
❷ 李志峰. 漂移的学术：当代中国高校教师流动[M]. 北京：知识产权出版社，2020：96.

目前，我国大多数省市高校教师的薪酬水平虽然较以前有了一定幅度的提高，但与其他行业的增长幅度和整体水平相比，还是处于中等水平。另外，高校教师的物质诉求也不是只有工资收入，还有其子女的入学、高校周边的配套设施建设及其能够获得的工作资源等。我国高校的入学人数逐年递增，高校教师相对学生的比例稍显不足。在这样的背景下，一方面，教师面对着超额的教学任务和巨大的工作压力；另一方面，相对偏低的薪酬水平很容易造成教师心理失衡，不利于构建和谐的劳动关系。政府和相关教育部门可以借鉴其他国家的先进经验并结合我国的国情，提高高校教师薪酬的最低标准，构建合理的利益分享机制。例如，高校可效仿企业的股份分红形式，将高校教师的劳动回报和高校的稳定发展联系起来，以此保障教师的收入增长，增加高校教师的职业吸引力；还可通过加强校企合作，缩小行业间工资的差距。

在理想状态下，高校教师的供求信息和资源获取都必须依靠高校学术劳动力市场完成，教师劳动力市场是聘任制的基础和平台。虽然市场配置资源已经成为高校教师人力资源管理的基本导向，但在实际中，高校教师聘任制缺乏得以有效实施的空间。因此，高校教师劳动力市场需要顺应改革的趋势，推动资源合理配置，须深入实际调研高校教师的工作现状，尤其要关注高校学术青年骨干的生活状况，灵活地调整社会保险等的缴纳比例，并在引进高质量学术人才时，推出配套优惠政策以解决高校教师子女入学难等问题。

2. 发挥市场资源的调节作用

根据市场规律，高校教师劳动力市场主要由教师、高校、供求机制、教师薪酬价格机制、教师竞争机制以及宏观调控机制组成。良好的机制基础是高校教师劳动力市场能够有效运行的关键。供求机制是高校与教师之间的双向选择关系，而促使这种供求关系发生作用的是价格机制，即工资与福利机制。工资与福利机制包含了两层内涵：一是同一高校不同教学级别和岗位有不同的工资福利；二是不同高校之间差别化的薪酬竞争机制。由于我国高校长期受限于计划工资制定模式，因此，在高校教师管理中，工资机制的第一种作用更为明显。竞争机制既表现为同一类型教师之间的竞争，也表现为不同岗位、职称、学科教师之间的竞争，但后者的竞争力度较小，影响也小。在岗位资源稀缺的情况下，为了提高岗位级别，教师之间必然存在竞争，也正是因为竞争，学术劳动力市场才能运转起来。保持教育的公益性和公平性需要依靠政府调控。因此，必须以供需平衡的供求机制为基础，设定科学、合理的价格机制，促进良性竞争机制的建构，以政府的调控机制为导向与原则，充分发挥学术劳动力市场资源调节的作用，促进高校教师劳动力市场有效运行。

在供求机制上，就学术劳动力供给而言，依据目前的趋势，我国将通过分区规划、分类指导的方式，形成以综合性大学为主体、高层次大学为引领、其他高校共同参与、培养和培训相衔接的开放性教师教育体系。建立以市场为导向的多元开放型教师培养体制是与社会主义市场经济的发展相吻合的，因此，需要提前调研学术劳动力市场需求与国家战略发展规划，根据国家学科发展及需求提前设立博士点，提供源源不断的高质量学术劳动力；优化高校教师的流转机制，满足中西部高校的人才需求。就高校人才需求而言，高校成为市场主体，高校需要根据自己的岗位需要和学科发展战略来及时调整本校的教师结构与资格要求，通过高校官网、公众号等渠道及时发布招聘信息，以此来减少高校与教师信息不对称的问题，促进学科供需平衡、岗位供需平衡、职能供需平衡。

在薪酬价格机制上，高校教师薪酬管理体系应进一步细分岗位，增强绩效工资的激励作用，柔性化地设计弹性福利制度，并构建校内收入再分配机制，实现高校教师基本工资年薪化、绩效工资公平化、延期分配多元化和福利计划人性化的薪酬分配体系，为实现高校教师劳动制度的价值赋予提供合理的依据。

在教师竞争机制上，学术劳动力市场应转变治理理念，促进人才有序合理地竞争，同时建立激励约束机制，防止无序流动、不合理跳槽等投机行为。而高校教师也需要在遵守契约精神的基础上积极寻找发展机遇，增强竞争意识，促进自身学术资本的不断升级，从而提高议价能力。

10.4.4　政府：创设和谐劳动关系法治环境

1. 完善高校教师权益保护机制

持续推进聘任制改革。教师聘任制是指高校与教师之间通过合同聘任的形式，明确双方的权利和义务，形成任职契约关系的人事任用制度。聘任制改革是我国高校教师任用制度的一次重大变革。一方面，以聘任用人制度取代政府任命制，使高校拥有了聘任与解聘教师的自主权；另一方面，教师与学校之间基于意思自治原则构筑合同关系，教师拥有了职业自主权。高校人事自主权与教师职业自主权的落实，使教师与高校能够进行真正意义上的双向价值选择。此外，以国家教育政策为指引，适时建立全国性教师工会，依靠教师集体力量有效化解教师团体性争议。高校教师工会制定完善、合理的规章制度，规定高校在保障教师权利方面应尽的义务，充分发挥保障教师权利的职能和作用。

2. 制定高校权力下放配套政策

发挥政府的监督和评价功能，补足对高校行政权力监督的缺位，构建独立于高校人事体系的第三方教师档案管理、流通和评价系统，避免档案成为钳制教师合理流动的"命门"。在规定条文中明确和保障教师主体的权利，逐渐释放教师的知情权、参与权和监督权，防止"一放就乱"的权利失衡和泛化痼疾。政府在此过程中应该始终扮演"监护人"的角色，对高校教师聘任的资格条件、管理过程和规章制度等进行宏观监控，确保高校教师聘任制的有效实施。政府需要在宏观上给予调控，在政策上给予引导，在经济上给予保障，在社会关系上给予协调，使高校教师资源能够合理有序地流动，并通过角色转变，从直接管理高校及高校教师，转变为通过法律法规、经济和评估等手段对高校教师劳动力市场进行宏观指导和监督。

3. 完善高校教师劳动仲裁制度

我国劳动争议仲裁中的劳动行政机关与高校之间不存在利益关系，因此，将人事仲裁机构并入劳动仲裁机构能有效促进人事行政机构保持中立。值得一提的是，随着事业单位人事制度的深化改革，"事业单位企业化管理"模式逐步得到推广。目前高校逐步实施了包括医疗、失业、工伤、养老保险的社会保障制度，事业单位人事劳动关系已发生很大变化，符合劳动仲裁的程序。因此，将人事与劳动仲裁制度接轨，既有利于仲裁机构在处理高校教师劳动关系冲突中保持中立，又有利于高校教师劳动关系纠纷适用《劳动法》《劳动合同法》等法律。

4. 加强对高校教师的法律监督

在建构完善立法体系的基础上，进一步明确监督主体，形成有高校、教师、工会、政府、社会组织等多主体参与的学术劳动力市场监督体制。为了有效发挥各主体的监督职能，在立法过程中需要明确各主体的监督义务。同时，规定监督的程序和范围，将用人单位或者劳务派遣主体、教师个人等作为行为监督客体，对多方的规章状况进行间接监督，对劳务派遣制、合同制、聘任制教职工的薪酬福利、社会保险等进行监督，严格执行登记、立案、处理、决定书、调查取证等程序，对学术劳动力市场进行全方位的法律规范。

5. 完善高校教师权利救济制度

在我国学术劳动市场上，存在着供大于求、劳动双方法律地位事实上并不均等及短期劳动合同常态化等现象，使学术劳动者缺少组织归属感和责任感。高校与营利性企业不同，高校虽不需要时刻关注组织的经济收益，但因其特殊的育人使命，发生劳动纠纷的代价昂贵、舆论压力巨大，因此，亟须规范劳动关系管理。这就需要建立健全高校教师劳动纠纷谈判的相关制度，使高校教师的诉求能通过正规渠道顺利地表达出来。不同级别劳动纠纷争议调解的组织机构和部门应努力促进政府与社会仲裁协调组织的有效合作，共同商议并做好案件处理的有关工作，减少高校教师劳动纠纷案件的协调时间，提高处理案件的效率和质量。从目前最高人民法院的解释、规定来看，法院是可以受理劳动争议案件的，但在实践中仍有法院以缺乏受理依据为由予以驳回。为了保障教师聘任制的顺利实施，保障教师的合法权益，一方面，要明确高校教师聘任关系的劳动合同关系性质，从而将其纳入劳动法调整的范围；另一方面，建议完善《教师法》和《民事诉讼法》，将教师聘任争议列入民事诉讼范围，通过司法途径解决教师聘任纠纷问题。

6. 营造高校教师和谐劳动文化

由于社会观念倾向于将"单位人"取得的成绩、荣誉归功于所属组织，所以编制时期高校教师的学术地位与声誉是捆绑、依附于所属高校的，人们往往习惯以教师所属高校的层次去评价教师的学术地位。同时，传统思维导致社会向往编制内的职业，取消事业编制后，公众对教师的职业评价可能有所下降，高校教师的社会地位也可能式微，而这种社会声誉回报与教师长期付出的时间成本、劳动成本不成正比。因此，需要依靠媒体宣传高校教师劳动的重要性，将高校教师地位与国家战略目标、教育发展、高等教育国际化竞争挂钩。通过营造崇尚科学、自由民主、尊重人才的社会环境，增强教师对学术组织的归属感和认同感，助力高校高质量发展。

参考文献

一、外文类

[1] WEBBER M, BUTOVSKY J. Faculty associations confront accountability governance in Ontario universities [J]. Canadian Journal of Higher Education, 2018, 48 (3): 165-181.

[2] HAMMERNESS K. Learning to hope or hoping to learn: The role of vision in the early professional lives of teachers [J]. Journal of Teacher Education, 2003 (54): 43-56.

[3] BURNES B, COOKE B. Kurt Lewin's field theory: A review and re-evaluation [J]. International Journal of Management Reviews, 2013, 15 (4): 408-425.

[4] OKPARA J O, WYNN P. The impact of ethical climate on job satisfaction, and commitment in Nigeria [J]. Journal of Management Development, 2008, 27 (9): 935-950.

[5] WRIGHT M M, CUSTER R. Why they enjoy teaching: The motivation of outstanding technology teachers [J]. Journal of Technology Education, 1998, 9 (2): 60-77.

[6] EISENHERGER R, HUNTINGTON R, HUTCHISON S, et al. Perceived organizational support [J]. Journal of Applied Psychology, 1986, 71 (3): 500-507.

[7] AHMED I, NAWAZ M M. Antecedents and outcomes of perceived organizational support: A literature survey approach [J]. Journal of Management Development, 2015, 34 (7): 867-880.

[8] DREZNER N D. Why give?: Exploring social exchange and organization identification theories in the promotion of philanthropic behaviors of African-American millennials at private-HBCUs [J]. International Journal of Educational Advancement, 2009, 9 (3): 147-165.

[9] DEMEROUTI E, BAKKER A B, NACHREINER F, et al. The job demands-resources model of burnout [J]. Journal of Applied Psychology, 2001, 86 (3): 499-512.

[10] YEH H. Job demands, job resources, and job satisfaction in East Asia [J]. Social Indicators Research, 2015, 12 (1): 47-60.

[11] BAKKER A B, DEMEROUTI E. The job demands-resources model: State of the art [J]. Journal of Managerial Psychology, 2007, 22 (3): 309-328.

[12] ACKER J. Inequality regimes: Gender, class, and race in organizations [J]. Gender & Society, 2006, 20 (4): 441-464.

[13] ROCHER G. Tallcott Parsons and American Sociology [M]. New York: Nelson, 1974.

[14] MILLWARD L J, BREWERTON P M. Contractors and their psychological contracts [J]. British Journal of Management, 1999, 10 (3): 253-274.

[15] MAUNO S, KINNUNEN U, RUOKOLAINEN M. Exploring work-and organization-based resources as moderators between work-family conflict, well-being, and job attitudes [J]. Work and Stress, 2006, 20 (3): 210-233.

[16] ABDULKADYROV U U, PAK O A, MAKUSHKIN S A. Regulation of professional and labor relations of university teachers: International practice and national characteristics [J]. Revista Tempos e Espaços em Educação, 2021, 14 (33): 1-16.

[17] ZHANG H. Application of psychological contract theory in mental health and professional development of university teachers [J]. Journal of Environmental and Public Health, 2022 (15), 1-8.

[18] HOPPOCK R. Job Satisfaction [M]. New York: Harper & Row, 1935.

[19] Vroom V H. Work and motivation [M]. New York: John Wiley & Sons, Inc., 1964.

[20] American Association of University Professors. Data Snapshot: Contingent Faculty in US Higher Ed [EB/OL]. [2023-06-08]. https://www.aaup.org/sites/default/files/10112018%20Data%20Snapshol%20Tenure.pdf.

[21] GLADIEUX L E, WOLANIN T R. Congress and the Colleges: The National Politics of Higher Education [M]. Maryland: Lexington Books, 1976.

[22] DOUGLASS J A. How and why the university of california got its autonomy [J].

Center for Studies in Higher Education, 2015 (5): 1-14.

[23] STEVEN E H, JOHN M K, CHARLES S W, et al. Collective bargaining and community college faculty: What is the wage impact? [J]. Journal of Labor Research, 2012 (33): 104-117.

[24] TWOMBLY S B. Values, policies, and practices affecting the hiring process for full-time arts and sciences faculty in community colleges [J]. Journal of Higher Education, 2005 (76): 423-447.

[25] The Role of the Faculty in Budgetary and Salary Matters [J]. AAUP Bulletin, 1972, 58 (2): 170-172.

[26] KAPLIN W A, LEE B A. The Law of Higher Education [M]. San Francisco: Jossey-bass, 2013.

[27] JANDHYALA B G T, VARGHESE N V. Financing higher education in India [J]. Higher Education, 1991 (21): 83-101.

[28] CHATTOPADHYAY S, MUKHOPADHYAY R N. Embracing the Global Knowledge Economy: Challenges Facing Indian Higher Education [M]. New Delhi: Springer India, 2013.

[29] MALIK G. Governance and Management of Higher Education Institution in India [R]. National University of Educational Planning and Administration, 2017.

[30] CLARKE G, LUNT I. International comparisons in postgraduate education: Quality, access and employment outcomes [R]. Higher Education Funding Council for England, 2014.

[31] MARY-LOUISE K. Comparative higher education: Knowledge, the university, and development [J]. Comparative Education Review, 1998, 44 (1): 96-98.

[32] Snehi N. Higher Education in India: Refocusing Faculty Development [M]. New Delhi: Springer India, 2019.

[33] KINGDON G, MUZAMMIL M. The school governance environment in Uttar Pradesh, India: Implications for teacher accountability and effort [J]. Journal of Development Studies, 2013, 49 (2): 251-269.

[34] ALTBACH P G. India's higher education challenges [J]. Asia Pacific Education Review, 2014, 15 (4): 503-510.

[35] EISEMON T O. Institutional correlates of faculty outlooks and professional be-

haviors: A study of Indian engineering faculty [J]. Higher Education, 1974, 3 (4): 419-438.

[36] Geeta A, Krishna P. World News: India Ivy League Protests Lack of Public Funding-Faculty of the India Institutes of Technology Stages a Hunger Strike to Demand [N]. Wall Street Journal, 2019-10-02.

[37] PATEL P J. Academic underperformance of Indian universities, incompatible academic culture and the societal context1 [J]. Social change, 2012, 42 (1): 9-29.

[38] BHATIA A O. The Cosmopolitan Guru: An Analysis of Indian Faculty Mobility and Career Trajectory [D]. Tucson: The University of Arizona, 2015.

[39] LIPPMAN E A. Hellenic conceptions of harmony [J]. Journal of the American Musicological Society, 1963, 16 (1): 3-35.

[40] EDWARDS M. Industrial Relations: Theory & Practice [M]. 2nd ed. London: Blackwell, 2005.

[41] BUDD J W. Employment with a Human Face: Balancing Efficiency, Equity, and Voice [M]. Ithaca: Comell university press, 2014.

[42] THOMAS S K. The Structure of Scientific Revolution [M]. 2nd ed. Chicago: The University of Chicago Press, 1970.

[43] AKERLOF G, YELLON J. Efficiency Wage Models of the Labors of the Larbor Market [M]. Cambridge: Cambridge Univresity Press, 1986.

[44] KOCHAN T, KATZ H. Collective Bargaining and Industrial Relations [M]. 2nd ed. Homewood: Irwin, 1988.

[45] DUNLOP T. Industrial Relations Systems [M]. Boston: Harvard Business School Press, 1993.

[46] KEZAR A. Embracing Non-Tenure Track Faculty: Changing Campuses for the New Faculty Majority [M]. New York: Routledge, 2012.

[47] SEIDMAN J, EDGE A, KELLEY L. Attitudes of Hawaiian higher education faculty toward unionism and collective bargaining [J]. Journal of Collective Negotiations, 1974, 3 (2): 91-119.

[48] PONAK A M, THOMPSON M. Faculty collective bargaining: The voice of experience [J]. Industrial Relations, 1984, 39: 449-463.

[49] ELMUTI D, KATHAWALA Y. Full-time university faculty members' perception

of unionization impact on overall compensation dimensions［J］. Journal of Research and Development in Education，1991，24：9-15.

［50］SANDRA J.. Employee rights，employee responsibilities and knowledge sharing in intelligent organization［J］. Employee Responsibilities and Rights Journal，2002，14（2-3）：69-78.

［51］PIEARSON P. Politics in Time：History，Institutions and Social Analysis［M］. Princeton：Princeton University Press，2004.

［52］KATZNELSON I，MILNER H V. Political Science：State of the Discipline［M］. New York：W. W. Norton Company，2002.

二、专著类

［1］陈向阳. 晚清京师同文馆组织研究［M］. 广州：广东高等教育出版社，2004.

［2］齐如山. 齐如山回忆录［M］. 上海：上海文艺出版社，2014.

［3］李提摩太. 亲历晚清四十五年：李提摩太在华回忆录［M］. 李宪堂，侯林莉，译. 天津：天津人民出版社，2005.

［4］潘懋元，刘海峰. 中国近代教育史资料汇编：高等教育［M］. 上海：上海教育出版社，2007.

［5］朱有瓛. 中国近代学制史料：第二辑（上册）［M］. 上海：华东师范大学出版社，1987.

［6］钱曼倩，金祥林. 中国近代学制比较研究［M］. 广州：广东教育出版社，1996.

［7］北京大学. 京师大学堂档案选编［M］. 北京：北京大学出版社，2001.

［8］汤志钧，陈祖恩，汤仁泽. 中国近代教育史资料汇编：戊戌时期教育［M］. 上海：上海教育出版社，2007.

［9］胡思敬. 国闻备乘［M］. 北京：中华书局，2007.

［10］宋恩荣，章咸. 中华民国教育法规选编（1912—1949）［M］. 南京：江苏教育出版社，1990.

［11］中国第二历史档案馆. 中华民国史档案资料汇编：第三辑（教育）［M］. 南京：江苏古籍出版社，1991.

［12］王汎森. 傅斯年：中国近代历史与政治中的个体生命［M］. 王晓冰，译. 北京：生活·读书·新知三联书店，2012.

[13] 孔祥吉. 戊戌维新运动新探［M］. 长沙：湖南人民出版社，1988.

[14] 蔡芹香. 中国学制史［M］. 上海：世界书局，1933.

[15] 王建军. 民国高校教师生活研究［M］. 长沙：湖南教育出版社，2018.

[16] 中国人民政治协商会议番禺县委员会文史资料研究委员会. 番禺文史资料：第6辑［M］. 1988.

[17] 王文俊. 国立西南联合大学史料：四 教职员卷［M］. 昆明：云南教育出版社，1998.

[18] 陈志青，张玮. 师林文香：云南师范大学校报优秀作品选［M］. 北京：光明日报出版社，2011.

[19] 张宪文. 中华民国史：第三卷［M］. 南京：南京大学出版社，2006.

[20] 国民政府教育部. 第二次中国教育年鉴：第二编［M］. 上海：商务印书馆，1948.

[21] 智效民. 八位大学校长［M］. 武汉：长江文艺出版社，2006.

[22] 王学珍，张万仓. 北京高等教育文献资料选编：1861～1948［M］. 北京：首都师范大学出版社，2004.

[23] 陈媛. 中国大学教授研究：近代教授、大学与社会的互动史［M］. 太原：山西教育出版社，2012.

[24] 克拉克. 高等教育系统：学术组织的跨国研究［M］. 王承绪，等译. 杭州：杭州大学出版社，1994.

[25] 戴建中. 北京社会发展报告（2011～2012）［M］. 北京：社会科学文献出版社，2012：93.

[26] 徐光春. 马克思主义大辞典［M］. 武汉：崇文书局，2018.

[27] 吴鹏. 学术职业与教师聘任［M］. 青岛：中国海洋大学出版社，2005.

[28] 刘献君，等. 中国高校教师聘任制研究：基于学术职业管理的视角［M］. 北京：科学出版社，2009.

[29] 费孝通. 乡土中国：生育制度［M］. 北京：北京大学出版社，1998.

[30] 阮智富，郭忠新. 现代汉语大词典［M］. 上海：上海辞书出版社，2009.

[31] 张维迎. 大学的逻辑［M］. 北京：北京大学出版社，2012.

[32] 张维迎. 博弈与社会［M］. 北京：北京大学出版社，2013.

[33] 董保华. 劳动关系调整的法律机制［M］. 上海：上海交通大学出版社，2001.

[34] 黄越钦. 劳动法新论［M］. 北京：中国政法大学出版社，2003.

[35] 诺斯. 制度、制度变迁与经济绩效 [M]. 杭行, 译. 上海：格致出版社, 上海三联书店, 上海人民出版社, 2014.

[36] 阎凤桥. 大学组织与治理 [M]. 北京：同心出版社, 2006.

[37] 古尔德. 公司文化中的大学 [M]. 吕博, 张鹿, 译. 北京：北京大学出版社, 2005.

[38] 别敦荣. 中美大学学术管理 [M]. 武汉：华中理工大学出版社, 2000：69.

[39] 阿特巴赫, 瑞丝伯格, 优德科维奇, 等. 高校教师的薪酬：基于收入与合同的全球比较 [M]. 徐卉, 王琪, 译. 上海：上海交通大学出版社, 2014.

[40] 阿特巴赫. 比较高等教育：知识、大学与发展 [M]. 人民教育出版社教育室, 译. 北京：人民教育出版社, 2001.

[41] 王文礼. 移植与创新：印度大学拨款委员会的发展历程、组织架构和作用 [M]. 北京：新华出版社, 2017.

[42] 安双宏. 印度教育战略研究 [M]. 杭州：浙江教育出版社, 2014.

[43] 阿特巴赫, 巴兰. 世界一流大学：亚洲和拉美国家的实践 [M]. 上海：上海交通大学出版社, 2008.

[44] 阿特巴赫. 高校教师的薪酬：基于收入与合同的全球比较 [M]. 上海：上海交通大学出版社, 2014.

[45] 斯密. 国富论 [M]. 郭大力, 王亚南, 译. 上海：上海三联书店, 2009.

[46] 尚书 [M]. 王世舜, 王翠叶, 译注. 北京：中华书局, 2012.

[47] 中国蔡元培研究会. 蔡元培全集：第三卷 [M]. 杭州：浙江教育出版社, 1998.

[48] 布鲁贝克. 高等教育哲学 [M]. 王承绪, 等译. 杭州：浙江教育出版社, 2002.

[49] 湛中乐. 公立高等学校法律问题研究 [M]. 北京：法律出版社, 2009.

[50] 李志峰. 漂移的学术：当代中国高校教师流动 [M]. 北京：知识产权出版社, 2020.

[51] 董保华. 社会法原论 [M]. 北京：中国政法大学出版社, 2001.

[52] 常凯. 劳动关系学 [M]. 北京：中国劳动社会保障出版社, 2005.

[53] 李攀艺. 社会偏好视角下企业劳动关系构建的微观机制研究 [M]. 武汉：武汉大学出版社, 2017.

[54] 丁堡骏. 马克思劳动价值理论与当代现实 [M]. 北京：经济科学出版社,

2005.

[55] 斯密.亚当.斯密全集：第二卷 国民财富的性质和原因的研究（上卷）[M].郭大力,王亚南,译.北京：商务印书馆.2013.

[56] 马克思.资本论 [M].中共中央马克思恩格斯列宁斯大林著作编译局,译.北京：人民出版社,1975.

[57] 海曼.劳资关系：一种马克思主义的分析框架 [M].黑启明,译.北京：中国劳动社会保障出版社,2008.

[58] 陈维政,李贵卿,毛晓燕.劳动关系管理 [M].北京：科学出版社,2010.

[59] 董保华.劳动关系调整的社会化与国际化.[M].上海：上海交通大学出版社,2006.

[60] 巴德.劳动关系：寻求平衡 [M].于桂兰,于米,于楠,等译.北京：机械工业出版社,2013.

[61] 劳凯声.中国教育法制评论：第1辑 [M].北京：教育科学出版社,2002.

[62] 董保华.劳动关系调整的法律机制 [M].上海：上海交通大学出版社,2001.

[63] 米尔斯.社会学的想象力 [M].陈强,张永强,译.北京：生活·读书·新知三联书店,2005.

三、学位论文类

[1] 禹坤.京师大学堂经费研究（1898—1911）[D].武汉：华中师范大学,2020.

[2] 于颖珊.公立高校与教师法律关系研究 [D].上海：华东师范大学,2020.

[3] 王美.民国时期高等教育政策变迁研究（1912—1949）[D].长春：东北师范大学,2021.

[4] 张玥.抗战时期国立大学校长的治校方略研究 [D].南京：南京大学,2013.

[5] 徐和阳.清末民国徽州新式学堂研究 [D].芜湖：安徽师范大学,2014.

[6] 廖林子.抗战时期的中国高校教育管理 [D].武汉：华中师范大学,2006.

[7] 王倩倩.清末民初山西新式教师群体研究（1901—1922）：以太原、晋中为例 [D].太原：山西师范大学,2018.

[8] 王娟.民国政府私立高等教育政策研究 [D].长春：吉林大学,2006.

[9] 黄湾湾.民国时期大学女教师学术之研究：以林徽因、冯沅君、俞庆棠为中心 [D].杭州：浙江师范大学,2018.

[10] 李齐. 民国时期大学教员升等研究 [D]. 南京：南京大学，2017.

[11] 邓小林. 民国时期国立大学教师聘任之研究 [D]. 成都：四川大学，2005.

[12] 赵守月. 抗战时期国共两党教育政策研究 [D]. 长春：东北师范大学，2015.

[13] 申树欣. 民国时期国立大学与中央政府的关系 [D]. 济南：山东大学，2012.

[14] 王颖. N高校教师薪酬管理体系优化研究 [D]. 南京：南京师范大学，2019.

[15] 程孝良. 高校青年教师学术价值观培育研究 [D]. 成都：西南交通大学，2017.

[16] 严春华. 群体性劳资矛盾的发生机理与对策研究：以上海市闵行区为例 [D]. 上海：上海交通大学，2015.

[17] 陈成全. 江西省民办高校青年教师职业压力现状调查及对策研究 [D]. 南昌：南昌大学，2010.

[18] 陈志霞. 知识型员工组织支持感对工作绩效和离职倾向的影响 [D]. 武汉：华中科技大学，2013.

[19] 郑伦仁. 大学学术权力运行机制研究 [D]. 重庆：西南大学，2012：37.

[20] 李建华.《劳动合同法》视角下的高校教师人事制度问题研究 [D]. 北京：北京化工大学，2014.

[21] 刘欢. 高校危机事件治理的预警机制缺失问题研究 [D]. 成都：电子科技大学，2021.

[22] 徐家庆. 多维视域中的高校稳定问题研究 [D]. 济南：山东大学，2015.

[23] 张金丹. 高校教师劳动关系治理模式比较研究 [D]. 武汉：武汉理工大学，2021.

[24] 李汉学. 我国高校教师分类管理研究 [D]. 武汉：武汉大学，2017.

[25] 张晓冬. 高等学校内部权力制约机制研究 [D]. 武汉：华中科技大学，2013.

[26] 陈素君. 中西和谐精神的异同及其对构建人类命运共同体的文化价值研究 [D]. 上海：上海交通大学，2019.

[27] 姚橙. 劳动关系认定问题研究 [D]. 苏州：苏州大学，2018：6-7.

[28] 刁慧娜. 高校教师劳动合同法律适用问题研究 [D]. 长春：吉林大学，2011.

[29] 李峥. 公立高校人事管理法律问题研究 [D]. 长沙：湖南大学，2013.

四、期刊论文类

[1] 刘萌,王曰美. 京师同文馆与中国近代化教育［J］. 黑龙江史志,2021(4):48-54.

[2] 夏军,肖家燕. 取材本土:晚清中国外语教师培养的历史考察与启示—以京师同文馆为例［J］. 江汉大学学报(社会科学版),2019,36(6):110-117.

[3] 黄运红. 晚清京师新式学堂教师聘任初探:从京师同文馆到京师大学堂［J］. 湖南师范大学教育科学学报,2013,12(3):91-96.

[4] 李志峰,张金丹. 印度卓越大学教师劳动关系:既成矛盾与治理结构［J］. 大学教育科学,2020(3):96-104.

[5] 田正平,吴民祥. 近代中国大学教师的资格检定与聘任［J］. 教育研究,2004(10)81-89.

[6] 吴洪成,李占萍. 张百熙论教师［J］. 南通大学学报(教育科学版),2008(3)40-43.

[7] 栾爽. 论构建和谐劳动关系中的政府责任［J］. 中国行政管理,2008(6)60-62.

[8] 刘尚信. 战后国民政府教育复员述论［J］. 徐州师范学院学报(哲学社会科学版),1993(3):51-55.

[9] 商丽浩. 晚清中国教习在新式高等教育机构的薪酬［J］. 近代史研究,2007(2):137-141.

[10] 李硕. 移植与涵化:清末京师大学堂仕学馆研究［J］. 唐都学刊,2017,33(3):115-124.

[11] 张汝伦. 破解学术官僚化困境［J］. 人民论坛,2019(20):132-133.

[12] 谢长法,王延强. 抗战时期高校就业政策及其管理［J］. 西南大学学报(社会科学版),2014,40(2):94-99.

[13] 任国平,黄爱军. "癸卯学制"与近代"公民意识"的培育［J］. 佳木斯大学社会科学学报,2020,38(2)96-99.

[14] 钱耕森. 孙家鼐与京师大学堂［J］. 安徽大学学报(哲学社会科学版),1999(1):66-71.

[15] 郭卫东. 西方传教士与京师大学堂的人事纠葛［J］. 社会科学研究,2009(1):161-162.

[16] 李学丽. 京师大学堂与现代大学制度肇始考辨 [J]. 黑河学院学报, 2018 (3)：191-192.

[17] 陈东原. 论我国大学教员之资格标准及其聘任制度 [J]. 高等教育季刊, 1941 (1) 132-133.

[18] 毛忞歆. 转型期高校劳动关系变革风险与防范 [J]. 现代教育管理, 2017 (1)：110-115.

[19] 姜良芹. 抗战时期高校教师工资制度及生活状况初探 [J]. 南京师大学报（社会科学版），1999 (3)：53-59.

[20] 曲铁华，龚旭凌. 民国时期大学教师管理制度演进：历程、逻辑与启示 [J]. 山西师大学报（社会科学版），2021，48 (3)：82-90.

[21] 郭良春. 从超轶于政治到隶属于政治：民国时期教育宗旨的演变 [J]. 集美大学学报（教育科学版），2014，15 (2)：35-40.

[22] 张晓明，陈金圣. 民国时期高等教育行政决策的基本范式及治理启示 [J]. 黑龙江高教研究，2017 (5)：37-40.

[23] 陈亚玲. 民国时期学术职业化与大学教师资格的检定 [J]. 高教探索，2010 (6)：88-93.

[24] 杨程，周小舟. 民办高校青年教师的困境及其破解 [J]. 中国青年社会科学，2019，38 (5)：100-105.

[25] 兰岚，吴遵民. 论教师的法律地位 [J]. 基础教育，2014，11 (4)：5-12.

[26] 熊贤君. 民国时期的国学教育及价值解读 [J]. 民国档案，2006 (1)：99-104.

[27] 姚群民. 试论二三十年代南京高校教授的选聘及其特点：以中央大学、金陵大学为中心的考察 [J]. 南京社会科学，2008 (12)：132-137.

[28] 邓小林. 民初至抗战前夕国立大学教师的聘任问题 [J]. 史学月刊，2004 (10)：47-54.

[29] 韩帅. 试论民国时期大学教师的晋升 [J]. 高教探索，2020 (4)：100-103.

[30] 赵书琪，于洪波. 民国时期大学教师晋升制度源流考 [J]. 高教探索，2019 (11)：90-96.

[31] 陈娜. 民国时期的高校教师待遇情况 [J]. 重庆科技学院学报（社会科学版），2010 (7)：150-152.

[32] 刘建德，马民玉，马社举. 延安时期毛泽东高等教育思想与实践 [J]. 延安大学学报（社会科学版），1993 (3)：42-49.

[33] 商丽浩, 葛福强. 研求学术: 民国时期高校教师公派出国制度的演进 [J]. 浙江大学学报 (人文社会科学版), 2015, 45 (6): 129-137.

[34] 宋秋蓉. 民国时期私立大学发展的政策环境 [J]. 清华大学教育研究, 2004 (2): 99-106.

[35] 肖玮萍. 民国高校教师学术休假制度及其现实启示 [J]. 江西社会科学, 2016, 36 (6): 139-143.

[36] 陈杏年. 抗战时期国民政府的教育政策论略 [J]. 江苏师范大学学报 (哲学社会科学版), 1995 (2): 12-17.

[37] 李志峰, 罗桂. 新时代我国高校教师劳动关系: 权利失衡与多层治理 [J]. 教育学报, 2019, 15 (3): 58-64.

[38] 余玉娴, 吴晓萍. 聘任制下高校与教师法律关系的调查研究 [J]. 高教探索, 2010 (4): 125-128.

[39] 张奂奂, 吴会会, 张增田. 从对抗走向对话: 美国高校替代性纠纷解决机制研究 [J]. 复旦教育论坛, 2021, 19 (2): 34-41.

[40] 张金丹, 覃红霞. "脱编"背景下高校教师司法救济的现状、问题及原因探究: 基于160起民事诉讼案件的分析 [J]. 复旦教育论坛, 2022, 20 (1): 41-47.

[41] 徐艳丽, 龚雪. 高校教师现有薪酬满意度的实证研究 [J]. 辽宁教育研究, 2007 (10): 93-97.

[42] 王勇明, 付鹏, 郭坚华. 高校教师薪酬满意度及影响因素探析 [J]. 高教探索, 2008 (3): 120-125.

[43] 栾俪云. 教师劳动报酬: 多视角的理论分析 [J]. 现代教育论丛, 2002 (4): 63-65.

[44] 孙树文. 浅析高校人力资源管理的创新 [J]. 职业时空, 2007, 56 (13): 11.

[45] 张启龙. 高校教师劳动报酬分配机制问题论析 [J]. 黑龙江高教研究, 2007, 160 (8): 100-102.

[46] 王鹏炜, 张春梅. 学术职业视域下高校教师薪酬管理改革探析 [J]. 研究生教育研究, 2012, 7 (1): 5-8.

[47] 姚翔. 助推"双一流"战略发展的高校教师绩效管理体系探讨 [J]. 国家教育行政学院学报, 2017 (2): 57-62.

[48] 林杰. 大学教师利益冲突的理论问题 [J]. 江苏高教, 2019 (5): 22-27.

[49] 邱晓雅. 高校教师参与决策的困境及机制创新 [J]. 教育发展研究, 2009, 29（3）: 82-85.

[50] 郝玮瑷. 冲突理论视角下的高校教师与行政管理人员关系研究 [J]. 教育教学论坛, 2014（37）: 104-105.

[51] 周鸿武, 宋加升. 完善高校教师聘任制改革问题探索 [J]. 黑龙江高教研究, 2007（6）: 101-103.

[52] 滕祥东. 应用型大学如何实行教师职务聘任制 [J]. 中国人才, 2007（9）: 62-63.

[53] 吴白莉. 岗位设置在教师专业职务聘任中的导向性研究 [J]. 重庆大学学报（社会科学版）, 2009, 15（4）: 69-73.

[54] 井晓英. 推进高校教师职务聘任制改革探析 [J]. 教育探索, 2011, 240（6）: 97-98.

[55] 阎光才. 高校教师聘任制度改革的轨迹、问题与未来去向 [J]. 中国高教研究, 2019（10）: 1-9, 19.

[56] 李罗丝, 许宏武, 余智萍. 浅析当前制约我国高校教师职务聘任制实施的主要因素 [J]. 中国现代医学杂志, 2007（8）: 1017—1019.

[57] 郭为禄. 论高校与教师契约关系的形成与完善 [J]. 云南师范大学学报（哲学社会科学版）, 2009, 41（1）: 74-80.

[58] 高凤兰. 略谈对成人高校教师评聘后的考核 [J]. 北京成人教育, 1993（2）: 14-15.

[59] 臧琰琰. 大学教师评价的理论遵循和应然选择 [J]. 黑龙江高教研究, 2021, 39（4）: 85-90.

[60] 王艳杰. 高校教师"职业高原"现象分析与对策 [J]. 黑龙江高教研究, 2007, 158（6）: 104-106.

[61] 杨敏, 李鹏, 吴志樵. 高校教师绩效考评改革探析 [J]. 辽宁教育研究, 2007, 213（12）: 43-44.

[62] 黄治国. 大学教师量化考核制度分析 [J]. 中国地质大学学报（社会科学版）, 2009, 9（2）: 64-67.

[63] 汪建华. 高校教师职称评聘现状分析与对策探究 [J]. 教师教育研究, 2013, 25（5）: 18-22.

[64] 白明亮, 孙中举. 从管理者到教师: 基于人视角下的高校教师考核评价思考 [J]. 教育理论与实践, 2017, 37（16）: 37-41.

[65] 董树军. "双一流"建设背景下高校教师流动及其治理 [J]. 高等教育研究, 2018, 39 (10): 63-67, 74.

[66] 刘强, 赵祥辉. "双一流"建设背景下高校人才流动失序及其有效治理 [J]. 当代教育论坛, 2019 (3): 40-49.

[67] 张曦琳, 田贤鹏. "双一流"建设中的教师流动治理: 挑战、困境与举措 [J]. 高教探索, 2020 (03): 108-114.

[68] 王贤. "双一流"建设背景下西部地区高校教师人力资本失量现象及其治理 [J]. 高教论坛, 2021 (5): 11-17.

[69] 闫丽雯, 周海涛. "双一流"建设下高校"挖人"的制度性动因 [J]. 江苏高教, 2017 (8): 9-12.

[70] 雷朝滋. 贯彻实施《教师法》完善教师职务聘任制 [J]. 中国高等教育, 1995 (9): 8-11.

[71] 魏志春, 黄德平. 学校劳动关系变革与教师聘任制的完善: 中小学教师职业观念与行为的调查与分析 [J]. 教育科学研究, 2005 (1): 50-53.

[72] 李碧虹, 黄小忠. 论大学教师薪酬分配制度中的观念冲突 [J]. 黑龙江高教研究, 2007, 162 (10): 8-10.

[73] 周运浓. 教师劳动价值与市场调节 [J]. 教育科学, 1993 (2): 55-58.

[74] 黄赐英. 教师的角色冲突浅析 [J]. 当代教育科学, 2006 (6): 43-44.

[75] 阮成武. 教师专业形象的价值取向与现实建构 [J]. 高等师范教育研究, 2002 (6): 21-25.

[76] 左官春. 教师责任伦理的缺失与重构 [J]. 教学与管理, 2021, 841 (12): 1-5.

[77] 张曦琳. 规制抑或自由: 高校教师流动治理中的价值冲突与选择 [J]. 中国高教研究, 2021 (1): 26-31.

[78] 陈斌. 论大学教师的角色冲突: 表征与归因 [J]. 大学教育科学, 2015 (4): 64-68.

[79] 李云鹏. 论大学教师的角色冲突 [J]. 教育学术月刊, 2012 (4): 47-50.

[80] 曹爱华. 高校女教师的角色冲突与协调发展 [J]. 高教探索, 2008 (5): 122-125.

[81] 李培. 论大学教师角色冲突: 因应与调适 [J]. 教育探索, 2016 (1): 31-34.

[82] 何婷婷. 高校新任教师的角色冲突与角色适应 [J]. 中国成人教育,

2013（21）：121-123.

[83] 段从宇，王燕. 大学排名的演变、迷思与治理：基于市场逻辑的探讨[J]. 复旦教育论坛，2022，20（3）：5-11.

[84] 周奕. 新管理主义视阈下高校青年教师学术产出探析[J]. 北京教育（高教），2020（3）：53-57.

[85] 张和平，沈红. 薪酬水平对高校教师科研生产率的激励：基于"全国大学教师调查"的实证研究[J]. 现代教育管理，2019（7）：84-91.

[86] 李根祎. 组织承诺在职业可持续性对员工创新行为影响中的作用机制研究：基于社会交换理论[J]. 财经论丛，2022（5）：101-112.

[87] 周光礼. 大学教师评价改革的逻辑[J]. 中国高教研究，2022（6）：26-33.

[88] 朱飞，熊新发. 西方劳动关系理论研究的发展脉络和研究范式[J]. 学术论坛，2012，35（1）：133-138，172.

[89] 陈诚. 多元化用工模式下高校人事管理制度研究[J]. 办公室业务，2020（7）：163，165.

[90] 匡振旺. 中国高校教师绩效考核的矛盾分析与对策研究[J]. 中国人民大学教育学刊，2015（2）：100-113.

[91] 蒋凯. 声誉追寻下的大学迷思[J]. 大学教育科学，2018（6）：4-12，119.

[92] 夏莉艳. "非升即走"：舶来品与中国土壤的适应性[J]. 扬州大学学报（高教研究版），2022，26（4）：19-27.

[93] 张维迎. 关于《北京大学教师聘任和职务晋升制度改革方案》（征求意见稿）的十四点说明[J]. 学术界，2003（5）：27-44.

[94] 程跟锁，陈建海. 高校青年教师工作满意度的影响因素研究：基于结构方程模型的实证分析[J]. 兰州大学学报（社会科学版），2018，46（4），230-236.

[95] 魏顺，王相云，窦步智. 基于双因素理论的企业劳动关系评价指标研究[J]. 中国人力资源开发，2014，(15)：26-31.

[96] 徐泽磊，于桂兰，杨欢. 合作型劳动关系影响因素的分类识别与动态分析：基于复杂网络的视角[J]. 经济纵横，2019（12）：66-73.

[97] 高宏艳. 经济转型时期我国劳动争议增长的影响因素实证研究[J]. 税务与经济，2012（3）：35-42.

[98] 罗明忠，段珺. 个性特征、劳动契约与员工劳动关系满意度：基于广州市花都区部分员工的问卷调查分析[J]. 经济与管理评论，2015，31

(1): 34-40.

[99] 吴玉朋, 王连森. 伯顿·克拉克"学术权力"涵义辨析 [J]. 高教发展与评估, 2012, 28 (6): 50-54, 99.

[100] 江永众. 高校行政化的劳动关系学分析 [J]. 现代教育管理, 2012 (11): 47-51.

[101] 温晓年. "院系办校"治理新模式的转型逻辑与实践路径 [J]. 教育探索, 2021 (6): 72-76.

[102] 周作宇, 刘益东. 权力三角: 现代大学治理的理论模型 [J]. 北京师范大学学报 (社会科学版), 2018 (1): 5-8.

[103] 毛金德, 朱国利. 高校教师学术权力的生成逻辑: 基于美国大学转型时期的研究 [J]. 教育探索, 2020 (9): 85-89.

[104] 张江琳, 徐伶俐. 现代大学制度: 学术权力回归的必然逻辑 [J]. 教育学术月刊, 2021 (12): 31-36.

[105] 徐晓锋, 车宏生, 林绚晖, 等. 组织支持理论及其研究 [J]. 心理科学, 2005, 28 (1): 130-132.

[106] 凌文辁, 杨海军, 方俐洛. 企业员工的组织支持感 [J]. 心理学报, 2006, 38 (2): 281-287.

[107] 梁文艳. 工作要求、工作资源与教师的工作满意度: 基于上海教师教学国际调查数据的实证研究 [J]. 教育研究, 2020, 41 (10): 102-115.

[108] 张鸿莹, 王祎, 孙宁昊. 基于 Meta 分析的高校教师职业压力失范行为 JD-R 模型 [J]. 中国安全科学学报, 2021, 31 (5): 174-180.

[109] 马富萍, 张倩霓, 杨柳. 基于工作要求-资源模型的高校教师职业倦怠产生机理研究: 以 D 高校为例 [J]. 管理案例研究与评论, 2020, 13 (3): 302-314.

[110] 李志峰, 浦文轩, 周天松. 禀赋、环境与高校教师学术职业满意度: 基于不同层次高校的实证研究 [J]. 现代大学教育, 2014 (4): 67-75.

[111] 张宏亮, 柯柏玲, 戴湘竹. 基于卡方检验法的高校辅导员职业倦怠影响因素分析及对策 [J]. 思想政治教育研究, 2020, 36 (3): 147-151.

[112] 周浩波, 李凌霄. 高校教师工作满意度影响因素结构模型的构建: 基于 18 位高校教师访谈的质性分析 [J]. 教育科学, 2019, 35 (4): 64-70.

[113] 顾剑秀, 韩霜, 罗英姿. 研究型大学青年教师职业成长影响机制: 人与环境匹配的中介作用 [J]. 中国高教研究, 2021 (11): 83-90.

[114] 赵今巾, 鲍威. 女性学术职业发展研究范式的重构: 基于多维视角的高校女性教师研究 [J]. 教育学术月刊, 2020 (5): 67-73.

[115] 黄文武. 大学教师"非升即走"制度安排的利弊分析 [J]. 江苏高教, 2020, (6): 89-96.

[116] 李志峰, 梁言. 学术劳动力市场、供给侧拐点与博士生培养结构调整: 基于三方博弈模型的分析 [J]. 清华大学教育研究, 2021, 42 (5): 105-113.

[117] 程龙, 曹先宇, 张志刚. 劳动关系对高校科研人员创新创业意愿影响实证研究: 福利待遇、公平保障、发展晋升的两两交互效应 [J]. 电子科技大学学报 (社科版), 2020, 22 (4): 105-112.

[118] 黄岚, 樊泽恒. "非升即走" 对教师专业发展的影响和对策 [J]. 江苏高教, 2015 (6): 72-76.

[119] 刘旭东. 我国高校"非升即走"制度的困境研判及规范理路: 基于《教师法 (征求意见稿)》修订内容的研究 [J]. 教育发展研究, 2022, 42 (5): 53-60, 78.

[120] 张杰. 高校教师评价机制行政化的成因分析: 一种路径依赖 [J]. 黑龙江高教研究, 2012, 30 (1): 56-59.

[121] 鲁文辉. 高校教师聘用合同"服务期"条款的合法性反思 [J]. 中国高教研究, 2021 (2): 70-76.

[122] 余利川, 段鑫星. "夹缝生存": "双一流" 建设高校二级学院院长的权责困境与生成逻辑 [J]. 江苏高教, 2022 (2): 61-69.

[123] 刘继安, 康宁, 高众, 等. 改革开放以来我国高校内部管理机构设置变迁及制度逻辑 [J]. 北京大学教育评论, 2019, 17 (4): 124-137, 187-188.

[124] 龚放. 正确认识大学的运行逻辑与学术权力: 关于大学"去行政化"的再思考 [J]. 江苏高教, 2015 (3): 1-7.

[125] 李志峰. 高校长聘教职制度: 历史发展及其演变逻辑 [J]. 国家教育行政学院学报, 2017, (7): 15-20, 27.

[126] 冉亚辉. 高校行政化与去行政化论析 [J]. 现代大学教育, 2010 (5): 11-15.

[127] 劳凯声. 教师法律身份的演变与选择 [J]. 中国教育学刊, 2020 (4): 5-14.

[128] 程斯辉. 人事制度: 高校改革亟待突破的难点 [J]. 高等教育研究, 1998 (3): 77-79.

[129] 王思懿、张爽. 多重制度逻辑下高校教师人事场域的改革变迁 [J]. 河北师范大学学报 (教育科学版), 2022, 24 (2): 96-103.

[130] 万碧波, 蔡静. 高校人事制度改革的几个问题 [J]. 高校教育管理, 2010, 4 (4): 38-41.

[131] 于安. 公立高校人事制度的决策及其改革 [J]. 中国高等教育, 2014 (22): 23-25.

[132] 赵冬玲, 蒋汶桐. 共建共治共享理念下民办高校教师劳动关系治理对策研究 [J]. 中国高等教育, 2019 (24): 42-43.

[133] 周光礼, 彭静雯. 从身份授予到契约管理: 我国公立高校教师劳动制度变迁的法律透视 [J]. 高等教育研究, 2007 (10): 37-42.

[134] 马俊彦, 翁国民. 论公司法研究的科学转型 [J]. 浙江大学学报 (人文社会科学版), 2019, 49 (3): 227-239.

[135] 余雅风, 王祈然. 教师的法律地位研究 [J]. 华东师范大学学报 (教育科学版), 2021, 39 (1): 49-58.

[136] 胡磊. 改革开放以来我国劳动关系调整的路径与逻辑 [J]. 中国劳动, 2018 (8): 53-63.

[137] 胡彰, 黄景文, 杨曦. 地方非"211"本科高校教师转职行为研究 [J]. 教师教育学报, 2015, 2 (3): 75-81.

[138] 尚瑞茜, 么加利. 从"学校场域"走向"社会场域": 我国当代大学教师公共性的式微与提振 [J]. 黑龙江高教研究, 2021, 39 (9): 91-97.

[139] 张虹. 高校人事代理制度的发展困境与优化路径探索: 基于重庆市 8 所公立高校人事代理文本的研究 [J]. 北京社会科学, 2020 (3): 47-58.

[140] 曹凤月. 文化研究: 建构劳动关系和谐的新思维 [J]. 当代世界与社会主义, 2013 (6): 165-167.

[141] 黄亚婷. 聘任制改革背景下我国大学教师的学术身份建构: 基于两所研究型大学的个案研究 [J]. 高等教育研究, 2017, 38 (7): 31-38.

[142] 吕景春, 李永杰. 论和谐劳动关系的文化机制与路径选择 [J]. 经济问题, 2008 (4): 8-13.

[143] 罗帆, 佘廉. 企业人力资源危机的预警管理 [J]. 工业工程与管理, 2003 (4): 10-14.

[144] 马琳. 我国危机管理研究述评 [J]. 公共管理学报, 2005, 2 (2): 84-90, 95.

[145] 刘英茹, 张怡梅. 论组织危机管理过程中的预警管理 [J]. 经济研究导刊, 2005 (1): 35-37.

[146] 高娟. 高校风险管理研究综述 [J]. 财会通讯, 2015 (16): 43-46.

[147] 韩森. 新时期高校劳动关系的特点及工作策略 [J]. 教育探索, 2009 (3): 71-72.

[148] 卢盈. 学术评价系统与学术阶层的形成 [J]. 江苏高教, 2020 (11): 9-17.

[149] 周光礼. 中国高等教育治理现代化：现状、问题与对策 [J]. 中国高教研究, 2014 (9): 16-25.

[150] 周彬, 周军, 徐桂红. 论科研团队的冲突管理与有效沟通 [J]. 中国科技论坛, 2004 (3): 120-123.

[151] 阎光才. 对大学人事制度改革的反思 [J]. 探索与争鸣, 2003 (10): 1-4.

[152] 尹晓敏. 我国教师申诉制度研究 [J]. 清华大学教育研究, 2005, 26 (1): 46-50.

[153] 丁小浩, 何章立. 我国高校教师结构"灰犀牛"式危机的风险预警 [J]. 高等教育研究, 2021, 42 (2): 57-66.

[154] 李华. 现代大学学术权力的权利性回归：现代大学制度建构的路径分析 [J]. 现代教育管理, 2011 (6): 46-49.

[155] 俞启定, 王为民. 审视与反思：我国高职教师职称评审标准的套用问题 [J]. 教师教育研究, 2013, 25 (1): 17-21.

[156] 赵新亮. 大学内部治理能力现代化的权力运行机制 [J]. 重庆高教研究, 2015, 3 (1): 10-15.

[157] 牛风蕊. 我国高校教师职称制度的结构与历史变迁：基于历史制度主义的分析 [J]. 中国高教研究, 2012 (10): 71-75.

[158] 徐勇. 法治视角下的高校教师聘任制 [J]. 国家教育行政学院学报, 2005 (4): 55-58.

[159] 邱林, 王洪昌, 张志功. 企业危机预警管理的理论分析与研究 [J]. 重庆工业管理学院学报, 1998, 12 (5): 44-46.

[160] 许莹. 高等学校教育质量预警机制的构建与实践 [J]. 黑龙江畜牧兽

医，2016（10）：252-254.

[161] 陈贵超. 高校核心人才流失预警机制的构建研究：基于行为管理的视角 [J]. 经济与社会发展，2008（2）：171-174.

[162] 栾秀云，贾蔚，林秀君. 企业人才流失危机管理系统构建 [J]. 商业时代，2006（1）：21.

[163] 徐军. 新形势下高校教师人才流失现象探析 [J]. 湘潭师范学院学报（社会科学版），2004（4）：124-126.

[164] 李靖华，徐蕾，宿慧芳. 组织关怀如何调节高校教师情绪劳动与工作倦怠的关系 [J]. 重庆高教研究，2016，4（4）：73-83.

[165] 康宁. 中国高校办学自主权制度演进及基本特征分析 [J]. 教育与教学研究，2020，34（1）：99-119.

[166] 叶潇潇. 基于SCM的高校"互联网+工会服务"创新研究 [J]. 教育教学论坛，2020（16）：358-359.

[167] 宫天然. 试论美国高等教育多样性的可持续发展 [J]. 黑龙江高教研究，2011（12）：29-31.

[168] 王保星. 深度解析美国高等教育发展的阶段特征与社会贡献：《美国高等教育史》（三卷本）的学术价值 [J]. 高等教育研究，2020，41（7）：106-109.

[169] 高书国. 美国高等教育普及化模式 [J]. 世界教育信息，2006（9）：34-36，64.

[170] 张伟. 美国高校兼职教师崛起的原因与影响探微 [J]. 比较教育研究，2020，42（6）：89-96.

[171] 别敦荣. 美国大学治理理念、结构和功能 [J]. 高等教育研究，2019，40（6）：93-101.

[172] 杨凤英，毛祖桓. 美国高校教师权利的维护：以美国大学教授协会活动为例 [J]. 比较教育研究，2008（2）：61-64.

[173] 蒋家琼，张玲. 美国一流大学跨学科集群教师管理制度及启示：以威斯康星大学麦迪逊分校为例 [J]. 湖南师范大学教育科学学报，2020，19（4）：119-124.

[174] 吴慧平. 学术世界的寄居者：美国大学兼职教师的生存写照 [J]. 教师教育论坛，2014，27（10）：92-96.

[175] 王玲，张鲲. 印度公立、私立高校教师地位差距及制度成因 [J]. 外国

教育研究，2019，46（10）：45-57.

[176] 姜帆. 和谐是管理的最高境界［J］. 通信企业管理，2004（9）：61-62.

[177] 安奉钧，申建国，张慧芳，等. 企业劳动关系：环境因素、分析框架与战略路径［J］. 中国劳动，2016（20）：42-48.

[178] 张兴胜. 大学学术的内涵、价值与发展实践研究［J］. 高等教育研究学报，2020，43（3）：5-10.

[179] 桑元峰，何菊玲. 大学教师学术能力新论［J］. 陕西师范大学学报（哲学社会科学版），2014，43（4）：134-139.

[180] 刘贝妮，杨河清. 我国高校部分教师过度劳动的经济学分析［J］. 中国人力资源开发. 2014（3）：37-41.

[181] 陈秀兰. 浅析高校教师过劳死现象及保护措施［J］. 法制与社会，2007（2）：583-584.

[182] 罗志敏. 新时期公立院校财政的抉择与转型：从大学的"世纪难题"谈起［J］. 中国高教研究，2017（10）：20-25.

[183] 王定华. 为"十四五"高等教育高质量发展提供根本保证［J］. 中国高教研究. 2021（4）：1-3，27.

[184] 管培俊. 建设高质量教育体系是教育强国的奠基工程［J］. 教育研究，2021，42（3）：12-15.

[185] 周光礼. 从同型竞争到错位竞争：高校品牌形成机制研究［J］. 中国高教研究，2017（10）：4-12.

[186] 鲍威，戴长亮，金红昊，等. 我国高校教师人事制度改革：现状、问题与挑战［J］. 中国高教研究，2020（12）：21-27.

[187] 郭秀晶，马乐，王霁霞. 北京教育法律救济的现状、问题与发展趋势研究［J］. 中国教育法制评论，2006（1）：270-295.

[188] 周兴国. 聘任制下教师合法权益的保护问题［J］. 教育评论，2000（6）：26-29.

[189] 李芳，闫建璋. 高校教师教育者身份认同探析［J］. 高教论坛，2021（10）：97-101.

[190] 常芬，蔡国春. 教育惩戒管理中契约精神的引入与践行［J］. 教育探索，2022（2）：71-76.

[191] 朱军文，马春梅，李燕超. 从打破"铁饭碗"到重建"终身制"：研究型大学教师聘用改革的悖论与反思［J］. 高等教育研究，2017，38

(5)：21-25.

[192] 李培智，王秀英，魏立超. 劳动关系概念重塑：基于构建和谐劳动关系的视角 [J]. 河北学刊，2013，33（3）：125-129.

[193] 江永众，程宏伟. 劳动关系研究的多学科比较：基于劳动经济学和人力资源管理学的视角 [J]. 学术研究，2012（5）：91-98.

[194] 王工厂. 论高校教师的劳动者身份 [J]. 河南师范大学学报（哲学社会科学版），2011，38（5）：243-246.

[195] 董志强，洪夏璇. 行为劳动经济学：行为经济学对劳动经济学的贡献 [J]. 经济评论，2010（5）：132-138.

[196] 刘金松. 高校教师流动的合理性冲突及限度建构 [J]. 教师教育研究，2017（6），53-58.

[197] 由由. 高校教师流动意向的实证研究：工作环境感知与工作满意的视角 [J]. 北京大学教育评论，2014，12（2）：128-140.

[198] 金荣标，张笑俏. 劳动关系及相关概念的体系化解读 [J]. 湖南科技学院学报，2017，38（1）：103-106.

[199] 常凯. 中国特色劳动关系的阶段、特点和趋势：基于国际比较劳动关系研究的视野 [J]. 武汉大学学报（哲学社会科学版），2017，70（5）：21-29.

[200] 陈国林. 浅谈工伤认定中的劳动关系问题 [J]. 人才资源开发，2018（13）：24-26.

[201] 阎天. 劳动关系概念：危机、坚守与重生 [J]. 中国法律评论，2018（6）：127-129.

[202] 陈晓宁. 高校劳动关系转型与工会维权模式创新 [J]. 南京审计学院学报，2010，7（4）：52-56.

[203] 娄宇. 我国高校"非升即走"制度的合法性反思 [J]. 高等教育研究，2015（6）：21-32.

[204] 薛长礼，柴伟伟. 高校非事业编制人员劳动关系问题探析 [J]. 经济论坛，2011（2）：197-199.

[205] 朱兵强，曾妍，陈指挥. 高校聘任制下教师解聘法律问题探析：由湖南大学教授解聘事件引发的讨论 [J]. 高教探索，2017（7）：110-114.

[206] 李会欣. 由高校劳动关系的新变化看工会维权机制创新 [J]. 中南大学学报（社会科学版），2008（5）：655-660.

[207] 王源平，赵芳，高隽，等. 现代大学制度下的高校工会角色定位与职能要求 [J]. 社会科学家，2012（S1）：147-150.

[208] 王晓东，祝子涵，王优. 高校工会要当好青年教师的"减压阀" [J]. 中共山西省委党校学报，2016，39（5）：108-111.

[209] 刘江. 我国现代高等职业教育体制改革与机制创新发展之路：评《中国高等职业教育发展路径分析》[J]. 中国教育学刊，2016（6）：143.

[210] 吴燕. 高校薪酬制度改革的理念与思考 [J] 教育与职业，2006，（2）：34-36.

[211] 马晓娜. 高校青年教师薪酬管理中存在的问题及对策 [J]. 复旦教育论坛，2006（1）：63-66.

[212] 叶芬梅. 建国60年高校教师职称制度变迁逻辑与制度反思 [J]. 现代大学教育，2009（6）：33-38.

[213] 赵梁红. 基于公平的高校教师职称评审制度的构建 [J]. 中国高教研究，2009（11）64-66.

[214] 王向东. 大学教师评聘制度过度功利导向的负面影响及其控制：基于社会学制度主义的视角 [J]. 现代大学教育，2015（2）：88-94.

[215] 左文龙. 我国高等院校劳动关系的三种发展趋势 [J]. 中国高等教育，2004（13）：28-29.

[216] 王富兰. 建立高校教师劳动关系"四位一体"权利体系 [J]. 江苏高教，2011（3）：89-90.

[217] 任劭婷. 从"自然秩序"到"资本逻辑"：论斯密与马克思的劳动分工思想及其当代意义 [J]. 山东社会科学，2016（2）：70-77.

[218] 王映莲. 马克思恩格斯"劳动"概念的逻辑理路与当代意义 [J]. 中国劳动关系学院学报，2021，35（2）：38-47.

[219] 刘金松. 高校教师职称评审权下放：逻辑、变革与瓶颈 [J]. 中国高教研究，2017（7）：81-86，93.

[220] 唐松林，魏婷婷. 学术共同体的契约精神：本质、背离与回归 [J]. 教育发展研究，2015，35（7）：70-75.

[221] 申素平. 论我国公立高等学校与教师的法律关系 [J]. 高等教育研究，2003，24（1）：67-72.

[222] 王工厂. 学校规章制度在人事争议中适用的法理分析 [J]. 中国成人教育，2005（2）：32-34.

[223] 吴清军. 集体协商与"国家主导"下的劳动关系治理：指标管理的策略与实践［J］. 社会学研究，2012，27（3）：66-89，243.

[224] 赵俊芳. 新中国成立以来我国高校人事制度回溯及评价［J］. 中国高教研究，2019（8）：25-31.

[225] 李晓轩，徐芳. 延续人才计划模式抑或回归常态化市场机制？：关于新时代科技人才政策的思考［J］. 中国科学院院刊，2018，33（4）：442-446.

[226] 王蓉. 关于"中国特色一流大学"的思考：财政的视角［J］. 教育经济评论，2016，1（1）：46-55.

[227] 李志峰，罗桂. 高校教师劳动关系变迁的深层结构与治理逻辑：基于1978年来的政策文本分析［J］. 复旦教育论坛，2019，17（4）：96-102.

[228] 别敦荣. "双一流"建设与大学管理改革［J］. 中国高教研究，2018（9）：1-6.

[229] 阎光才. 象牙塔背后的阴影：高校教师职业压力及其对学术活力影响述评［J］. 高等教育研究，2018，39（4）：48-58.

[230] 于海琴，敬鹏飞，王宗怡，等. 是什么让高校教师产生工作疏离感：基于5所大学优势学科实验室的调查研究［J］. 高等教育研究，2016，37（1）：57-63.

五、其他文献类

[1] 王世杰. 第一次中国教育年鉴［C］. 上海：开明书局，1934.

[2] 赵婷婷. 抗战时期西南联大教师的经济生活［C］//荆楚学术. 北京：北京理工大学出版社，2017.

[3] 北京大学校史研究室. 宣统二年正月大学堂员等薪饷草册［M］//北京大学史料（1898—1911）：第1卷. 北京：北京大学出版社，1993.

[4] 钦定京师大学堂章程［C］//中国近代教育史资料汇编：学制演变. 上海：上海教育出版社，1991.

[5] 四川省志教志编辑组. 抗战中48所高校迁川梗概［C］//四川文史资料选辑. 成都：四川人民出版社，1979.

[6] 大学及独立学院教员聘任待遇暂行规程［G］//宋恩荣，章咸. 中华民国教育法规选编. 南京：江苏教育出版社，1990.

[7] 大学及独立学院教员离校研究办法［N］. 申报, 1940-09-12.

[8] 熊易寒. 入学高校青年教师自曝年收入12万: 高校教师的工资该如何改革［N］. 澎湃新闻, 2015-01-15（08）.

[9] 肖雨枫. 高校青年教师脚踏实地者居多［N］. 中国社会科学报, 2012-04-16（03）.

[10] 邓晖. 关注高校青年教师［N］. 光明日报, 2013-08-13（05）.

[11] 全国劳动关系工作座谈会召开［EB/OL］.（2021-04-11）［2022-08-07］. http://www.gov.cn/xinwen/2021-04/11/content_5598899.htm.

[12] 国家统计局. 2021年城镇非私营单位就业人员年平均工资106837元［EB/OL］.（2022-05-20）［2022-10-29］. http://www.stats.gov.cn/tjsj/zxfb/202205/t20220520_1857628.html.

[13] 新华社. 中共中央关于全面深化改革若干重大问题的决定［EB/OL］.（2013-11-15）［2022-10-30］. http://www.gov.cn/jrzg/2013-11/15/content_2528179.htm.

[14] 李立国. 高校人事制度改革的走向［N］. 光明日报, 2014-06-13（13）.

[15] 韩双淼. 妥协还是坚守: 大学青年教师的学术身份构建［N］. 中国科学报, 2022-05-17（03）.

[16] 世界大学学术排名［EB/OL］.［2021-02-23］. https://www.shanghairanking.cn/rankings/arwu/2020.

[17] 2021年全国教育事业发展统计公报［EB/OL］.（2022-09-14）［2022-11-20］. http://www.moe.gov.cn/jyb_sjzl/sjzl_fztjgb/202209/t20220914_660850.html.

[18] The Annual Report on the Economic Status of the Profession, 2019-20.［2022-09-15］. https://www.aaup.org/report/annual-report-economic-status-profession-2019-20.

[19] The Inclusion in Governance of Faculty Members Holding Contingent Appointments［EB/OL］.［2020-09-15］. http://www.aaup.org/report/governance-inclusion, 2012-09-05.

[20] The Status of Part-Time Faculty［EB/OL］.［2022-09-15］. https://www.aaup.org/report/status-part-time-faculty.

[21] Expanding Indian Higher Education［EB/OL］.（2020-08-06）［2022-09-15］. https://www.insidehighered.com/news/2020/08/06/india-adopts-ma-

jor-plan-higher-education-expansion.

[22] India's Faculty Shortage Worsens, With 50% of Positions Vacant [EB/OL]. (2008-10-06) [2022-11-23]. https://www.chronicle.com/article/indias-faculty-shortage-worsens-with-50-of-positions-vacant/?bc_nonce=3y1pg5vpanfmk2bkk9x6jj&cid=reg_wall_signup.

[23] Dipan Ghosh. Faculty Handbook A Survival Guide for IITB Faculty. Indian Institute of Technology, Bombay. Faculty (2014-01-20) [2020-09-30]. http://www.iitb.ac.in/sites/default/files/Faculty-Handbook-2014.pdf.

[24] Government of lndia Ministry of Human Resource Development Department of Higher Education. Press Information Bureau Government of India [EB/OL]. (2016-05-24) [2020-10-30]. https://www.education.gov.in/sites/upload_files/mhrd/files/press_release-_26_may_2016.PDF.

[25] Issues in Higher Education: Collective Bargaining [EB/OL]. [2021-01-12]. http//www.aaup.org/AAUP/issues/CB/default.2009-03-20.

[26] Inside Higher Ed. 2019: Higher Education at a Crossroads [EB/OL]. [2022-08-26]. https://www.insidehighered.com/print/sponsored/2019-higher-education-crossroads.

[27] 温才妃. 印度：高校职称评定依法办事 [N]. 中国科学报, 2012-05-23 (B3).

[28] 马迎晨. 印度的高等教育质优价廉作用大 [N]. 光明日报, 2013-09-07 (05).

[29] 习近平在北京大学师生座谈会上的讲话 [EB/OL]. (2014-05-05) [2022-09-15]. http://edu.cnr.cn/pdtj/yw/201405/t20140505_515431201.shtml.

[30] 熊丙奇. 淘汰"教学型"教师动摇高校之本 [N]. 新华每日电讯, 2014-07-30.

[31] 关于高等学校教师职务名称及其确定与提升办法的暂行规定 [EB/OL]. (1960-03-05) [2020-02-05]. https://www.zsbeike.com/cd/44020464.html.

[32] 关于高等学校教师职责及考核的暂行规定 [EB/OL]. (1979-11-27) [2020-02-06]. https://wenku.baidu.com/view/157c4620482fb4daa58d4b2f.html.

[33] 教育部关于试行高等学校教师工作量制度的通知 [EB/OL]. (1981-04-20) [2020-02-07]. https://wenku.baidu.com/view/595f417cfc4ffe473368ab9d.

html.

[34] 关于教育体制改革的决定［EB/OL］.（1985-05-27）［2020-02-07］. https://www.chsi.com.cn/jyzx/200909/20090904/31939649.html.

[35] 高等学校教师职务试行条例［EB/OL］.（1986-03-03）［2020-02-09］. http://old.moe.gov.cn/publicfiles/business/htmlfiles/moe/s7077/201412/180698.html.

[36] 中国教育改革和发展纲要［EB/OL］.（1993-02-13）［2020-02-09］. http://old.moe.gov.cn/publicfiles/business/htmlfiles/moe/moe_177/200407/2484.html.

[37] 关于当前深化高等学校人事分配制度改革的若干意见［EB/OL］.（1999-09-15）［2020-02-09］. http://www.moe.gov.cn/s78/A08/moe_734/201001/t20100129_1263.html.

[38] 关于全面落实研究生导师立德树人职责的意见［EB/OL］.（2018-01-17）［2020-02-11］. http://www.moe.gov.cn/srcsite/A22/s7065/201802/t20180209_327164.html.

附 录

附录 A

"新时代高校教师劳动关系和谐治理研究"调查问卷分析报告

一、调查背景与目的

20世纪以来,涉及劳动关系的研究文献较为丰富,但有关高校劳动关系,尤其是高校教师劳动关系的研究文献相对较少,从市场化转型与和谐治理角度对高校教师劳动关系进行梳理、阐释与分析的文献则更为稀少。从当前实践情况来看,围绕教师编制、职称聘任、岗位分层分级、流动、工资待遇、过度劳动、劳动条件与保障等问题触发的教师劳动关系矛盾冲突已经成为亟待解决的重大现实问题。

本调查问卷旨在深入了解我国不同层次类型高校教师劳动关系的现状,分析教师劳动关系的影响因素以及转型机制,为完善高校教师劳动关系治理体系提供实证依据。

二、问卷设计

本研究的主要理论基础是邓洛普的劳动关系系统理论。劳动关系系统理论认为,行为主体、环境、意识形态、规则网是构成劳动关系系统的基本要素,规则的制定、建立和完善是劳动关系的中心。基于邓洛普的劳动关系系统理论,高校教师劳动关系是指高校场域中教师和高校间因学术劳动而产生的权益关系,高校和教师构成新时期高校契约建制下劳动关系依存和对立的基本主体。

本调查问卷包括劳动关系满意程度、对于劳动关系相关指标的满意程度(工资福利、职业发展与社会融入、劳动保障制度与政策、劳动条件)、劳动关系法律问题等题项。问卷编制完成之后，对 50 名教师进行了预调查，然后邀请 10 名专家对问卷进行评议并提出完善建议。结合预调查结果和专家建议重新对问卷进行修订，随后通过邮件调查和微信调查的方式对不同层次类型的高校教师进行随机调查。调查数据在删除了主要变量存在缺失的样本之后，共得到 2812 名在职高校教师的调查数据。

三、调查对象

调查对象为中国大陆范围内（不包括港澳台地区）不同类型高校的教师。

四、调查方法

本研究采取随机抽样调查方法。调查方式为使用邮箱和微信发送"问卷星"链接及二维码。

第一阶段通过邮箱发送近 15 万封邮件，回收有效问卷 1123 份；第二阶段通过社会关系回收有效问卷 1689 份，共计 2812 份有效问卷。通过问卷信效度分析，邮箱回收问卷信度克隆巴赫系数达到 0.8491，效度 KMO 值为 0.938；社会关系回收问卷信度克隆巴赫系数达到 0.8898，效度 KMO 值为 0.961，总有效问卷信度克隆巴赫系数达到 0.8769，效度 KMO 值为 0.956，均接近 1，为强有效结果，可以满足研究需要。同时，样本分布符合我国高等教育发展的样态，具有一定的可靠性和真实性。

五、调查时间

调查时间分为两个阶段：第一阶段为 2021 年 7 月 21 日至 9 月 30 日；第二阶段为 2021 年 10 月 1 日至 10 月 31 日。

六、调查人员

调查人员包括李志峰、陈傲、汤志慧、李思雨、王璐瑶、柯忻瑜、沙尼达、刘兴、张言。

七、调查结果与分析

(一) 调查对象基本信息 (见表 A-1)

表 A-1 调查对象基本信息

项目		人数	占比/%
性别	男	1518	53.98
	女	1294	46.02
年龄	35 岁及以下	702	24.96
	36~45 岁	1171	41.64
	46~55 岁	638	22.69
	56 岁及以上	301	10.70
最终学历/学位	硕士	1093	38.87
	博士	1062	37.77
	具有博士后经历的博士	433	15.40
	学士	199	7.08
	学士以下	25	0.88
劳动关系类型	事业单位编制（长聘制）	2162	76.88
	人事代理	293	10.42
	预聘制	185	6.58
	其他	172	6.12
工作年限	5 年及以内	614	21.83
	6~10 年	470	16.71
	11~20 年	1025	36.45
	21~30 年	418	14.86
	31 年及以上	285	10.14
工作状态	专任教师	1723	61.27
	"双肩挑"教师	576	20.48
	专职管理人员	392	13.94
	专职科研教师	121	4.30

1. 您的性别

在 2812 份有效问卷中，男性有 1518 名，占比为 53.98%，女性有 1294 名，占比为 46.02%（见图 A-1）。

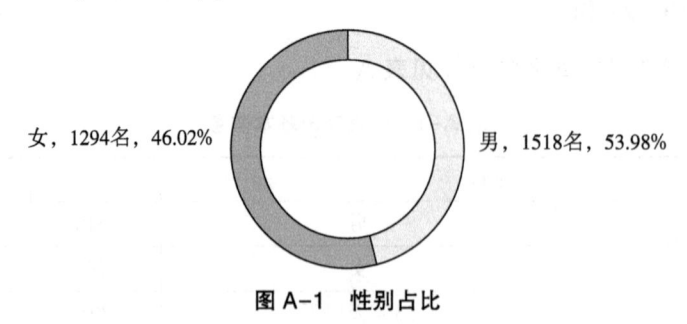

女，1294名，46.02%　　男，1518名，53.98%

图 A-1　性别占比

2. 您的婚姻状况

被调查者的婚姻状况分为已婚、未婚、离异和其他四类。其中，已婚人数最多，共有 2364 名，占总人数的 84.07%；未婚人数为 376 名，占总人数的 13.37%；离异人数为 64 名，占总人数的 2.28%；其他为 8 名，占总人数的 0.28%（见图 A-2）。被调查高校教师的年龄集中在 35~45 岁中，已达到适婚年龄，符合现实情况。

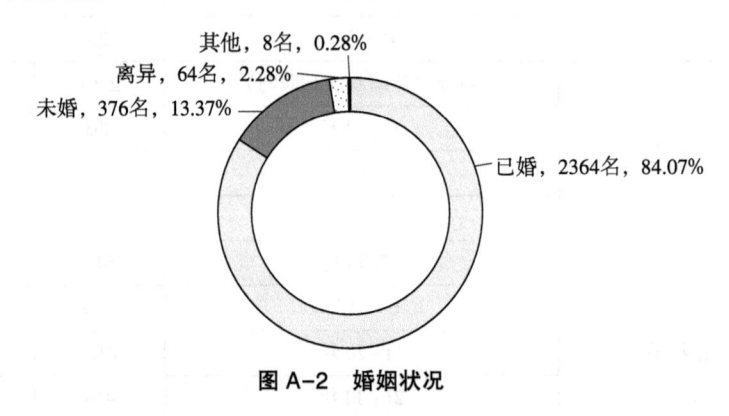

其他，8名，0.28%
离异，64名，2.28%
未婚，376名，13.37%
已婚，2364名，84.07%

图 A-2　婚姻状况

3. 您属于哪个年龄段

被调查者年龄在 35 岁及以下的有 702 名，占总人数的 24.96%；36~45 岁的有 1171 名，占比 41.64%，人数最多；46~55 岁的有 638 名，占比 22.69%；56 岁及以上的有 301 名，占总人数的 10.70%，人数最少（见图 A-3）。从高校教师的学历及工作年限来看，大部分教师都是硕士及以上学历，在高校教师博士化过程中，博士已成为主要的教师群体，而一般博士毕业时将近 30 岁，同时接受调查的大部分教师已工作超过 10 年，甚至 20 年，因此年龄为 36~45 岁的教师占比最大，符合客观现实。

36~45岁，1171名，41.64%

56岁及以上，301名，10.70%

46~55岁，638名，22.69%

35岁及以下，702名，24.96%

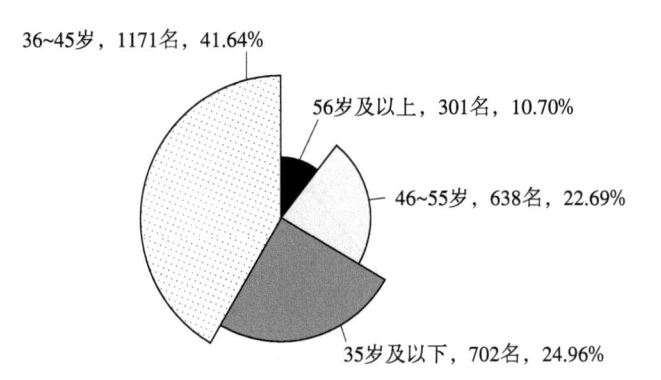

图 A-3　年龄情况

4. **您所在的地区：**_____省/市（如湖北省武汉市）

填答问卷教师的地区分布情况：湖北，754 名；广东，226 名；北京，223 名；上海，160 名；广西，140 名；湖南，134 名；江苏，129 名；浙江，109 名；江西，108 名；陕西，103 名；辽宁，94 名；山东，88 名；四川，77 名；福建，64 名；河南，51 名；天津，48 名；黑龙江，47 名；云南，41 名；重庆，39 名；新疆，36 名；安徽，35 名；河北，29 名；贵州，24 名；西藏，21 名；山西，6 名；海南，6 名；吉林，6 名；内蒙古，5 名；甘肃，4 名；宁夏，3 名；海外，2 名。以上地区分布总体上与我国高等教育地区分布结构相似，湖北、广东、北京、上海、湖南和江苏等省市是我国高等教育发展较快的地区，坐拥众多的高校，教师队伍较为庞大。因此，参与调查的大部分教师来自这些地区，而贵州、海南、西藏、新疆等地区属于高等教育欠发达地区，高校少，教师群体体量小。

5. **您的最终学历/学位**

此题将选项设计为学士以下、学士、硕士、博士和具有博士后经历的博士五类。其中，学士以下 25 人，占比 0.88%，占比最低；获得学士学位的有 199 名，占比 7.08%；获得硕士学位的有 1093 名，占总人数的 38.87%，占比最高；具有博士学位的有 1062 名，占总人数的 37.77%；具有博士后经历的博士有 433 名，占比 15.40%（见图 A-4）。具有硕士及以上学位的教师约占总人数的 92%，符合当前高校引进高层次人才的现状。

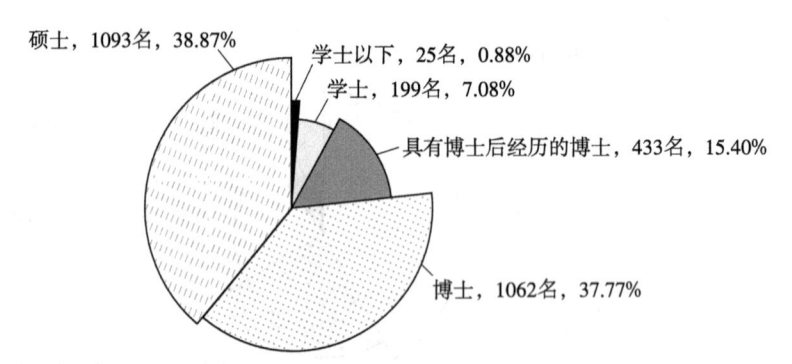

硕士，1093名，38.87%　　学士以下，25名，0.88%
学士，199名，7.08%
具有博士后经历的博士，433名，15.40%
博士，1062名，37.77%

图 A-4　最终学历/学位情况

6. 您的工作单位

教师的工作单位为高校，将高校划分为"双一流"建设高校、"一流学科"建设高校、中央部委属非"双一流"建设高校、一般本科高校、民办本科高校和高职高专院校六类。其中，一般本科高校教师问卷数为 884 份，占总问卷数的 31.44%，比例最大；"双一流"建设高校教师问卷数为 793 份，占比为 28.20%；"一流学科"建设高校教师问卷数为 404 份，占总问卷数的 14.37%；中央部委属非"双一流"建设高校教师问卷数为 81 份，占总问卷数的 2.88%；民办本科高校教师问卷数为 301 份，占总问卷数的 10.70%；高职高专院校教师问卷数为 349 份，占总问卷数的 12.41%（见图 A-5）。我国高校结构中一般本科院校数量最多，高校教师人口基数大，头部双一流建设高校中教师队伍壮大，这两类高校教师人数占据主体。

一般本科高校：884份，31.44%　其他：68.56%
"双一流"建设高校：793份，28.20%　其他：71.80%
"一流学科"建设高校：404份，14.37%　其他：85.63%
高职高专院校：349份，12.41%　其他：87.59%
中央部委属非"双一流"建设高校：81份，2.88%　其他：97.12%
民办本科高校：301份，10.70%　其他：89.30%

□一般本科高校　□其他　■"双一流"建设高校　■"一流学科"建设高校
□高职高专院校　□中央部委属非"双一流"建设高校　□民办本科高校

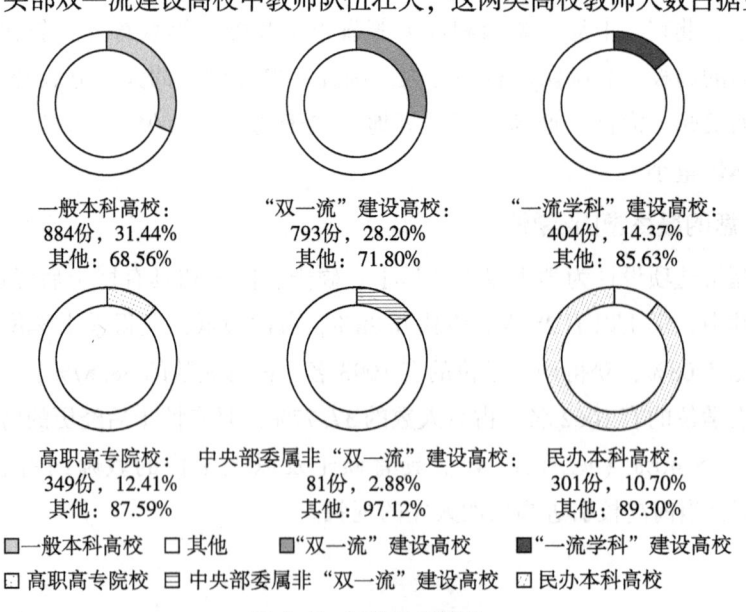

图 A-5　工作单位情况

7. 您现在的劳动关系类型

根据高校聘任的类型，此题项设计为事业单位编制（长聘制）、人事代理、预聘制和其他四类选项。参与问卷总人数2812人，其中，事业单位编制（长聘制）人数最多，有2162名，占总人数的76.88%；人事代理的教师人数为293名，占总数的10.42%；预聘制人数最少，共有185名，占总人数的6.58%（见图A-6）。选择其他项的人数为173名，其中有53人注明"合同制"、21人注明"合同"，还有个别注明"非编""非实名编制""民办高校职工""聘期签合同"等情况，说明存在部分教师对聘任关系缺乏相当认识，对自己当下的聘任情况分类的认知具有模糊性。当前高校教师的劳动关系类型符合我国国情，以往高校教师都是事业编制，随着高校人事制度的改革，预聘制度逐渐兴起，近年来部分高校引进预聘制度，但仍处于起步阶段，因此占比不大。

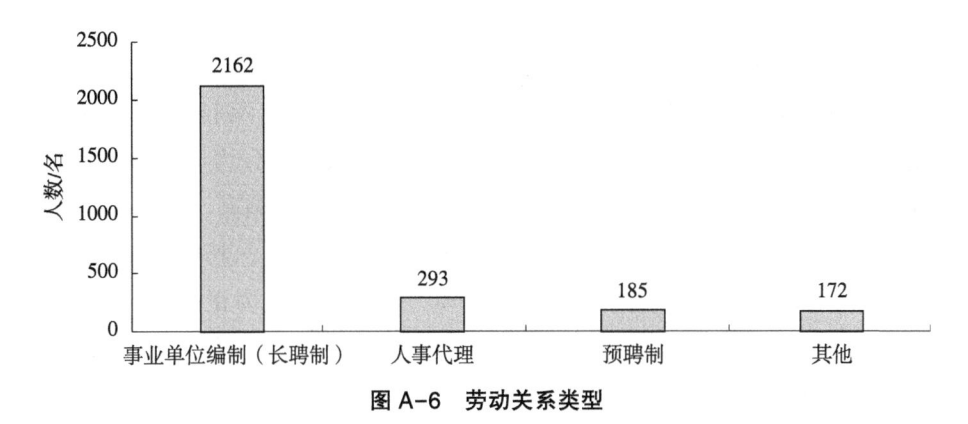

图A-6 劳动关系类型

8. 您从事高校教师职业的年限

将高校教师的工作年限划分为5年及以内、6~10年、11~20年、21~30年和31年及以上五类。其中，从事高校教师职业年限为11~20年的教师人数最多，有1025名，占总人数的36.45%；其次是5年及以内的教师，人数为614名，占比21.83%；6~10年的人数为470名，占总人数的16.71%；21~30年的教师共计418名，占比14.86%；而工作年限在31年及以上的教师有285名，占比10.14%，占比最低（见图A-7）。高校教师职业本身是较为稳定和长久的职业类型，有60%以上的教师工作时间超过10年，将近1/4的教师工作时间超过20年。同时，随着我国高等教育规模不断扩大，越发注重师生比，对高校教师的需求也将逐渐增加。

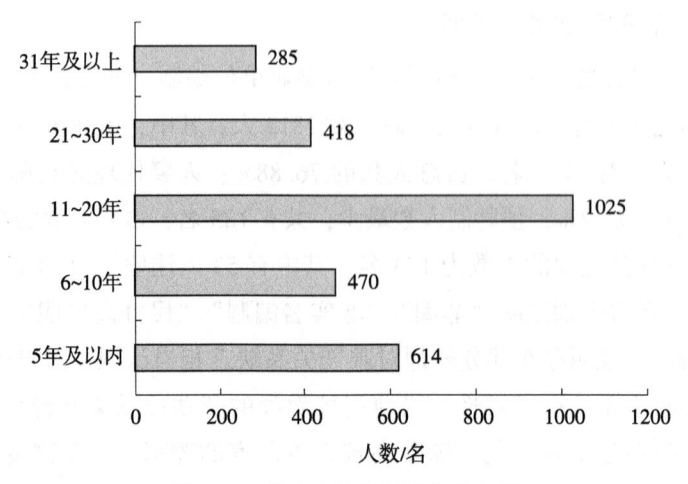

```
31年及以上    285
21~30年      418
11~20年      1025
6~10年       470
5年及以内     614
         0   200  400  600  800  1000  1200
                      人数/名
```

图 A-7　从事高校教师职业的年限

9. 您的职称与岗位等级

教授岗位分一至七级。其中正教授岗位包括一至四级，副教授岗位包括五至七级；中级岗位分为3个等级，即八至十级；初级岗位分为3个等级，即十一至十三级。本题项设计为初级、中级（八、九、十）、副高（五、六、七）、正高（一、二、三、四）十一个选项。根据回收数据来看，其中副高（七级）有505名，人数最多，占总人数的17.96%；接下来依次为正高（四级）459名，占比16.30%；初级307名，占比10.90%；中级（八级）300名，占比10.65%；中级（十级）294名，占比10.44%；副高（六级）246名，占比8.74%；副高（五级）239名，占比8.49%；正高（三级）166名，占比5.89%；中级（九级）164名，占比5.82%；正高（二级）87名，占比3.09%；正高（一级）45名，占比1.60%，人数最少（见图 A-8）。与我国高等教育师资队伍结构一致，一级教授即院士，属于金字塔的顶端，占比最低，而每一大段的第一个级别，如副高（七级）、正高（四级）会比同一阶段的教师人数多一些，各等级之间存在职业门槛和惰性期。

图 A-8　职称与岗位等级

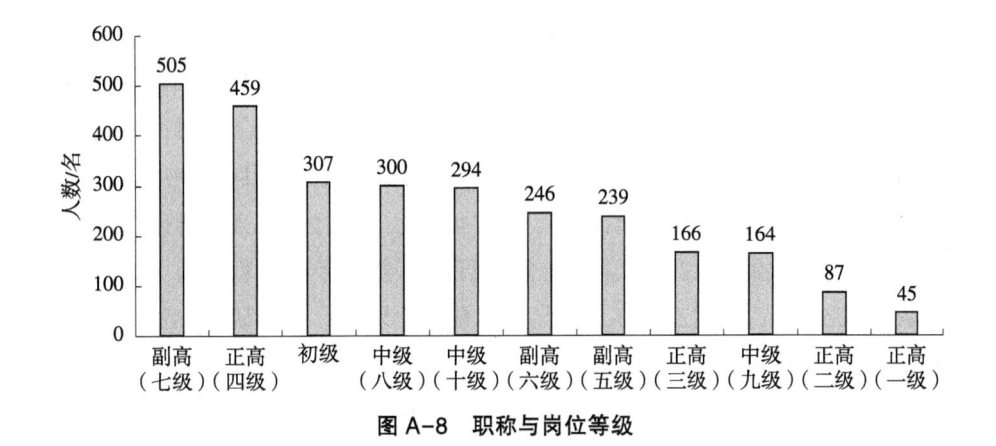

10. 您目前的工作状态

根据我国高校教师的主要工作内容和职责，将教师的工作状态分为专任教师、"双肩挑"教师、专职管理人员和专职科研教师四类。专任教师指主要进行教育教学活动的教师；"双肩挑"教师指在进行教育教学活动的同时，也担任一定行政职务的教师；专职管理人员指以管理工作为工作内容的教师；专职科研教师指只进行科学研究的教师。根据回收的数据，专任教师人数最多，共1723名，占总人数的61.27%；"双肩挑"教师有576名，占总人数的20.48%；专职管理人员有392名，占总人数的13.94%；专职科研人员最少，共121名，占总人数的4.30%（见图 A-9）。超过60%的教师是专任教师，进行教学和科研活动，而专职科研和管理的人员数量较少，总占比未达到18%。

图 A-9　工作状态

11. 如果您是教师，在高校承担的教学与研究工作类型

不同高校教师在教学和科研上各有偏重，根据其投入的时间和精力，将教师分为教学型教师、科研型教师、教学科研型教师和学研产合作型（社会推广型）教师四类。根据调查结果，教学科研型教师占比最大，共有1796名，占总人数的63.87%；其次是教学型教师，有744名，占比26.46%；科研型教师有144名，占总人数的5.12%；学研产合作型（社会推广型）教师有128名，占总人数的4.55%（见图A-10）。现代大学有人才培养、科学研究和社会服务三大基本职能，教学和科研是教师的主要工作，因此，大部分教师都是以教学和科研为主间接服务社会，直接致力于社会服务的教师占比较少。同时，大部分教师都是教学科研型，兼具教学和科研两大核心事务，与现状相符。

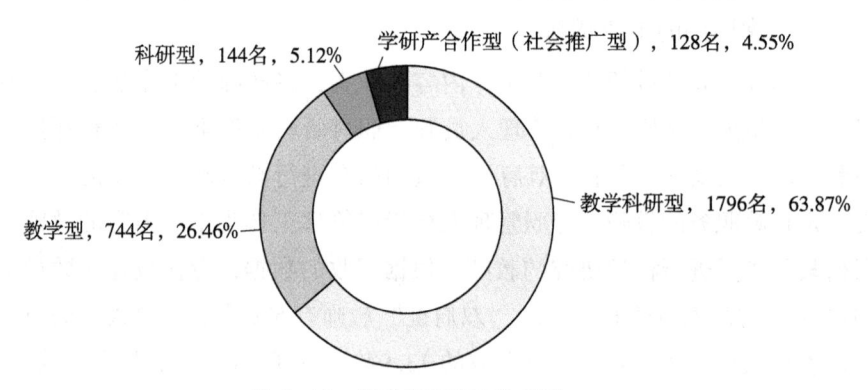

图 A-10 教学与研究工作类型

12. 您所属的学科门类

学科门类是对具有一定关联学科的归类，是授予学位的学科类别，其设置应符合学科发展和人才培养的需要，并兼顾教育统计分类的惯例。根据国务院学位委员会、教育部印发的《学位授予和人才培养学科目录设置与管理办法》（学位〔2009〕10号）的规定，学科门类由国务院学位委员会和教育部共同制定，是国家进行学位授权审核与学科管理、学位授予单位开展学位授予与人才培养工作的基本依据。2011年3月，国务院学位委员会和教育部颁布修订的《学位授予和人才培养学科目录（2011年）》规定，我国学科门类分为哲学、经济学、法学、教育学、文学、历史学、理学、工学、农学、医学、军事学、管理学、艺术学、交叉学科14个。选项未列交叉学科，将其他13门学科作为选项。由回收的数据可知，工学教师人数最多，共794名，占总人数的28.24%；其次是教育学，共418名，占总人数的14.86%；管理学教师377名，占总人数的13.41%；文学教师共

280 名，占总人数的 9.96%；理学教师有 256 名，占总人数的 9.10%；法学教师有 251 名，占总人数的 8.93%；经济学教师有 121 名，占总人数的 4.30%，艺术学教师有 89 名，占总人数的 3.17%；医学教师有 68 名，占总人数的 2.42%；农学教师有 66 名，占总人数的 2.35%；哲学教师有 64 名，占总人数的 2.28%；历史学教师人数有 23 名，占总人数的 0.82%；军事学教师人数只有 5 名，占总人数的 0.18%（见图 A-11）。

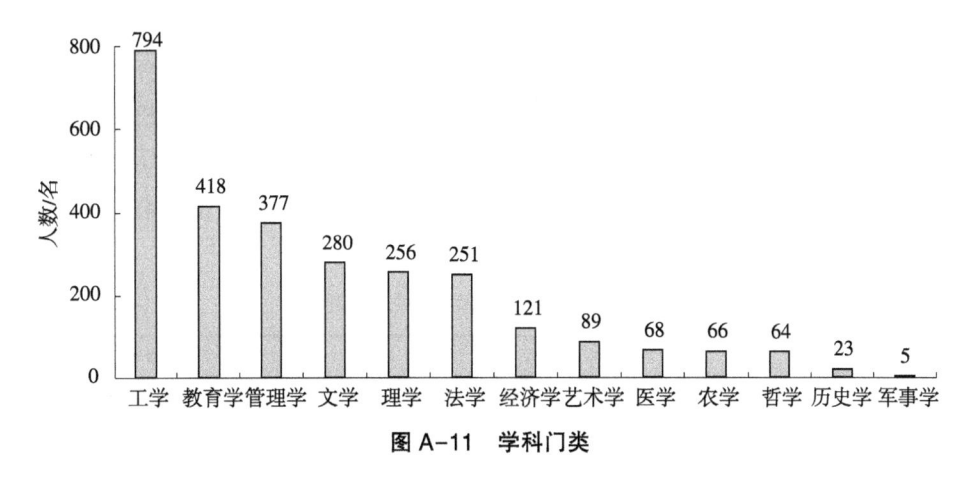

图 A-11　学科门类

(二) 专题调查

1. 就目前而言，您对您和院校的劳动关系是否满意

在"就目前而言，您对您和院校的劳动关系是否满意"的题项中，有 51.46% 的教师满意程度在一般以下，超过总调查人数的一半（见图 A-12）。对劳动关系满意度的宏观调查显示，当前高校教师劳动关系现状并没有达到多数教师的预想，其不合理之处亟待挖掘分析。

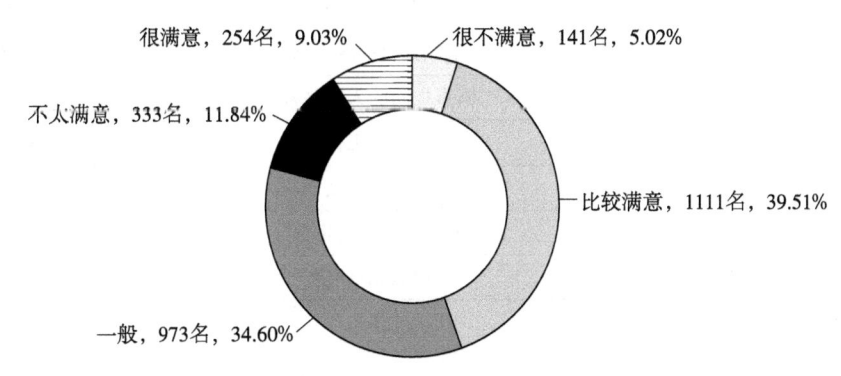

图 A-12　当前高校教师劳动关系满意度

2. 您对高校教师劳动关系关键指标的满意程度

将高校教师劳动权利关键指标分为四类，共24项，高校教师满意程度由低到高分五个等级，用1~5分赋值，其均值见表A-2。在工资福利方面，五项均值均低于4，说明高校教师对工资福利的满意程度均在一般及以下，满意度不高。在职业发展与社会融入方面，有七项指标的均值在4以下，满意程度仍以一般居多，比较满意的很少，其中教学与学术评价制度的均值低于3，说明高校教师对于当前的学术评价制度存在较大不满。在劳动保障制度与政策方面，四项指标的均值均接近于3，满意度不高，其中教师参与院校决策机制的满意度最低，应引起高校的重视。在劳动条件方面，四项指标的均值均接近于3，满意度一般。综上所述，高校教师劳动权利关键指标的满意程度不高，高校教师劳动权利的保护及救济仍存在灰色地带。

表 A-2 高校教师劳动权利关键指标

项	目	满意度均值/分
工资福利	收入水平与同行业的竞争力	2.87
	收入水平的增长情况	2.71
	收入分配的公平性与合理性	2.85
	学校的福利水平（住房与子女入托入学）	2.78
	社会保险（包括养老、医疗、失业、工伤）	3.26
职业发展与社会融入	职称职级晋升机制	2.90
	聘任方式（长聘、预聘、人事代理……）	3.29
	教师职业的成就感	3.42
	教学与学术评价制度	2.94
	职业成长空间	3.07
	组织文化的融入感	3.15
	同事之间的人际关系	3.58
	教学与科研工作指标	3.02
	社会认可度	3.50
	教师职业的稳定性	3.65
	自我职业期望	3.35

续表

项 目		满意度均值/分
劳动保障制度与政策	制度政策对教师权利的保护	3.11
	人才政策环境的支持度	3.03
	教师参与院校决策机制	2.75
	女教师竞争发展环境	3.13
劳动条件	工作任务与劳动强度	3.00
	劳动时间的合理性	3.13
	工作条件与资源平台（工作室、实验室、文献资料平台……）	3.03
	学校的劳动保障条件	3.16

3. 相关因素对高校教师劳动关系的影响程度

将影响高校教师劳动满意度的相关因素分为三类，共17项，其影响程度由低到高分五个等级，用1~5分赋值，均值见表A-3。经济要素得分为3.65，五项均值均低于4.00，说明高校教师对于经济要素中这五项的满意程度均在一般及以下，满意度不高。其中医疗保障与失业救济条件得分3.49，可见高校教师在这方面的获得感较低。社会要素（工作条件与组织文化）得分为3.69，八项指标的均值均低于3.90，满意程度仍以一般居多，其中学术职业倦怠及对学校制度与文化的适应程度皆得分较低，可见当下高校教师的学术职业热情与认同感还有待提升。法律要素得分3.41，四项指标的均值均接近于3.00，满意程度不高，说明高校教师劳动关系的法律保护及救济仍存在很多不足。其中，工会的教师权益保护满意度较低，说明当前工会未能发挥其应有的功能，需要引起高校的重视。

表A-3 相关因素对高校教师劳动关系的影响程度

因素		影响程度均值/分
经济要素（3.65分）	工资、绩效与各类奖励	3.85
	院系所各类补助和奖金	3.56
	住房条件及公积金制度	3.62
	医疗保障与失业救济条件	3.49
	收入的公平合理性	3.77

续表

因素		影响程度均值/分
社会要素 （工作条件与 组织文化） （3.69分）	工作条件与环境	3.64
	教师聘任身份（预聘、长聘、人事代理）	3.81
	教师考核与聘任制	3.85
	劳动任务与工作压力（教学、科研、服务工作量要求）	3.87
	组织文化氛围与人际关系	3.57
	对学校制度与文化的适应程度	3.51
	学术职业倦怠	3.54
	个人成就感	3.73
法规要素 （3.41分）	院校规范教师学术活动的制度	3.46
	教师话语权的表达与实现程度	3.53
	工会的教师权益保护	3.28
	教师劳动争议的解决机制	3.38

4. 您觉得工作压力怎么样

本题依据压力感知程度，将工作压力分为很小、不大、合适、大、非常大五类，其中1464名教师认为工作压力"大"，占总人数的52.06%；522名教师认识工作压力"非常大"，占总人数的18.56%；725名教师认为工作压力"合适"，占总人数的25.78%；89名教师认为工作压力"不大"，12名教师认为工作压力"很小"，仅占总人数的3.60%（见图A-13）。被调查者中超过70%的教师认为压力大或非常大，表明当前高校教师普遍受到工作任务的挤压，压力源多。

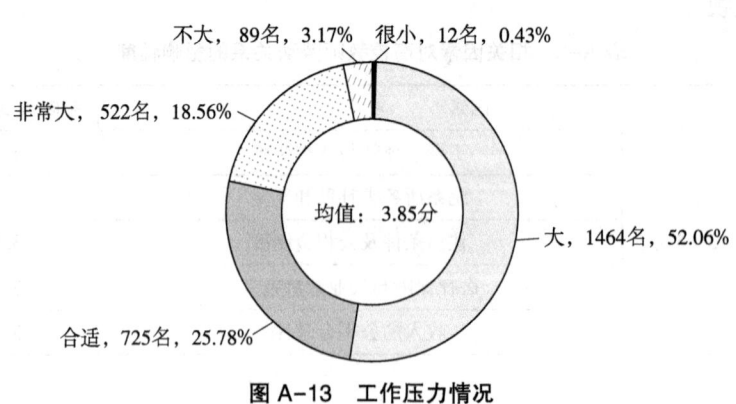

图A-13 工作压力情况

5. 您觉得工作压力的主要来源

由上一题可知，大部分高校教师感到工作压力大，那么压力来源主要有哪些呢？根据高校教师主要的工作内容和考核标准，将压力来源设置为职称与岗位晋升考核标准高、院校管理与服务事务多、科研任务重、教学任务重、教务任务考核方式不当、社会服务任务重及其他共六项。有 855 名被调查者认为最主要的压力源是"职称与岗位晋升考核标准高"，占总人数的 30.41%；接下来依次是"院校管理与服务事务多"，占比 25.92%，有 729 名被调查者选择此项；"科研任务重"占比 21.09%，有 593 名被调查者选择此项；"教学任务重"占比 9.21%，有 259 名被调查者选择此项；"教学任务考核方式不当"占比 8.75%，有 246 名被调查者选择此项；共有 130 人选择社会服务任务重和其他项，占总人数的 4.62%。高校教师的工作围绕学术和学生展开，因此科研和教学是占据高校教师大量时间与精力的两大任务，但两类工作任务过重，同时还有较多的管理工作分散高校教师的精力，以及对应的职称考核与其挂钩，要求较高导致高校教师压力陡增。如何平衡科研和教学不仅是高校教师的难题，也值得高校和社会思考。

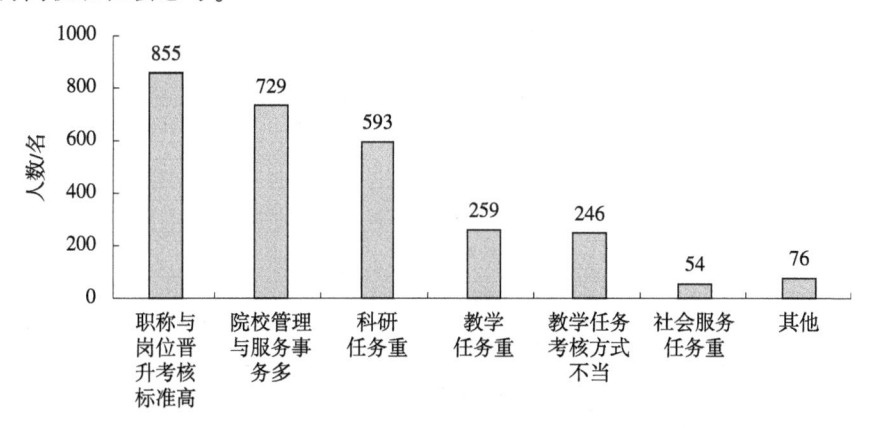

图 A-14　工作压力来源

6. 您认为在高校教师劳动关系中可能存在哪些主要问题

将高校教师劳动关系中可能存在的问题归纳为收入分配不公、过度劳动、流动壁垒、体制机制壁垒、教师聘任制度不合理、学术评价制度不科学、劳动保障不力、工作条件不好、工作压力大、晋升障碍、职业倦怠感增加和个人成就感缺失。对选项赋值（1~10 分），认同程度越高，分值越大，说明影响越大。回收整理的数据为：收入分配不公均值 6.27 分、过度劳动均值 6.50 分、流动壁垒均值 5.79 分、体制机制壁垒均值 6.36 分、教师聘任制度不合理均值 5.85 分、学术评价制度不科学均值 6.52 分、劳动保障不力均值 5.23 分、工作条件不好均值 5.11 分、工作压力大均值 6.81 分、晋升障碍均值 6.69 分、职业倦怠感增加均值 6.12 分、个人成就感缺失均值 5.99 分（见表 A-4），其他选项中主要为"教学科研考核要求高""课程多且集中"等，可归纳为工作压力大（见表 A-4）。其中工作压力大、晋升障碍、学术评价制度不科学得分较高，表明当前高校教师劳动关系中存在这三个共性问题，这三个问题是相互影响的，学术评价制度不科学会引起晋升障碍，晋升障碍、学术评价制度不科学导致工作压力大。对此，需要制定合理的评价制度，以此解决高校教师劳动关系中的主要问题。

表 A-4 高校教师劳动关系中可能存在的问题

选项	分值
收入分配不公	6.27
过度劳动	6.50
流动壁垒	5.79
体制机制壁垒	6.36
教师聘任制度不合理	5.85
学术评价制度不科学	6.52
劳动保障不力	5.23
工作条件不好	5.11
工作压力大	6.81
晋升障碍	6.69
职业倦怠感增加	6.12
个人成就感缺失	5.99
其他：_____	

7. 您认为高校教师劳动关系和谐治理的主要指标包括哪些

高校教师劳动关系和谐治理的主要指标包括"个人职业发展满意度高""提高教师学术水平""提高教师教学能力""提高教师地位与声望""建设和谐人际关系""岗职匹配，人尽其才""提高组织效能，促进院校战略发展""其他"。对选项赋值（1~10 分），认同程度越高，分值越大，说明影响越大。"个人职业发展满意度高"均值 7.58 分、"提高教师学术水平"均值 7.35 分、

"提高教师教学能力"均值7.38分、"提高教师地位与声望"均值7.53分、"建设和谐人际关系"均值7.11分、"岗职匹配，人尽其才"均值7.68分、"提高组织效能，促进院校战略发展"均值7.34分（见表A-5）。得分最高的是"岗职匹配，人尽其才"，说明当前高校教师普遍认为高校需要充分发挥教师自身的优势，给予教师合适的岗位和职能，方能保障和谐的劳动关系。

表A-5 高校教师劳动关系和谐治理的主要指标

选项	分值
个人职业发展满意度高	7.58
提高教师学术水平	7.35
提高教师教学能力	7.38
提高教师地位与声望	7.53
建设和谐人际关系	7.11
岗职匹配，人尽其才	7.68
提高组织效能，促进院校战略发展	7.34
其他：_____	

8. 您在单位是否发生过劳动纠纷，如果有，您一般会通过什么途径解决

根据发生劳动纠纷时可以采取的解决方法，设置以下七个选项：①没有发生过；②发生过，不采取任何行动；③发生过，自行协商解决；④发生过，通过工会解决；⑤发生过，通过政府部门调解；⑥发生过，通过法律程序解决（劳动仲裁、法院）；⑦发生过，其他途径。调查结果显示，有2279名教师选择"没有发生过"，占总人数的81.05%；有151名教师选择"发生过，不采取任何行动"，占总人数的5.37%；有272名教师选择"发生过，自行协商解决"，占总人数的9.67%；有34名教师选择"发生过，通过工会解决"，占总人数的1.21%；有5名教师选择"发生过，通过政府部门调解"，占总人数的0.18%；有54名教师选择"发生过，通过法律程序解决（劳动仲裁、法院）"，占总人数的1.92%；通过其他途径解决劳动纠纷的教师有17人，采取的主要方法包括找院校上级领导或人事处解决问题，还存在因无法协商解决而导致教师离职的情况（见表A-5）。在以往的人事管理制度中，教师发生劳动纠纷更多是在人际关系上，但随着人事制度的改革和预聘制度的推行，高校和教师分别站在劳动管理者和劳动者的立场上，各自积极维护自身利益，若利益受损，则容易产生劳动纠纷。当前，教师可采取的解决劳动纠纷的途径是比较多样的，但在真正实行时难

以解决实际问题，仅有一部分纠纷可以通过法律途径解决。对此，普及并完善教师权益的相关法律法规，是保障高校教师良好劳动关系的必要途径。

发生过，自行协商解决：272名，9.67%
发生过，不采取任何行动：151名，5.37%
发生过，通过法律程序解决（劳动仲裁、法院）：54名，1.92%
发生过，通过工会解决：34名，1.21%
发生过，通过政府部门调解：5名，0.18%
发生过，其他途径：17名，0.6%
没有发生过：2279名，81.05%

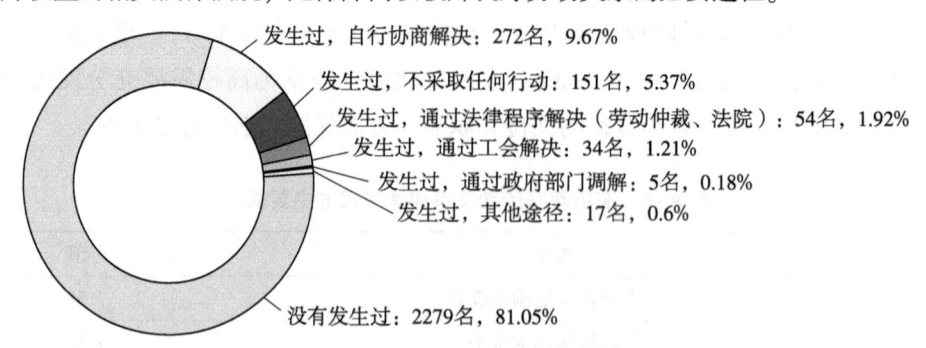

图 A-15　解决劳动纠纷的途径

9. 当您的合法权益受到侵犯时，您是否可以得到相关机构的有效保护

在"当您的合法权益受到侵犯时，您是否可以得到相关机构的有效保护"题项中，有62.02%的教师对相关机构的保护表示不清楚，14.30%的教师没有得到相关机构的有效保护，说明在高校教师群体内部，对于造成职业性权利受损的行为保护的认知并不完整与明确，内部存在一定的差异性，教师的权益保护观念普及和"专事专办"现状的整改刻不容缓。

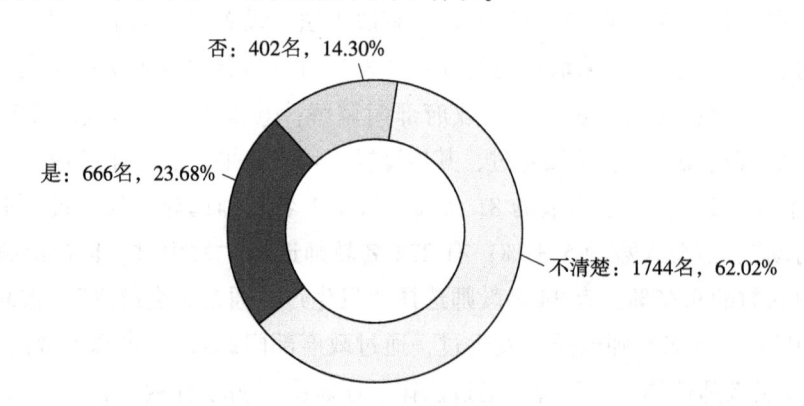

否：402名，14.30%
是：666名，23.68%
不清楚：1744名，62.02%

图 A-16　是否可以得到相关机构的保护

10. 如果发生劳动纠纷，您倾向于选择哪部法律维护自身权益

在"如果发生劳动纠纷，您倾向于选择哪部法律维护自身权益"的题项中，《劳动法》《教师法》以及《劳动合同法》是教师的首选（见图A-17），但这三者对于教师劳动权利的保护和救济仍存在遗漏之处。同时，在其他选项

中，超过半数的教师表示不清楚，甚至认为无法可依。这一结果显示出当前教师权利法律救济的环境萧然，更多、更完整、更系统的法律法规的出台刻不容缓。

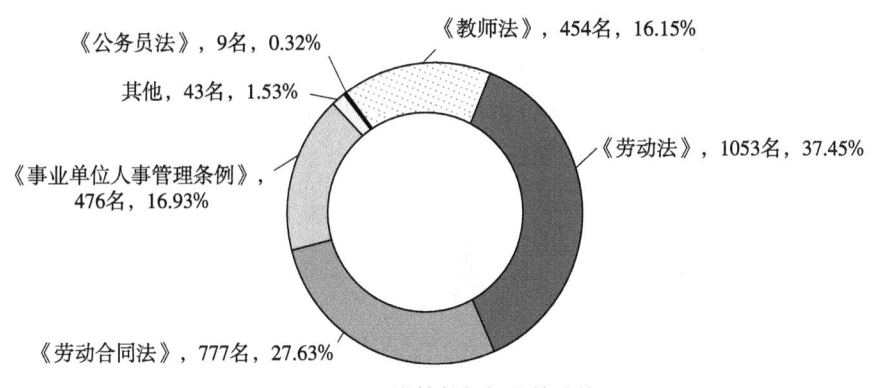

图 A-17 维护教师权益的法律

11. 您熟悉劳动法律法规对劳动双方权利义务的规定吗

关于法律对劳动双方权利义务规定的题项，1387 名教师略有了解，占比 49.32%；1176 名教师表示不熟悉，占比 41.82%；熟悉的教师有 249 名，占比 8.86%。高达 91.14% 的高校教师选择略有了解或不熟悉，说明高校教师群体对劳动双方职业性权利义务的认知是不充分的，这容易导致教师在不知情的情况下权益受损，从而造成无法避免的矛盾冲突。

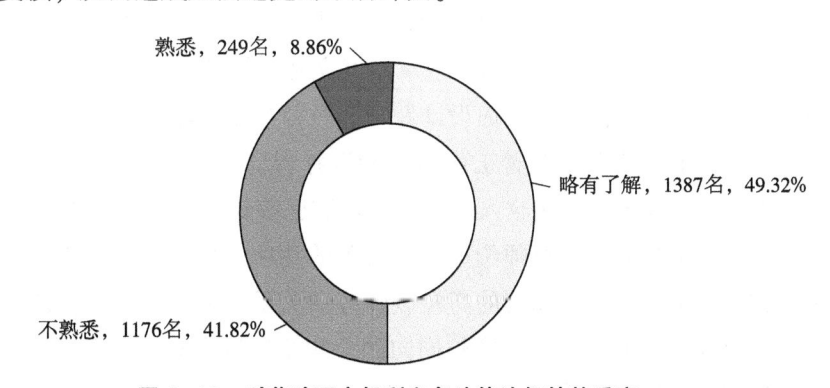

图 A-18 对劳动双方权利义务法律法规的熟悉度

12. 您获取劳动者法律法规知识的渠道有哪些

对于法律法规知识的获取渠道，1531 名教师表示通过"媒体网络宣传"获取，占总人数的 54.45%；624 名教师表示在单位培训时获得法律知识，占总人数的 22.19%；通过政府相关部门宣传获得的有 515 名教师，占总人数的 18.31%；通过其他途径获取法律知识的教师有 142 名，占总人数的 5.05%（见图 A-19）。在信息网络发达的时代，新媒体逐渐成为人们获取信息的主要来源，除此之外，还可以通过政府宣传和单位培训获得相关信息，途径更为多样。高校教师在获取有关劳动者的法律知识时应当注重权威性，有些网络媒体为了迎合舆情所做的报道不一定是准确的，高校教师可以咨询相关的法律机构，阅读相关的法律文件以保障自身的权益。

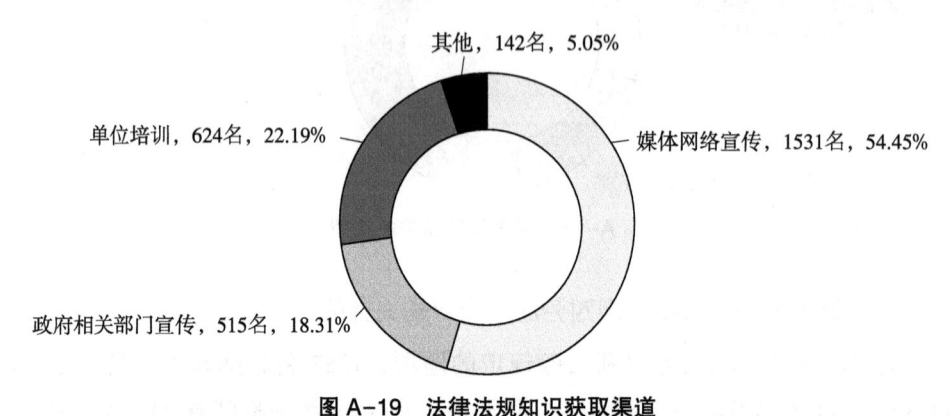

图 A-19　法律法规知识获取渠道

13. 您认为高校最应该从哪些方面为教师提供支持和保障

为教师提供支持和保障主要从医疗保障条件、逐步提高收入水平、与收入增长同向的公积金制度、严格执行学术假制度、改善工作条件、创造良好的单位文化、职业发展培训、劳动保护规章制度完善、教师参与学校（院系）管理的权利、签订劳动合同十个方面设计题项。教师最看重收入水平的提升，得分 8.30，为最高值；其次是改善工作条件和医疗保障条件，得分分别为 5.67 和 5.34。表明当前高校教师在收入、工作条件和医疗保障条件等方面还存在不满意的地方，这也是大部分教师希望得到改善的几项，高校、政府和社会可以从这三个方面入手，以促进和谐的高校教师劳动关系。再次，是创造良好的单位文化、职业发展培训、与收入增长同向的公积金制度和教师参与学校（院系）管理的权利，得分分别为 4.22、3.98、3.68、3.52；劳动保护规章制度完善、严格执行学术假制度、签订劳动合同得分较低，分别为 2.83、2.43 和 2.40（见表 A-6）。在文化和制度方面，教师对于工作环境的文化氛围有一定的要求，同时希望能够参与学校的日常治理。教师对物质保障的要求比对文化和制度保障的要求迫切，表明当前还不能很好地保障高校教师的物质需求，提高收入能在很大程度上给予高校教师更多的职业安全感。

表 A-6　高校应该从哪些方面为教师提供支持和保障

选项	分值
医疗保障条件	5.34
逐步提高收入水平	8.30
改善工作条件	5.67
创造良好的单位文化	4.22
职业发展培训	3.98
与收入增长同向的公积金制度	3.68
签订劳动合同	2.40
严格执行学术假制度	2.43
劳动保护规章制度完善	2.83
教师参与学校（院系）管理的权利	3.52

14. 如果您是预聘合同制教师，您认为所签订的聘任/劳动合同中是否存在不合理/不公平的条款（预聘制教师填写，其他人员跳过此题）

在该题项中，有 73 名教师认为"存在"不合理/不公平的条款，占总人数的 39.46%；有 69 名教师选择"不清楚"，占总人数的 37.30%；有 43 名教师认为"不存在"不合理/不公平的条款，占总人数的 23.24%（见图 A-20）。仅有约 1/5 的教师认为不存在不合理/不公平的条款，剩下的大部分教师认为当前存在不合理之处，或者不太清楚，说明当前预聘制教师合同方面还存在不完善的地方。

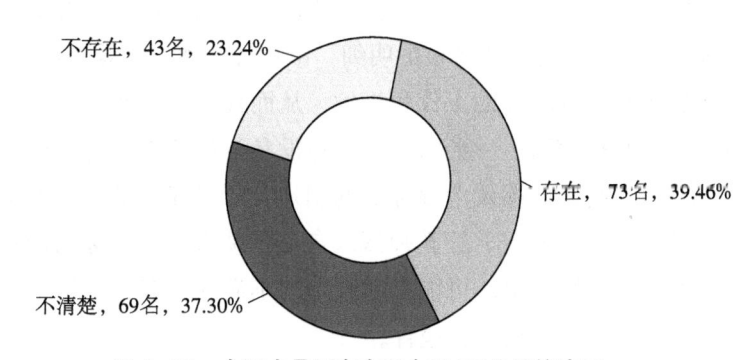

图 A-20　合同中是否存在不合理/不公平的选项

15. 如果您是预聘合同制教师，您认为所签订的聘任/劳动合同不合理/不公平的条款主要是什么（预聘制教师填写，其他人员跳过此题）

通过词频分析，得出以下关键词"成长空间太小、工薪太低、工资不在合同中体现、工资分配不合理、工资明细不清楚、过高的任务目标、合同要求过高、一票否决解聘方式与考核标准、解聘赔偿解释权全部归单位所有、晋升条件不明确、晋升要求不明确、禁止校外代课、考核标准变化导致晋升机会减少、晋升标准明显高于考核标准、考核不公正导致的直接解聘、考核单一苛刻"。

在185份问卷中，对选择"存在"的问卷进行词频分析，主要观点如下：①成长空间太小；②工资分配不合理，明细不清楚；③任务目标过高或者不明确；④解释权全部归单位所有；⑤晋升标准明显高于考核标准（见图A-21）。

图A-21 不公平/不合理的条款

16. 您是否参与了绩效评价指标的制定

没参与过绩效评价指标制定的教师有1542人，占比54.84%；一般参与的教师有1100人，占比39.12%；深入参与的教师有170人，占比6.05%（见图A-22）。绩效评价指标是量化考核的明细，影响着教师的绩效考评和工作任务，引入绩效考核旨在提升教师的工作积极性，从而提高其工作效率，也更容易进行管理和评价。数据表明，一半以上的教师没参与过绩效评价指标的制定，正是由于教师没有亲自参与绩效考核标准的制定，所以存在部分标准不恰当，甚至不合理的情况，仅有6.05%的教师深入参与了绩效评价指标的制定，显然不能充分了解教师的实际情况，可能引起教师的不满和无奈，不利于提高教师的工作效率，与制度目标的初衷相违背。

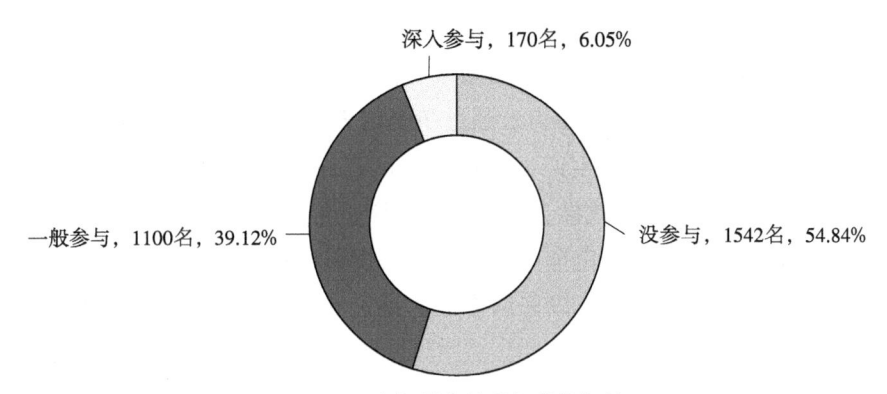

图 A-22　参与制定绩效评价指标情况

17. 您若参与过绩效评价指标的制定，对这一政策的实施是否满意

1918 名教师对当前的绩效评价政策不满意，占比 68.21%；894 名教师对当前的绩效评价政策表示满意，占比 31.79%（见图 A-23）。绝大多数高校教师对当前的绩效评价政策不满意，可从 16 题和 20 题中得到一些解释。首先，当前的绩效评价教师参与程度低，可能存在不符合实际情况和不合理的现象。其次，由于绩效考核制度不合理，导致教师在绩效考核中感受到巨大的工作压力，在压力陡增的情况下，教师很难对绩效考核政策产生认同感。对此，在制定高校教师绩效考核政策的过程中，要鼓励教师参与，提供多种途径和平台与教师共同制定绩效考核标准，使其在促进教师发展过程中更加合理。

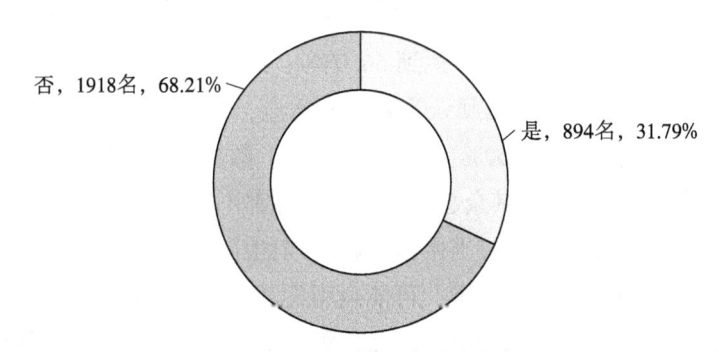

图 A-23　对政策实施是否满意

18. 绩效管理是否有效促进了您的学术生产力的提升

所谓绩效管理，是指各级管理者和员工为了达到组织目标，共同参与绩效计划制定、绩效辅导沟通、绩效考核评价、绩效结果应用、绩效目标提升的持续循环过程。绩效管理的目的是持续提升个人、部门和组织的绩效。关于绩效

管理是否有效促进了教师学术生产力的提升，1701名教师认为有点效果，占总人数的60.49%；815名教师认为没有效果，占比28.98%；296名教师认为非常有效，占比10.53%（见图A-24）。超过70%的教师认为绩效管理是有效果的，能够在一定程度上促进学术生产力的提升；仅有约10%的教师认为非常有效，有28.98%的教师认为没有效果。这说明绩效管理能够激发教师的创造力，但教师是具有差异性的个体，以完全一致的标准去衡量所有教师，不一定能激发出全体教师的积极性。对此，可以采取多样的评价和管理方式，以更好地提高教师的工作积极性。

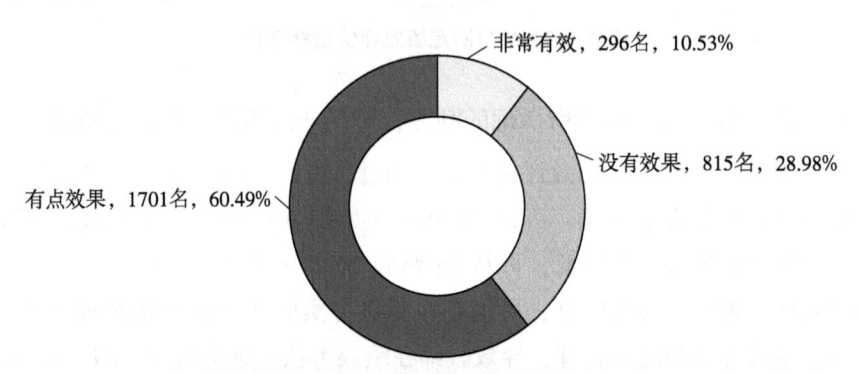

图A-24 绩效管理是否有效促进了学术生产力的提升

19. 您是否适应不断递增的绩效考核指标带来的工作压力

绩效考核指标的不断递增会给教师带来工作压力，1858名教师认为勉强适应当前的绩效考核，占比最高，达到66.07%；149名教师表示完全不适应，占比最低，为5.30%；450名教师认为基本不适应，占比达16.00%；355名教师表示完全适应，占比达12.62%（见图A-25）。数据表明，能够完全适应的教师仅占总人数的12.62%，其余超过87%的教师都不能很好地适应当前绩效考核带来的工作压力。绩效考核应当带给教师适当的压力，以激发其工作热情和积极性，一旦超过教师的承受范围，可能会引发教师的不满，长此以往，势必会导致高校教师劳动关系的不和谐。对此，需要对当下的绩效考核指标进行适当的反思和完善，以促进高校教师劳动关系的和谐发展。

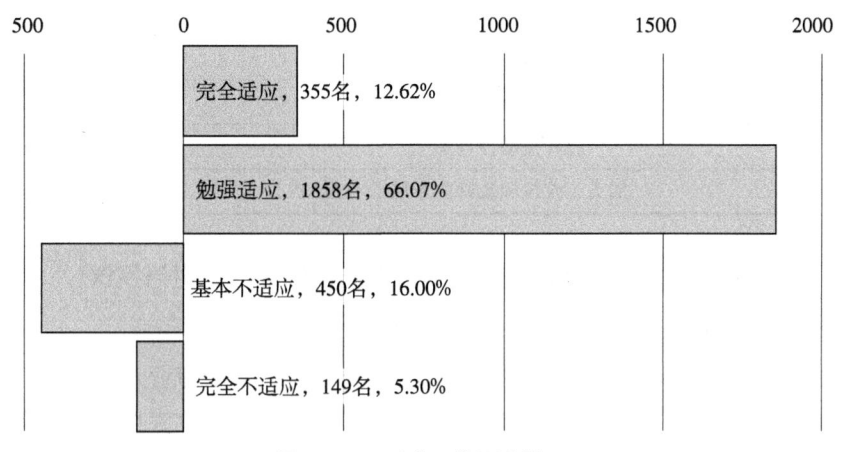

图 A-25 适应工作压力情况

20. 对于您所在高校教师绩效考核的作用评价

绩效考核已在各个高校实行，但其效果如何还没有量化的统计，对此，本问卷设计了八个维度来调查高校教师对绩效考核作用的评价，教师普遍认为绩效考核使工作压力增长，得分最高，为 5.03 分；得分最低的选项是"教师流动性增加"，分值为 2.00。"有利于科研创新，产生更多更好的科技成果"得分为 3.43，"有利于高校长期战略的实现"得分为 3.41，"晋升困难"得分为 2.90，"有利于提高教师的工作士气"得分为 2.75，"加大了院校和教师的矛盾"得分为 2.72，"收入减少"得分为 2.07（见表 A-7）。得分最高的是"工作压力增大"，其次是"有利于科研创新，产生更多更好的科技成果"，说明在绩效考核的实施过程中，一定程度上激发了教师的科研创新潜力，但令教师感触最深的是不断增加的工作压力，如何将压力更好地转化为动力，把握两者之间的度，是需要进一步思考和探究的。

表 A-7 所在高校教师绩效考核的作用评价

选项	分值
有利于高校长期战略的实现	3.41
有利于提高教师的工作士气	2.75
有利于科研创新，产生更多更好的科技成果	3.43
工作压力增大	5.03
收入减少	2.07

续表

选项	分值
晋升困难	2.90
教师流动性增加	2.00
加大了院校和教师的矛盾	2.72

21. 请您谈一谈您对高校教师劳动关系和谐治理的意见与建议

归纳有效问卷的回答，主要有以下意见和建议：

（1）构建合理的绩效考核指标和职业晋升制度，各个专业及教师个人的考核指标不应一刀切，必须消除垄断学术资源、搞学术霸权等深层次、隐蔽性强的学术腐败现象；制定评价标准时，应充分听取教师的意见，增强一线教师的实际参与度；制定激励政策后仍需要进一步落实。

（2）改善目前高校基层教师收入不高的情况，能够随社会生活水平的提升提高教师收入；关注在岗教师的住房及子女入学问题；对同时做管理、教学、科研工作的教师给予职称晋升上的特殊支持。

（3）公平公正要充分体现在不同院校、不同学科、不同职能单位的资源和资金上，配套制度要完善。

（4）依法规范劳动合同与关系，真正实现绩效管理正规化、法治化。

关于该题项的关键词如图 A-26 所示。

图 A-26　高校教师劳动关系和谐治理的关键词

八、调查问卷

"新时代高校教师劳动关系和谐治理研究"调查问卷

尊敬的老师：您好！

为了深入了解中国不同层次类型高校教师劳动关系的现状，分析教师劳动关系的影响因素以及转型机制，为改进高校教师劳动关系治理体系提供实证依据，我们基于国家社科基金项目开展本次调查研究，恳请能够得到您的大力支持！本调查涉及的高校教师劳动关系是指教师在从事学术工作过程中与院校形成的经济、社会、法律关系。本次调查数据将严格保密，仅用于研究使用，请放心填答。

一、您的基本情况（选择"√"，下同）

1. 您的性别：
(1) 男　　(2) 女

2. 您的婚姻状况：
(1) 未婚　　(2) 已婚　　(3) 离异　　(4) 其他

3. 您属于哪个年龄段？
(1) 35岁及以下　　(2) 36~45岁
(3) 46~55岁　　(4) 56岁及以上

4. 您所在的地区：_____省/市（如湖北省武汉市）

5. 您的最终学历/学位：
(1) 学士以下　　(2) 学士　　(3) 硕士　　(4) 博士
(5) 具有博士后经历的博士

6. 您的工作单位：
(1) "双一流"建设高校　　(2) "一流学科"建设高校
(3) 中央部委属非"双一流"建设高校　　(4) 一般本科高校
(5) 民办本科高校　　(6) 高职高专院校

7. 您现在的劳动关系类型：
(1) 事业单位编制（长聘制）　　(2) 人事代理　　(3) 预聘制
(4) 其他（请注明）：

8. 您从事高校教师职业的年限：

(1) 5年及以内　　(2) 6~10年　　(3) 11~20年

(4) 21~30年　　(5) 31年及以上

9. 您的职称与岗位等级：

(1) 正高（一级）　　(2) 正高（二级）　　(3) 正高（三级）

(4) 正高（四级）　　(5) 副高（五级）　　(6) 副高（六级）

(7) 副高（七级）　　(8) 中级（八级）　　(9) 中级（九级）

(10) 中级（十级）　　(11) 初级

10. 您目前的工作状态：

(1) 专任教师　　(2) "双肩挑"教师　　(3) 专职管理人员

(4) 专职科研教师

11. 如果您是教师，在高校承担的教学与研究工作类型：

(1) 教学型　　(2) 科研型　　(3) 教学科研型

(4) 学研产合作型（社会推广型）

12. 您所属的学科门类：

(1) 哲学　　(2) 法学　　(3) 文学　　(4) 理学　　(5) 工学

(6) 农学　　(7) 医学　　(8) 历史学　　(9) 经济学　　(10) 管理学

(11) 教育学　　(12) 艺术学　　(13) 军事学

二、专题调查

1. 就目前而言，您对您和院校的劳动关系是否满意？

(1) 很不满意　　(2) 不太满意　　(3) 一般

(4) 比较满意　　(5) 很满意

2. 您对高校教师劳动关系关键指标的满意程度：

	相关指标	很不满意	不太满意	一般	比较满意	很满意
工资福利	收入水平与同行业的竞争力					
	收入水平的增长情况					
	收入分配的公平性与合理性					
	学校的福利水平（住房与子女入托入学）					
	社会保险（包括养老、医疗、失业、工伤）					

续表

	相关指标	很不满意	不太满意	一般	比较满意	很满意
职业发展与社会融入	职称职级晋升机制					
	聘任方式（长聘、预聘、人事代理）					
	教师职业的稳定性					
	教师职业的成就感					
	教学与学术评价制度					
	职业成长空间					
	组织文化的融入感					
	同事之间的人际关系					
	教学与科研工作指标					
	社会认可度					
	自我职业期望					
劳动保障制度与政策	制度政策对教师权利的保护					
	人才政策环境的支持度					
	教师参与院校决策机制					
	女教师竞争发展环境					
劳动条件	工作任务与劳动强度					
	劳动时间的合理性					
	工作条件与资源平台（工作室、实验室、文献资料平台……）					
	学校的劳动保障条件					

3. 相关因素对高校教师劳动关系的影响程度：

		对高校教师劳动关系和谐治理的影响程度				
	因素	没有影响	影响较小	影响一般	影响较大	影响很大
经济要素	工资、绩效与各类奖励					
	院系所各类补助和奖金					
	住房条件及公积金制度					
	医疗保障与失业救济条件					
	收入的公平合理性					

续表

因素		对高校教师劳动关系和谐治理的影响程度				
		没有影响	影响较小	影响一般	影响较大	影响很大
社会要素（工作条件与组织文化）	工作条件与环境					
	教师聘任身份（预聘、长聘、人事代理）					
	教师考核与聘任制					
	劳动任务与工作压力（教学、科研、服务工作量要求）					
	组织文化氛围与人际关系					
	对学校制度与文化的适应程度					
	学术职业倦怠					
	个人成就感					
法规要素	院校规范教师学术活动的制度					
	教师话语权的表达与实现程度					
	工会的教师权益保护					
	教师劳动争议的解决机制					

4. 您觉得工作压力怎么样？

（1）非常大　　（2）大　　（3）合适　　（4）不大　　（5）很小

5. 您觉得工作压力的主要来源（请选择1项最重要的压力源）：

（1）教学任务重　　（2）教学任务考核方式不当　　（3）科研任务重

（4）职称与岗位晋升考核标准高　　（5）院校管理与服务事务多

（6）社会服务任务重　　（7）其他：

6. 您认为在高校教师劳动关系中可能存在哪些主要问题？（多选）

请按照重要性选择分值，分值越高表明越重要：

选项	分值									
	10	9	8	7	6	5	4	3	2	1
收入分配不公										
过度劳动										
流动壁垒										
体制机制壁垒										

续表

选项	分值									
	10	9	8	7	6	5	4	3	2	1
教师聘任制度不合理										
学术评价制度不科学										
劳动保障不力										
工作条件不好										
工作压力大										
晋升障碍										
职业倦怠感增加										
个人成就感缺失										
其他：＿＿＿＿										

7. 您认为高校教师劳动关系和谐治理的主要指标包括哪些？（多选）

请按照重要性选择分值，分值越高表明越重要。

选项	分值									
	10	9	8	7	6	5	4	3	2	1
个人职业发展满意度高										
提高教师学术水平										
提高教师教学能力										
提高教师地位与声望										
建设和谐人际关系										
岗职匹配，人尽其才										
提高组织效能，促进院校战略发展										
其他：＿＿＿＿										

8. 您在单位是否发生过劳动纠纷，如果有，您一般会通过什么途径解决？

（1）没有发生过　　（2）发生过，不采取任何行动

（3）发生过，自行协商解决　　（4）发生过，通过工会解决

（5）发生过，通过政府部门调解

（6）发生过，通过法律程序解决（劳动仲裁、法院）

（7）发生过，其他途径

9. 当您的合法权益受到侵犯时，您是否可以得到相关机构的有效保护？

(1) 是　　　(2) 否　　　(3) 不清楚

10. 如果发生劳动纠纷，您倾向于选择哪部法律维护自身权益？

(1)《劳动法》　　(2)《教师法》　　(3)《劳动合同法》

(4)《公务员法》　　(5)《事业单位人事管理条例》

(6) 其他（请注明）：

11. 您熟悉劳动法律法规对劳动双方权利义务的规定吗？

(1) 熟悉　　　(2) 略有了解　　　(3) 不熟悉

12. 您获取劳动者法律法规知识的渠道有哪些？

(1) 单位培训　　　(2) 政府相关部门宣传　　　(3) 媒体网络宣传

(4) 其他

13. 您认为高校最应该从哪些方面为教师提供支持和保障？（多选并排序）

(1) 医疗保障条件　　　(2) 逐步提高收入水平　　　(3) 改善工作条件

(4) 创造良好的单位文化　　　(5) 职业发展培训

(6) 与收入增长同向的公积金制度　　　(7) 签订劳动合同

(8) 严格执行学术假制度　　　(9) 劳动保护规章制度完善

(10) 教师参与学校（院系）管理的权利

请按照重要性排序：

14. 如果您是预聘合同制教师，您认为所签订的聘任/劳动合同中是否存在不合理/不公平的条款？（预聘制教师填写，其他人员跳过此题）

(1) 存在　　　(2) 不存在　　　(3) 不清楚

15. 如果您是预聘合同制教师，您认为所签订的聘任/劳动合同不合理/不公平的条款主要是什么？（预聘制教师填写，其他人员跳过此题）_____

16. 您是否参与了绩效评价指标的制定？

(1) 深入参与　　　(2) 一般参与　　　(3) 没参与

17. 您若参与过绩效评价指标的制定，对这一政策的实施是否满意？

(1) 是　　　　(2) 否

18. 绩效管理是否有效促进了您的学术生产力的提升？

(1) 非常有效　　　(2) 有点效果　　　(3) 没有效果

19. 您是否适应不断递增的绩效考核指标带来的工作压力？

(1) 完全适应　　　(2) 勉强适应　　　(3) 基本不适应　　　(4) 完全不

适应

20. 对于您所在高校教师绩效考核的作用评价（多选项并排序）：
(1) 有利于高校长期战略的实现　　(2) 有利于提高教师的工作士气
(3) 有利于科研创新，产生更多更好的科技成果
(4) 工作压力增大　　(5) 收入减少　　(6) 晋升困难
(7) 教师流动性增加　　(8) 加大了院校和教师的矛盾
21. 请您谈一谈您对高校教师劳动关系和谐治理的意见与建议：
_____
_____
_____

附录 B

新时代高校教师劳动关系和谐治理的访谈报告
——基于 50 位高校教师的深度访谈

课题组

高校教师劳动关系是高等教育场域中最重要的社会关系,是劳动关系在高等教育系统中的具体体现。高校教师劳动关系从国家主导向市场化转型关涉政府、市场、高校、教师等诸多利益相关者的权益关系,是高校人事制度改革与治理的焦点,其和谐治理必将成为高校管理体制改革亟须研究的重大课题。随着现代大学的形成和发展,高校劳动关系成为高等教育领域最重要的关系,其中高校与教师间因学术劳动而产生的劳动关系是高校最基本的劳动关系。

高校教师劳动关系矛盾与冲突是学界研究的重点之一,国外学术界的已有成果主要包括三个维度。第一,聘任合同引发的劳动关系矛盾冲突研究。欧洲大学将教师分为非终身教职员工和终身教职员工,相比于终身教职员工,非终身教职员工在工作条件上面临资源与专业发展机会缺乏、临时调度、课程投入缺失等限制。[1] 第二,工会作为消解矛盾冲突和维护教师权益组织的效用研究。相关研究发现,教师希望工会保护他们免受不公平待遇和肆意行政干预的侵害,他们普遍认为工会能够增强工作保障和晋升机会。[2] Elmuti 和 Kathawala 通过对美国伊利诺伊州一所签署集体协议的大学工会教员和非工会教员进行调查,发现工会对教员上诉和申诉程序具有积极影响。[3] 第三,高校教师知识贡献度与其权利义务的关系研究。澳大利亚学者认为,学术组织中教师的权利、义务及

---

[1] Kezar A. Spanning the great divide between tenure-track and non-tenure track faculty Change [J]. The Magazine of Higher Learning, 2012, 44 (6): 6-13.

[2] 沈红,谷志远,刘茜. 大学教师工作时间影响因素的实证研究 [J]. 高等教育研究, 2011, 32 (9): 55-63.

[3] 左文龙. 我国高等院校劳动关系的三种发展趋势 [J]. 中国高等教育, 2004 (1): 28-29.

知识贡献度存在显著关联。❶ 她以员工责任、员工享有的权利为坐标量，对三者之间的关系进行研究发现，员工知识贡献度越高，参与决策的程度越高，对就业条件的满意度越高，与院校的矛盾越少。

国内对高校教师劳动关系矛盾冲突的研究可分为三个维度。第一，高校教师劳动关系风险研究。毛忞歆提出，高校劳动关系风险包括教师引进风险、教师激励风险、文化氛围风险、教师贡献风险、教师流失风险和教师行为风险。由此可见，高校劳动关系风险可以从高校方与教师方进行关系风险评估并进行预警。❷ 第二，工会作为消解矛盾冲突和维护教师权益组织的效用研究。陈晓宁认为我国高校教师维权中存在形式主义、行政化倾向，职能缺位、虚化与异化现象，高校工会在教师维权中的作用发挥还有待进一步挖掘，需要创新高校教师维权机制。❸ 第三，聘任制改革引发的劳动关系矛盾冲突。在固定期限聘任制下，劳资博弈机制缺乏、教师正当利益诉求被掩盖、学术自由无法得到充分保障。❹ 高校非事业编人员与事业编人员同工不同酬现象大量存在，非事业编人员社会保险和住房公积金问题突出，高校违反《劳动合同法》行为侵害了非事业编制人员的劳动权利❺，等等，激化了高校教师劳动关系矛盾冲突。

由于高校教师劳动关系转型涉及国家政治因素、市场因素、组织因素、个人因素等多种因素，很难准确描述其市场化转型的原因，同时其转型具有正向和负向作用，因此如何科学地验证和评价高校教师劳动关系转型的影响因素，探索高校教师劳动关系市场化转型对教师和组织发展的正向和负向影响，构建不同层次类型高校教师的和谐劳动关系模型是本研究的一个难点。

为此，本研究尝试对全国 50 位高校教师展开深度访谈（见表 B-1）。这些教师在高校长期从事学术劳动，具有代表性。对每位高校教师的访谈时间约 45 分钟，经被访谈人同意进行了录音资料保存，转译形成了约 30 万字的访谈素材，以期对新时代高校教师劳动关系和谐治理做出研判，并探究高校教师劳动关系的内涵、本质、属性、特征和功能，探讨高校教师劳动关系的类型和结构，挖掘高校教师劳动关系转型背景下存在的主要问题与基本矛盾冲突，分析高校

---

❶ SANDRA J. Employee rights, employee responsibilities and knowledge sharing in intelligent organization [J]. Employee Responsibilities and Rights Journal, 2002, 9 (14): 69-78.
❷ 毛忞歆. 转型期高校劳动关系变革风险与防范 [J]. 现代教育管理, 2017 (1): 110-115.
❸ 陈晓宁. 高校劳动关系转型与工会维权模式创新 [J]. 南京审计学院学报, 2010, 7 (4): 52-56.
❹ 娄宇. 我国高校"非升即走"制度的合法性反思 [J]. 高等教育研究, 2015 (6): 21-32.
❺ 薛长礼, 柴伟伟. 高校非事业编制人员劳动关系问题探析 [J]. 经济论坛, 2011 (2): 197-199.

教师劳动关系市场化转型的原因、过程与特点，从教师个体、院校、政府、市场等维度对高校教师劳动关系市场化转型的动力机制、冲突矛盾进行科学解释，揭示高校教师劳动关系矛盾冲突的深层机理，阐释高校教师劳动关系的和谐治理逻辑。在总结国外高校教师劳动关系建构和治理模式的基础上，构建新时代高校教师劳动关系和谐治理的理论体系与政策改进框架，进一步完善我国高校教师劳动关系相关政策。

表 B-1 访谈对象基本信息

被访谈人	性别	年龄	院校	学科	职称	聘任方式
A01	男	65 岁及以上	双一流	经济学	教授	长聘
A02	男	65 岁及以上	一般本科	法学	教授	长聘
A03	男	46~55 岁	一般本科	医学	教授	长聘
A04	男	36~45 岁	双一流	工学	副教授	长聘
A05	男	56 岁及以上	双一流	工学	教授	预聘
A06	男	35 岁及以下	双一流	工学	教授	长聘
A07	男	35 岁及以下	双一流	农学	副教授	预聘
A08	男	36~45 岁	一般本科	工学	教授	预聘
A09	男	36~45 岁	双一流	工学	副教授	长聘
A10	男	36~45 岁	双一流	医学	副教授	长聘
A11	男	36~45 岁	双一流	法学	教授	长聘
A12	男	46~55 岁	一般本科	理学	教授	长聘
A13	男	35 岁及以下	一般本科	工学	教授	长聘
A14	男	35 岁及以下	一般本科	工学	副教授	长聘
A15	男	56 岁及以上	双一流	经济学	教授	长聘
A16	男	56 岁及以上	双一流	工学	教授	长聘
A17	男	35 岁及以下	双一流	管理学	讲师	长聘
A18	男	46~55 岁	双一流	法学	教授	长聘
A19	男	46~55 岁	双一流	工学	教授	长聘
A20	男	56 岁及以上	一般本科	管理学	教授	长聘
A21	男	56 岁及以上	双一流	工学	教授	长聘
A22	男	46~55 岁	一般本科	教育学	教授	长聘
A23	男	36~45 岁	一般本科	历史学	教授	长聘

续表

被访谈人	性别	年龄	院校	学科	职称	聘任方式
A24	男	36~45岁	双一流	工学	教授	预聘
A25	男	36~45岁	双一流	管理学	副教授	预聘
A26	男	36~45岁	双一流	工学	副教授	长聘
A27	女	36~45岁	一般本科	教育学	讲师	长聘
A28	男	36~45岁	一般本科	法学	教授	长聘
A29	男	36~45岁	一般本科	理学	教授	预聘
A30	男	36~45岁	双一流	工学	教授	长聘
A31	男	36~45岁	双一流	法学	教授	长聘
A32	男	56岁及以上	双一流	理学	教授	长聘
A33	男	56岁及以上	双一流	理学	教授	长聘
A34	男	36~45岁	一般本科	工学	教授	长聘
A35	男	36~45岁	双一流	法学	教授	长聘
A36	男	46~55岁	双一流	理学	教授	长聘
A37	男	35岁及以下	双一流	经济学	副教授	长聘
A38	男	36~45岁	一般本科	理学	教授	长聘
A39	男	36~45岁	一般本科	工学	教授	长聘
A40	男	56岁及以上	双一流	工学	教授	长聘
A41	男	56岁及以上	双一流	哲学	教授	长聘
A42	女	46~55岁	一般本科	医学	教授	长聘
A43	男	36~45岁	双一流	理学	教授	长聘
A44	男	46~55岁	一般本科	医学	教授	预聘
A45	男	56岁及以上	双一流	工学	教授	长聘
A46	男	46~55岁	一般本科	医学	教授	长聘
A47	男	36~45岁	双一流	理学	教授	长聘
A48	男	36~45岁	双一流	工学	副教授	长聘
A49	男	35岁及以下	双一流	工学	教授	预聘
A50	男	46~55岁	双一流	工学	教授	长聘

一、高校教师劳动关系渐趋复杂化、市场化和契约化

随着国家社会经济的发展与转型，高等教育逐渐从社会的边缘走向社会的

中心，在社会建设发展中发挥着举足轻重的作用，高校管理体制改革也不断深化。受国家政体的影响，我国高校管理体制最初以行政任命制为主，由职务聘用制过渡到教师聘任制度，最终落脚于岗位聘任制度。[1] 相关部门通过出台和实行系列高校人事制度改革的政策、法规，统筹推行关涉教师生存与发展基本权益的聘任、职称、考核、薪酬分配及住房、医疗、退休等人事制度的综合改革。如1992年《关于国家教委直属高等学校内部管理体制改革的若干意见》、2000年《关于深化高等院校人事制度改革的实施意见》、2006年《事业单位岗位设置管理的试行办法》、2016年《关于深化人才发展体制机制改革的意见》、2020年《关于加强新时代高校教师队伍建设改革的指导意见》等，突破了教师职务终身制藩篱，由身份管理向岗位聘任过渡，实施从选聘、考核到解聘淘汰的动态管理成为高校教师学术职业的发展方向。在新时代发展背景下，传统学术劳动力市场式微，高校教师面临劳动关系复杂化、市场化和契约化的转型趋势。

第一，市场化转型释放学术劳动力的资源利用率。从正向角度来说，高校教师劳动关系市场化转型有利于学术劳动力市场的有序形成。教师自由流动不仅对教师个体和劳动力市场有正面影响，对高校也有正面影响。高校能够聘用到高质量的师资，教师也能人尽其才。从学校层面来说，制度对教师产生一种"紧迫感"，可以迫使教师多出一些科研成果，也可以淘汰一些（短期看）科研水平不达标的教师。而"非升即走"制度在很大程度上促进了高校教师学术成果迅速增加，高校教师的科研能力快速增强，提高了高校教师学术劳动力的资源利用率。

第二，市场化转型阵痛以高校教师承受高压力为代价。在高校教师劳动关系市场化转型的过程中，高校为了提高自身知名度和排名，对教师提出了更高的学术与科研要求；提供科研经费的企业也提出了更高的科研成果要求，教师成为高校教师劳动关系市场化转型过程中的核心要素，承担的任务更重、压力更大，更有可能出现学术不正之风。例如，访谈中A03说道："从负向角度而言，学术劳动力市场的仓促形成，无形的专业知识、深厚的学术积淀逐步沦为市场商品甚至成为金钱的附庸，将对社会造成严重的损失；个别高校近年强行推进'非升即走'制度，已经产生了较为负面的社会影响，也有损于高校的

---

[1] 朱军文，马春梅，李燕超. 从打破"铁饭碗"到重建"终身制"：研究型大学教师聘用改革的悖论与反思 [J]. 高等教育研究，2017, 38 (5): 21-25.

口碑。"

第三，市场化贯穿劳动关系全程，是一把双刃剑。所谓的市场化，涵盖高校教师入职、晋升、奖励、流动等方面。教师入职的市场化主要表现在人才引进方面，在促进人力资源合理配置的同时也加剧了高校教师内部群体的不平衡，表现为资源过度流向高端人才。高端人才指的是在过去做出了重大贡献，拥有较多科研成果的人。高端人才占有资源多，年轻学者的机会、资源就会相应地减少。研究要想做出重大成果，须有资源投入、项目平台支持和基本的生活保障，但资源通常偏向这些高端专家，导致年轻学者与高端专家资源分配失衡。教师流动的市场化也面临同样的困境，一些高校教师和高层次人才的流动是金钱驱动下的流动，而不是从科学研究本身出发的良性流动。例如，A47说道："现在我国的经济发展太不平衡了，东部地区有钱，跟西部地区差的不是一星半点，东西部差异巨大。教师流动在国外较为频繁，出于各种原因，国外教授、副教授也会想换一下学校，到不同的平台中去进行自己的职业活动，但其流动极少受到经济因素影响。就总体而言，高校教师的工资收入在流动前后基本上差不了太多，可以说其流动很少源自工资、金钱方面的考虑，这与我国地区之间高校教师收入的巨大差异相反。"正常的学术人才流动，应以促进个人、学术和高校的发展为基准。例如，某高校研究机构有一套重要实验设备，或者在学科的某个方向上有较好且扎实的研究基础和前景，并与教师的学术、志趣、能力相契合，从而能够帮助教师更好地开展研究，获得创新性的研究成果，这便是良性人才流动。但若仅仅受物质驱动，哪所高校给的钱多就去哪所学校，就会导致不正常的人才流动，某种程度上激化了高校教师劳动关系矛盾。

第四，学术劳动力市场化转型中未实现平衡、和谐。社会大系统失衡会导致教育系统出现失衡的问题。从系统的角度来看，子系统属于母系统，孤立地论及某一个子系统都不足以发现问题的本质。A25说道："我觉得政府、院校和教师的关系不是很和谐或者平衡，主要体现在教师是最基层、最弱势的一个群体。在新时代背景下的各项改革中，教师所受影响是最大的，院校作为其上级管理者将政府和社会的要求都转移到教师身上。但任务分配和转移的过程中高校教师劳动关系在不同方面被政府和院校弱化或强化了，强化体现在对教师工作劳动的量和质提出更多、更高的要求。但是在对教师的权益保障方面，尤其是劳资关系、福利等方面的保障其实是弱的。这就导致了政府、院校和教师之间的不平衡。"高校和教师劳动关系的不平衡表现为校方主导，教师的话语权和自主权较小，属于被动的一方。

二、政府主导、市场参与、多主体共同治理成为新常态

第一，政府在劳动关系治理中居主导位置。高校是政府意志的代表，高校教师劳动关系要在各主体的互动中形成动态平衡。A24说道："高校教师劳动关系治理的主要目标是让高校培养更多高质量的人才和产生有价值的学术成果，这两个方向是不变的。高校本来就是政府的一个代表机构，高校中的教师就是实现这些目标的具体人员。教师根据目标要求开展教育教学和科研活动，在此过程中与院校、政府之间的劳动关系经历着不同历史阶段的变迁，平衡与不平衡并存，促使高校教师劳动关系最终走向动态平衡，如此才能实现利益相关者的主体和谐治理。"A06说道："不论是部属还是省属高校，都是以政府为主导，而对于大专院校或者一些民办高校，可能更多以市场为主导。不论是哪个层次的高校，政府和市场都是政策的制定者，影响程度略有不同。我个人认为院校可能也是一个载体或者依托，劳动关系的改革总体上是以政府和市场为主导，教师可能更多时候处于被动接受状态，因为现在这种改革已经持续了几年，所以大家好像也在默认这样一种改革方式。"高校区别于其他社会机构的根本在于，教育不能完全产业化，政府无论如何都需要占据主导地位。A05说道："高校无论如何与企业是不能划等号的，也不能再回到教育产业化的老路上看问题。高校教师劳动关系与高校人事制度改革虽然在某些方面有市场化倾向，但还是要坚持教育和高等教育公益化的观念。从服务大众的目标来看，高校、政府、社会都应该坚持这种定位，并不断完善政策引导和社会价值观的塑造，从而实现劳动关系平衡。高校教师劳动关系不能完全市场化，不能把学校等同于企业。"

第二，政府与市场各司其职，形成系统链。高校的主要任务是进行知识输出和创新，故不能完全市场化，需要政府的政策约束和管控。因此，政府引导更重要。市场的作用则是让有能力、有精力和有激情的教师发挥更大的作用，获得更大的收益。而政府的作用更多地体现在政策的引导上。A25说道："对于教师来说，政府的影响比市场的影响更为直接。我国高校主要是公办的事业单位，教育事业是为国家培养人才的，出于公平正义的目标，决定了教育不能产业化。尽管现在市场化教育培训已经产业化了，但高等学校不同于教育培训机构。产业化对教育发展是不利的，不能忘记教育事业是为国家培养人才的公平正义的目标。政府在一定程度上要支配市场，尤其是当市场出现一些问题的时候，政府是有必要进行干预的。对高校教师来说，政府的作用更多地体现在保

障措施上，包括在学校的一些业务层面的保障，劳资关系的保障。这些措施其实对教师的影响还是比较大的。我们的工资或者收入赶不上这个市场上的价格上涨，这就导致很多地方院校或者一些教育部直属院校的教师产生流动的意愿，高校人才流动比较频繁，教师通常愿意流动到一些东部的地方院校中，因为那些院校给的待遇更好。针对这一现象，政府目前没有更好的措施去保障这部分人的权益，未来我们政府要从顶层设计上去思考这些问题。"教师作为高校重要的人力资源，如何保障教师的劳动权益，发挥他们对高校建设与发展的作用，这是至关重要的。

第三，学术系统和市场系统实现有机融合。在我国，长期以来学术是一个体系，市场是另一个体系，原来的两套体系并未产生直接联系，过去的几十年两者都是割裂的。在新时代背景下，为了更好地促进学术的发展，我国积极探索学术系统和市场系统融合的途径，开展了一系列围绕高校教师劳动关系的人事制度改革。A07说道："能够在学校里面待得住的人，都是能够发文章的人，能拿国家项目的人。但是说实话，能拿国家项目的人、能发文章的人到了社会上能解决实际问题吗？大部分都解决不了。说白了，搞科研是研究自己感兴趣的问题，而在市场方面，市场需要的是什么？需要解决实际问题的人才。因此现在不是说高校不讲市场化，是高校没有能力市场化，而这个转型过程，我觉得是非常艰难的。但是，学术系统和市场系统还是需要有机融合，否则，人才培养也好，科学研究也好，脱离实际，解决不了问题。目前很多高校都在积极开展产学研等类似的工作，就是为了促进市场参与到劳动关系治理中来。加强多主体之间的协同治理，提高院校资源配置能力，也提高教师的水平和收入。"

三、高校教师劳动关系矛盾冲突凸显，创新改革势在必行

（一）矛盾冲突贯穿高校教师准入、考核、晋升全过程

叶静漪等对劳动争议进行了深入的探究。他们将高校劳动人事争议类型划分为九种：人才流动产生争议；国内外培训、深造产生争议；校内人事管理制度改革产生争议；辞职辞退产生争议；终止、解除聘任（聘用）合同产生争议；专业技术职称评审产生争议；评优评奖产生争议；兑现工资福利产生争议；学校内部管理体制改革深化，校办产业因关、停、并、转导致人员分流而产生

争议等。❶ 刘仲铭和罗杰从法律上将高校劳动用工纠纷划分为劳动争议、人事争议、劳务纠纷及非诉性人事争议四类。❷ "当前高校教师劳动关系中的矛盾主要集中在学院和教师这边。与高校的矛盾不是太大也不直接，因为学校把各项指标都分配到各个学院去了，压力和权力也就自然转移到了学院，导致学院的行政部门确确实实膨胀了很多。"

学院和教师矛盾突出，且行政力量大。A39 说道："学校现在不断地'压榨'或者叫'威逼''利用'教师，当然这个词是打引号的，想表达的是，站在学校的立场上，学校肯定是想赶着教师一路往前走，往前冲，这是无可厚非的，从数据指标上看是有一定成效的。但是换个角度来看，大部分教师都感觉到巨大的压力，这些压力的来源是复杂多元的，有科研压力、有项目经费压力、有职业安全稳定的压力，这些压力都是不利于高校教师长期发展的。"与此同时，青年教师普遍反映科研工作量比较大，指标过于量化、过于细化。除此之外，行政性事务也消耗着他们的时间和精力，教师不仅要开各种各样的会议，而且要兼顾社会服务和培养学生的重要职责，导致工作负荷过大。这些压力的解决办法可以借鉴国外的一些做法，如分门别类地对青年教师进行个性化的培养，部分教师经过几年培养后科研成果不一定达标，但如果他们的社会服务或者教学完成得很好，也可以继续留校从事相关工作。高校应综合考量教师成才的特点，以便真正找到行之有效的激励教师的方法。

（二）高校教师劳动关系矛盾冲突病灶多，劳动争议多

第一，人才流动壁垒与自由流动权争议。当前最大的冲突是高校教师的流动性冲突。虽然现在的政策都是鼓励正常流动的，但高校不愿意让人才流动，尤其是大规模的流动会给学校带来经济和人力资源配置方面的损失。因此，高校为了减少教师流动会采取一定的措施，如教师离职时需要给予学校赔偿、设置离职壁垒等。而市场化的趋势是促进高校教师流动，这就会催生出高校和教师之间的一些矛盾，矛盾的累积会进一步影响高校的发展、教师的职业规划、职业发展等。在传统编制的束缚下，高校无法适应市场化人才流动的需要。高校也不能随便解除其与教师的合同，教师如果提出解除劳动合同，要经历马拉松式的谈判，特别是高级人才的流动更为明显。A18 说道："其实高校教师中有

---

❶ 叶静漪，肖廷飞，曹毓民，等. 关于高校劳动人事争议处理问题的思考 [J]. 国家教育行政学院学报，2008（2）：73-78.

❷ 刘仲铭，罗杰. 高校劳动人事争议特点和预防、调处机制研究 [J]. 西南石油大学学报（社会科学版），2012，14（2）：93-99.

些人才采用的是捆绑式的政策,所以流动起来也不容易。所以说,在我看来,劳动关系市场化转型的基本矛盾或者冲突主要还是表现在市场化是弱市场化方面,即未匹配市场机制的配套制度、没有严格按照市场规律办事。除此之外,由于高校教师职业的特殊性,使得其所在的市场化不仅要遵循等价交换的原则,还应当包含一些精神鼓励,而这些往往都被忽视了。"

第二,高校教师聘任管理制度改革争议。"非升即走"教师压力大,学院与教师劳动关系冲突凸显。A25说道:"这个基本冲突,其实就是我们常说的'非升即走'。比如说前期包括武汉大学、中山大学在内的各高校都有这种'非升即走'的政策,其中定的标准是在短期内是很难完成的。教师为了完成短期考核,无法潜下心来开展基础研究或者做创新性的工作,而是出于职业安全而发文章和申报项目。很多学校出台的劳动关系转型政策并没有留住人,更多是让年轻教师在短期内做个流水的兵,让教师在很短的时间内创造出效益,这是当前最主要的矛盾冲突。所以说把企业的那一套评价标准搬过来是不合理的,或者说是不科学的。"

第三,在编与非在编教师考核评价争议。一些获得博士学位的年轻教师初到高校工作时是没有事业编制的,实行"非升即走"政策。有些学校在新进教师的工号前加一个"F",作为非事业编的符号,六年内完成各项考核就能提到副高职称并纳入事业编制管理;如果六年内提不上副高职称,就得解聘或转岗(转实验岗或其他行政岗),这直接影响了高校教师的自尊心。同时,同事和同事之间的关系也被这种多元的教师管理制度搞得非常微妙。从教师自身发展的角度出发,要削尖脑袋去获得各类支持,以保障在考核评价中脱颖而出。从人力资源合理配置的角度来看,管理者必须对教师提出较高的要求,从而促进院校更好地发展。从结果来看,成效是有争议的,导致有些教师为了达到目标而做出背离学术初心的事情。从院校和教师之间的关系来讲,教师产出多便意味着更多的付出,也承载着更大的压力。"今年我们学校刚好是'非升即走'的第八年,学校又出文件了,再延长两年年限,这是双方妥协的无奈之举。现在学校又实行短聘,相当于是打短工那种性质,导致人事管理工作压力倍增,招聘教师进来不算难事,但是让人家走的话难度就非常大了。"

第四,政策不连续性和不稳定性的矛盾。A30说道:"像我们单位,只管制定统一的政策,根本不管不同学科之间的关系。不同学科实际是有差异的,理科有理科的评判标准,工科有工科的评判标准。但是政策也还是一刀切,没有真正做好分类评价,这些政策对高校教师的影响可能是负面的。"

(三) 矛盾冲突对学术劳动力市场、高校、教师的影响

第一，加剧了学术劳动力市场竞争。新时代高校教师劳动关系出现了不同于以往的资源浪费。过去考核要求不高，部分教师的工作积极性低，学术能力未能充分释放，目前则出现了编制或教师岗位少，教师未能各尽其才的问题。A06说道："学校本身的编制就是固定的，不论是事业编还是企业编，还是什么特任研究员岗位或者其他岗位，都要围绕项目开展工作。博士出站之后并不能留在学校工作，不少人就得二次就业了，一定程度上导致了一些人才资源的浪费。"A24说道："高校之间、高校与企业之间人才的争夺战十分激烈，在争夺人才的过程中，教师的流动意愿较为强烈，对职业和单位的归属感降低。"显然，高校教师劳动关系中的矛盾冲突导致了职业的稳定性降低、流动性增强，加剧了学术劳动力市场竞争。

第二，引发了高校与教师关系疏离的问题。A06说道："横向课题大部分来自企业需求或者研究所的需求，而这种需求是一种市场化的行为。同时，现在不论是科技部还是工信部，强调要解决一些卡脖子的问题，卡脖子的问题其实就是关键技术问题。当下专利申请的数量很多，但现在面临的最大问题是高申请低转化，没有转化成果就无法落地，就无法满足市场需要。现在评职称需要成果转化，成果转化的过程就是与市场接轨。"A47说道："学校这几年说要提升横向研究的经费，要突破10亿元，学校在项目经费中提取一些管理费，间接地增加学校的营收，这也是市场化的体现。我觉得这严重地影响了高校承担重大研发工作的使命感，老师的科研工作变成了获得科研经费的活动，是非常不恰当的。就像以前考核论文一样，每年规定发表论文的数量，导致大家都去追求这样一个短期的论文成果，而忽略了长期的、高质量的、真正有价值的科学研究。教师的本职工作并不在于此。效益与赚钱是企业的职能所在，高校过度的市场化让教师像企业员工一样到外面拉项目，这是不恰当的。"由此而触发的高校教师劳动关系矛盾冲突，使得学校和教师的目标背离，心理契约感减弱，"一家人"的关系疏离。

(四) 缓解新时代高校教师劳动关系冲突的措施

第一，加强契约意识，循序渐进地推动改革。高校和教师之间可建立岗位履职考核制度，教师完成履职就可以得到应有的待遇，如果想离职或者想续聘，也要提前谈好条件。若高校和教师实行合同制，都能严格按照合同执行，增强双方的契约精神，就能循序渐进地推动改革。A26说道："每个高校其实都在探

索改革措施，老师们感觉到压力很大，其实也并不见得是政府和高校的决策者愿意看到的一种现象，所以要辩证地去看。没有绩效考核，全凭大家自由发展的话，教师需要有较强的自律精神和内在动力，因此也很难找到比这个制度更好的替代方案。我认为现有劳动关系的相关制度不能说因为它有一些负面作用，就否定它的正面作用，这是不对的。其实正面作用还是非常大的，只不过大家都聚焦于怎样能够减少负面作用，才把这个问题扩大化了，拿着放大镜去看这个负面作用，才会显得这个负面作用好像很严重，其实不是的。负面作用需要关注和改进，尽可能地减少这个负面作用，一点点地推进，一步步地改革。"

第二，顺应时代要求，注重特殊人才成长。A19说道："一方面，作为社会重要组成部分的高校理应顺应时代的发展，也应合理制定一些有自己特色的学校和学科发展战略；另一方面，为了促进资源的合理配置，学校最重要的是要做到人尽其用。高校教师是有个性的人，搞科技、搞科研的人一般都有点个性，与奥运会的那个顶尖选手一样，要没点天赋没点个性，是做不出成果的。学校学科也是这样，真正能站在学科或者学科方向顶点的一些人，必然要有自身的天赋，当然广大教师踏踏实实地工作也很重要。作为教师来说，要是不结合时代发展的需要，那么成果对学术团体的影响、对社会和国家的贡献就要弱很多。有组织的科研、有组织的教学是目前高校倡导的主要方向。当然，也要积极鼓励有个性、有特点或者在某种程度上有一些特质的人，能够在国家实验室、省部级实验室平台里把自身的优势发挥出来。"

第三，完善各类制度，以实现人尽其用。A19说道："现在无论是一般大学，还是重点大学，包括'211'、'985'大学，都努力将高校打造成一个对社会经济发展和创新水平有贡献的学校。如果每个单位、每个学科能够做到人尽其用，能够让这个单位70%或者75%的人感觉到满意，是非常有利于教育事业发展的。从高校发展情况来看，有1/3的高校教师每天都十分努力、积极、向上；可能还有1/3的高校教师就跟着政策按部就班，任劳任怨地工作；另外还有1/3或者是不到1/3的高校教师没什么追求，但是也愿意跟着走；还有末尾的10%的高校教师是不怎么想做事的，是混日子的。只要这10%的人不过分地唱反调，不捣乱，这个单位的凝聚力就有了，事业发展的态势就不会差。"因此，需要对不同类型的高校教师采用相适应的人事考核激励制度，最大限度地激发人才潜力。

第四，完善考核指标，追求长期学术发展。A47说道："高校教师学术评价的正确考核指标要规划合理的考核年限，对科研经费的考核应以纵向课题为主，因为纵向课题不可能年年都拿到，所以也不能年年考核。鼓励教师多参与横向课题，但是不能每年都给每个高校教师一个经费指标，规定指标必须完成，这会迫使高校教师必须到高校外面去争取课题。主动去接触企业这个方式非常不好，比较理想化的状态就是有需求的企业主动找上门来跟高校合作，因为高校在研发方面，尤其是在基础理论方面有它的优势。如果把教师每天搞得像企业员工一样到外面去跑课题，不但荒废了研究，也会连累到教学工作。所以学校管理真的不能追求短期的利益。"

四、影响高校教师劳动关系和谐治理的主要因素

（一）学术评价制度改革

第一，学术评价标准高，未能考虑大部分教师的承受能力。A19说道："当前对教师的评价标准总体偏高，原因在于当前的考评和职称晋升条件，大部分情况下要求教师是一个完人，普通教师很难做到。如果说教师个个都能够做到完人的话，我相信不会有很好的科研，也不会有很好的教学。假如一个学科有100人，如果有10人在科研上是国内顶尖的，那就说明这个学科的科研已经很强了。如果这个学科有10个以上省部级或者国家级教学名师，或者国家一流课程，或者是国家仿真教学中心、实验教学中心的带头人，那这个学科的教学也很强。我刚才说这100人中间的20%，那么剩下80%的人，做了很多默默无闻的基础工作，承担着高校的人才培养任务和服务性工作，普通教师作为学术生态的组成部分，不应该忽视他们的职业发展，需要给他们合适的职业发展通道。"

第二，职称岗位晋升难，缺乏科学的评价标准和约束机制。职称聘任对于被访者来说是影响最大的因素，其次才是编制。A25说道："对部分女教师而言，更看重的是教师有无编制，女教师认为有了编制职业就稳定了。但是，对于一些高校男教师来说，他们更看重的其实还是职称。当前的职称直接影响着教师的工资待遇、社会地位，既是'里子'也是'面子'。职称越高，保障条件、待遇就越好。目前的职称聘任中，倡导不唯论文不唯项目，但是现在没有一个更好的评价标准，其实代表性制度中的成果更多的还是论文。在学院评职称的过程中，评审者直接掌握着评审的结果，评审者既是规则的制定者，也是规则实施的参与者，而评价标准是否公正、客观是有待商榷的，不少地方是不合理的。遇到不合理、不公平的评审结果，教师很难获得权利救济，不利于教师发展。"

第三，学科评价差异大，量化评价掩盖科研的实际价值。A38说道："学术评价制度涉及很多方面。整体来说，国家和院校的一些相关学术管理政策越来越合理，但仍存在一些不合理的因素。比如期刊论文的评价，之前存在明显的以SCI期刊为导向的情况，尤其是理工科更为突出，同时学校还对SCI进行分区赋分。我们学校现在评价主要参考分区论文，像一区二区是比较好的，可能外界认为三区四区就是比较差的，但实际上不同学科的评价是不一样的，有些学科的期刊可能都是三区四区，但是三区四区的期刊就是顶刊。"这就使得学科之间的学术评价差异越发显著，同时过于量化的评价掩盖了学术科研的实际价值。当前，国家层面不鼓励发放科研奖励，但有些学校还是会有一些科研激励，对学术科研进行赋分，在学术评价中还是重点参考期刊等级，进而影响到高校教师的奖励、职称评定等诸多方面。

第四，评价考核公平性差，制度设计体现"圈内人优先"。A25说道："高校教师考核激励一般通过两种途径：第一种是教师的职称评定，即根据教师获得的学术成就或其他教学、社会服务等成果来评定教师职称；第二种是通过奖金激励或者名誉称号的形式进行教师管理。总体表现为：要么要名，要么要利。但是，当前职称评审不仅对教师达到某种硬性标准进行考核，也存在利用人情关系来获得职称的情况，此时的评审标准就完全依赖于主观经验而不是客观标准。例如，某些学校由人事管理者制定发表SSCI文章的规则，这就使利己主义和学缘关系的联系被人为地加强，可能会导致高校在制定政策时首先考虑评审人自己是否能通过。简单地说，目前学校管理层存在一种资源内部消化的现象——集裁判员和运动员身份于一身，既能够制定考核政策，也能够不教书也不搞科研，一面避开了教师考核，另一面维护了行政利益。"

第五，指标短期效应强，劳动价值赋予体系设计不合理。A26说道："在我看来，不要把各类指标强压到教师身上，这些指标会让高校教师感受到自己的学术研究、教育教学都成为负担。科研的发展规律不以人的意志为转移。在这种情况下，如果把各类指标定得非常硬性，最后造成的结果就是'快餐式的研究'。这些快餐式的研究只能满足短暂的现实需求，无法维持长远的学术良性发展。现实中，如果在合同制考核的最后一年教师未能达到要求，会拼命地做一些快餐式的研究，这些研究只是为了完成指标，从而浪费了学术资源，大多没有实际意义与价值。尤其是理工专业，快餐式的研究对于国家长期的战略技术储备来说，实际上是非常不利的。而目前很多高校中快餐式的研究跟短期内的考核指标是直接挂钩的。因此，需要减轻短期内的各项指标，缓解教师压力，建立合理的劳动价值指标体系，多劳多得、少劳少得，给教师营造宽松又不失严格的科研氛围和环境，帮助教师长期稳定发展。"

（二）绩效管理制度

第一，绩效管理制度严重忽视学科差异。A13 说道："我们学校每一年算绩效的时候主要就是计算每位教师今年发表多少论文，拿了多少研究经费等，完全就是凭论文数量定绩效，比如说你今年发表了多少篇论文，每篇论文属于什么级别的刊物，获得了多少万元的科研经费，以此跟收入挂钩，我觉得这是一种很不明智的办法。因为有的研究根本不需要大量资金支持，比如说像我做算法的，或者说做数学，不需要太多经费支持，但是十分费脑。那么对于这种学科的研究，用争取到研究经费的金额来衡量它，就很不合理。"所以绩效考核中，由于各学科的研究性质大相径庭，如果以项目经费进行评价，或者以研究经费的绝对值来衡量的话，一方面违背了学科发展规律，另一方面也使得高深知识沦为了金钱的附庸。因此，简单量化的做法固然能够减轻学术考核的管理压力，但一定会促使很多人急功近利。所以，将科研考评和绩效奖励用简单的量化方法来挂钩，是对学术生态系统的重大破坏。

第二，绩效管理制度未能达到预期目标。A07 说道："因为绩效管理，有很多人为了实现目标就会不自觉地产生一些短平快的研究成果。教师为了提高自己的绩效，不得已去完成指标上的任务。比如说追逐热门研究课题，而忽视长久扎根的专业领域。现在高校逐渐发现这些不良后果，开始考虑教师所做的研究是否真正能够解决生产实际问题，科技成果转化等愈发被重视。若绩效评价制度加强实际应用导向的话，可能会更好地发挥高校的学术价值和社会服务功能。脱离追求热点研究的狂潮，回归学术逻辑的内在价值，从而解决国家真正需要的科研问题。"目前的绩效评价受制于原来的根深蒂固的学术评价传统，对许多新的学术工作缺乏关注，绩效管理并没有实现预期的理想目标。A27 说道："很多时候考核的都是熟人，非要去衡量的话，很多工作量不好衡量，它又不是计件制，也是形同虚设、流于表面。"

第三，绩效管理制度窄化职业发展空间。A16 说道："当前很多高校管理改革都是从企业中学来的，比如说人力资源管理、项目管理，当然企业管理制度也带来了绩效考核制度，从而沿用到高校教师劳动关系中来，这个过程经历了从一般的劳务劳动到服务科技的知识管理转化过程。而对于知识工作者的管理和一般的企业工作者的管理应有所不同。总体来说，学校作为事业单位，创新性地将绩效考核移植到高校管理上是合理且有效的，但也存在不合理的地方，主要表现为绩效管理中缺乏科学化和人性化，给教师带来不适的压力和挑战。这些年国家积极地推进"破四唯""破五唯"政策，大致方向是对的，但是学术界又面临着新的问题——如何建立一个更为健康、科学、合理的评价体系？这也是学术同人们积极探索而尚未解决的难题。从我周围来说，每个人都有自己的长处和短板，不可能所有人既能做项目又能写文章，教学也搞得好，然后我还能当辅导员。不可能把每个人都塑造成全能人才，这是不符合高等教育发展规律的。所以，现实是大家各司其职，各自发挥所长，然后实现团队式的提升，我认为这才是比较符合大学发展规律的。以前老师们只有发文章才能获得满足感，干别的工作就会失去认同感。这就需要高校制度慢慢地向多元化方向转变。对科研服务型教师来说，尽管多年没有一篇文章，但是解决了一项卡脖子的技术，那也能够获得所有人的尊重，这样才是比较合理的。在这种情况下，可以因人而异，自主去选择考核模式。"所以在进行学术评价时，人性化应是第一考虑原则，制定各种菜单式的自助式考核模式，教师可根据自身特点选择合适的考核形式。例如，有些教师喜欢做研究、写文章，不喜欢做应用型研究，就可以自主配套相应的考核办法。反之也可以制定相应办法，这就需要制定不同的菜单模式，扩大教师职业发展空间，否则，不少教师按照现有政策很难得到晋升的机会。

第四，行政人员和教师绩效考核两极分化。第一，目前高校的政策是偏行政的，如果行政人员的工资很高，而一线教师的工资很低，就会产生严重的两极分化，导致研究人员和一线教师的学术科研积极性受挫；第二，有些高校政策对行政人员没有科研上的考核，对教师的考核却非常严格，造成一线教师产生沉重的工作压力。总体来说，绩效考核对学术生产力是有很大提升的，通过一些绩效分配方案，对发表高水平期刊论文的教师进行奖励，在一定程度上能够提升教师的科研能力，但也会存在一些问题。例如，A38说道："在我们学校，有一些老师评职称之前做科研做得比较多，评职称之后更倾向于完成自己基本的工作量，这个现象与学校的绩效分配方案是有关系的，因为我们学校的绩效工资差异较小，做科研就是多一部分科研奖励，但是对整体的工资来说区别不会很大，这就导致有些教师评上正高之后科研积极性变得比较弱，所以应该对工资进行分层，做事做得越多、越好，相应的工资就越高。"

(三) 预聘—长聘制度

第一，预聘—长聘制度缺乏制度与实践创新。A49说道："我觉得预聘—长聘制度就像硬币的正反面。优点表现为打破了之前较为封闭的高校人事管理系统。之前的人事制度相对来说是比较稳定的，从讲师、副教授到教授是一个层级递增式的形态。教师一旦进入某一职称阶段，很容易产生懈怠的思想，不利于激发教师的工作积极性。预聘制度在一定程度上能化解这样的僵局，给予教师必要的工作压力，同时提升相应的待遇，从而激发教师的科研与教学积极性。但是随着制度的发展，它的缺点是容易诱导、催生出一些急功近利的行为。原因在于它的定期考核机制，有的学校考核期是3年，有的学校考核期是6年，有些教师因为学科差异或者期望做一些大的成果，导致考核期间前几年都没有产出。这种考核过程都会给教师带来巨大的压力，教师必须应付短期内的考核要求，以至于无法静下心去做长期的、更有意义的研究工作。同时，预聘制的适用对象主要是青年教师，使得年轻人之间形成非常激烈的相互竞争的局面，导致存在部分恶性竞争的现象，大家被迫在一些期刊上发表低品质论文，以数量来充数而不是以质量取胜，这种学术环境对整个教育系统和社会发展都是极其不利的。"

第二，预聘—长聘制改革缺乏宏观制度环境。A45说道："高校教师预聘—长聘制太激进了。曾几何时，北京大学曾经实施的'非升即走'制度后来失败了，遭到很多学者的反对。后面中山大学也出现过一些激进的改革，同样以失败告终。站在较为宏观和长远的角度上来看，整个社会的改革不太应该先从教育方面入手，教育只是社会的一个子系统。政策制定与实施对高校教师的作用应该有着基础性和决定性的影响。所以，只有在培育出适合教育系统改革的土壤之后，教师聘任改革才能顺势而生，茁壮发展。"

第三，预聘期间教师权利"口惠而实不至"。"所谓的预聘—长聘制，基本上是以人才引进的方式实施的。它最大的问题在于学校对预聘制教师的引进保障基本上都是口惠而实不至的，答应的条件、配套的设备、人员资金等都没有办法兑现。"这样的现实困境使得高校教师实际获得的资源只是落实在纸面上，并没有成为科研活动的助推器。同时，各项要求和指标也没有因各种外部状况的变化而有所松动，导致青年教师的压力极大，不得不想办法去钻研其他途径，以达到最终的考核目标。资源保障不足，但要求只增不减，无疑会导致学术腐败等问题。

《高校教师劳动关系市场化转型及和谐治理研究》
质性研究访谈提纲

尊敬的老师：

  本研究所界定的高校教师劳动关系是指学校和教师由于学术工作而形成的法律关系、经济关系和社会关系。本项目试图研究高校教师劳动关系市场化转型对教师发展的影响，院校和教师矛盾冲突的主表表现，对不同聘任形式教师劳动关系的和谐治理等。本次访谈结果仅用于项目研究，严格遵守学术伦理，访谈内容仅供研究使用。非常感谢您的支持与帮助！辛苦了。

联系人：××× 电话：××× Email：×××

基本信息：

所在学校：   职称/岗位：   年龄：   性别：

学科专业：   是否预聘长期制教师：

一、在日益走向成熟的学术劳动力市场环境下，高校教师劳动关系渐趋多样化、复杂化、市场化和契约化，高校教师劳动关系是否实现了不同利益相关者（政府、市场、院校、教师）的利益平衡与和谐？

二、在高校教师劳动关系市场化转型的过程中，教师劳动关系矛盾与冲突对学术劳动力市场、高校组织、教师个体将产生怎样的正向和负向影响？

三、在高校教师劳动关系政策转型过程中，政府和市场哪个更重要？市场将发挥哪些重要的作用？政府的作用主要体现在哪些方面？

四、高校教师劳动关系涉及的核心要素较多，如教师编制、职称聘任、岗位分层分级、流动、工资待遇、过度劳动、劳动歧视、劳动条件与保障等，哪些因素最为重要？您体会最深的是什么？

五、高校教师劳动关系市场化转型的基本矛盾与冲突表现为哪些？高校教师劳动关系市场化转型将对院校和教师带来哪些深刻挑战？应该如何应对？

六、您如何评价预聘—长聘制？预聘—长聘制对您的生活和工作造成了哪些影响？您觉得在预聘制合同期间，最大的压力是什么？您觉得最好的解决方法是什么？如果给您一个选择："双一流"大学的预聘制教师和普通本科的长聘制教师，您会选择哪一种类型的学校？为什么？您能够适应这种制度吗？

七、您认为目前高校教师的工资待遇公平吗？您与同事、领导和学生的关系怎么样？您认为您的工作有成就感吗？工作的稳定性如何？社会和高校对教师的期待合理吗？工作是否会给您带来压力？您有没有出现过抗拒、焦虑等行为和心理，您是如何处理的？您觉得应该从哪些方面提升高校教师的职业情感？

八、您所在高校的学术评价制度合理吗？是什么原因导致了不合理？您认为院校政策对学术评价制度是否存在影响？影响是如何产生作用的？政策还有哪些可以改进或完善的地方？

九、您认为所在的高校绩效管理制度是否合理？不合理的话，给您带来了哪些压力和挑战？您所在高校目前的绩效管理政策是否能有效促进了您的学术生产力提升？如果能，是如何促进的？如果不能，是什么原因？您认为通过哪种方式可以有效地提高绩效管理制度的学术性功能？

后 记

这本拙著是我以高校教师群体为研究对象的系列研究作品中的第四部。

第一部著作《学术职业与国际竞争力》（华中科技大学出版社，2008年出版）是在我的博士学位论文的基础上，在全国教育科学规划教育部重点课题的资助下修改完成的。第二部著作《必要的不平等：高校学术职业分层》（知识产权出版社，2015年出版）是我主持的国家社会科学基金（教育学）一般课题"高校学术职业分层与教师岗位设置管理制度创新研究"的最终研究成果。这部著作获得了第五届全国教育科学研究优秀成果奖三等奖。《漂移的学术：当代中国高校教师流动》（知识产权出版社，2020年出版）是高校教师系列研究的第三部著作。这部著作是我主持的国家社会科学基金（教育学）一般课题"漂移的学术：高校教师流动的影响因素与政策调整研究"的最终研究成果，获得了第六届全国教育科学研究优秀成果奖二等奖。即将付梓的这部拙著《和谐的学术：当代中国高校教师劳动关系》是系列研究的第四部，也是我主持的国家社会科学基金（教育学）一般课题"新时代高校教师劳动关系的市场化转型及其和谐治理研究"的最终研究成果。基于该项目的部分论文以系列论文的形式获得了湖北省社会科学优秀成果奖三等奖。

从2004年进入学术职业这一领域，近二十年来，我一直将学术职业、大学教师发展作为主要研究方向，主要的研究积累也是在这个领域。从最初的无知到懵懂，再到有所了解，一步一步探索而来，从中获得了许多乐趣。从不同的学科角度研究和思考学术职业，大学教师群体在发展过程中存在的问题，也是自身不断成长的过程！出版的系列著作可以称为姊妹书，每部著作的侧重点不一样，但相互间存在着密切的关联。

也许读者会问：为什么对高校教师群体的研究孜孜以求？其实，这既是偶然，也是必然。走进这个研究领域，是偶然。2004年我的导师沈红教授在美国访问，得知美国华盛顿大学的康明斯教授正在组织全球第二次学术职业国际调查项目，而中国大陆地区缺席了1994年由时任卡内基教学促进基金会主席欧内斯特·L.博耶主持的全球第一次学术职业国际调查项目，于是乎，她毫不犹豫地主动承担起中国大陆地区的调查研究工作并成为全球调查的核心成员。我们作为博士生自然要跟随她在这个国际项目上"耕耘"。如果说,走进这个研究领域是偶然的话,那么,爱上这个领域就是必然了。一方面,我本人作为教师,自然关心教师群体的利益和发展;另一方面,大学教师大多研究别人,很少研究自身。真正走进这个领域,发现这个领域需要研究的课题实在是太多太多,从多学科角度的视野出发,许多方面还存在研究的空白。于是乎,我就持续开展了对高校教师群体的研究。幸运的是,我自认为这条路走对了。可见,必然性和偶然性作为事物联系和发展中相互区别与对立的两种趋势,是辩证统一的。

就本书而言,尽管我本人和课题组成员能力有限,但是涉及高校教师劳动关系的一些基本理论、政策和实践问题至少需要在本书中予以回应。比如,高校教师劳动关系的内涵、特征、类型,高校教师劳动关系的系统结构,高校教师劳动关系的历史变迁,高校教师劳动关系的基本矛盾与影响因素,高校教师劳动关系的满意度,高校教师劳动关系的影响机制和逻辑机理,高校教师劳动关系矛盾冲突的预警机制,高校教师和谐劳动关系治理体系建构与政策改进,等等。我期望我们的研究对于高校教师劳动关系理论、政府公共政策、院校实践以及教师劳动关系行为决策有一定的参考价值。如果有,我们的目的也就达到了。

总希望做"顶天立地"的研究,实际上却感觉力有不逮。学力有限,至少对我来说如此。按照尼采关于"手艺的严肃"的标准对照之,活做得不够精致。又想起尼采说过的:"书一旦脱稿,便以独立之生命继续存在。"心里便诚惶诚恐,很担心这本书生命之长短。但想到无论生命之长短,至少来过,便略坦然。

无论怎么说,完成这本书时我的心情是愉快的,至少完成了作为国家社会科学基金项目必须完成的预期任务。但是,毫不讳言,心里依然非常忐忑和惆怅,一方面,我和我的团队成员能力及水平的确有限,许多问题的研究还不够深入,许多观点有待进一步斟酌;另一方面,在研究的过程中体会到高校教师劳动关系问题非常复杂,劳动关系类型特别多,因不同利益相关者立场不同所引发的劳动关系矛盾冲突多种多样。同时,在研究过程中,总有一种沧海一粟的感觉,总有一种越研究越无知的深切体验。

照例,还是需要列出贡献者并对支持者表达谢意。

本书是项目课题组成员共同的劳动成果。第1章:李志峰、罗桂;第2章:罗桂、李志峰;第3章:李志峰、龚春芬、陈慧;第4章:罗桂、李志峰;第5

后　记

章：程瑶、蔡傲雪；第 6 章：张柯、汤志慧、蔡傲雪、高慧；第 7 章：梅熊杰、李志峰；第 8 章：曹逸云、李志峰；第 9 章：张金丹、高慧；第 10 章：李志峰、张金丹。附录 A：汤志慧、梅熊杰、程瑶，陈傲；附录 B：汤志慧、张金丹，张柯。全书由李志峰负责总体设计、理论建构和统稿定稿。

感谢全国教育科学规划办公室对我的研究给予的持续支持！没有这几个项目的支持，很难取得这些成果！

感谢课题研究团队成员的密切配合和大力支持！课题组成员廖志琼、沈凌、刘进对课题的顺利完成贡献颇多。

感谢我的导师沈红教授把我带入学术职业研究领域并对我进行了严格的专业训练！自从我的博士学位论文确定以学术职业为研究领域以来，沈老师一直关注和支持我的系列研究。在项目课题报告会上，她的真知灼见一直指引着项目的研究和本书的完成！

感谢武汉理工大学法学与人文社会学院贾勇宏副教授、张凌云副教授以及周玉容副教授对拙著的最初框架提出的宝贵意见！

感谢接受访谈和认真填答问卷的教师！没有你们的支持，很难完成这项研究工作。

感谢我的研究生彭湘萍、冉文翔、陈慧、刘昕睿等为本书的校对付出的辛劳！柯昕瑜、王璐瑶在前期做了不少基础性的工作。

感谢我的家人对我研究工作的大力支持！

感谢知识产权出版社的韩婷婷编辑为本书出版所付出的辛劳！

由于时间仓促，研究水平有限，拙著存在的不足和纰漏一定不少，期待专家同仁给予指正。

李志峰
2023 年 4 月于武汉